Mannheimer Schriften zum Unternehmensrecht

Herausgegeben vom Institut für Unternehmensrecht
der Universität Mannheim (IURUM)

Band 51

Michael Schweipert

Implizite Vorurteile im Entscheidungsprozess und vorvertraglicher Diskriminierungsschutz

Das Verbot der unmittelbaren Benachteiligung im AGG als verhältnismäßiger Eingriff in die Vertragsabschlussfreiheit?

Nomos

Die Deutsche Nationalbibliothek verzeichnet diese Publikation in der Deutschen Nationalbibliografie; detaillierte bibliografische Daten sind im Internet über http://dnb.d-nb.de abrufbar.

Zugl.: Mannheim, Univ., Diss., 2017

ISBN 978-3-8487-4909-6 (Print)
ISBN 978-3-8452-9122-2 (ePDF)

1. Auflage 2018

MEINEN ELTERN
UND
KRISTIN

Vorwort

Die vorliegende Arbeit wurde im Herbstsemester 2017/2018 von der Juristischen Fakultät der Universität Mannheim als Dissertation angenommen. Am 18.12.2017 fand das Promotionsverfahren mit der mündlichen Prüfung seinen Abschluss. Rechtsprechungs- und Literaturnachweise befinden sich auf dem Stand März 2018.

Ganz herzlich bedanken möchte ich mich bei Herrn Prof. Dr. Friedemann Kainer, meinem Doktorvater, der mir während der lehrreichen Zeit als Mitarbeiter an seinem Lehrstuhl stets große fachliche und menschliche Unterstützung zukommen ließ und mir darüber hinaus die notwendigen Freiheiten zur Fertigung der vorliegenden Arbeit gewährte. Gedankt sei auch Herrn Prof. Dr. Philipp S. Fischinger, LL.M. (Harvard) für die zügige Erstellung des Zweitgutachtens. Von meinen Kollegen an der Universität Mannheim möchte ich besonders Herrn Christian Weber für die intensiven Gespräche über die Privatautonomie und deren Beschränkungsmöglichkeiten danken. Ein besonderer Dank gilt auch Herrn Philipp Bremer für seine hilfreichen Lektüreanmerkungen und weil er mich vom ersten Tag an durch alle Höhen und Tiefen des Jurastudiums begleitet hat. Den Herausgebern danke ich für die Aufnahme in die Schriftenreihe.

Dem Centre for Commercial Law Studies (CCLS) der Queen Mary University of London schulde ich Dank dafür, dass ich während meines LL.M.-Aufenthalts Zugang zur anglo-amerikanischen Literatur zum Antidiskriminierungsrecht und zur Psychologie erhielt.

Ich danke zudem meiner Verlobten, Kristin Andres, für ihre tatkräftige Unterstützung bei diesem Projekt, weil sie mir unsere süße Tochter Juliana geschenkt hat, und weil sie mein Leben jeden Tag bereichert.

Der größte Dank gebührt meinen Eltern, ohne deren bedingungslose moralische sowie finanzielle Unterstützung während des Jurastudiums, des BWL-Studiums, der Examenszeit, des Masterstudiums und der Promotion ich diese Aufgaben nie gemeistert und meine Ziele nie erreicht hätte.

Stuttgart, im April 2018 Dr. Michael Schweipert

Inhaltsübersicht

Inhaltsverzeichnis

Abkürzungsverzeichnis

a.A.	anderer Ansicht
a.a.O	am angegebenen Ort
ABl.	Amtsblatt der Europäischen Gemeinschaften
Abs.	Absatz
AcP	Archiv für die civilistische Praxis
a.E.	am Ende
AEUV	Vertrag über die Arbeitsweise der Europäischen Union
AfP	Zeitschrift für Medien- und Kommunikationsrecht
AGG	Allgemeines Gleichbehandlungsgesetz
AiB	Arbeitsrecht im Betrieb
Am. L. Rev.	American Law Review
Anh.	Anhang
AöR	Archiv des öffentlichen Rechts
Art.	Artikel
AT	Allgemeiner Teil
Aufl.	Auflage
BAG	Bundesarbeitsgericht
Bd.	Band
BGB	Bürgerliches Gesetzbuch
BGBl.	Bundesgesetzblatt
BGH	Bundesgerichtshof
BGHZ	Entscheidungen des Bundesgerichtshofs in Zivilsachen
Brit. J. Soc. Psychol.	British Journal of Social Psychology
BT	Besonderer Teil
BT-Drs.	Drucksachen des Deutschen Bundestages
BVerfG	Bundesverfassungsgericht
BVerfGE	Entscheidungen des Bundesverfassungsgerichts
BVerwG	Bundesverwaltungsgericht
BVerwGE	Entscheidungen des Bundesverwaltungsgerichts
Bzgl.	bezüglich

bzw.	beziehungsweise
Cal. L. Rev.	California Law Review
CMLR	Common Market Law Review
Cogn. Emo	Cognition and Emotion
DB	Der Betrieb
ders.	derselbe
DÖV	Die Öffentliche Verwaltung
DStR	Deutsches Steuerrecht
DVBl.	Deutsches Verwaltungsblatt
DZWiR	Deutsche Zeitschrift für Wirtschafts- und Insolvenzrecht
Ebd.	Ebenda
EG	Europäische Gemeinschaft
EGV	Vertrag zur Gründung der Europäischen Gemeinschaft
EGKS	Europäische Gemeinschaft für Kohle und Stahl
EGMR	Europäischer Gerichtshof für Menschenrechte
EGV	Vertrag zur Gründung der Europäischen Gemeinschaft
EKMR	Europäische Kommission für Menschenrechte
EMRK	Europäische Menschenrechtskonvention
endg.	endgültig
ERCL	European Review of Contract Law
ErfK	Erfurter Kommentar
EU	Europäische Union
EuGH	Europäischer Gerichtshof
Euro. J. Pers.	European Journal of Personality
Euro. J. Soc. Psychol.	European Journal of Social Psychology
EUV	Vertrag über die Europäische Union
EuZW	Europäische Zeitschrift für Wirtschaftsrecht
EWG	Europäische Wirtschaftsgemeinschaft
Exp. Psychol	Experimental Psychologie
FS	Festschrift
GA	Generalanwalt
GG	Grundgesetz
GRCh	Grundrecht-Charta
GS	Gedächtnisschrift

Harv. L. Rev.	Harvard Law Review
Hk	Handkommentar
Hrsg.	Herausgeber
ICLQ	International and Comparative Law Quarterly
i.S.d.	im Sinne des
i.V.m.	in Verbindung mit
J. Cons. Stud.	Journal of Consciousness Studies
J. Exp. Psychol.	Journal of Experimental Psychology
J. Pers. Soc. Psychol.	Journal of Personal Social Psychology
JZ	Juristenzeitung
KJ	Kritische Justiz
KOM	Dokumente der Kommission der Europäischen Gemeinschaften
KritV	Kritische Vierteljahrschrift für Gesetzgebung und Rechtswissenschaft
LAG	Landesarbeitsgericht
lit.	Buchstabe
MedR	Zeitschrift Medizinrecht
m.w.N.	mit weiteren Nachweisen
NJW	Neue Juristische Wochenschrift
NStZ	Neue Zeitschrift für Strafrecht
NVwZ	Neue Zeitschrift für Verwaltungsrecht
OJLS	Oxford Journal of Legal Studies
Org. Behav. Hum. Dec. Proc.	Organizational Behavior and Human Decision Processes
Psychol. Rev.	Psychological Review
RdA	Recht der Arbeit
RL	Richtlinie
Rn.	Randnummer
Rs.	Rechtssache
Rspr.	Rechtsprechung
SAE	Sammlung Arbeitsrechtlicher Entscheidungen
Slg.	Rechtsprechung des Europäischen Gerichtshofs, Amtliche Sammlung
Soc. Cogn	Social Cognition
st. Rspr.	ständige Rechtsprechung

TIL	Theoretical Inquires in Law
U. Cin. L. Rev.	University of Cincinnati Law Review
UCLA Law Rev.	University of California Los Angeles Law Review
vgl.	vergleiche
ZAD	Zeitschrift für Arbeits- und Antidiskriminierungsrecht
ZaöRV	Zeitschrift für ausländisches öffentliches Recht und Völkerrecht
ZESAR	Zeitschrift für europäisches Sozial- und Arbeitsrecht
ZRP	Zeitschrift für Rechtspolitik

§ 1 Einführung

A. Problemstellung

Die Integration von Älteren, Frauen und Menschen mit Migrationshintergrund in den Arbeitsmarkt wird, bedingt durch den demografischen Wandel, den zunehmenden Wegfall traditioneller Familienstrukturen und die steigende Anzahl Asylsuchender, zu einer der wichtigsten gesamtgesellschaftlichen Aufgaben der nächsten Jahrzehnte.[1]

Einen Teil dieser Aufgabe sollen private Arbeitgeber übernehmen.[2] Deren Personalauswahl soll frei von Unterscheidungen anhand des Geschlechts, der Rasse, der ethnischen Herkunft, der Religion oder der Weltanschauung, einer Behinderung, des Alters oder der sexuellen Ausrichtung erfolgen.[3] Während man der Ansicht sein könnte, dass gesamtgesellschaftliche Probleme auch von der gesamten Gesellschaft gelöst werden sollten (zum Beispiel durch steuerfinanzierte Förderprogramme), verfolgt das europäische Antidiskriminierungskonzept, der Tradition des anglo-amerikanischen Rechtskreis folgend, einen anderen Ansatz. Es sanktioniert den diskriminierenden[4] Entscheidungsprozess des Arbeitgebers. Die ungerechtfertigte Ungleichbehandlung bestimmter Gruppen wird als sanktionswürdiges Verhalten angesehen.[5] Zurück geht dies auf den Europäischen Gerichtshof, der das Bild einer strukturell überlegenen Arbeitgeberseite zeichnet, deren Willkür durch „Abschreckung" zu bändigen sei.[6] Hieraus wird gleichzeitig die Notwendigkeit eines verschuldensunabhängigen

---

1 Entwurf eines Gesetzes zur Umsetzung europäischer Richtlinien zur Verwirklichung des Grundsatzes der Gleichbehandlung, BT-Drs. 16/1780, S. 23f.

2 Entwurf eines Gesetzes zur Umsetzung europäischer Richtlinien zur Verwirklichung des Grundsatzes der Gleichbehandlung, BT-Drs. 16/1780, S. 22.

3 Entwurf eines Gesetzes zur Umsetzung europäischer Richtlinien zur Verwirklichung des Grundsatzes der Gleichbehandlung, BT-Drs. 16/1780, S. 22.

4 Siehe zum rechtlichen Diskriminierungsbegriff *Korthaus*, Das neue Antidiskriminierungsrecht, S. 1; *Liu*, Arbeitsrechtliche Diskriminierung, S. 5.

5 Entwurf eines Gesetzes zur Umsetzung europäischer Richtlinien zur Verwirklichung des Grundsatzes der Gleichbehandlung, BT-Drs. 16/1780, S. 1, 22, 34, 38, 46.

6 EuGH, Urt. v. 10.04.1984 – Rs. 14/83 = NJW 1984, 1021ff., - *Colson/Kamann*; EuGH, Urt. v. 10.04.1984 – Rs. 79/83 = NZA 1984, 157 – *Hartz*; später ausgebaut

Schadensersatzanspruchs gefolgert. Der Entscheidungsprozess des Arbeitgebers wird in ein Korsett aus eng umrissenen Rechtfertigungsmöglichkeiten und sachlichen Gründen gezwungen. Eine unverschuldete Diskriminierung wird als kaum vorstellbar abgetan.[7]

Doch was wäre, wenn der Entscheidungsprozess weder bewusst merkmalsfeindlich, noch unsachlich, sondern schlichtweg auf unbewusster Ebene abliefe? Wenn Entscheidungsträger aufgrund ihres Bauchgefühls, nicht aufgrund ihrer rassistischen/sexistischen Gesinnung, einen bestimmten Kandidaten bevorzugen? Ließe sich dann eine subjektive Vorwerfbarkeit des Arbeitgeberverhaltens als Voraussetzung einer Sanktion begründen?

Die Theorie der impliziten Vorurteile (implicit bias/unconscious bias) kontrastiert die psychologische Konzeption sozialen Verhaltens, wonach menschliche Akteure ausschließlich von ihren expliziten Vorstellungen und bewussten Intentionen zu handeln geleitet sind.[8] Der Terminus des *impliziten Vorurteils* zielt auf eine vollständig andere Ebene der Erklärung ab, nämlich die Erklärungsebene der Kognitiven Psychologie, die sich auch als „subpersonal" bezeichnen lässt.[9] Es geht hierbei um Einstellungen und Stereotype, die unser Verständnis, unsere Aktionen und unsere individuellen Entscheidungen auf einer unbewussten Ebene beeinflussen.[10]

Die praktische Bedeutung impliziter Vorurteile bei Auswahlprozessen auf dem Arbeitsmarkt ist Gegenstand zahlreicher aktueller Debatten. Politik und Wirtschaft versuchen sich an Debiasingprogrammen, Achtsamkeitstrainings[11], Mentorenprogrammen, Diversity-Trainings, Frauenquoten, normierten Auswahlverfahren etc.[12]

---

in EuGH, Urt. v. 08.11.1990 – Rs. C-177/88 = NZA 1991, 171 – *Dekker*; EuGH, Urt. v. 22.04.1997 – Rs. C-180/95 = NZA 1997, 645, - *Draehmpaehl*. .

7 *Ebert*, Pönale Elemente im deutschen Privatrecht, S. 351.

8 *Greenwald/Krieger*, in: Cal. L. Rev. 94 (2006), 945 (946).

9 *Degner/Wentura*, in: Petersen/Six (Hrsg.), Stereotype, Vorurteile und soziale Diskriminierung, S. 150; *Brandtstädter*, in: Richard M Lerner (Hrsg.), Handbook of child psychology, Vol. 1, S. 516ff.

10 State of the Science: Implicit Bias Review 2015, 62 <http://kirwaninstitute.osu.edu>; siehe dort die jährlich aktualisierte Übersicht über den aktuellen Forschungsstand bezüglich Implicit Bias.

11 Jüngst *Hillary Clinton* im TV Duell mit Donald Trump am 26.09.2016 im Zusammenhang mit auf impliziten Vorurteilen basierender rassistischer Polizeigewalt in den USA.

12 Vgl. *Iris Bohnet* im Interview mit dem manager magazin, 10/2016, S. 98f.

Die vorliegende Arbeit prüft demgegenüber die *rechtlichen* Möglichkeiten des bestehenden Diskriminierungsschutzes im AGG zur Bekämpfung der Auswirkungen impliziter Vorurteile. Dass Wille und Handeln unbewusst auseinanderfallen können, macht implizite Vorurteile genauso faszinierend aus sozialwissenschaftlicher wie problematisch aus juristischer Perspektive. Angenommen, implizite Vorurteile können ein Verhalten verursachen, das von den erklärten oder befürworteten Überzeugungen einer Person abweicht, so stellt dies ein Problem für den gesetzlich intendierten Diskriminierungsschutz dar. Allein die Existenz einer unterbewussten Form der Entscheidungsfindung schafft eine Herausforderung für die privatrechtliche Denkweise, weil der Willenserklärung abseits von §§ 104ff. BGB die Prämisse zugrunde liegt, dass natürliche Personen von ihren expliziten Vorstellungen, Wahrnehmungen und Intentionen geleitet sind.[13] Die Motive einer Willenserklärung sind in der Regel unbeachtlich.[14] Das Privatrecht geht in seinen Begriffen *Verschulden* und *Verantwortung* von der fundamentalen Annahme aus, dass der Mensch einen freien Willen hat und für seine Entscheidungen zur Verantwortung gezogen werden kann.[15]

Zudem ist besonders das Antidiskriminierungsrecht vom Gedanken der Gerechtigkeit durchzogen, bislang allerdings mit exklusivem Blick auf die nachteiligen Folgen diskriminierender Entscheidungen für bestimmte Gruppen.[16] Der diskriminierende Entscheidungsträger spielt im arbeitsrechtlichen Diskriminierungsschutz nur eine sehr untergeordnete Rolle.[17] Versucht man nämlich implizite Vorurteile in den Diskriminierungsschutz des AGG einzuordnen, fällt auf, dass der subjektive Tatbestand des Diskriminierenden seltsam unterbestimmt ist.[18] Diese Einseitigkeit ist bei Berücksichtigung impliziter Vorurteile insbesondere im Hinblick auf die Verhältnismäßigkeit der Rechtsfolgen des § 15 AGG problematisch. Die Möglichkeit eines vollkommen unbewusst handelnden Arbeitgebers wirft zahlreiche Fragen auf; einerseits hinsichtlich einer präzisen Einordnung

13 Vgl. *Ellenberger*, in: Palandt, vor § 116 Rn. 2ff.

14 *Singer*, in: Staudinger, BGB (2012), Vorbem zu §§ 116ff, Rn. 12; siehe auch *Flume*, Allgemeiner Teil des Bürgerlichen Rechts, Band II § 4, Rn. 5; *Larenz/Wolf*, Allgemeiner Teil des Bürgerlichen Rechts, § 22 Rn. 4.

15 *Watzenberg*, Der homo oeconomicus und seine Vorurteile, S. 5.

16 Entwurf eines Gesetzes zur Umsetzung europäischer Richtlinien zur Verwirklichung des Grundsatzes der Gleichbehandlung, BT-Drs. 16/1780, S. 23f.

17 *Schramm*, Ungewisse und diffuse Diskriminierung, S. 28.

18 *Schramm*, Ungewisse und diffuse Diskriminierung, S. 28f.

des Entscheidungsprozesses in den Tatbestand der Benachteiligung, andererseits im Hinblick auf die Gerechtigkeit – und damit Verhältnismäßigkeit sanktionsbewährter Verbotsnormen wie § 15 Abs. 2 AGG. Tatbestand und Rechtsfolge sind vor dem Hintergrund impliziter Vorurteile auf ihre wechselseitige Kohärenz zu untersuchen. Zugespitzt ausgedrückt: Kann es gerecht sein, Schadensersatz aufgrund der Folgen der eigenen subpersonalen Entscheidungsebene leisten zu müssen? Handelt ein Arbeitgeber vorwerfbar, wenn er auch bei bestem Willen nichts an seinen tief verankerten Vorurteilen ändern kann? Welche Alternativen hat er, deren Unterlassung einen Vorwurf begründen könnte?

Diese Fragen tragen mehrere Begleitfragen in sich, welche eine Analyse der Gerechtigkeitsfrage im Arbeitsrecht als Teil des Privatrechts notwendig machen. Hierzu zählt die Klärung, ob arbeitsrechtliche Diskriminierungsverbote einen Eingriff in die Privatautonomie darstellen und damit dem Grundsatz der Verhältnismäßigkeit genügen müssen oder ob sie nach fortschreitender Materialisierung der Vertragsgerechtigkeit dem heutigen Privatrecht immanent sind. Gelangt man zum Ergebnis, dass ein rechtfertigungsbedürftiger Eingriff in die privatautonome Entscheidungsfindung der Arbeitgeberseite vorliegt, ist zu untersuchen, ob dieser dem Grundsatz der Verhältnismäßigkeit genügt. Dies gilt in besonderem Maße für das sanktionsbewährte Verbot des impliziten Anknüpfens an bestimmte, vom Gesetzgeber vorgegebene Merkmale.

B. Grundannahmen und die Begrenzung des Themas

Die Möglichkeit der Beeinflussung individueller Entscheidungen und Willenserklärungen durch implizite Vorurteile bietet Forschungsbedarf in zahlreichen Rechtsgebieten. Die hiesige Untersuchung wird sich jedoch auf einen Teilaspekt des arbeitsrechtlichen Diskriminierungsschutzes konzentrieren – der vorurteilsbedingten Vertragsversagung. Gegenstand der Untersuchung ist der Entscheidungsprozess des Arbeitgebers im Bewerbungsverfahren. Diskriminierungen innerhalb des Arbeitsverhältnisses oder bei dessen Beendigung werden ausgeklammert, auch wenn viele der getroffenen Aussagen in diesen Bereichen weitgehende Entsprechungen finden werden.

Die Beschränkung auf Diskriminierungsverbote bei Begründung des Arbeitsverhältnisses rechtfertigt sich mit einem *Erst-Recht-Gedanken.* Diskriminierungsverbote bei der Vertragsanbahnung greifen besonders stark in die privatautonome Entscheidungsfindung ein, weil zwischen den beiden Privatrechtssubjekten noch keine Sonderverbindung besteht, die eine besondere Rücksichtnahme erforderlich machen könnte.[19] Lehnt der Arbeitgeber einen Bewerber ab, bringt er sogar deutlich den Willen zum Ausdruck, eine Sonderverbindung mit diesem konkreten Privatrechtssubjekt nicht eingehen zu wollen.[20] Dementsprechend sind Gleichbehandlungspflichten im Bewerbungsstadium rein heteronom auferlegte Belastungen der Arbeitgeberseite.[21]

Die Begrenzung auf den Arbeitsvertrag rechtfertigt sich wiederum aus einem *Erst-Recht-Gedanken*. Für den Arbeitnehmer bildet er die Grundlage für die persönliche und finanzielle Lebensführung. Ein diskriminierungsbedingter Ausschluss aus dem Arbeitsmarkt hat weitreichendere Folgen für den betroffenen Arbeitnehmer als eine Diskriminierung des Nachfragenden auf dem Gütermarkt. Auf ersterem herrscht in den meisten Berufsgruppen mehr Nachfrage als Angebot, während es sich auf dem Gütermarkt in der Regel genau umgekehrt verhält.[22] Der Zwang zu diskriminierungsfreiem Verhalten des Anbieters ist daher tendenziell auf dem Gütermarkt deutlich stärker, als dies auf dem Arbeitsmarkt der Fall ist.[23] Spiegelbildlich sind die Ausweichmöglichkeiten des Diskriminierten auf dem Arbeitsmarkt deutlich geringer im Vergleich zu einem Nachfrager auf dem Gütermarkt, der seine Nachfrage schlicht bei einem anderen Anbieter befriedigen kann.[24] Auf beiden Märkten gibt es Ausnahmen. Bei bestehendem Fachkräftemangel trifft hohe Nachfrage nach Arbeitnehmern auf ein geringes Angebot. Bei Angebotsmonopolen oder Angebotsoligopolen auf dem Gütermarkt ist der Nachfrager unter Umständen auf einen konkreten Anbieter angewiesen. Diese Ausnahmen ändern jedoch nichts an den

---

19 Vgl. *Dauner-Lieb/Langen*, BGB - Schuldrecht, § 241 Rn. 24ff., § 311 Rn. 48.

20 Es liegt auch kein Aufnahme konkreter Vertragsverhandlungen (§ 311 Abs. 2 Nr. 1 BGB) im Sinne der culpa in contrahendo vor, vgl. *Toussaint,* in: jurisPK-BGB, 7. Aufl. 2014, § 241 Rn. 29.

21 Vgl. *Busche*, in: Staudinger (Neubearbeitung 2014), Die Begründung von Schuldverhältnissen, Rn. 109ff.

22 Einzig der Markt für Mietwohnungen weist eine zum Arbeitsmarkt vergleichbare Verteilung der Kräfteverhältnisse auf.

23 Vgl. zu Marktformen und üblichen Kräfteverhältnissen, *Beutel*, Mikroökonomie, S. 277ff.

24 *Stork*, in: ZEuS 2005, 1 (25); *Franke/Schlichtmann*, in: Däubler/Bertzbach, AGG, § 19 Rn. 25; vgl. zum Regelfall des Polypols auf dem Gütermarkt, *Fehl/Oberender*, Grundlagen der Mikroökonomie, S. 11ff.

überwiegend zu findenden Marktsituationen, die regelmäßig auch dem Vorstellungsbild des Gesetzgebers bei der Annahme struktureller Ungleichgewichte zugrunde liegen.[25]

Auf Arbeitgeberseite gehört der Entscheidungsprozess im Bewerbungsverfahren zu einem besonders schützenswerten Bereich privater Gestaltungskraft, weil mit dem Abschluss eines Arbeitsvertrages eine mit weitreichenden Rechten und Pflichten verbundene Stellung eingenommen wird.[26] Nicht zuletzt aufgrund der zahlreichen Arbeitnehmerschutzrechte, die sich aus §§ 611ff. BGB, KSchG, MuSchG etc. ergeben, gehört ein freier Entscheidungsprozess bei der Personalauswahl zu den wichtigsten Ausprägungen der unternehmerischen Vertragsfreiheit. Das Arbeitsverhältnis als Dauerschuldverhältnis mit besonderen Kündigungsschutzvorschriften ist auf eine Abwägung aller Faktoren, die für das Vertragsverhältnis wichtig werden könnten, *vor* Vertragsschluss angewiesen.[27] Insbesondere, weil der Erfolg der täglichen Zusammenarbeit von Arbeitgeber und Arbeitnehmer nicht ausschließlich von Faktoren der Kompetenz oder Qualifikation abhängt. Zwischenmenschliche Sympathie, das berühmte Bauchgefühl oder ein besonderes Verhältnis zum Kundenstamm können zu ebenso erfolgsrelevanten Faktoren werden. Dies unterscheidet das Arbeitsverhältnis von den „Massengeschäften" des täglichen Bedarfs.[28] Hier spielen persönliche Faktoren für den Vertragsschluss keine schützenswerte Rolle.[29] Selbst der Wohnraummietvertrag zieht in den meisten Fällen keinen dem Arbeitsverhältnis vergleichbaren zwischenmenschlichen Austausch nach sich.[30]

Zusammenfassend lässt sich festhalten, dass kaum ein anderer Vertrag für beide Vertragsparteien mit einer solchen Fülle an Rechten und Pflich-

25 Entwurf eines Gesetzes zur Umsetzung europäischer Richtlinien zur Verwirklichung des Grundsatzes der Gleichbehandlung, BT-Drs. 16/1780, S. 22; vgl. auch *Stöhr/Illner*, in: JuS 2005, 299.

26 *Müller-Glöge*, in: MüKo BGB, 7. Auflage 2016, § 611 Rn. 154ff.

27 Vgl. *Schmitz*, Interessenausgleich im Beschäftigtendatenschutz, S. 29.

28 Vgl. § 19 Abs. 1 Nr. 1 Alt. 1 AGG; siehe auch Entwurf eines Gesetzes zur Umsetzung europäischer Richtlinien zur Verwirklichung des Grundsatzes der Gleichbehandlung, BT-Drs. 329/06, S. 44.

29 Vgl. *Franke/Schlichtmann*, in: Däubler/Bertzbach, AGG, § 19 Rn. 25; *Bittner*, in: Rust/Falke (Hrsg.), AGG, § 19 Rn. 6ff.; Entwurf eines Gesetzes zur Umsetzung europäischer Richtlinien zur Verwirklichung des Grundsatzes der Gleichbehandlung, BT-Drs. 329/06, S. 44.

30 Dies mag bei Vermietung einer Einliegerwohnung anders sein.

ten verbunden ist. Aus kaum einem anderen Dauerschuldverhältnis ist es so schwer, sich im Bedarfsfall wieder zu lösen. Daher ist gerade die Begründung eines Arbeitsvertrages ein besonders sensibles gesellschaftliches Thema. Beide Vertragsparteien sind in Kernbereichen ihrer Lebensführung berührt. Eingriffe des Staates in diesem Bereich müssen stets umsichtig und mit Augenmaß erfolgen.

C. Ziel der Arbeit und Gang der Untersuchung

Die vorliegende Arbeit nimmt Erkenntnisse aus der psychologischen Forschung über implizite Vorurteile zum Anlass, einen genaueren Blick auf den im Diskriminierungsschutz des AGG unterentwickelten subjektiven Entscheidungsprozess des Arbeitgebers bei der Bewerberauswahl zu werfen.

Ziel der Arbeit ist es, ein Modell des diskriminierenden (vorurteilsgeprägten) Entscheidungsprozesses zu entwerfen und den subjektiven Tatbestand der unmittelbaren Benachteiligung im AGG daran auszurichten. Dies soll der dogmatischen Schärfung und Systematisierung dienen. Viele Widersprüche in Literatur und Rechtsprechung zur Auslegung einzelner Normen des AGG resultieren aus Ungenauigkeiten beim Verständnis der subjektiven Tatbestandsseite der Benachteiligungstatbestände.

Nachdem die Erfassung des Entscheidungsprozesses durch das AGG präzise herausgearbeitet wurde, wird sich der Frage angenommen, ob die sanktionsbewährten Rechtsfolgen eines impliziten Verstoßes gegen das Benachteiligungsverbot vor dem Hintergrund der Vertragsabschlussfreiheit des Arbeitgebers dem Verhältnismäßigkeitsgrundsatz genügen können.

Der Gang der Untersuchung gestaltet sich folgendermaßen:

In Kapitel § 2 wird das Modell eines diskriminierenden Entscheidungsprozesses des Arbeitgebers vorgestellt und die Wirkweise impliziter Vorurteile hierin integriert. Dabei erfolgt ein Überblick über aktuelle Theorien und Methoden aus der Forschung über implizite Vorurteile.

In Kapitel § 3 wird die rechtliche Absicherung des Entscheidungsprozesses des Arbeitgebers in Form der Vertragsabschlussfreiheit hergeleitet. Hierbei geht es um die unterschiedlichen Verbürgungen auf internationaler, europäischer, verfassungsrechtlicher und privatrechtlicher Ebene. Auch implizite Vorurteile werden sich als im Grundsatz schützenswerter Teil der Vertragsabschlussfreiheit herausstellen.

Kapitel § 4 widmet sich, nach einem historischen Abriss über die Entwicklung des europäischen Antidiskriminierungsrechts (B.) und einer Darstellung von Zielsetzungen und gesetzgeberischer Umsetzung im AGG (C.), dem subjektiven Tatbestand der Benachteiligung (D.). Zentral wird hierbei die Auslegung des Wortes „wegen“ im Tatbestand. Bedeutet „wegen“ objektive Kausalität oder subjektive Finalität? Hiervon hängen die Weite des Tatbestandes und damit die Eingriffsintensität des arbeitsrechtlichen Diskriminierungsschutzes des AGG ab. Zur Beantwortung dieser Frage wird das entworfene Modell des Entscheidungsprozesses fruchtbar gemacht und der Tatbestand entsprechend dem Modell in Motivebene und Anknüpfungsebene unterteilt. Diese Unterteilung ermöglicht es, vorhandene Rechtsprechung und Literatur präziser den jeweiligen Problemfeldern zuzuordnen und zu einer einheitlichen Auslegung des Tatbestandes zu gelangen. Während die Gestaltung des Gesetzgebers hinsichtlich der Motivebene eindeutig ist, entscheidet sich auf Anknüpfungsebene das Vorliegen eines tatbestandsmäßigen Verstoßes gegen das Verbot der unmittelbaren Benachteiligung. Die Verschuldensunabhängigkeit der Anknüpfungsebene führt dazu, dass der aufgrund impliziter Vorurteile benachteiligende Arbeitgeber in jedem Fall den Tatbestand des Benachteiligungsverbots erfüllt.

Kapitel § 5 wird das herausgearbeitete Ergebnis aufgreifen und sich den Fragen rund um die Verhältnismäßigkeit einer verschuldensunabhängigen Rechtsfolge bei einem implizit benachteiligenden Arbeitgeber annehmen. Besonderer Fokus wird dabei auf die Wechselbeziehung von sanktionierender Rechtsfolge und verschuldensunabhängiger Anspruchsbegründung gelegt werden. Hierzu wird zunächst untersucht werden, ob ein implizit vorurteilsgeprägter Entscheidungsprozess persönlich vorwerfbar im Sinne eines privatrechtlichen Verschuldens ist. Eingeflochten wird hierbei die Diskussion über eine normative Pflicht zur Durchführung eines normierten (im Regelfall anonymisierten) Bewerbungsverfahrens. Nimmt man ein Verschulden in bestimmten Fallkonstellationen an, ist die Frage der Verhältnismäßigkeit der verschuldensunabhängigen, sanktionierenden Elemente des § 15 Abs. 2 AGG dennoch nicht abschließend beantwortet. Es wird gezeigt werden, dass trotz des fundamentalen Verschuldensprinzips im deutschen Privatrecht die Präventionsfunktion des Diskriminierungsschutzes eine derartige Regelung rechtfertigen kann, sie bei Berücksichtigung impliziter Vorurteile aber versagt.

Abschließen wird die Arbeit mit einer Zusammenfassung der wichtigsten Thesen in Kapitel § 6.

§ 2 Der Entscheidungsprozess unter dem Einfluss impliziter Vorurteile

Das Entscheidungsergebnis bei der Bewerberauswahl ist nur scheinbar der zentrale Bezugspunkt antidiskriminierungsrechtlicher Vorschriften.[31] Zwar manifestiert sich in der Vertragsversagung die Ungleichbehandlung aufgrund bestimmter Merkmale, jedoch wird gezeigt werden, dass es daneben der Entscheidungsprozess des Arbeitgebers ist, der aus einer legitimen Differenzierung eine verbotene Ungleichbehandlung macht. Umso mehr erstaunt es, dass dem Entscheidungsprozess verhältnismäßig wenig Aufmerksamkeit zuteilwird.[32]

Das vorliegende Kapitel soll dies ändern. Hierzu wird das Modell eines typischen diskriminierenden Entscheidungsprozesses entworfen. Prägend ist dabei die Aufteilung des Entscheidungsprozesses in zwei Ebenen – die Motivebene und die Anknüpfungsebene (A.). Diese Aufteilung wird für die gesamte nachfolgende Argumentation herangezogen werden. Die übrigen Teilkapitel von § 2 widmen sich den Forschungserkenntnissen über implizite Vorurteile. Zunächst wird das theoretische Fundament zu Vorurteilen und impliziten Vorurteilen gelegt und deren Auswirkungen auf Anknüpfungs- und Motivebene thematisiert (B.). Anschließend wird eine Auswahl der bedeutendsten Methoden zur Feststellung bzw. Messung impliziter Vorurteile vorgestellt (C.). Abgeschlossen wird die Darstellung durch Praxisbeispiele aus ausgewählten Studien (D.) und eine Zusammenfassung aller bis dahin gewonnenen Erkenntnisse (E.).

---

31 So aber Handbuch, Diskriminierungsschutz der Diskriminierungsstelle des Bundes, S. 52.

32 Vgl. *Schramm*, Ungewisse und diffuse Diskriminierung, S. 28.

A. Der Entscheidungsprozess des Arbeitgebers

Die Rechtswissenschaft ist eine normative Wissenschaft.[33] Vorvertraglicher Diskriminierungsschutz spricht unter anderem den normativen Befehl aus: *Diskriminiere nicht bei der Personalauswahl!* Es geht dem Recht primär nicht um die Frage, was ist, sondern darum, was (nicht) sein soll.[34] Rechtswissenschaft nutzt die präskriptive, nicht die deskriptive Methode.[35] Dennoch sollte der Rechtsanwender, will er sich nicht dem Vorwurf der Weltfremdheit aussetzen, bei der Auslegung normativer Gebote und Verbote ein Bild des tatsächlichen Verhaltens des Menschen vor Augen haben. Das tatsächliche Verhalten von Menschen ist der normativen Bewertung vorgelagert.[36] Deshalb ist folgender These uneingeschränkt zuzustimmen: „… *antidiscrimination law should be behaviorally realistic because a normative theory of non-discrimination bases on faulty premises about how and why decision makers treat people differently because of their social group cannot realistically perform much normative work*". [37]

Übertragen auf den Entscheidungsprozess bei der Bewerberauswahl bedeutet dies, dass eine Betrachtung des tatsächlichen Verhaltens die fruchtbare Vorstufe der normativen Bewertung sein kann. Der Entscheidungsprozess ist die interne Willensbildung des Erklärenden.[38] Bevor der erklärende Arbeitgeber eine Willenserklärung in Form des Angebots auf Arbeitsvertragsschluss abgeben kann, muss er den Willen hierzu (frei) bilden.[39] Die normative Bewertung des Entscheidungsprozesses obliegt dem Gesetzgeber. Dieser hat sich im Privatrecht dazu entschieden, insbesondere aus Gründen des Verkehrsschutzes, dem äußeren Erklärungstatbestand

---

33 Vgl. ausführlich *Kingreen*, Das Sozialstaatsprinzip im europäischen Verfassungsverbund, S. 185; vgl. auch *Funke*, Allgemeine Rechtslehre als juristische Strukturtheorie, S. 74.

34 *Kingreen*, Das Sozialstaatsprinzip im europäischen Verfassungsverbund, S. 185.

35 *Watzenberg*, Der homo oeconomicus und seine Vorurteile, S. 2; vgl. zu deskriptivem und präskriptivem Gleichheitsbegriff, *Altwicker*, Menschenrechtlicher Gleichheitsschutz, S. 10f.

36 *Schuhr*, Rechtsdogmatik als Wissenschaft, S. 47.

37 *Krieger/Fiske*, in: Cal. L. Rev. 2006, 997 (1001).

38 *Mankowski*, in: AcP 201 (2011), 153 (155).

39 *Mankowski*, in: AcP 201 (2011), 153 (155).

grundsätzlich Vorrang vor dem inneren Willensbildungsprozess des Erklärenden zu geben.[40]

Bei der diskriminierenden Vertragsversagung im Bewerbungsverfahren wird jedoch eine andere Bewertung vorgenommen. Der sanktionsbewährte Vorwurf knüpft unter anderem am Entscheidungsprozess des Arbeitgebers an.[41] Die Unterbestimmtheit des subjektiven Tatbestandes der unmittelbaren Benachteiligung im AGG rührt demzufolge nicht aus dessen Unbeachtlichkeit her, sondern ist Beispiel des gesetzgeberischen Unterlassens der Ausarbeitung einer differenzierten Struktur des subjektiven Benachteiligungstatbestandes.[42] Dasselbe gilt für die Rechtsprechung und Teile der Literatur.[43] Oftmals bleibt die Argumentation schwammig, vermischt die verschiedenen Stadien des Entscheidungsprozesses oder beleuchtet ihn gleich gar nicht.[44]

Eine solche Herangehensweise wird dem komplexen Vorgang der Diskriminierung nicht gerecht. Daher wird in diesem Kapitel mit der Ausarbeitung eines Modells des typischen Entscheidungsprozesses des Arbeitgebers bei einer diskriminierenden Bewerberauswahl der Grundstein für die weitere Auslegung des Tatbestandes der Benachteiligung gelegt.

Der Entscheidungsprozess des Arbeitgebers besteht aus zwei verschiedenen Ebenen. Es gibt die Anknüpfungsebene und die Motivebene. Sie geben Aufschluss darüber, *ob* (Anknüpfungsebene) und *warum* (Motivebene) ein Bewerber benachteiligt wurde. Implizite Vorurteile können auf beiden Ebenen relevant werden.

---

40 *Singer*, in: Staudinger, BGB, Neubearbeitung 2012, Vorbem. § 116ff. Rn. 1, 34ff.; vgl. schon *Schmidt-Rimpler*, in: AcP 147 (1941), 130 (192); *Westermann*, in: JuS 1964, 169 (171); *Singer*, Selbstbestimmung und Verkehrsschutz im Recht der Willenserklärungen, S. 241f.; *Lobinger*, in: AcP 195 (1995), 274 (279); *Lobinger*, Rechtsgeschäftliche Verpflichtung und autonome Bindung, S. 126; *Lorenz*, Der Schutz vor dem unerwünschten Vertrag, S. 279f.; *Leistner*, Richtiger Vertrag und lauterer Wettbewerb, S. 825.

41 *von Medem*, Kündigungsschutz und Allgemeines Gleichbehandlungsgesetz, S. 46f.; siehe ausführlich unten § 4 B.V.2.

42 Siehe ausführlich unten § 4 D. III. u. IV.

43 EuGH, Urt. v. 08.11.1990 – Rs. C-177/88 = NZA 1991, 171 – *Dekker*; EuGH, Urt. v. 22.04.1997 – Rs. C-180/95 = NZA 1997, 645, - *Draehmpaehl*; *Baer*, in: ZRP 2002, 290 (293f.); *Baer*, in: ZRP 2001, 500 (502).

44 So auch *Schramm*, Ungewisse und diffuse Diskriminierung, S. 28f. siehe auch die Definition der Diskriminierung im Handbuch, Diskriminierungsschutz der Diskriminierungsstelle des Bundes, S. 52.

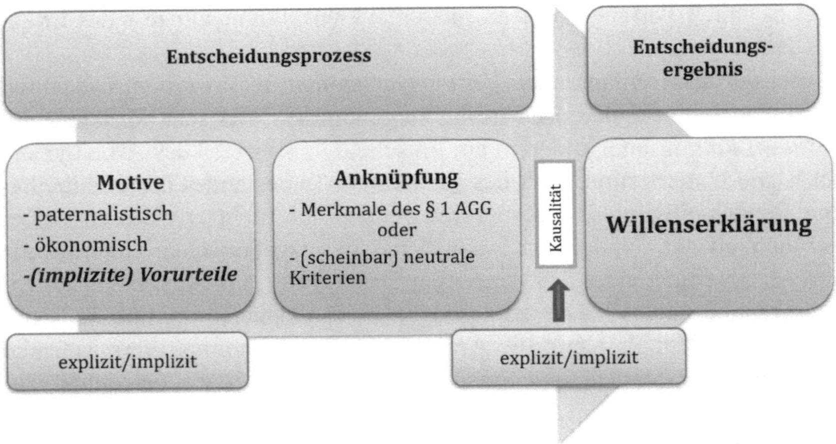

I. Die Anknüpfungsebene

Anknüpfung bedeutet, ein bestimmtes Kriterium zum entscheidungserheblichen Kriterium zu machen. Auf der Anknüpfungsebene selektiert der Arbeitgeber zwischen den Bewerbern anhand bestimmter, für ihn entscheidungserheblicher Merkmale. Diese Merkmale können für Außenstehende nachvollziehbar oder willkürlich sein. Sie können von der Rechtsordnung gebilligt oder missbilligt werden. Sie können dem Arbeitgeber bewusst oder nicht bewusst sein. Klar ist jedoch: Eine Differenzierung muss stattfinden, weil ansonsten bei mehreren Bewerbern auf eine Stelle kein Vertragsschluss möglich wäre.[45] Der Abschluss eines Vertrages ist stets die Diskriminierung aller anderen am Vertragsschluss Interessierten.[46] Die üblichste anerkannte Anknüpfungsmethode ist eine Unterscheidung anhand der Qualifikationen der Bewerber, zum Beispiel der Noten in einem Zeugnis. Der Arbeitgeber macht seine Auswahlentscheidung von den Noten der Bewerber abhängig – die Noten sind das Anknüpfungskriterium. Denkbar wäre es aber auch, die Bewerber anhand der Haarfarbe, Schuhgröße, des Musikgeschmacks oder eben aus Gründen der Rasse, der ethnischen Her-

45 Vgl. *Neuner*, in: JZ 2003, 57 (59).

46 Lat. discriminare „trennen, absondern, abgrenzen, unterscheiden“, vgl. Schulz/Basler u. a., Deutsches Fremdwörterbuch, Bd. IV, 2. Auflage, Berlin 1999, S. 666ff.

kunft, des Geschlechts, der Religion oder Weltanschauung, einer Behinderung, des Alters oder der sexuellen Identität auszuwählen.

So vielfältig die Arbeitswelt ist, so vielfältig sind die Kriterien zur Stellenbesetzung. Grundsätzlich gibt es keine Wertungsunterschiede zwischen den Unterscheidungskriterien. Einem Arbeitgeber mögen Schulnoten wichtig sein, ein anderer legt Wert auf Auslandsaufenthalte, wieder ein anderer möchte gerne mit attraktiven Menschen zusammenarbeiten. Oftmals dienen bestimmte Kriterien nur der Vorauswahl, um aus zahlreichen Bewerbungen ein praktisch durchführbares Bewerbungsverfahren zu machen. So ist es gerade in der juristischen Praxis nicht unüblich, Bewerber unterhalb einer gewissen Notenschwelle für das weitere Bewerbungsverfahren gar nicht erst zu berücksichtigen. Bewerber mit zu schlechten Noten scheiden vorzeitig aus. Im weiteren Bewerbungsverfahren können dann aber völlig andere Kriterien (z.B. Sympathie) entscheidungserheblich werden. In die schlussendliche Willenserklärung fließt somit oftmals eine Reihe von Entscheidungskriterien ein.

Denkbar ist auch, dass der Arbeitgeber keine bewusste Vorstellung von den entscheidungserheblichen Kriterien hat. Gerade auf der zweiten Stufe des Bewerbungsverfahrens, wenn alle verbliebenen Bewerber über gute Noten und ausreichend Zusatzqualifikationen verfügen, wird oftmals das berühmte „Bauchgefühl“ den Ausschlag geben. Das „Bauchgefühl“ kann jedoch auch ein anderes Wort für Vorurteil sein. An dieser Stelle wird die Abgrenzung schwierig, ob es sich noch um ein „legitimes Bauchgefühl“ handelt oder der Bereich des Diskriminierungsschutzes eröffnet ist. Einzig die normative Anordnung des Gesetzgebers zieht die Grenze zwischen billigenswerten Präferenzen des Arbeitgebers für ein bestimmtes Kriterium und unzulässiger Benachteiligung. Bezieht sich das Vorurteil auf Menschen mit blonden Haaren, ist dies nach Ansicht des Gesetzgebers eine hinzunehmende Differenzierung, während ein Vorurteil hinsichtlich sexueller Neigungen eine sanktionsbewährte Diskriminierung darstellt. Dies mag nicht immer einleuchtend sein, wird im Rahmen dieser Untersuchung jedoch als Ausdruck gesetzgeberischer Gestaltungskraft hingenommen.

Auf Anknüpfungsebene entscheidet sich demnach, welche Kriterien letztlich den Ausschlag für das Entscheidungsergebnis gegeben haben. Die Vertragsversagung als Entscheidungsergebnis ist für alle Bewerber bis auf einen das zu erwartende Resultat der Bewerbung und damit nicht per se geeignet, in rechtlicher Hinsicht zu diskriminieren.[47] Erst das Anknüpfen an ein verbotenes Merkmal im Entscheidungsprozess kann vorwerfbares Verhalten des Arbeitgebers darstellen. Deshalb stellt die Anknüpfungsebene den primären Bezugspunkt des arbeitsrechtlichen Diskriminierungsschutzes dar. Zu klären wird sein, ob dies auch auf implizites Anknüpfen an verbotene Merkmale zutrifft.

II. Die Motivebene

Die Motivebene gibt Aufschluss darüber, *warum* der Arbeitgeber im Entscheidungsprozess an bestimmte Merkmale anknüpft. Der Begriff des Motivs ist hierbei weit zu verstehen. Neben bewussten Motiven zählen auch unbewusste Vorurteile, Bauchgefühle oder nicht näher spezifizierbare Sympathien dazu. In diesem Kontext relevante Motive sind auch Rassismus, Homophobie, Fremdenfeindlichkeit, Wut, Hass, Neid, Eifersucht etc.

Anknüpfungsebene und Motivebene können sich entsprechen. So ist dem Arbeitgeber gerade beim vielfach erwähnten „Bauchgefühl" oftmals unklar, dass und warum er ein bestimmtes Merkmal berücksichtigt hat. Beispielsweise kann der Arbeitgeber einen Bewerber für den geeignetsten Kandidaten halten, ohne dass ihm bewusst wäre, dass letztlich das männliche Geschlecht entscheidungserheblich war und ohne begründen zu können, warum es ihm auf das Geschlecht angekommen wäre. Umgekehrt kann der Arbeitgeber auch gezielt das Geschlecht zum Entscheidungskriterium gemacht haben und auch exakt benennen können, warum er dies getan hat (z.B. wegen einer „befürchteten" Schwangerschaft einer weiblichen Bewerberin).

Anknüpfungsebene und Motivebene können aber auch auseinanderfallen. Beispielsweise kann der Arbeitgeber schlicht das Gefühl gehabt haben, dass ein Mann für die zu besetzende Stelle geeigneter ist, ohne begründen zu können, warum dem so sei. In diesem Fall ist dem Arbeitgeber die Berücksichtigung des Merkmals Geschlecht voll bewusst, er kann aber nicht begründen, warum es ihm auf das Geschlecht für die zu besetzende Stelle ankommt.

---

47 Vgl. den Überblick bei *Bader*, Arbeitsrechtlicher Diskriminierungsschutz als Privatrecht, S. 129ff.

Je nachdem, ob Anknüpfungsebene und Motivebene parallel laufen oder auseinanderfallen sind unzählige Motive denkbar, warum ein Arbeitgeber eine Frau in einem Bewerbungsverfahren anders behandelt als einen Mann. Diese Motive können rational sein, im Sinne des ökonomischen Standardmodells des *homo oeconomicus*.[48] Sie können aber auch die verschiedenen, aus der Verhaltensökonomik bekannten Verzerrungen menschlichen Verhaltens widerspiegeln.[49] Der Arbeitgeber kann die Frau vor zu schwerer Arbeit schützen wollen (paternalistisches Motiv). Er kann die zusätzlichen finanziellen Belastungen durch eine Schwangerschaft scheuen (ökonomisches Motiv). Er kann eine bestimmte Zusammenstellung der Belegschaft im Sinn haben (Diversität). Oder er kann aufgrund von (impliziten) Vorurteilen einen Mann schlicht für geeigneter für die zu besetzende Stelle halten.

Neben der Abgrenzung zwischen rationalen und irrationalen Motiven kann auch eine Abgrenzung zwischen Motiven, die sich auf eine tatsächlich bestehende Faktenlage beziehen, und Motiven, die Halbwahrheiten, Vermutungen oder Irrglauben reflektieren, vorgenommen werden. Greift man das Beispiel der Schwangerschaft wieder auf, so kann das ökonomische Motiv hinter der Ungleichbehandlung von Frauen auf tatsächlich bestehenden finanziellen Nachteilen beruhen oder auf der bloßen Annahme des Arbeitgebers, dass eine Schwangerschaft mit finanziellen Belastungen verbunden sei.

Fraglich ist, welche Berücksichtigung die Motive des Entscheidungsprozesses im arbeitsrechtlichen Diskriminierungsschutz finden. Getreu dem Gedanken, dass der Zweck manchmal die Mittel heiligen kann, spricht das unbefangene Gerechtigkeitsempfinden dafür, die Motivebene be- und entlastend zu berücksichtigen. Die Fairness scheint es zu gebieten, einen Unterschied zu machen, zwischen einem rassistischen Arbeitgeber und einem Arbeitgeber, der nur zum ökonomischen Wohl seines Unternehmens handeln will. Umgekehrt könnte der Diskriminierungsschutz ausgehöhlt sein, wenn der Arbeitnehmerseite der Nachweis eines rassistischen Motivs abverlangt wird.

---

48 Vgl. zum ökonomischen Verhaltensmodell, *Kirchgässner*, Homo Oeconomicus, S. 12ff.

49 Siehe eine Übersicht der Verhaltensanomalien in der Verhaltensökonomik bei *Schmolke*, Grenzen der Selbstbindung im Privatrecht, S. 178ff.; siehe zudem *Wiedemann/Wank*, in: JZ 2013, 340.

B. Vorurteile und die Theorie der impliziten Vorurteile

Den vorgestellten Ansatz weitergedacht, können implizite Vorurteile von der Motivebene auf die Anknüpfungsebene durchschlagen. Der gesamte Entscheidungsprozess läuft dann auf einer unterbewussten Ebene ab. Resultat wäre ein Entscheidungsprozess des Arbeitgebers, der diesem selbst unklar bleibt. Müsste er ihn sachlich begründen, wäre ihm dies nicht möglich. Fest steht ein benachteiligendes Entscheidungsergebnis, welches weder hinsichtlich des *ob* noch des *warum* vom Arbeitgeber intendiert war. Dieser Wirkkraft impliziter Vorurteile gilt es weiter nachzugehen.

„Stereotype, Vorurteile und Stigmatisierungen sind zumeist tradiert und daher vielen Menschen nicht bewusst. Diskriminierendes Verhalten wird in solchen Fällen nicht als solches erkannt, erfolgt also unbeabsichtigt“.[50] Die Gesetzesbegründung des AGG leitet aus dieser Feststellung einen Grund für die häufig unterbleibende Rechtsnutzung von Betroffenen einer Diskriminierung ab. Folgt man dieser Argumentation, lässt das nur einen Schluss zu: Vorurteile sind in einer Weise verbreitet und tief verankert, dass selbst der Diskriminierte in vielen Fällen von der Richtigkeit der getroffenen Entscheidung ausgeht, mithin keine ungerechtfertigte Ungleichbehandlung ausmachen kann. Es handelt sich demnach um ein gesamtgesellschaftliches Phänomen.

Die nachfolgende Darstellung untermauert diese Annahme mit Erkenntnissen aus der Forschung über implizite Vorurteile. Dieser Überblick ist weder vollständig noch erschöpfend. Er soll dem Leser vielmehr einen Eindruck über die wichtigsten wissenschaftlichen Strömungen in diesem Forschungsbereich verschaffen. Zudem soll er dem vornehmlich juristisch interessierten Leser zur Veranschaulichung der psychologischen Materie dienen, um bei der späteren Analyse des Gleichbehandlungsrechts mit den wichtigsten Theorien und dem Fachvokabular vertraut zu sein.

---

50 Entwurf eines Gesetzes zur Umsetzung europäischer Richtlinien zur Verwirklichung des Grundsatzes der Gleichbehandlung, BT-Drs. 16/1780, S. 23.

I. Definitionen des Vorurteilsbegriffs

Der Vorurteilsbegriff als Terminus technicus der Sozialwissenschaften basiert auf einem Begriff aus der Alltagssprache.[51] Bereits im „Grossen vollständigen Universal-Lexikon" von *Zedler* aus dem Jahr 1750 sind die wesentlichen Eigenschaften von Vorurteilen genannt:

„Ein Vorurtheil ist nichts anderes, als ein unrichtiges und nicht sattsam überlegtes Principium, welches man vor wahr annimmt, und nach demselbigen seine besonderen Urtheile und Schlüsse einrichtet."[52]

Im „Deutschen Wörterbuch" der *Gebrüder Grimm* wurden Vorurteile als „vorgefasste, irrige Meinungen" bezeichnet.[53]

Beinahe sämtliche sozialwissenschaftlichen Definitionen gehen auf *Allport* zurück, welcher Vorurteil als „[...]antipathy based on a faulty and inflexible generalization" definiert hat.[54] Vorurteile werden häufig synonym mit Verzerrungen (Bias) verwendet, welche eine motivierende Kraft auf diskriminierende Entscheidungen oder Handlungen ausüben und diese legitimieren können.[55]

II. Theorie der impliziten Vorurteile im Überblick

Vorurteile können explizit oder implizit, aus individuellen oder kollektiven Gründen motiviert sein.[56] Der Begriff des expliziten Vorurteils bezieht sich auf persönliche Werte und Überzeugungen als Motive oder Gründe von Handlungen eines Entscheidungsträgers.[57] Demnach ist eine Vorstellung explizit, wenn sie dem Individuum bewusst ist und die Möglichkeit einer bewussten Selbstreflexion besteht.[58] Eine Intention zu handeln ist

51 *Petersen/Six*, in: Petersen/Six (Hrsg.) Stereotype, Vorurteile und soziale Diskriminierung, S. 109.

52 Vgl. *Zick,* Vorurteile und Rassismus: Eine sozialpsychologische Analyse, S. 37.

53 *Petersen/Six*, in: Petersen/Six (Hrsg.) Stereotype, Vorurteile und soziale Diskriminierung, S. 109.

54 *Allport*, The Nature of Prejudice, S. 6.

55 *Zick,* Vorurteile und Rassismus: Eine sozialpsychologische Analyse, S. 37.

56 *Zick,* Vorurteile und Rassismus: Eine sozialpsychologische Analyse, S. 46.

57 *Degner/Wentura*, in: Petersen/Six (Hrsg.), Stereotype, Vorurteile und soziale Diskriminierung, S. 150.

58 *Greenwald/Krieger*, in: Cal. L. Rev. 94 (2006),945 (946).

bewusst, sobald sich der Akteur darüber im Klaren ist, eine gewisse Handlung aus einem gewissen Grund auszuüben.[59]

Fehlt es an der bewussten, intentionalen Kontrolle hinsichtlich der Prozesse der sozialen Vorstellung, des Urteilsvermögens und der Eindrucksformung, werden die Handlungen des Individuums von der impliziten Bewusstseinsebene angetrieben.[60] Implizite Vorurteile werden unfreiwillig, ohne Bewusstsein oder intentionale Kontrolle des Individuums aktiviert, weswegen sie einer Selbstwahrnehmung nicht zugänglich sind.[61] Tief im Unterbewusstsein angesiedelt, bietet diese Form der Vorurteile, im Gegensatz zu expliziten Vorurteilen, keinen Raum für Unterdrückung oder Zurückhaltung aus Gründen der politischen Korrektheit.

Der Theorie der impliziten Vorurteile liegt folgende Vorstellung des menschlichen Gehirns zugrunde:

Es wird unterstellt, dass Konzepte mental repräsentiert sind, also dass in einem Modell des menschlichen Gedächtnisses zu jeder Zeit identifizierbare „Einträge" existieren, die ihrerseits ein „Objekt" der Realität seinen Eigenschaften gemäß abbilden und dass diese Einträge durch zugeordnete „Abrufschlüssel" (der Name des Objektes oder das Objekt selbst) aus einem passiven Zustand in einen aktiven Zustand überführt werden, sie sich also im Verhalten des Entscheidungsträgers niederschlagen.[62] Repräsentiert eine Komponente eines solchen Eintrages die negative Valenz des Objektes, handelt es sich um ein implizites Vorurteil.[63] Existiert beispielsweise der Eintrag „Türke (Objekt) negativ (Valenz)", wird dieser Eintrag durch einen türkischen Namen (Abrufschlüssel) im Bewerbungsverfahren aktiviert. Lehnt der Arbeitgeber in der Folge den türkischen Bewerber ab, wurde das passive implizite Vorurteil in einen aktiven Zustand überführt. Diskriminierungsschutzrechtlich relevant werden implizite Vorurteile also immer dann, wenn eine Komponente eines solchen Eintrages die negative Valenz des Objektes repräsentiert, diese negative Valenz verhaltenswirk-

---

59 *Greenwald/Krieger*, in: Cal. L. Rev. 94 (2006),945 (946).

60 *Negowetti*, in: St. Mary's J. on Legal Malpractice & Ethics 4 (2014), 278 (284).

61 *Beattie*, Our Racist Heart?, S. 4; *Kang/Bennett/Carbado/Dasgupta/Faigman/Godsil/Greenwald/Levinson/Mnookin*, in: UCLA Law Rev. 59 (2012), 1124; *Blair*, in: Pers. Soc. Psychol. Rev. 6 (2002), 242.

62 *Degner/Wentura*, in: Petersen/Six (Hrsg.), Stereotype, Vorurteile und soziale Diskriminierung, S. 150f.

63 *Degner/Wentura*, in: Petersen/Six (Hrsg.), Stereotype, Vorurteile und soziale Diskriminierung, S. 150f.

sam wird und das repräsentierte Objekt Merkmalsträger eines der Merkmale des § 1 AGG ist.[64]

Zwar müssen Vorurteile nicht zwingend zu Diskriminierung führen[65] – sowie umgekehrt Diskriminierung nicht stets aus Vorurteilen resultieren muss (beispielsweise formale oder institutionelle Diskriminierung)[66] – jedoch soll es in dieser Arbeit genau um jene Art der Benachteiligungen gehen, welche aus impliziten Vorurteilen resultieren. Daher werden auch vorhandene Vorurteile ausgeblendet, die eine positive Haltung reflektieren.[67] Es geht im Folgenden um negative Vorurteile auf der unbewussten Ebene. Dennoch können implizite Vorurteile nicht vollständig losgelöst von den ihnen verwandten expliziten Versionen gesehen werden. Zwar müssen diese in medizinisch-psychologischer Sicht unterschieden werden[68], es bestehen jedoch deutliche Interdependenzen zwischen beiden Formen. *„Implicit and explicit biases are related but distinct mental constructs. They are not mutually exclusive and may even reinforce each other."*[69]

III. Implizite Vorurteile auf Anknüpfungs- und Motivebene

Für die vorliegende Untersuchung sollen die Auswirkungen impliziter Vorurteile in das Modell des Entscheidungsprozesses integriert werden, um deren Berücksichtigung im Benachteiligungstatbestand des AGG an späterer Stelle präzise herausarbeiten zu können.

Auf Anknüpfungsebene kommen implizite Vorurteile zum Tragen, wenn der Arbeitgeber keine bewusste Vorstellung bezüglich der kausalen Verknüpfung von Diskriminierungsmerkmal und Vertragsversagung hat.

64 Vgl. *Degner/Wentura*, in: Petersen/Six (Hrsg.), Stereotype, Vorurteile und soziale Diskriminierung, S. 151.

65 *Dovidio/Gaertner*, in: Dovidio/Gaertner (Hrsg.), Reducing Intergroup Bias, S. 3.

66 Siehe die Übersicht über psychologische Erkenntnisse bezüglich institutionell veranlassten Vorurteilen zwischen unterschiedlichen Gruppen (intergroup bias), *Pettigrew/Tropp*, in: J. Pers. Soc. Psychol. 90(5) (2006), 751ff.; siehe auch *Zick*, Vorurteile und Rassismus: Eine sozialpsychologische Analyse, S. 46.

67 Vgl. zu positiven Vorurteilen bspw. *Jones*, Prejudice and Racism, S. 140.

68 Vgl. *Degner/Wentura*, in: Petersen/Six (Hrsg.), Stereotype, Vorurteile und soziale Diskriminierung, S. 150f.

69 Implicit Bias Report 2015, [online]. Verfügbar unter : http://kirwaninstitute.osu.edu/ research/understanding-implicit-bias.

Ihm ist bewusst, es mit einem Merkmalsträger zu tun zu haben, er geht aber davon aus, dass die Einstellungsentscheidung nicht anhand des Merkmals getroffen wurde. Implizite Vorurteile verschleiern also etwa den Zusammenhang zwischen einer Behinderung als Merkmal und der daraus resultierenden Ablehnung im Entscheidungsprozess. Wohlgemerkt verschleiern sie nicht die Kenntnis von der Merkmalsträgerschaft an sich. Die Behinderung wirkt im Beispiel als Abrufschlüssel, um den Eintrag „behinderter Mensch (Objekt) negativ (Valenz)" zu aktivieren.

Auf Motivebene wirken implizite Vorurteile insbesondere dann, wenn Bewerber nicht mit einer konkreten, oftmals zuvor festgelegten Zielsetzung ausgewählt werden, sondern unklar bleibt, warum die Auswahl gegen bestimmte Bewerber ausgefallen ist. Implizite Vorurteile verschleiern auf Motivebene den tatsächlichen Grund der Berücksichtigung von Diskriminierungsmerkmalen. Beispielsweise wird auf Anknüpfungsebene die Unterscheidung anhand des Alters getroffen, ohne auf Motivebene einen bewussten Grund hierfür nennen zu können. Das „Bauchgefühl" hielt einen jüngeren Bewerber schlicht für den geeigneteren Kandidaten.

IV. Verschiedene Ausprägungen impliziter Vorurteile

Auf der unbewussten Ebene lassen sich mehrere unterschiedliche Facetten des menschlichen Verstandes unterscheiden. Für die Zwecke der juristischen Analyse sind besonders drei Bestandteile impliziter Vorurteile von Interesse. Namentlich geht es um implizite Wahrnehmungen, implizite Einstellungen und implizite Stereotype.[70] Diese sollen im Folgenden vorgestellt werden.

1. Implizite Wahrnehmungen

Die Forschung über implizite Wahrnehmungen legt nahe, dass Menschen nicht jederzeit über eine bewusste, intendierte Kontrolle über die Prozesse der sozialen Einschätzung, der steuerbaren Eindrücke oder des Urteilsvermögens verfügen, welche motivierend auf ihre sozialen Interaktionen ein-

70 *Greenwald/McGhee/Schwartz*, in: J. Pers. Soc. Psychol. 74 (1998), 1464; *Rudman/Greenwald/McGhee*, in: Personality & Soc. Psychol. Bull. 27, 1164.

wirken.[71] Diese sind vielmehr von einer Vielzahl kognitiver Vorbedingungen abhängig, weswegen sich unter diesem Begriff eine ganze Bandbreite an Forschungsströmungen versammelt. Die Theorie der impliziten sozialen Wahrnehmungen ist eine breit angelegte Kategorie, welche bestehende Forschungserkenntnisse integrierend aufnimmt und teilweise neu interpretiert.[72] Ziel ist es, den Blick in Richtung vormals unterentwickelter Ansätze der psychologischen Forschung zu richten.[73]

a) Implizite Erinnerungen

Die Forschung über implizite Erinnerungen geht auf *Graf* und *Schacter* zurück.[74] Nach deren Definition geht es hierbei nicht um ein bestimmtes Erinnerungssystem, sondern vielmehr um ein deskriptives Konzept, welches auf einer bestimmten Erinnerungsaufgabe der Testpersonen basiert.[75] Diesem Ansatz folgend wurden Studien durchgeführt, die - im Gegensatz zu traditionellen Studien über menschliche Erinnerungen, welche auf freier Erinnerung („free recall“), stichwortgebundener Erinnerung („cued recall“) oder Wiedererkennung („recognition“) basierten - den Fokus auf experimentelle Situationen gelegt haben, in denen Informationen codiert in der ersten Testphase übermittelt und anschließend in der nächsten Testphase ohne bewusste oder beabsichtigte Erinnerung überprüft wurden.[76]

Anstatt dazu aufgefordert zu werden, sich an die zuvor präsentierten Informationen zu erinnern, wurden Testpersonen mit Aufgaben wie dem Vervollständigen eines Satzes oder eines Wortfragments konfrontiert, die als Indikatoren für eine Verhaltensänderung aufgrund der zuvor präsentierten Informationen dienten.[77] Beispielsweise wurden den Testpersonen im ersten Testdurchlauf Wortpaarungen vorgelegt, von denen die eine Hälfte

71 *Negowetti*, in: St. Mary's J. on Legal Malpractice & Ethics 4 (2014), 278 (284).

72 *Greenwald/Banaji*, in: Psychol. Rev. 102 (1995), 4 (4).

73 *Greenwald/Banaji*, in: Psychol. Rev. 102 (1995), 4 (4).

74 *Graf/Schacter*, in: J. Exp. Psychol. 11(3) (1985), 501ff.

75 *Graf/Schacter*, in: J. Exp. Psychol. 11(3) (1985), 501 (501); vgl. aber auch die deutliche Kritik von *Willingham/Preuss*, in: PSYCHE 2(15) (1995), 1 (9), welche die Existenz von impliziten Erinnerungen bezweifeln.

76 *Schacter*, in: J. Exp. Psychol. 13(3) (1987), 501; *Graf/Schacter*, in: J. Exp. Psychol. 11(3) (1985), 501.

77 *Schacter/Graf*, in: J. Exp. Psychol. 12(3) (1986), 432; *Schacter*, in: J. Exp. Psychol. 13(3) (1987), 501.

eine Verbindung aufwies (Brot-Schimmel, Apfel-reif, empfindlich-zerbrechlich, Bettdecke-verhüllend), die andere Hälfte dagegen zufällig zusammengestellt wurde (freundlich-kleben, Gefängnis-seltsam, Ausgleich-Stuhl, Trockner-sperren).[78] Bemerkenswert war nicht etwa, dass die Testpersonen im zweiten Testdurchlauf auch die zufällig zusammengestellten Wortpaare häufiger einander zuordneten, sondern dass dies sogar an Amnesie leidenden Testpersonen gelang, obwohl diese sich an den ersten Testdurchlauf auf bewusster Ebene nicht erinnern konnten.[79] Diese dabei offengelegten Ergebnisse haben *Graf* und *Schacter* als implizite Erinnerungen („implicit memory") bezeichnet, in Abgrenzung zu expliziten Erinnerungen, welche mit einer bewussten Rückbesinnung kürzlich präsentierter Inhalte einhergehen.[80] Gestützt wird diese Differenzierung durch kognitive und neuropsychologische Forschung, welche eine Bandbreite an bemerkenswerten Unterschieden zwischen dem impliziten und dem expliziten Erinnerungsvermögen offengelegt hat.[81] Hiernach konnte unter gewissen Rahmenbedingungen nachgewiesen werden, dass implizite und explizite Erinnerungen vollständig unabhängig voneinander existieren.[82]

b) Implizites Wahrnehmungsvermögen

Die Forschung über implizites Wahrnehmungsvermögen („perception without awareness" oder „subliminal perception") beschäftigt sich mit der Frage, ob Stimulus-Informationen vom menschlichen Gehirn sogar dann empfangen werden, wenn kein Bewusstsein über den Empfang von Informationen besteht.[83] Im Gegensatz zur konventionellen Sichtweise geht die Forschung über implizites Wahrnehmungsvermögen nicht davon aus, dass dem Empfänger gewahr sein muss Stimuli zu empfangen. Diese könnten auch auf unbewusster Ebene die Gefühle, Gedanken oder Aktionen der Empfänger beeinflussen.[84] Diese Forschungsrichtung fordert mithin die

---

78 *Graf/Schacter*, in: J. Exp. Psychol. 11(3) (1985), 501 (504).
79 *Graf/Schacter*, in: J. Exp. Psychol. 11(3) (1985), 501 (514).
80 *Schacter*, in: J. Exp. Psychol. 13(3) (1987), 501.
81 *Schacter*, in: J. Exp. Psychol. 13(3) (1987), 501.
82 *Schacter*, in: J. Exp. Psychol. 13(3) (1987), 501.
83 *Merikle/Smilek/Eastwood*, in: Cognition 79 (2001), 115 (115f.); *Banreti-Fuchs*, in: Acta Psychologica 26 (1967), 148 (148).
84 *Merikle/Smilek/Eastwood*, in: Cognition 79 (2001), 115 (116).

Ansicht heraus, dass das Wahrnehmungsvermögen ein Bewusstsein voraussetzt.

Kaum eine Forschungsrichtung in der kognitiven Psychologie ist so umstritten. Dies liegt daran, dass sie wie wohl keine andere von der Methodenfindung abhängig ist.[85] Dies kann an einer Beispielstudie verdeutlicht werden, welche zur Messung eines impliziten Wahrnehmungsvermögens durchgeführt wurde.

Bereits in einigen der frühesten psychologischen Studien aus dem späten 19. und frühen 20. Jahrhundert wurde der Versuch unternommen, ein implizites Wahrnehmungsvermögen nachzuweisen.[86] In diesen Studien wurden Teilnehmer schlicht gefragt, ob sie eine Information empfangen haben oder nicht. Ihnen wurden zum Beispiel visuelle Stimuli, wie Buchstaben oder geometrischen Figuren, in einer Entfernung präsentiert, wonach die Teilnehmer entweder zu Protokoll gaben, überhaupt nichts oder nur verschwommene Punkte zu sehen.[87] Vergleichbar hiermit wurden akustische Stimuli in einer für die Teilnehmer nicht mehr hörbaren Lautstärke gesendet.[88] Um zu testen, ob die visuellen oder akustischen Stimuli empfangen wurden, wurde im Anschluss eine Rateaufgabe gestellt.[89] Wenn zum Beispiel die Hälfte der visuellen Stimuli Buchstaben und die andere Hälfte Zahlen waren, so ging es darum deren Verhältnis zueinander zu erraten.[90] Bemerkenswerterweise lagen die Teilnehmer mit gesendeten Stimuli deutlich näher am tatsächlichen Verhältnis als die Testgruppe, die tatsächlich nur Punkte zu sehen bekommen hatte.[91] Viele weitere derartige Studien folgten[92] und legen den Schluss nahe, dass das menschliche Gehirn Informationen auf mehreren Ebenen wahrnimmt.

---

85 Vgl. zur deutlichen Kritik an der Konzeption eines impliziten Wahrnehmungsvermögens: *Merikle*, in: American Psychologist 47 (6) (1992), 792; *Adams*, in: Psychological Bulletin 54(5) (1957), 383ff.; *Holender*, in: Behavioral and Brain Sciences 9 (1986), 1ff. (m.w.N.).

86 *Merikle*, in: American Psychologist 47 (6) (1992), 792.

87 *Kazdin*, in: Alan E Kazdin (Hrsg.), Encyclopedia of Psychology, S. 497.

88 *Kazdin*, in: Alan E Kazdin (Hrsg.), Encyclopedia of Psychology, S. 497.

89 *Kazdin*, in: Alan E Kazdin (Hrsg.), Encyclopedia of Psychology, S. 497.

90 *Kazdin*, in: Alan E Kazdin (Hrsg.), Encyclopedia of Psychology, S. 497.

91 *Kazdin*, in: Alan E Kazdin (Hrsg.), Encyclopedia of Psychology, S. 497.

92 Für einen Überblick über die Historie dieser Forschungsrichtung und die unterschiedlichen Methodenansätze siehe: *Merikle/Daneman*, in: J. Cons. Stud. 5 (1998), 5; *Merikle/Daneman*, in: Michael S. Gazzaniga (Hrsg.), The New Cognitive Neurosciences, S. 1295; *Merikle/Joordens*, in: J. D. Cohen & J. W. Schooler (Hrsg.), Scientific approaches to consciousness, S. 109; *Merikle/Joordens*, in:

2. Implizite Einstellungen

Von besonderer antidiskriminierungsrechtlicher Relevanz sind implizite Einstellungen. Eine Einstellung kann im psychologischen Sinn als Tendenz der Zuneigung oder Ablehnung gegenüber einer Person oder Sache definiert werden, welche dementsprechend wohlwollendes oder benachteiligendes Verhalten zur Folge haben kann.[93]

Kann der Akteur eine Einstellung nicht oder nicht korrekt als Ausdruck einer Bevorzugung oder Benachteiligung gewisser Gruppen identifizieren, so spricht man von einer impliziten Einstellung.[94] Implizite Einstellungen werden für die vorliegende Analyse interessant, wenn explizite und implizite Einstellungen gegenüber demselben Bezugsobjekt auseinanderfallen. Derartige Friktionen werden als Diskrepanzen oder Dissoziationen zwischen impliziten und expliziten Einstellungen bezeichnet.[95] Diskrepanzen solcher Art sind regelmäßig bei Einstellungen gegenüber traditionell benachteiligten Gruppen, definiert über das Geschlecht, das Alter, die Ethnie, die sexuelle Orientierung, die Rasse oder eine Behinderung, zu beobachten.[96]

Die drei Merkmale Geschlecht, Ethnizität und Alter gelten gar als grundlegende soziale Kategorien; sie werden auch primitive oder automatische Kategorien genannt.[97] Begegnen wir zum Beispiel einer Person in der Fußgängerzone, so wird sie innerhalb von Millisekunden auf diesen drei Dimensionen verortet, was wiederum das Verhalten und die Sympathie gegenüber der betreffenden Person wesentlich beeinflussen kann.[98] Alle drei bilden besondere Ausformungen des allgemeinen sozialpolitischen Problems der impliziten negativen Einstellungen.

Consciousness and Cognition 6 (1997), 219; *Merikle/Reingold*, in: J. Exp. Psychol 127 (1998), 304; *Visser/Merikle*, in: Consciousness and Cognition 8 (1999), 94.

93 *Greenwald/Banaji*, in: Psychol. Rev. 102 (1995), 4 (8).

94 *Greenwald/Banaji*, in: Psychol. Rev. 102 (1995), 4 (8).

95 *Greenwald/Krieger*, in: Cal. L. Rev. 94 (2006),945 (949).

96 *Greenwald/Krieger*, in: Cal. L. Rev. 94 (2006),945 (949).

97 *Fiske/Neuberg*, in: Mark P. Zanna (Hrsg.), Advances in Experimental Social Psychology (Vol. 23), 1 (4ff.); *Krings/Kluge*, in: Petersen/Six (Hrsg.) Stereotype, Vorurteile und soziale Diskriminierung, S. 131.

98 *Kunda*, Social Cognition: Making sense of people, S. 308; *Krings/Kluge*, in: Petersen/Six (Hrsg.) Stereotype, Vorurteile und soziale Diskriminierung, S. 131.

a) Spezialfall: Geschlechtsbezogene Einstellungen (Sexismus)

Als „Sexismus" werden allgemein vorurteilsbesetzte Einstellungen und diskriminierende Verhaltensweisen gegenüber Personen aufgrund ihrer Geschlechtszugehörigkeit verstanden.[99] Lediglich der (vermeintlich) höheren praktischen Relevanz ist es geschuldet, dass der allgemeine Sexismusbegriff regelmäßig gemäß dem engeren Verständnis als Diskriminierung von Frauen aufgrund ihres Geschlechts verwendet wird.[100] Als „offener Sexismus" wird die ausdrückliche Betonung von Geschlechterunterschieden, der Glaube an die unterschiedliche Wertigkeit des jeweils anderen Geschlechts sowie die Unterstützung traditioneller Geschlechterrollen bezeichnet.[101] Diese Form der offenen Diskriminierung bezieht sich auf die herabwürdigende Behandlung aufgrund des Geschlechts, die regelmäßig von der expliziten Intention des Diskriminierenden gedeckt ist. Sie kann sich in sexistischer Sprache, sexueller Belästigung, sowie anderen Formen von physischer und psychischer Gewalt äußern.[102]

Gleichermaßen wie alle expliziten Vorurteile ist der explizite Sexismus deutlich rückläufig. Einstellungen gegenüber dem anderen Geschlecht sind deutlich liberaler und egalitärer geworden, wozu auch die heute vollständig verwirklichte formale Gleichstellung der Frauen beigetragen hat.[103]

Interessanterweise nicht rückläufig ist die implizite Vorstellung traditioneller Rollenbilder, weswegen eine zunehmende Diskrepanz oder Dissoziation zwischen expliziten und impliziten Einstellungen konstatiert werden kann.[104] Die politisch motivierte Durchsetzung vollständiger Egalität der Geschlechter beeinflusst offensichtlich die explizite Ebene weit mehr als die implizite. Männer und Frauen sollen ökonomisch betrachtet voll-

---

99 *Six-Materna*, in: Petersen/Six (Hrsg.), Stereotype, Vorurteile und soziale Diskriminierung, S. 122.

100 Vgl. *Lott*, in: Lott/Maluso (Hrsg.), The Social Psychology of interpersonal Discrimination, S. 12; *Deaux/LaFrance*, in: Gilbert/Fiske/Lindzey (Hrsg.), The Handbook of Social Psychology, S. 788.

101 *Six-Materna*, in: Petersen/Six (Hrsg.), Stereotype, Vorurteile und soziale Diskriminierung, S. 123.

102 *Six-Materna*, in: Petersen/Six (Hrsg.), Stereotype, Vorurteile und soziale Diskriminierung, S. 123.

103 *Zick/Küpper/Hövermann*, Die Abwertung der Anderen, S. 67f.

104 *Six-Materna*, in: Petersen/Six (Hrsg.), Stereotype, Vorurteile und soziale Diskriminierung, S. 124.

kommen gleich sein; wird jedoch die Vorstellung einer Familie angesprochen, verharrt der Mann in der Ernährerrolle, während die Frau für den Haushalt zuständig ist. Dies gilt gleichermaßen für ältere und jüngere Bundesbürger.[105]

Dies lässt die Methoden zur Messung von Einstellungen nicht unbeeinflusst (siehe unten). Offener Sexismus hat heute einen sozial unerwünschten Charakter und ist in verantwortungsvoller Position, sei es in der Wirtschaft oder in der Politik, nicht mehr tragfähig.[106] Offene Messverfahren sind daher nur noch eingeschränkt zur Messung sexistischer Einstellungen verwendbar.[107]

b) Spezialfall: Rassismus

Das offenkundige Auseinanderfallen von explizitem Bewusstsein vollständiger formaler Egalität und impliziter Beibehaltung traditioneller gesellschaftlicher Allokation ist besonders ausgeprägt bei ethnischen Vorurteilen. Während demoskopische Erhebungen einen deutlichen Rückgang von expliziten rassistischen Vorurteilen ergeben, sprechen beispielsweise die negativen Auswirkungen eines türkischen Namens bei der Stellensuche für das Fortbestehen rassistischer Diskriminierung.[108] Rassismus wird aus

---

105 Studie des Bundesministeriums für Familien, Senioren, Frauen und Jugend: Mädchen und Jungen in Deutschland, Lebenssituation – Unterschiede – Gemeinsamkeiten (2008) [online], S. 27ff. Verfügbar unter: http://www.bmfsfj.de/RedaktionBMFSFJ/Broschuerenstelle/ PdfAnlagen/m_C3_A4dchen-und-jungen-in-deutschland,property=pdf,bereich=,sprache=de,rwb=true.pdf. Zugriff: 17.11.2016.

106 Wobei die gesellschaftlichen Auswirkungen des Wahlsiegs Donald Trumps, der insbesondere Sexismus und Rassismus zur Wahlkampfmethode gemacht hat, zum derzeitigen Zeitpunkt noch nicht absehbar sind.

107 *Six-Materna*, in: Petersen/Six (Hrsg.), Stereotype, Vorurteile und soziale Diskriminierung, S. 124.

108 Vgl. Studie zur Diskriminierung am Ausbildungsmarkt (2014) [online], Verfügbar unter: http://www.bosch-stiftung.de/content/language1/downloads/Studie_Diskriminierung_am_Ausbildungsmarkt.pdf. Zugriff: 28.08.2015; vgl. Studie zu anonymisierten Bewerbungen (2010) [online], Verfügbar unter: http://www.antidiskriminierungsstelle.de/DE/ThemenUndForschung/anonymisierte_bewerbubewe/das_pilotprojekt/anonymisierte_bewerbungen_node.html. Zugriff: 28.08.2015; vgl. Studie zur Benachteiligung Jugendlicher mit Migrationshintergrund (2010) [online], Verfüg-

diesem Grund im modernen Verständnis von einem anderen Blickwinkel betrachtet. *McConahay* geht mit seinem Konzept des modernen Rassismus, ebenso wie beispielsweise *Kinder und Sears* mit dem Konzept des symbolischen Rassismus, davon aus, dass ethnische Minderheiten heute keineswegs mit weniger negativen Einstellungen konfrontiert sind, sondern dass diese Einstellungen sich vielmehr auf die implizite Ebene verlagert haben.[109] Während damit einerseits westlich humanitäre und egalitäre Werte, wie zum Beispiel vollständige formale Gleichstellung, gleicher Zugang zu Bildung und Aufstiegsmöglichkeiten oder ein soziales Sicherungssystem geteilt werden, bestehen andererseits kulturell tradierte negative implizite Einstellungen gegenüber ethnischen Minderheiten fort.[110]

c) Spezialfall: Implizite Altersvorurteile

Altersvorurteile („ageism“) lassen sich definieren als negative Einstellungen gegenüber den Angehörigen einer anderen Altersgruppe.[111] In der Praxis sind in erster Linie die negativen Einstellungen gegenüber älteren Menschen relevant.[112] Wie bereits dargelegt, gelten explizite Vorurteile, basierend auf Geschlecht oder Ethnizität, als weitgehend unakzeptabel und sind regelmäßig mit sozialer Sanktionierung verbunden. Demgegenüber besteht eine ähnliche Sensibilisierung gegenüber älteren Menschen nicht.[113] Verminderte Leistungsfähigkeit und Belastbarkeit scheinen in

---

bar unter: http://www.dgb.de/themen/++co++f96693d8-5dcc-11df-79f5-00188b4dc422. Zugriff: 17.11.2016.

109 *McConahay*, in: Dovidio/Gaertner (Hrsg.), Prejudice, Discrimination, and Racism, S. 91; *Kinder/Sears*, in: J. Pers. Soc. Psychol. 40 (1981), 414.

110 *Six-Materna*, in: Petersen/Six (Hrsg.), Stereotype, Vorurteile und soziale Diskriminierung, S. 124.

111 Siehe hierzu *North/Fiske*, in: Journal of Social Issues, 72(1) (2016), 119; *North/Fiske*, in: Research in Organizational Behavior, 35 (2015), 159; *North/Fiske*, in: Psychological Bulletin, 141(5) (2015), 993; *North*, in: Generations, 39(3) (2015), 29; *North/Fiske*, in: Psychological Assessment, 25(3) (2013), 706; *North/Fiske*, in: Soc Issues Policy Rev. 2013 7(1), 36; *Krings/Kluge*, in: Petersen/Six (Hrsg.) Stereotype, Vorurteile und soziale Diskriminierung, S. 131.

112 *Cuddy/Fiske*, in: Todd D. Nelson (Hrsg.), Ageism – Stereotyping and Prejudice against Older Persons, S. 4ff.

113 *Williams/Giles*, in: Michael L. Hecht (Hrsg.), Communication of ageism, 136 (137ff.); *Krings/Kluge*, in: Petersen/Six (Hrsg.) Stereotype, Vorurteile und soziale Diskriminierung, S. 131.

einer Form auf gesellschaftlicher Ebene mit älteren Menschen verbunden zu sein, dass abwertende Bemerkungen oder Maßnahmen weitgehend sozial toleriert zu sein scheinen.[114] Während sich die psychologische Forschung intensiv mit Sexismus und Rassismus auseinandergesetzt hat, blieben Altersvorurteile lange relativ unterbeleuchtet.[115]

Auch Altersvorurteile finden nicht immer auf der bewussten Ebene statt. Sie können auch unbewusst bzw. automatisch operieren. Implizite Altersvorurteile sind (negative) Einstellungen gegenüber anderen Altersgruppen, die *„ohne bewusstes Erleben, unabhängig von Absichten und außerhalb der Kontrolle einer Person operieren.“*[116] Das bedeutet, dass auch bei impliziten Altersvorurteilen Diskrepanzen bzw. Dissoziationen zwischen den impliziten und expliziten Assoziationsprozessen stattfinden können. Eine Person kann auf der bewussten Ebene keine negativen Einstellungen gegenüber anderen Altersgruppen aufweisen, auf der impliziten Ebene demgegenüber schon.

Hinsichtlich des arbeitsrechtlichen Diskriminierungsschutzes im Sinne des AGG haben (implizite) Altersvorurteile eine überragende Bedeutung. Der Arbeitsmarkt ist geprägt von negativen expliziten und impliziten Einstellungen gegenüber Arbeitskräften jenseits des Alters von 50 Jahren.[117] Neben den flächendeckend auftretenden expliziten negativen Einstellungen gegenüber älteren Menschen (weniger flexibel, weniger lernfähig, langsamer, anfälliger für Unfälle, häufiger krank oder weniger interessiert an Weiterbildung)[118], sind es häufig die impliziten Einstellungen, die für Menschen ab einem gewissen Alter zur Hürde am Arbeitsmarkt werden. Zu nennen wären hier beispielsweise implizite Altersgrenzen, wonach

114 *Krings/Kluge*, in: Petersen/Six (Hrsg.), Stereotype, Vorurteile und soziale Diskriminierung, S. 131.

115 *Krings/Kluge*, in: Petersen/Six (Hrsg.), Stereotype, Vorurteile und soziale Diskriminierung, S. 131.

116 *Krings/Kluge*, in: Petersen/Six (Hrsg.), Stereotype, Vorurteile und soziale Diskriminierung, S. 131 (135).

117 Vgl. Studien der Antidiskriminierungsstelle des Bundes [online]. Verfügbar unter: http://www.antidiskriminierungsstelle.de/SharedDocs/Downloads/DE/publikationen/FactFactsh/factsheet_Benachteiligung_aufgrund_Lebensalter_in_KMU.pdf?__blob=publicationFile. Zugriff: 17.11.2016.

118 Siehe eine Übersicht über explizite Altersvorurteile bei *Kluge/Krings*, in: Zeitschrift für Arbeits- u. Organisationspsychologie 51(4) (2007), 180 (184ff.), mit einer Darstellung verschiedener Forschungsrichtungen und Messmethoden zum Thema.

Entscheidungsträger gewisse Positionen mit gewissen Altersgruppen assoziieren. Hierbei wird häufig schon bei der Anforderungsanalyse unbewusst der junge, dynamische, kreative Arbeitskräfte-Typus erschaffen, der dann auch den Erwartungshorizont bei der Stellenausschreibung bildet.[119]

3. Implizite Stereotype

Der Begriff des Stereotyps setzt sich aus den zwei griechischen Wörtern stereos (starr, hart, fest) und typos (Entwurf, feste Norm, charakteristisches Gepräge) zusammen und wurde von dem Journalisten Walter Lippmann im Jahre 1922 in die Sozialwissenschaften eingeführt.[120] *Katz und Braly* nahmen etwa ein Jahrzehnt später auf diesen Begriff Bezug und definierten Stereotype als *„einen starren Eindruck, der nur in geringem Maße mit der Realität übereinstimmt, und dadurch zustande kommt, dass wir zuerst urteilen und dann hinschauen"*.[121]

Für die Entstehung von Stereotypen ist die weit verbreitete Bereitschaft, Menschen in soziale Kategorien einzuteilen, von zentraler Bedeutung. Diese Kategorisierung kann dabei in sehr breiten Merkmalskategorien (zum Beispiel Alter, Geschlecht, Nationalität) oder deutlich engeren sozialen Kategorien (zum Beispiel Feministin) stattfinden.[122] Bedeutsam für die juristische Bewertung sind diese Kategorisierungsprozesse bereits deshalb, weil sie die Wahrnehmung, Urteilsprozesse und Entscheidungsfindung des Menschen beeinflussen. Dies gilt sowohl für den möglicherweise diskriminierenden Arbeitgeber, als auch für den (Arbeits-)Richter, der über eine Streitfrage zu entscheiden hat. Stereotype werden in der Regel deutlich ne-

---

119 *Kluge/Krings*, in: Zeitschrift für Arbeits- u. Organisationspsychologie 51(4) (2007), 180 (187).

120 *Petersen/Six*, in: Petersen/Six (Hrsg.), Stereotype, Vorurteile und soziale Diskriminierung, S. 21; Lippmann hat sich in seinem Buch „Public Opinion" auf den in der Drucktechnik verwendeten Begriff des Stereotyps bezogen, weil Personen anderen Personen entsprechend ihrer Gruppenzugehörigkeit einen „Stempel aufdrücken".

121 *Petersen/Six*, in: Petersen/Six (Hrsg.), Stereotype, Vorurteile und soziale Diskriminierung, S. 21.

122 *Petersen/Six*, in: Petersen/Six (Hrsg.), Stereotype, Vorurteile und soziale Diskriminierung, S. 21.

gativer gegenüber Angehörigen einer Fremdgruppe, als gegenüber der eigenen Gruppe ausgebildet.[123]

Für den arbeitsrechtlichen Diskriminierungsschutz sind zudem die sogenannten „Salience-Effekte" interessant. Diese beschreiben zum einen den Umstand, dass augenfällige Merkmalskategorien eher zur Bildung von Stereotypen anregen, als weniger offensichtliche Merkmale.[124] Deswegen treten Geschlechter- und Rassenstereotype in deutlich höherer Anzahl auf, als Stereotype über äußerlich nicht sofort erkennbare Merkmale.[125] Zum anderen tragen „Salience-Effekte" zur Entstehung von sogenannten illusorischen Korrelationen bei. Solche liegen vor, wenn Korrelationen zwischen Merkmalen wahrgenommen werden, die faktisch nicht existieren.[126] So wird regelmäßig eine Überschätzung der absoluten Anzahl negativer Verhaltensweisen bei Angehörigen von Minoritäten festgestellt.[127] Sind Stereotype erst einmal entstanden, üben sie einen Einfluss auf die Informationsverarbeitung aus. Dies hat Auswirkungen auf Prozesse der Aufmerksamkeit, der Interpretation von Informationen, auf Schlussfolgerungsprozesse sowie auf das Gedächtnis.[128]

Ein impliziter Stereotyp entstammt häufig einem sozialen Stereotyp, welcher in manchen Fällen eine statistische Realität reflektiert, in anderen Fällen jedoch vollkommen losgelöst von einer Korrelation vorkommt. Falls die Assoziation eine statistische Realität widerspiegelt, besteht eine rationale Bezugnahme zwischen der Merkmalsträgereigenschaft und der erwarteten Folge.[129] Eine vollständige Korrelation zwischen der Attribuierung und dem Stereotyp ist von geringem psychologischen Erkenntniswert

---

123 *Petersen/Six*, in: Petersen/Six (Hrsg.), Stereotype, Vorurteile und soziale Diskriminierung, S. 21.

124 *Petersen/Six*, in: Petersen/Six (Hrsg.), Stereotype, Vorurteile und soziale Diskriminierung, S. 21.

125 Vgl. beispielsweise die Studie des Mannheimer Zentrums für Europäische Sozialforschung (1997) [online]. Verfügbar unter: http://www.mzes.uni-mannheim.de /publications/wp/wp3-22.pdf. Zugriff: 28.08.2016.

126 *Petersen/Six*, in: Petersen/Six (Hrsg.), Stereotype, Vorurteile und soziale Diskriminierung, S. 21.

127 Vgl. beispielsweise eine Studie über Kriminalität von Migranten (2014) [online]. Verfügbar unter: http://mediendienst-integration.de/fileadmin/Dateien/Gutachten_Kriminalitaet_ Migration_Walburg.pdf. Zugriff 26.08.2016.

128 *Petersen/Six*, in: Petersen/Six (Hrsg.), Stereotype, Vorurteile und soziale Diskriminierung, S. 21.

129 *Greenwald/Krieger*, in: Cal. L. Rev. 94 (2006),945 (949).

und wird häufig nicht einmal als Teil eines Stereotyps anerkannt.[130] Für die vorliegende Arbeit ist es wesentlich erkenntnisreicher, wenn zwischen Stereotyp und Merkmalsträger keine statistische Korrelation besteht. *Banaji und Greenwald* haben diese Art des impliziten Stereotyps definiert als *"the introspectively unidentified (or inaccurately identified) traces of past experience that mediate attributions of qualities to members of a social category."*[131]

Mehrere Studien zeigen, dass implizit aktivierte Stereotype die soziale Wahrnehmung beeinflussen und sich direkt auf das Verhalten auswirken können.[132] In vielen Fällen ist der jeweiligen Person nicht bewusst, dass aktivierte Stereotype ihre Handlungen beeinflussen.[133] Ohne bewusstes Gewahrsein treten negative Assoziationen (welche häufig sogar ausdrücklich bestritten werden) zu Tage und dienen dem Gehirn als Basis zur Entscheidungsfindung gegenüber Mitgliedern stereotypisierter Gruppen.[134]

C. Methoden

I. Überblick

In den letzten zwanzig Jahren wurden zahlreiche Verfahren zur Messung impliziter Vorurteile entwickelt. Die Entwicklung impliziter Messverfahren stellte hierbei eine Herausforderung an sich dar. Während die Messung expliziter Vorurteile mit dem Problem der Ergebnisverfälschung aufgrund unwahrer Angaben der Probanden zu kämpfen hat (Problem der Verpöntheit offener Vorurteile bzw. Lügen aus politscher Korrektheit), müssen implizite Messverfahren ohnehin auf indirektem Weg an die erwünschten Informationen gelangen.[135] Um diese Grundproblematik zu lösen, haben sich diverse Ansätze etabliert.

---

130 *Greenwald/Krieger*, in: Cal. L. Rev. 94 (2006),945 (949).

131 *Greenwald/Banaji*, in: Psychol. Rev. 102 (1995), 4 (15).

132 Vgl. Beispielsweise die grundlegenden Studien von *Devine,* in: J. Pers. Soc. Psychol. 56 (1989), 5ff.; zudem *Correll/Park/Judd/Wittenbrink*, in: J. Pers. Soc. Psychol. 83, 1314ff. m.w.N.

133 *Schmid Mast/Krings*, in Petersen/Six (Hrsg.), Stereotype, Vorurteile und soziale Diskriminierung, S. 35.

134 *Monteith/Voils/Ashburn-Nardo*, in: Social Cognition 19 (2001), 395 (396).

135 *Degner/Wentura*, in: Petersen/Six (Hrsg.), Stereotype, Vorurteile und soziale Diskriminierung, S. 152f.

Am wichtigsten sind hierbei Reaktionszeitverfahren, die dazu gestaltet wurden, die Automatismen des kognitiven Systems zu untersuchen.[136] *De Houwer und Moors* haben über mehrere Anläufe einen Definitionsversuch hinsichtlich der Frage unternommen, was unter einem impliziten Messverfahren zu verstehen ist. Hiernach dienen implizite Messverfahren dazu, Ergebnisse zu messen, die auf unkontrollierten, unbewussten, autonomen, Ziel-unabhängigen, nur von Stimuli geleiteten, non-intentionalen, effizienten oder schnellen Prozessen basieren.[137]

Diesem Ziel folgend, hat die psychologische Wissenschaft eine Reihe von Wort-Fragment Komplettierungsaufgaben angewendet, um implizite rassistische Vorurteile zu messen.[138] Weitere Studien wurden über die Verwendung der Sprache bei impliziten rassistischen Vorurteilen zwischen Gruppen bestehend aus Weißen bzw. Schwarzen durchgeführt; sie offenbarten eine Tendenz, dass bei Stereotyp konsistenten Verhaltensweisen eine abstraktere Sprache verwendet wird als bei Stereotyp inkonsistenten Verhaltensweisen.[139]

Dies aufgreifend machte es eine andere Methode zur Messung impliziter rassistischer Vorurteile schlicht zur Aufgabe einen unvollständigen Satz zu komplettieren. Ohne dass die Testpersonen hiervon wussten, wurde der Fokus der Untersuchung auf die Frage gelegt, ob die jeweiligen Testpersonen das Bedürfnis verspürten den vervollständigten Satz zu erklären. Indikator für implizite rassistische Vorurteile war hierbei, dass wesentlich mehr Testpersonen einen Satz mit Stereotyp inkonsistentem Verhalten zu erklären versuchten als einen Satz mit Stereotyp konsistentem Verhalten.[140]

---

136 *Degner/Wentura*, in: Petersen/Six (Hrsg.), Stereotype, Vorurteile und soziale Diskriminierung, S. 153.

137 *De Houwer*, in: Reinout W. Wiers/Alan W. Stacy (Hrsg.), Handbook of Implicit Cognition and Addiction S. 11 (25); De Houwer/Moors, in Bernd Wittenbrink/Norbert Schwarz (Hrsg.), Implicit measures of attitudes: Procedures and controversies, S. 179 (192).

138 *Gilbert/Hixon*, in: J. Pers. Soc. Psychol. 60 (1991), 509 (509ff.); *Hetts/Sakuma/Pelham*, in: J. Exp. Soc. Psychol. 35 (1999), 512 (517ff.); *Son Hing,/Li/Zanna*, in: J. Exp. Soc. Psychol. 38 (2002), 71 (73ff.); *Sinclair/Kunda*, in: J. Pers. Soc. Psychol. 77 (1999), 885 (885ff.).

139 *Semin/Fiedler*, in: J. Pers. Soc. Psychol. 54 (1988), 558 (560ff.); *Maass/Ceccarelli/Rudin*, in: J. Pers. Soc. Psychol. 71 (1996), 512 (514ff.); *von Hippel/Sekaquaptewa/Vargas*, in: J. Exp. Soc. Psychol. 33 (1997), 490 (493ff.).

140 *Sekaquaptewa/Espinoza/Thompson/Vargas/von Hippel*, in: J. Exp. Soc. Psychol. 39 (2003), 75 (76ff.).

Andere Forschungsrichtungen verwendeten physiologische Herangehensweisen, um implizite Einstellungen zu messen. *Ito und Cacioppo* nutzten beispielsweise anlassbezogene Gehirnpotenziale („event-related brain potentials" (ERPs)), wonach in einem Online-Testverfahren Kategorisierungsprozesse getestet wurden, um die explizite und implizite Kategorisierung von Stimuli entlang evaluativen (positiv und negativ) und nicht-evaluativen (Menschen und Nicht-Menschen) Dimensionen festzustellen.[141]

Eine weitere Herangehensweise ist die Aktivierung der Kontrolle affektiver rassistischer Vorurteile mittels schreckhafter Augenblinzelreaktionen („affective race bias using startle eye blink responses").[142] Hierbei geht es um die Reaktion der Testpersonen auf Gesichter von weißen oder schwarzen Personen. Bemerkenswertestes Resultat der Testreihe waren die bereits angesprochenen deutlichen Dissoziationen zwischen expliziter Selbsteinschätzung der Testperson (von denen die meisten zu Protokoll gaben, über keine rassistischen Vorurteile zu verfügen) und den gemessenen unterschiedlichen affektiven Reaktionen auf Gesichter unterschiedlicher ethnischer Herkunft.

Blascovich und Kollegen führten einen kardiovaskulären Reaktivitätstest („cardiovascular reactivity test") durch.[143] Diese Testreihe sollte die physiologische, instinktive und subjektive Reaktion messen, wenn Testpersonen mit Partnern interagieren, die einer der üblichen stigmatisierten Gruppe angehören, im Vergleich zur Interaktion mit Partnern, die keiner stigmatisierten Gruppe angehören. Im Ergebnis konnte die Hypothese bestätigt werden, dass gewisse Verhaltensweisen (zum Beispiel Provokationen) von Mitgliedern ethnischer Minderheiten bei den Testpersonen eine erhöhte Stressreaktion auslösen, verglichen mit den Testpersonen, die innerhalb ihrer eigenen Gruppe interagierten. Ein und dieselbe Aktion wird folglich im ersten Fall eher als Bedrohung wahrgenommen als im zweiten Fall.

All diesen Herangehensweisen ist gemeinsam, dass sie versuchen, die Einstellungen einer Person einzuschätzen, ohne sie direkt danach zu fra-

---

141 *Ito/Cacioppo*, in: J. Exp. Soc. Psychol. 36 (2000), 660 (664ff.), mit vielen weiteren Nachweisen bezüglich physiologischen Studien über implizite Vorurteile.

142 *Amodio/Harmon-Jones/Devine*, in: J. Pers. Soc. Psychol. 84 (2003), 738 (738ff.).

143 *Blascovich/Berry Mendes/Hunter/Lickel/Kowai-Bell*, in: J. Pers. Soc. Psychol. 80 (2001), 253 (255ff.).

gen.[144] Der größte Reiz an indirekten Einschätzungen ist, dass sie mit erhöhter Wahrscheinlichkeit frei von sozialen Erwünschtheitserwägungen sind.[145] Oft, wenn auch nicht notwendigerweise in allen Verfahren, sind sich die Testpersonen nicht einmal darüber bewusst, dass Einstellungen oder Stereotype gemessen werden.[146]

Zwei Methoden haben in den letzten Jahrzehnten eine ganz besondere Wichtigkeit und Popularität erreicht: das Affektive Priming („Affective-priming") und der Implizite Assoziationstest („Implicit Association Test (IAT)"). Beide wurden zur Feststellung spontaner, natürlicher Assoziationen zwischen bestimmten Entscheidungsträgern und bestimmten Zielobjekten (wie zum Beispiel typischerweise benachteiligten Gruppen) entworfen und wollen diesen Zweck durch eine indirekte Einstellungsmessung erreichen. In diesen Konstellationen kommt der Vorteil der indirekten Methoden besonders zum Tragen. Die Testpersonen müssen sehr schnell reagieren um spontane Bewertungen zu erhalten. Dies senkt die Wahrscheinlichkeit, dass ihre Antworten aus ethisch motivierter Zurückhaltung gefiltert sind.

II. Affektives Priming (Affective-priming)

Priming beschreibt die Beobachtung, dass die Wahrscheinlichkeit der Aktivierung einer Wissensstruktur erhöht werden kann, wenn kurz zuvor dieselbe Wissensstruktur angesprochen wurde.[147] Dies gilt auch dann, wenn keinerlei inhaltlicher Zusammenhang zwischen den beiden Ereignissen besteht.[148]

Beim Affektiven Priming, welches auf ersten Versuchsreihen zum lexikalischen Priming-Paradigma von *Meyer und Schvaneveldt* aus dem Jahre 1971 basiert[149], werden Testperson im ersten Testdurchgang einem Stimulus („Prime") und anschließend im zweiten Testdurchgang einem bewertenden Wort oder Bild („Target") ausgesetzt.[150] Die Aufgabe ist es, die

144 *Fazio/Olson*, in: Annu. Rev. Psychol. 54 (2003), 297 (300).
145 *Fazio/Olson*, in: Annu. Rev. Psychol. 54 (2003), 297 (300).
146 *Fazio/Olson*, in: Annu. Rev. Psychol. 54 (2003), 297 (300).
147 *van Twuyver/van Knippenberg*, in: Euro. J. Soc. Psychol. 25 (1995), 695 (695f.).
148 *van Twuyver/van Knippenberg*, in: Euro. J. Soc. Psychol. 25 (1995), 695 (695f.).
149 *Meyer/Schvaneveldt*, in: J. Exp. Psychol. 90 (1971), 227ff.
150 *Shelton/Martin*, in: J. Exp. Psychol. 18 (1992), 1191 (1191).

Target-Wörter so schnell wie möglich mit „gut“ oder „schlecht“ zu charakterisieren. Der Prime-Stimulus wird nur für ein sehr kurzes Zeitfenster (ca. 300 ms) präsentiert.[151] Im Spezialfall des subliminalen Primings sogar unterhalb der Wahrnehmungsschwelle.[152] Die Latenz in der Reaktionszeit der Testperson wird als Indikator für die Stärke der Assoziation zwischen „Prime“ und „Target“ gesehen. Je schneller die Reaktion, desto stärker die Assoziation.[153] Dies hat mit der Kongruenz der Bewertung zu tun. Die Reaktionszeit verkürzt sich, wenn Prime-Stimulus und Target die gleichen Affekte auslösen. Dementsprechend verlängert sich die Reaktionszeit, wenn die Bewertungen inkongruent sind. Prime-Stimulus und Target lösen in diesem Fall unterschiedliche Affekte aus.

Klassisches Beispiel ist „Kakerlake“ als Prime-Stimulus, welches bei den meisten Menschen negative Assoziationen auslöst. Das Target-Wort „ekelhaft“ wird hierbei deutlich schneller bewertet (kongruenter Affekt), als das Wort „anziehend“ (inkongruenter Affekt).[154] Als weiteres Beispiel kann das Wort „freundlich“ dienen. Es wird schneller mit „gut“ oder „schlecht“ bewertet, wenn der Prime-Stimulus das Wort „schön“ ist (kongruenter Affekt), im Vergleich zur Verwendung des Wortes „hässlich“ als Prime-Stimulus (inkongruenter Affekt).[155] Dasselbe Prinzip wurde anschließend auf die Messung von zwischenmenschlichen Vorurteilen angewendet.

Zum Beispiel wurden in einem Test über implizite rassistische Vorurteile die Testpersonen zunächst mit Bildern von Angehörigen verschiedener ethnischer Gruppen konfrontiert („primed“), gefolgt von positiven oder negativen Target-Wörtern. Diese Wörter mussten als „gut“ oder „schlecht“ eingestuft werden. Falls die Testperson mehr Zeit benötigt, ein Wort als „gut“ einzustufen, nachdem sie ein schwarzes Gesicht als Prime-Objekt hatte, kann dies als Indiz von negativen impliziten Einstellungen gegenüber Personen mit schwarzer Hautfarbe gesehen werden.[156]

---

151 *Fazio*, in: Cognition and Emotion 15 (2001), 115 (117).

152 Siehe hierzu *Greenwald/Draine/Abrams*, in: Science 273 (1996), 1699ff.; *Greenwald/Klinger/Liu*, in: Memory and Cognition 17 (1989), 35ff.; *Wittenbrink/Judd/Park*, in: J. Per. Soc. Psychol. 72 (1997), 262ff.

153 *Fazio/Jackson/Dunton/Williams*, in: J. Pers. Soc. Psychol. 69 (1995), 1013 (1024f.).

154 *Fazio*, in: Cognition and Emotion 15 (2001), 115 (116).

155 *Fazio*, in: Cognition and Emotion 15 (2001), 115 (118).

156 *Mitchell/Tetlock*, in: OHIO ST. L.J. 67 (2006), 1023 (1045).

Fazio und Kollegen haben diesen Zusammenhang folgendermaßen erklärt: *"If the face (prime) automatically activated evaluations from memory, responding in the adjective connotation task should be affected differently for positive versus negative adjectives. Inferences regarding the participant's attitude toward the individuals represented in the photographs can be drawn from the pattern of facilitation. Relatively greater facilitation on negative than positive adjectives when those adjectives are preceded by Black faces than when they are preceded by White faces would be indicative of a more negative attitude toward Blacks"*.[157]

Ergänzend zu diesen Testverfahren hat ein anderes Forschungsteam eine Kohärenz zwischen einem Priming-Verfahren und anschließendem non-verbalen Verhalten beobachtet. Teilnehmer dieser Studie interagierten einmal mit einem weißen und einmal mit einem schwarzen Interviewer. Je negativer die Einstellungen gegenüber schwarzen Personen während der Priming-Phase waren, desto häufiger blinzelten die Teilnehmer und mieden Augenkontakt, wenn sie mit dem schwarzen Interviewer interagierten im Vergleich zur Interaktion mit dem weißen Interviewer.[158]

Dovidio und Kollegen setzten ihre Forschung mit einem anderen Experiment fort. Hierbei ging es um die Frage, ob Latenzen in der Reaktion und ausdrückliche Selbstauskünfte über Vorurteile gegenüber anderen ethnischen Gruppen auch den Ausgang eines Tests über implizite Vorurteile vorauszusagen imstande sind.[159] Die Vorzeichen wurden also umgekehrt. Zu klären war, ob explizite Vorurteile immer auch mit impliziten Vorurteilen einhergehen. Dies wurde mit verbalem und non-verbalem Verhalten weißer Testpersonen gegenüber schwarzen Teilnehmern getestet. Wie vorausgesagt, war das verbale Verhalten der Testpersonen mit selbst angegebenen negativen Einstellungen gegenüber Menschen anderer Hautfarbe signifikant unfreundlicher den schwarzen Teilnehmern gegenüber und sie wurden auch in ihrem non-verbalen Verhalten als unfreundlicher wahrgenommen. Das Interessante an diesen Ergebnissen war, dass dies auch für spontane und reflexartige Handlungen seine Gültigkeit hat. Hieraus kann man den Schluss ziehen, dass eine ausdrücklich ablehnende Haltung gegenüber den Angehörigen anderer Gruppen auch Auswirkungen auf die

157 *Fazio/Jackson/Dunton/Williams*, in: J. Pers. Soc. Psychol. 69 (1995), 1013 (1015).

158 *Dovidio/Kawakami/Johnson/Johnson/Howard*, in: J. Exp. Soc. Psychol. 33 (1997), 510 (513ff.).

159 *Dovidio/Kawakami/Gaertner*, in: J. Pers. Soc. Psychol. 82 (2002), 62ff.

implizite Ebene hat. Diese Wechselwirkung wird bei der rechtlichen Bewertung des von impliziten Vorurteilen geprägten Entscheidungsprozesses noch eine Rolle spielen.

III. Der Implizite Assoziationstest („Implicit Association Test (IAT)")[160]

1. Überblick

Der Implizite Assoziationstest („Implicit Association Test (IAT)") wurde als Methode innerhalb der sozialen Psychologie von *Greenwald, McGhee, Sherry* und *Schwartz* im Jahre 1998 entworfen um, unter anderem, einstellungsbezogene Dissoziationen („attitudinal dissociations") offenzulegen.[161] Seitdem hat dieses Verfahren eine enorme Popularität in allen Gebieten der psychologischen Forschung erreicht.[162] Zudem ist es zweifellos die wichtigste Methode, um implizite Einstellungen und implizite Stereotype zu messen.[163]

Der IAT soll als implizites Messverfahren die schnellen, wenig kontrollierten Verhaltenstendenzen erfassen, die durch das Impulsive System be-

160 Der computerbasierte IAT kann jederzeit frei zugänglich online durchgeführt werden. Zum Beispiel unter: https://implicit.harvard.edu/implicit/faqs.html.

161 *Greenwald/McGhee/Schwartz*, in: J. Pers. Soc. Psychol. 74 (1998), 1464 (1464); *Hofmann/Gawronski/Gschwender/Le/Schmitt*, in: Personality&Soc. Psychol. Bull. 31 (2005) 1369 (1371).

162 Ursprünglich aus der Sozialpsychologie stammend, finden sich mittlerweile in beinahe allen Fachbereichen der Psychologie Beiträge zum IAT. Beispielsweise in der Persönlichkeitspsychologie, vgl. *Asendorf/Banse/Mücke*, in: J. Pers. Soc. Psychol. 83 (2002), 380ff.; der klinischischen Psychologie, vgl. *Teachman/Gregg/Woody*, in: J. Abn. Psychol. 110 (2001), 226ff.; der Konsumentenpsychologie, vgl. *Maison/Greenwald/Bruin*, in: Polish Psychol. Bull. 32 (2001), 1ff.; der Gesundheitspsychologie, vgl. *Wiers/van Woerden/Smulders/De Jong*, in: J. Abn. Psychol. 111 (2002), 648ff.; der Entwicklungspsychologie, vgl. *Skowronski/Lawrence*, in: Psychol. W. Quart. 25 (2001), 155ff.; der Altersforschung, vgl. *Hummert/Gartska/O'Brien/Greenwald/Mellott*, in: Psychol. Age. 17 (2002), 482ff.; sowie der Neuropsychologie, vgl. *Phelps/O'Connor/Cunningham/Funayama/Gatenby/Gore/Banaji*, in: J. Cog. Neuros. 12 (2000), 729ff.; siehe auch die Übersicht bei *Gawronski/Conrey,* in: Psychol. Rundschau 53 (2004), 118 (118) m.w.N.

163 *Schmitz*, Kognitive Mechanismen im Implicit Association Test, S. 11.

reitgestellt werden.[164] Nach dem Konzept von *Greenwald und Kollegen* misst der IAT die stets ablaufenden, schnellen und impulsiven Verhaltenstendenzen gegenüber wahrgenommenen Objekten oder Personen, auch dann, wenn eine kontrollierte Reaktion aufgrund von Zeit- oder Ressourcenmangel nicht möglich ist.[165]

Auch beim IAT geht es um eine schnelle Reaktion auf Stimuli. Es wird die simple Aufgabe gestellt, eine Serie von Wörtern oder Bildern in Gruppen zu kategorisieren.[166] Zwei der Gruppen bestehen aus Kategorien wie Geschlecht, Rasse oder Alter (also beispielsweise „männlich" und „weiblich") und zwei der Gruppen bestehen aus Kategorien wie „angenehm" und „unangenehm".[167]

> *Schmitz* gibt hierzu ein anschauliches einführendes Beispiel: *„Konkret handelt es sich beim IAT um ein computerbasiertes Messverfahren, in dem präsentierte Stimuli so schnell und so akkurat wie möglich nach einer von zwei Aufgaben klassifiziert werden sollen: In der einen Aufgabe sollen Stimuli einer von zwei Zielkategorien zugeordnet werden. Beispielsweise würden in einem Deutsche-Türken-IAT deutsche und türkische Vornamen den beiden Kategorien „deutsch" vs. „türkisch" zuzuordnen sein. In der anderen Aufgabe sollen in der Regel valenzhaltige Stimuli (beispielsweise positive oder negative Worte wie „Fröhlichkeit" oder „Einbuße") als „positiv" bzw. „negativ" klassifiziert werden. In den ausgewerteten IAT-Blöcken werden beide Aufgaben alternierend dargeboten. Antworten auf beide Aufgaben werden jeweils durch Drücken einer linken oder rechten Taste gegeben, sodass alle vier erforderten Klassifikationen auf zwei Antworttasten gemappt sind. So teilt immer jeweils eine der Zielkategorien (im Beispiel „deutsch" oder „türkisch") mit einer der Valenz-Kategorien („positiv" oder „negativ") die gleiche Taste. Je nach Tastenzuweisung und Einstellung des Teilnehmers entsteht eine Bedingung, die vom Teilnehmer als kompatibel und eine, die als inkompatibel erlebt wird. Der IAT-Score entspricht der Differenz zwischen beiden Bedingungen."*[168]

In der ursprünglichen IAT Version, die zur Messung rassistischer impliziter Vorurteile entworfen wurde, wurden die Teilnehmer mit der Aufgabe betraut, eine Taste auf dem Computer für entweder „black" oder „unpleasant" oder eine andere Taste für „white" und „pleasant" zu drücken, so-

---

164 *Schmitz*, Kognitive Mechanismen im Implicit Association Test, S. 15; *Strack/Deutsch*, in: Pers. Soc. Psychol. Rev. 8 (2004), 220 (220).

165 *Schmitz*, Kognitive Mechanismen im Implicit Association Test, S. 15.

166 *Jolls/Sunstein*, in: Cal. L. Rev. 94 (2006), 969 (971).

167 *Jolls/Sunstein*, in: Cal. L. Rev. 94 (2006), 969 (971).

168 *Schmitz*, Kognitive Mechanismen im Implicit Association Test, S. 15f.

bald ein Wort oder Bild sichtbar wurde. Diese Runde findet demzufolge mit Stereotyp konsistenten Paarungen statt. In der nächsten Runde wurden die Paarungen getauscht. Auf derselben Taste stand nun „black“ oder „pleasant“ bzw. „white“ oder „unpleasant“. Dies stellt Stereotyp inkonsistente Paarungen dar. Implizite Vorurteile gegenüber schwarzen Personen werden hiernach angenommen, wenn Stereotyp konsistente Paarungen schneller kategorisiert werden, als Stereotyp inkonsistente Paarungen. Wenn also „black“ und „unpleasant“ schneller gepaart wurde als „black“ und „pleasant“.[169] Und das Ergebnis war eindeutig. Die Testpersonen waren erheblich schneller bei Stereotyp konsistenten Paarungen. [170]

Hummert und Kollegen haben die impliziten Einstellungen gegenüber verschiedenen Altersgruppen (junge, mittlere und ältere Erwachsene) mithilfe des IAT erfasst.[171] Die Teilnehmer mussten hierbei Paarungen von älteren bzw. jüngeren Menschen und Darstellungen von unangenehmen (Schlange, Waffe) bzw. angenehmen Objekten (Luftballon, Blume) zuordnen. Unabhängig von ihrem jeweiligen Alter reagierten alle Teilnehmer schneller, wenn sie Darstellungen von jungen Menschen mit angenehmen Objekten oder Darstellungen von älteren Menschen mit unangenehmen Objekten paaren sollten, gegenüber den gegenteiligen Konstellationen aus angenehmem Objekt und älterem Mensch, sowie unangenehmem Objekt und jungem Menschen.[172] Auch diese Erkenntnisse können als Indiz negativer impliziter Einstellungen gegenüber älteren Menschen interpretiert werden. Interessanterweise bestehen diese auch hier über die Grenzen der einzelnen Gruppierungen hinweg. Junge, mittelalte und ältere Testpersonen weisen alle die negativen impliziten Einstellungen in gleicher Weise auf.[173]

Wie diese Beispiele verdeutlichen, geht der Ursprung des IAT auf die schlichte Hypothese zurück, dass Menschen es einfacher finden, angenehme Wörter oder Bilder mit traditionell begünstigten Gruppen zu verbinden

---

169 *Jolls/Sunstein*, in: Cal. L. Rev. 94 (2006), 969 (971); vgl. auch *Quillian*, in: Soc. Psychol. Quart. 71 (2008), 6 (8).

170 *Greenwald/McGhee/Schwartz*, in: J. Pers. Soc. Psychol. 74 (1998), 1464 (1474).

171 *Hummert/Garstka/O'Brien/Greenwald/Mellott*, in: Psychol. Age. 17 (2002), 482 (483ff.); vgl. auch die Zusammenfassung bei *Krings/Kluge*, in: Petersen/Six (Hrsg.), Stereotype, Vorurteile und soziale Diskriminierung, S. 135.

172 *Hummert/Garstka/O'Brien/Greenwald/Mellott*, in: Psychol. Age. 17 (2002), 482 (483ff.).

173 *Hummert/Garstka/O'Brien/Greenwald/Mellott*, in: Psychol. Age. 17 (2002), 482 (489).

als mit traditionell benachteiligten Gruppen.[174] *"The usefulness of the IAT in measuring association strength depends on the assumption that when the two concepts that share a response are strongly associated, the sorting task is considerably easier than when the two response-sharing concepts are either weakly associated or bipolar-opposed."*[175]

Und tatsächlich spricht nach dem IAT viel dafür, dass diese Form der impliziten Vorurteile in der Gesellschaft extrem verbreitet ist.[176] Die meisten Menschen tendieren dazu, Junge gegenüber Älteren, Weiße gegenüber Schwarzen und Heterosexuelle gegenüber Homosexuellen zu präferieren.[177] Auch wenn das Affektive Priming und der IAT primär geschaffen wurden, um Assoziationen zwischen Begriffen und sozialen Gruppen zu messen, ziehen viele Wissenschaftler aus den Erkenntnissen den Schluss,

---

174 *Jolls/Sunstein*, in: Cal. L. Rev. 94 (2006), 969 (971).

175 *Greenwald/Banaji/Rudman/Farnham/Nosek/Mellott*, in: Psychological Review 109(1) (2002), 3 (8).

176 Einige Stimmen in der Literatur bezweifeln allerdings die Validität des IAT. *Gregory Mitchell* und *Philip Tetlock* führen an, dass viele dieser Studien die weite Verbreitung von impliziten Vorurteilen eher behaupten, als tatsächlich beweisen. Den beiden zufolge kann der IAT den Standardtests der psycholoischen Wissenschaft hinsichtlich der Validität nicht genügen ("fails to satisfy key scientific tests of validity"). Sie dokumentieren vier große wissenschaftliche Unzulänglichkeiten. Die Forschungsgruppen seien viel zu schnell mit Schlussfolgerungen bei der Hand, weil sie Methoden die zur Messung impliziter Assoziationen schlicht in Methoden zur Messung unbewusster Tendenzen zur Diskriminierung umdeklarierten („construct validity and metric meaning"). Alternative Erklärungsansätze für das behauptete diskriminierende Verhalten würden ignoriert, weil sie nicht zur Hypothese der impliziten Vorurteile passten („internal validity"). Der IAT habe ernsthafte psychometrische Mängel und eine alarmierend hohe Falschalarmrate („statistical-conclusion validity"). Zudem würden Zweifel zerstreut, indem aus Ergebnissen unter Laborbedingungen direkte Implikationen für die reale Welt gewonnen würden („external validity"), vgl. *Mitchell/Tetlock*, in: Ohio St. L. J. 67 (2006), 1023 (1030ff.); siehe auch den nachfolgenden Schlagabtausch mit *Samuel R. Bagenstos*, in: Harv. L. & Pol'y Rev. 1 (2007), 477ff.; *Mitchell/Tetlock*, in: Hofstra Law Rev. 37 (2009), 737ff. Hierbei geht es unter anderem um die interessante Frage ab welchem Entwicklungsstand der Wissenschaft der Gesetzgeber tätig werden und die neuen Erkenntnisse bei Reformen berücksichtigen sollte. *„The success of law directed by social scientific research about implicit bias depends on the validity of the underlying research and its accurate application, not on the noble intentions of the reformers."*,vgl. *Mitchell/Tetlock*, in: Hofstra Law Rev. 37 (2009), 737 (760).

177 *Greenwald/Krieger*, in: Cal. L. Rev. 94 (2006),945 (951).

dass mithilfe dieser Tests implizite Vorurteile offengelegt werden können.[178]

2. Spezielle Formen des IAT

Im Folgenden soll noch auf ein paar besondere Ausprägungen des IAT eingegangen werden.

a) (Extrinsic) affective Simon task (EAST)

Der (Extrinsic) affective Simon task (EAST) soll ein Problem beheben, welches viele Autoren mit dem IAT verbinden, nämlich die Durchführung des Tests in zwei verschiedenen Testphasen.[179] Testpersonen könnten die Messergebnisse des IAT manipulieren, indem sie in der Runde mit kongruenten Paarungen die Aufgabe von vier auf zwei Stimuli reduzieren. Wenn zum Beispiel die linke Taste mit „Blume“ und „positiv“ und die rechte Taste mit „Insekt“ und „negativ“ belegt ist, kann der Proband die Aufgabe für sich simplifizieren, indem er bei allen positiven Stimuli die linke Taste und bei allen negativen Stimuli die rechte Taste drückt. Da dies bei den inkongruenten Paarungen nicht möglich ist, könnte die schnellere Reaktionszeit im Durchgang mit den kongruenten Paarungen allein auf diesen Trick zurückzuführen sein.[180]

Um dieses Problem in den Griff zu bekommen, nutzt *De Houwer* Elemente des IAT kombiniert mit einer abgewandelten Form des Simon Paradigmas.[181] Aus dem IAT wurde das Konzept übernommen, auf Stimuli mit doppelt belegten Tasten reagieren zu müssen. Aufgabe der Testperson ist

---

178 *Chugh*, in: Soc. Jus. Res. 17 (2004), 203 (208).

179 Vgl. *Fiedler/Messner/Bluemke*, in: Euro. Rev. Soc. Psychol 17 (2006), 74ff.; *Karpinski/Hilton*, in: J. Pers. Soc. Psychol. 81 (2001), 774ff.; *Mierke/Klauer*, in: Zeitschrift für Exp. Psychol. 48 (2001), 107ff.; *Rothermund/Wentura*, in: Zeitschrift für Exp. Psychol. 48 (2001), 94ff.

180 *De Houwer*, in: Exp. Psychol 50 (2003), 77 (78).

181 Vgl. hierzu *Simon*, in: Proctor/Reeve (Hrsg.), Stimulus-Response Compatibility, An integrated perspective, 31ff. Das Simon Paradigma ist ein Testverfahren, welches es den Teilnehmern zur Aufgabe macht eine räumliche Reaktion auf einen nichträumlichen Stimulus durchzuführen. Hierbei wird der relevante Stimulus in zwei Alternativen an einer beliebigen Stelle und in beliebiger Reihenfolge auf

es, auf farbige Reize (Wörter oder Bilder) mit dem Drücken einer von zwei Tasten zu reagieren. Jede Taste ist hierbei doppelt belegt; einmal mit der Reizfarbe und einmal mit der Valenz. Beispielsweise soll auf positive blaue Wörter mit der rechten Taste und auf negative blaue Wörter mit der linken Taste reagiert werden. Parallel hierzu sollen die Testpersonen auf alle grünen Wörter mit der rechten und auf alle gelben Wörter mit der linken Taste reagieren. Messbares Ergebnis ist hierbei, dass die Reaktionszeit auf positive grüne Wörter deutlich geringer ausfällt als auf positive gelbe Wörter, weil positiv und grün auf derselben Antworttaste liegen. Dies liegt daran, dass die Valenz (positiv oder negativ) durch die Verarbeitung des Reizinhalts mitaktiviert wird.[182]

Der EAST versucht daher, die Messergebnisse des IAT in einem statt in zwei Durchgängen zu erhalten.

b) Go/No-Go Association Task (GNAT)

Der herkömmliche IAT hat das Problem, nur relative Ergebnisse im Hinblick auf das Verhältnis beider Target-Kategorien zu liefern. Um absolute Messergebnisse zu erhalten, haben *Nosek und Banaji* im Jahre 2001 den Go/No-Go Association Task (GNAT) entwickelt.[183] Wie bei den Priming-Methoden und dem IAT, werden bei dem GNAT implizite Einstellungen durch die Assoziationsstärke zwischen einer Target-Kategorie und einer zweipoligen evaluativen Attributionsdimension (meistens „gut“ und

---

dem Bildschirm angezeigt. Aufgabe ist es, der jeweiligen Alternative die richtige Taste zuzuordnen. Obwohl die Position des Stimulus vollkommen irrelevant für die Aufgabe ist, fallen die Reaktionen regelmäßig schneller aus, wenn der Stimulus auf derselben Seite wie die zu drückende Taste auftaucht. Beispielsweise ist es Aufgabe, die linke Taste beim Erscheinen eines roten Lichts und die rechte Taste beim Erscheinen eines grünen Lichts zu drücken. Hierbei ist es vollkommen irrelevant, an welcher Stelle des Bildschirms das jeweilige Licht aufleuchtet. Interessanterweise fallen die Reaktionszeiten dennoch deutlich kürzer aus, wenn das rote Licht auf der linken und das grüne Licht auf der rechten Seite angezeigt werden. Demzufolge basiert das Simon Paradigma auf drei Elementen: (1) dem relevanten Reiz, welcher festlegt, ob die Antwort korrekt ist oder nicht (Farbe des Lichts), (2) dem irrelevanten Reiz, der ignoriert werden sollte (die Position des Lichts) und (3) der Reaktion (rechte oder linke Taste); vgl. auch *De Houwer/ Eelen*, in: Cogn. Emo. 12 (1998), 45 (45f.).

182 *De Houwer*, in: Exp. Psychol 50 (2003), 77 (79).

183 *Nosek/Banaji*, in: Soc. Cogn. 19 (2001), 625.

„schlecht") gemessen.[184] Im Gegensatz zum IAT wird jedoch keine Kontrastkategorie benötigt. Die Bewertungsaufgabe bezieht sich immer nur auf eine Target-Kategorie. Damit wird das Problem der Relativität gelöst. Kandidaten haben die Aufgabe, auf bestimmte Reize zu reagieren (go), bei anderen Reizen hingegen keine Reaktion zu zeigen (no-go).[185] Die gezeigten Wörter oder Bilder werden in den Kategorien (gut/schlecht) und der Target-Kategorie (bspw. männlich) präsentiert. Im ersten Durchgang soll nur auf positive Reize und Reize der Target-Kategorie reagiert werden. Im zweiten Durchgang dementsprechend nur auf negative Reize und Reize der Target-Kategorie.[186] Auf die verbleibenden Reize (im ersten Durchgang negativ, im zweiten Durchgang positiv) soll nicht reagiert werden. Üblicherweise fällt die Reaktionszeit bei den Kandidaten geringer aus, wenn der Reiz und die Target-Kategorie die gleiche Valenz aufweisen. Dies bedeutet, dass im vorliegenden Beispiel die Aufgabe, auf positive Wörter oder Bilder zu reagieren (erster Durchgang) leichter fällt, wenn man dem männlichen Geschlecht auch eine explizit höhere Wertung einräumt.[187] Demzufolge ist die Reaktionszeit im zweiten Durchgang höher, weil es den Kandidaten schwerer fällt, gleichzeitig auf negative Reize und Bildern von Männern zu reagieren.[188]

c) Single-Target IAT (ST-IAT)

Einen vergleichbaren Ansatz verfolgt der Single-Target IAT (ST-IAT), der ebenfalls die Bewertung eines Target-Objekts zum Gegenstand hat, jedoch ohne die Notwendigkeit, simultan hierzu eine Gegenkategorie bewerten zu müssen.[189] *Wigboldus und Kollegen* entwickelten im Jahre 2004 die Single-Target Variante des IAT, indem sie eines der beiden Target-Objekte aus der Versuchsanordnung entfernten.[190] Sie testeten beispielsweise die Assoziation des Wortes „Islam" mit Begriffen positiver oder negativer Valenz, ohne eine Vergleichskategorie (wie „Christentum") einzusetzen. Hierdurch

---

184 *Nosek/Banaji*, in: Soc. Cogn. 19 (2001), 625 (627).
185 *Nosek/Banaji*, in: Soc. Cogn. 19 (2001), 625 (627).
186 *Nosek/Banaji*, in: Soc. Cogn. 19 (2001), 625 (627).
187 *Nosek/Banaji*, in: Soc. Cogn. 19 (2001), 625 (627).
188 *Nosek/Banaji*, in: Soc. Cogn. 19 (2001), 625 (627).
189 *Bluemke/Friese*, in: Euro. J. Soc. Psychol. 38 (2008), 977 (978).
190 *Bluemke/Friese*, in: Euro. J. Soc. Psychol. 38 (2008), 977 (978).

erhofften sie sich nicht nur relative implizite Vorurteile im Verhältnis zweier Objekte, sondern einen absoluten Gradmesser impliziter negativer Einstellungen zu erhalten.[191] Dieses Verfahren wurde ebenfalls äußerst populär[192] und wurde zusammen mit dem beinahe identischen Konzept des Single-Category-IAT (SC-IAT) in vielen Testreihen verwendet.[193]

D. Beispiele aus ausgewählten Studien

Norton und Kollegen demonstrierten den Effekt von impliziten Vorurteilen in simulierten Einstellungsentscheidungen.[194] Sie zeigten, dass die Versuchssubjekte bei der Einstellungsentscheidung über einen hoch qualifizierten Bauleiter – einen stereotypischen Männerberuf – je nach Situation die für die Einstellung relevanteste Qualifikation an die männlichen Bewerber anpassten. Wenn der männliche Bewerber eine bessere akademische Qualifikation, aber weniger Berufserfahrung aufwies, so waren die akademischen Leistungen ausschlaggebend. Hatte demgegenüber der männliche Bewerber mehr Berufserfahrung, aber einen schlechteren Universitätsabschluss, so war plötzlich die Berufserfahrung für eine Einstellung höher gewichtet worden. Weibliche Bewerberinnen konnten daher den vorurteilsbedingten Nachteil nicht durch die „richtigen" Qualitäten ausgleichen. Die Versuchssubjekte passten unbewusst die Kriterien auf den ohnehin präferierten männlichen Bewerber an. Daher konnte auch jede Auswahlentscheidung anhand der dann gültigen objektiven Kriterien begründet werden.[195] Behoben werden konnte dieses Problem, indem die Versuchssubjekte in einer weiteren Versuchsreihe gezwungen waren, die Auswahlkriterien festzulegen, bevor sie über die konkreten Qualifikationen der Bewerber und Bewerberinnen Bescheid wussten.[196]

Purkiss und Kollegen gingen in ihrer Versuchsreihe der Frage nach, inwiefern implizite Vorurteile das Ergebnis des Bewerbungsgesprächs be-

---

191 Vgl. auch *Bluemke/Friese*, in: Euro. J. Soc. Psychol. 38 (2008), 977 (978).

192 Vgl. *Friese/Hofmann/Wänke*, in: Brit. J. Soc. Psychol. 47 (2008), 397; *Penke/Eichstaedt/Asendorf*, in: Exp. Psychol. 53 (2006), 283; *Richetin/Perugini/Adjali/Hurling*, in: Euro. J. Pers. 21 (2007), 529.

193 *Karpinski/Steinmann*, in: J. Pers. Soc. Psychol. 91 (2006), 16.

194 *Norton/Vandello/Darley*, in: J. Pers. Soc. Psychol. 87 (2004), 817.

195 *Norton/Vandello/Darley*, in: J. Pers. Soc. Psychol. 87 (2004), 817 (821f.).

196 *Krieger/Fiske*, in: Cal. L. Rev. 94 (2006), 997 (1037).

einflussen können.[197] Hierbei legten sie den Fokus auf mögliche Effekte ausländischer Namen und des Sprechens mit ausländischem Akzent. Diese Merkmale dienten als Ankerpunkt, um vorliegende implizite Vorurteile des Personalers aufzudecken.[198] Und in der Tat lassen die Ergebnisse der Versuchsreihe den Schluss zu, dass Menschen nicht vollständig dazu in der Lage sind, einen Bewerber ausschließlich anhand seiner Qualifikationen zu bewerten. Verfügt der Bewerber über einen Akzent, den der Arbeitgeber mit Ländern eines anderen sozial-ökonomischen Niveaus verbindet, werden diese stereotypen Erinnerungen in mehr oder weniger starkem Ausmaß auch dem Bewerber zugeschrieben. Besteht beispielsweise das Bild von Südländern als eher nachlässig und die vorgegebenen Regeln nicht so genau nehmend, werden diese Eigenschaften zumindest zu einem gewissen Maße auch dem konkreten Bewerber zugerechnet. *„In essence, we are still judging the book by the cover rather than solely by the contents."*[199]

Die Bedeutung von impliziten Stereotypen für den Entscheidungsprozess eines Arbeitgebers über die Wahl des richtigen Bewerbers ist demnach für ein rechtliches Regelungsregime, das zur Bekämpfung von Diskriminierungen geschaffen wurde, als hoch einzuschätzen. Als besonders problematisch erweisen sich in dieser Situation konsistente implizite Erwartungen. Verbindet ein Arbeitgeber beispielsweise Menschen dunkler Hautfarbe mit Faulheit, arabische Herkunft mit Aggressivität oder junge blonde Frauen mit Dummheit, ist es für Angehörige dieser Gruppen extrem schwierig, dieser unbewussten Erwartungshaltung gegenteilige Realitäten entgegenzusetzen. So werden Schwächen im Lebenslauf entsprechend den vorherigen Erwartungen eingeordnet. Jedes Anzeichen einer Bestätigung der eigenen Erwartungen wird überproportional wahrgenommen, während derselbe Punkt bei einem männlichen weißen Bewerber möglicherweise sogar unbemerkt geblieben wäre.[200] *"[T]ransgressions that are consistent with a cultural stereotype of the transgressor appear to be attributed to stable dispositional factors rather than to transitory or*

197 *Purkiss/Perrewe/Gillespie/Mayes/Ferris*, in: Org. Behav. Hum. Dec. Proc. 101 (2006), 152.

198 *Purkiss/Perrewe/Gillespie/Mayes/Ferris*, in: Org. Behav. Hum. Dec. Proc. 101 (2006), 152 (153).

199 *Purkiss/Perrewe/Gillespie/Mayes/Ferris*, in: Org. Behav. Hum. Dec. Proc. 101 (2006), 152 (165).

200 *Bucciarelli Pedersen*, in: U. Cin. L. Rev. 79 (2011), 97 (111).

unstable ones."[201] Zieht man für die Bewerbungsphase das Bild des Wettrennens heran, starten die Mitglieder benachteiligter Gruppen bereits mit einem vorurteilsbedingten Rückstand, der schwer aufzuholen ist.

E. Zusammenfassung und Überleitung

Geht man also zusammenfassend davon aus, dass Angehörige benachteiligter Gruppen nachteilige implizite Assoziationen wecken können, stellt sich die Frage, ob das AGG die richtigen Antworten zum Schutz dieser Personen bereithält. Die für die vorliegende Untersuchung wesentlichen Erkenntnisse der Forschung über implizite Vorurteile lassen sich wie folgt zusammenfassen:

Implizite Vorurteile sind weit verbreitet; sie sind strikt zu unterscheiden von aber unter Umständen interdependent mit expliziten Vorurteilen; sie operieren auf der unbewussten Bewusstseinsebene und sie können diskriminierendes Verhalten hervorrufen.[202] Auf der Anknüpfungsebene verschleiern implizite Vorurteile den Zusammenhang zwischen Merkmalsträgerschaft und Vertragsversagung, wohlgemerkt aber nicht die Kenntnis der Merkmalsträgerschaft an sich. Auf Motivebene verschleiern implizite Vorurteile den tatsächlichen Grund der Berücksichtigung von Diskriminierungsmerkmalen im Entscheidungsprozess.

Wie soll arbeitsrechtlicher Diskriminierungsschutz mit diesen Erkenntnissen umgehen? Vertraut man den Ergebnissen der dargestellten Studien, stellen implizite Vorurteile ein in der Arbeitswelt nicht zu ignorierendes Problem dar. Der bösartige, aufgrund von hasserfüllten Vorurteilen diskriminierende Arbeitgeber mag vereinzelt existieren, ist als Hauptadressat eines gesetzlichen Diskriminierungsschutzes zur Zielerreichung des Persönlichkeitsschutzes der Diskriminierten und der Umverteilung von Vertragsschlüssen aber nicht geeignet. Wahrscheinlicher ist, dass die meisten Diskriminierungen nicht aus menschenverachtenden Motiven, sondern aus dahinterstehenden Sachgründen oder wegen unbewusst wirkender Vorurteile geschehen. Problematisch ist hierbei die Abgrenzung zwischen legitimer Differenzierung und illegitimer Diskriminierung. Schon der klassische Konflikt zwischen Freiheit und Gleichheit, mit den damit verbunde-

---

201 *Bodenhauser/Wyer*, in: J. Pers. Soc. Psychol. 48 (1985), 267 (279).

202 Vgl. *Mitchell/Tetlock*, in: Hofstra Law Rev. 37 (2009), 760.

nen Grabenkämpfen zwischen Befürwortern und Gegnern eines privatrechtlichen Diskriminierungsschutzes, wird entlang der Grenze des Rechts privater Entscheidungsträger auf (bewusste) sachgrundlose oder willkürliche Entscheidungen ausgetragen.[203] Die Möglichkeit einer unbewussten Benachteiligung fügt der Diskussion einen neuen Aspekt hinzu, der in der herkömmlichen Diskussion meist – wenn überhaupt – nur am Rande gestreift wird. Dies soll in den folgenden Kapiteln geändert werden.

---

203 Vgl. *Riesenhuber*, in: Riesenhuber/Nishitani (Hrsg.), Wandlungen oder Erosion der Privatautonomie?, S. 19 (25).

§ 3 Implizite Vorurteile im Entscheidungsprozess als Teil der unternehmerischen Vertragsabschlussfreiheit

A. Der Grundsatz der unternehmerischen Vertragsabschlussfreiheit

Der Entscheidungsprozess des Arbeitgebers mündet in eine Willenserklärung, die entweder auf Vertragsschluss oder Vertragsversagung gerichtet ist. Der Vertrag ist das rechtliche Instrument, mit dem Privatrechtssubjekte von der Freiheit Gebrauch machen, ihre Lebensverhältnisse zu gestalten.[204] Privatautonomie erscheint in der Tradition des Grundsatzes *stat pro ratione voluntas* als Manifestation der Privatrechtsidee überhaupt[205], als Möglichkeit der Selbstbestimmung durch rechtliche Selbstgestaltung.[206] Die Vertragsfreiheit und ihre Grenzen sind unverzichtbarer Bestandteil der Privatautonomie.[207] Sie umfasst sowohl die Abschluss- und Auflösungsfreiheit (Vertragsabschlussfreiheit) als auch die inhaltliche Gestaltungsfreiheit (Inhaltsfreiheit).[208] Wesentlich für die hiesige Untersuchung ist die Vertragsabschlussfreiheit.[209]

---

204 *Hirsch*, in: FS Kirchhof, S. 1191 (1192); vgl. Flume der Privatautonomie als *„das Prinzip der Selbstgestaltung der Rechtsverhältnisse durch den einzelnen nach seinem Willen"* bezeichnet hat, *Flume*, Allgemeiner Teil des Bürgerlichen Rechts, Band II, § 1/1; das BVerfG hat die Formulierung später übernommen, vgl. BVerfGE 72, 155 (170); siehe auch *Singer*, Selbstbestimmung und Verkehrsschutz im Recht der Willenserklärungen, S. 1ff; *Lorenz*, Der Schutz vor dem unerwünschten Vertrag, S. 15.

205 *Isensee,* in: Isensee/Kirchhof (Hrsg.), Handbuch des Staatsrechts, § 150 Rn. 12; *Lieder*, Die rechtsgeschäftliche Sukzession, S. 84; *Picker*, in: JZ 2003, 540 (543); *Mankowski,* in: AcP 2011, 154.

206 *Flume,* Allgemeiner Teil des Bürgerlichen Rechts, Band II, S. 1, 6; *Canaris*, Die Vertrauenshaftung im deutschen Privatrecht, S. 413; *Brehmer*, Wille und Erklärung, S. 129; *Singer*, Selbstbestimmung und Verkehrsschutz im Recht der Willenserklärungen, S. 6; *Lobinger*, in: Isensee (Hrsg.), Vertragsfreiheit und Diskriminierung, S. 99, 102; *Cziupka,* Dispositives Vertragsrecht, S. 81.

207 Vgl. *Lorenz*, Der Schutz vor dem unerwünschten Vertrag, S. 15f.; *Zöllner*, in: AcP 176 (1976), 221 (223); *Wolf*, Rechtsgeschäftliche Entscheidungsfreiheit und vertraglicher Interessenausgleich, S. 19f.; *Bruns*, in: JZ 2007, 385.

208 *Lorenz*, Der Schutz vor dem unerwünschten Vertrag, S. 17.

209 Auf Inhalts-, Form- und Aufhebungsfreiheit soll hier nicht eingegangen werden, vgl. hierzu Bork, Allgemeiner Teil des Bürgerlichen Gesetzbuchs, Rn. 661; La-

Das Recht frei zu entscheiden, ob und mit wem man Verträge schließen will, gehört zu den grundlegenden Konstruktionselementen unserer Rechts- und Gesellschaftsordnung.[210] Die Vertragsfreiheit ist untrennbar verbunden mit unserem kulturell und rechtlich begründeten Bild des für sich selbst verantwortlichen Menschen sowie Bedingung einer marktwirtschaftlichen Ordnung.[211] *„Das Recht ist [...] der Inbegriff der Bedingungen, unter denen die Willkür des einen mit der Willkür des andern nach einem allgemeinen Gesetze der Freiheit zusammen vereinigt werden kann“.*[212]

Endet der Entscheidungsprozess des Arbeitgebers mit der Ablehnung bestimmter Bewerber, betrifft dies seine negative Vertragsabschlussfreiheit. Diese gestattet, den Vertragsschluss zu unterlassen, sollte kein den Vorstellungen entsprechender Bewerber vorhanden sein. Sie sichert die Privatautonomie, indem sie ungewollte rechtsgeschäftliche Bindungen verhindert.[213] Negative Vertragsabschlussfreiheit *„ist Subjektivität, die sich selbst das Gesetz gibt, die nicht notwendig mit den objektiven Normen von Recht, Ethos, Konvention und political correctness übereinstimmt.“*[214]

B. Positivrechtliche Absicherungen der unternehmerischen Vertragsabschlussfreiheit

Der Entscheidungsprozess des Arbeitgebers ist eingebettet in den rechtlichen Schutz der unternehmerischen Freiheit auf europäischer und nationaler Ebene. Die Vertragsfreiheit findet expressis verbis zwar kaum Erwähnung; dennoch besteht Einigkeit, dass sich sowohl die Bundesrepublik

---

renz/Wolf, Allgemeiner Teil des Bürgerlichen Rechts, S. 631; siehe auch *Schöbener/Stork*, in: ZEuS 2004, 43 (57); *Lobinger*, Vertragsfreiheit und Diskriminierungsverbote, in: Isensee (Hrsg.), Vertragsfreiheit und Diskriminierung, S. 99 (103); *Müller-Graff*, in: NJW 1993, 13 (14).

210 *Hirsch*, in: FS Kirchhof, S. 1191 (1192); vgl. auch *Canaris*, in: AcP 2000, 273 (277).

211 *Hirsch*, in: FS Kirchhof, S. 1191 (1192).

212 *Kant*, Rechtslehre, S. 38.

213 *Lobinger*, Vertragsfreiheit und Diskriminierungsverbote, in: Isensee (Hrsg.), Vertragsfreiheit und Diskriminierung, S. 99 (103).

214 *Isensee*, Privatautonomie, in: Isensee (Hrsg.), Vertragsfreiheit und Diskriminierung, S. 239 (249); a.A. *Lorenz*, Der Schutz vor dem unerwünschten Vertrag, S. 16f.

Deutschland als auch die Europäische Union im Sinne einer Privatrechtsgesellschaft verfasst haben, die normativ auf den Instituten Eigentum und Vertragsfreiheit aufbaut.[215]

I. Europäisches Recht – Verträge und Rechtsprechung des EuGH

1. Art. 16 Grundrechte-Charta

Nach Art. 6 Abs. 1 EUV ist die Charta der Grundrechte der Europäischen Union Teil des europäischen Primärrechts. Das Grundrecht der Berufsfreiheit im Unionsrecht enthält die umfassende Gewährleistung der wirtschaftlichen Betätigungsfreiheit.[216] Verdeutlicht wird dieser Ansatz durch die Garantien der Grundrechte-Charta, wonach in Art. 15 Abs. 1 GRCh nicht nur das Recht zu arbeiten und einen frei gewählten oder angenommenen Beruf auszuüben geschützt ist, sondern in Art. 16 GRCh auch die unternehmerische Freiheit anerkannt wird.[217] Damit verdeutlicht die Grundrechte-Charta selbst, dass eine eigene Gewährleistung der unternehmerischen Freiheit besteht und es sich nicht lediglich um eine Ausprägung der allgemeinen Handlungsfreiheit handelt.[218] Die unternehmerische Freiheit wird als elementarer Rechtsgrundsatz anerkannt.[219]

215 *Lobinger*, Vertragsfreiheit und Diskriminierungsverbote, in: Isensee (Hrsg.), Vertragsfreiheit und Diskriminierung, S. 99 (111f.); *Canaris*, in: FS Lerche, S. 873 (874); *Höfling*, Vertragsfreiheit, S. 4ff. m.w.N.

216 EuGH, Urt. v. 19.09.1985 - Rs. 63/84 = Slg. 1985, 2857, Rn. 23 – *Finsider*; siehe auch *Wiedmann*, in: Gebauer/Wiedmann (Hrsg.), Zivilrecht unter europäischem Einfluss, S. 108f.

217 Das Konkurrenzverhältnis von Art. 15 GRCh und Art. 16 GRCh ist umstritten: *Lieske*, Diskriminierungsschutz und unternehmerische Freiheit, S. 48, geht davon aus, dass Art. 16 GRCh als lex specialis Art. 15 GRCh im Bereich der unternehmerischen Freiheit verdrängt. So auch *Beyerbach*, Die geheime Unternehmensinformation, S. 304. Andere meinen, beide Wirtschaftsfreiheiten könnten aufgrund ihrer gleichsinnigen Wirkung nebeneinander angewandt werden, vgl. *Rengeling/Szczekalla*, Grundrechte in der EU, § 20 Rn. 795; eine Ausführliche Diskussion des Verhältnisses von Art. 15 GRCh und Art. 16 GRCh findet sich bei *Schmidt*, Die unternehmerische Freiheit im Unionsrecht, 184ff.

218 *Ruffert*, in: Ehlers (Hrsg.), Europäische Grundrechte und Grundfreiheiten, § 19 Rn. 10; a.A. *Wunderlich*, Das Grundrecht der Berufsfreiheit im Europäischen Gemeinschaftsrecht, S. 106f.

219 *Schwier*, Der Schutz der „Unternehmerischen Freiheit" nach Art. 16 GRCh, S. 25ff., 40; vgl. hierzu auch *Haberkamm*, Die Auslegung der Richtlinie über un-

Bestandteil der Gewährleistung unternehmerischer Freiheit ist die Vertragsfreiheit und damit einhergehend die freie Wahl des Vertrags- oder Geschäftspartners.[220] Die Vertragsfreiheit ist als wirtschaftliche Betätigungsfreiheit ein „*Grundprinzip der Menschheit des Menschen*".[221] Zudem sind es der freie Marktzugang, der Erwerb und die Nutzung von Eigentum, sowie die freie, selbstbestimmte Disposition des Unternehmers hinsichtlich seiner Wirtschaftsgüter, die in den Schutzbereich der unternehmerischen Freiheit fallen.[222] Art. 16 GRCh dient demnach der Kodifizierung aller schützenswerten Verhaltensweisen der Unternehmer, die als notwendige Kernelemente mit subjektiv-rechtlichem Charakter in einer offenen, funktionsfähigen, freien und sozialen Marktwirtschaft zulässig sein müssen.[223]

2. Die Europäische Menschenrechtskonvention (EMRK)

Die Europäische Menschenrechtskonvention enthält keine ausdrückliche Gewährleistung einer Berufs- oder Gewerbefreiheit.[224] In Art. 4 werden lediglich bestimmte Formen der Zwangsarbeit, wie Sklaverei oder Leibei-

---

lautere Geschäftspraktiken im Lichte der europäischen Grundrechte, S. 234ff., 238; *Reymann*, Das Sonderprivatrecht der Handels- und Verbraucherverträge, S. 278ff.;.

220 EuGH, Urt. v. 10. 7. 1991 – Rs. C-90/90, Slg. 1991, I-3617, Rn. 13 - *Neu*; EuGH, Urt. v. 08.10.1987 – Rs. 80/86, Slg. 1987, 2334 (2338f.) - *Rau/Balm*; EuGH, Urt. v. 11.07.1985 – Rs. 42/84, Slg. 1985, 538 (548) - *Procureur de la Republiqqe/ ADBHU*; an anderer Stelle geht der EuGH von einer eigenständigen Verbürgung mit identischem Inhalt aus, vgl. EuGH, Urt. v. 13.02.1979 – Rs. 85/76, Slg. 1979, 1, Rn. 20 - *Sukkerfabriken Nykobing*; EuGH, Urt. v. 05.10.1999 – Rs. C-240/97, Slg. 1999, I-6571, Rn. 99 - *Spanien/Kommission*; vgl. *Lieske*, Diskriminierungsschutz und unternehmerische Freiheit, S. 50; *Schwier*, Der Schutz der „Unternehmerischen Freiheit" nach Art. 16 GRCh, S. 100; *Ruffert*, in: Ehlers, Europäische Grundrechte, § 16 Rn. 12; *Rengeling/Szczekalla*, Grundrechte in der EU, § 20 Rn. 795; *Rengeling*, in: DVBl. 2004, 453 (459).

221 *Schmidt*, Die unternehmerische Freiheit im Unionsrecht, S. 62.

222 *Schmidt*, Die unternehmerische Freiheit im Unionsrecht, S. 62; vgl. auch *Jarass*, EU-Grundrechte, § 21 Rn. 1ff.; *Ruffert*, in: Ehlers, Europäische Grundrechte, § 16 Rn. 13.

223 *Schmidt*, Die unternehmerische Freiheit im Unionsrecht, S. 218.

224 *Wunderlich*, Das Grundrecht der Berufsfreiheit im Europäischen Gemeinschaftsrecht, S. 55; *Haberkamm*, Die Auslegung der Richtlinie über unlautere Geschäftspraktiken im Lichte der europäischen Grundrechte, S. 234.

genschaft ausgeschlossen.[225] Angesichts der primären Ausrichtung der EMRK an den natürlichen Freiheitsrechten des Menschen ist es nicht verwunderlich, dass der wirtschaftlichen Betätigungsfreiheit wenig Beachtung geschenkt wurde.[226] So wurde der Schutz von Unternehmen und Selbstständigen erst durch das Erste Zusatzprotokoll in den Katalog der Menschenrechte aufgenommen.[227] Art. 1 des Ersten Zusatzprotokolls der EMRK gewährleistet das Recht des Einzelnen auf Achtung seines Eigentums. Gleichzeitig werden die Voraussetzungen eines Eigentumsentzugs oder einer Einschränkung der eigentumsrechtlichen Bestands- und Nutzungsposition festgelegt.[228] Die EMRK liefert selbst keine Definition des Eigentumsbegriffs. Dieser ist jedoch nach ständiger Rechtsprechung autonom auszulegen und in einem weiteren völkerrechtlichen Sinne zu verstehen.[229] Einzelstaatliche Rechtsordnungen können allenfalls indirekten Einfluss auf die Auslegung der Reichweite des Eigentums ausüben.[230] Ebenfalls fließen allgemeine Rechtsgrundsätze und gemeinsame Rechtsüberzeugen der Mitgliedstaaten in die Begriffsbestimmung mit ein.[231] Auffallend ist hierbei, dass Art. 1 des Ersten Zusatzprotokolls der EMRK gemäß der Rechtsprechung des Europäischen Gerichtshofs für Menschenrechte (EGMR) Garantien gewährt, die im deutschen Grundgesetz zum Schutzbereich der Berufsfreiheit nach Art. 12 Abs. 1 GG und zum Schutzbereich der Eigentumsfreiheit nach Art. 14 GG gehören.[232] Zum einen geht es um

---

225 *Frowein*, in: Frowein/Peukert, EMRK-Kommentar, Art. 4, 59ff.; *Haberkamm*, Die Auslegung der Richtlinie über unlautere Geschäftspraktiken im Lichte der europäischen Grundrechte, S. 234.

226 Vgl. *Frowein*, Übernationale Menschenrechtsgewährleistungen, in: Isensee/Kirchhof (Hrsg.), Handbuch des Staatsrechts, Band VII (1992), § 180 Rn. 24.

227 Art. 1 des Ersten Zusatzprotokolls zur Konvention zum Schutz der Menschenrechte und Grundfreiheiten.

228 siehe hierzu ausführlich, *Peukert*, in: Frowein/Peukert, EMRK-Kommentar, Artikel 1 des 1.ZP Rn. 22.

229 Vgl. EGMR, Urt. v. 30.10.1991 – Rs. 11796/85 - *Wiesinger*; EGMR, Urt. v. 22.01.2004 – Rs. 46720/99 - *Jahn*; EGMR, Urt. v. 29.06.2004 – Rs. 8803-8811/02 - *Doğan*; EGMR, Urt. v. 30.06.2005 – Rs. 45036/98 = NJW 2006, 197 (200) - *Bosphorus*; *Peukert*, in: Frowein/Peukert, EMRK-Kommentar, Artikel 1 des 1.ZP Rn. 2; *Cremer*, in: Dörr/Grote/Marauhn, EMRK/GG, S. 1466ff.

230 EuGH, Gutachten 2/94, Slg. 1996, I-1759 (1789), Rn. 33.

231 *Wunderlich*, Das Grundrecht der Berufsfreiheit im Europäischen Gemeinschaftsrecht, S. 64.

232 *Wunderlich*, Das Grundrecht der Berufsfreiheit im Europäischen Gemeinschaftsrecht, S. 65.

eine freie Berufsausübung, zum anderen finden sich deutliche Anklänge an das von Art. 14 GG umfasste Recht am eingerichteten und ausgeübten Gewerbebetrieb.[233]

Die Europäische Union ist nicht unmittelbar an die EMRK gebunden, weil sie als maßgebliches Völkerrechtssubjekt[234] nicht Vertragspartei der EMRK ist.[235] Deren Bedeutung ist dennoch aufgrund der Tatsache, dass der EuGH die Ratio der Urteile des EGMR vielfach übernimmt, nicht zu unterschätzen.[236] Sie bildet nicht lediglich eine Auslegungshilfe, sondern eine *„direkte Erkenntnisquelle"*.[237] Die zunehmende Heranziehung der EMRK durch den EuGH hat sich auch in Art. 6 Abs. 2 EUV niedergeschlagen, der ausdrücklich die EMRK als Rechtsquelle für die Grundrechte aufführt.[238]

II. Die unternehmerische Vertragsabschlussfreiheit im Grundgesetz

1. Gemeinsame Gewährleistung in Art. 12 GG, Art. 14 Abs. 1 GG und Art. 2 Abs. 1 GG

Im deutschen Grundgesetz wird der Begriff „Vertragsfreiheit" nicht verwendet. Dennoch hat sich ein differenziert ausgestalteter Schutzbereich, hauptsächlich als Teil der allgemeinen Handlungsfreiheit nach Art. 2 Abs. 1 GG, herausgebildet.[239] Oftmals findet eine Zusammenschau von

---

233 *Wunderlich*, Das Grundrecht der Berufsfreiheit im Europäischen Gemeinschaftsrecht, S. 65f.

234 Vgl. Art. 47 AEUV, „Die Union besitzt Rechtspersönlichkeit". Im Vertrag von Lissabon wurde noch ausdrücklich vorgesehen, dass die Europäische Union der EMRK beitritt, siehe Art. 6 Abs. 2 EUV.

235 Ein EU-Beitritt zur EMRK ist jedoch nach dem ablehnenden Gutachten des EuGH in einige Ferne gerückt, vgl. EuGH DÖV 2016, 36.

236 EuGH, Urt. v. 26.6.1997 - Rs. C-368/95, Slg. 1997, I-3689, 3717, Rn. 25f. - *Familiapress*; EuGH, Urt. v. 28.3.200 - Rs. C-7/98, Slg. 2000, I-1935, 1969, Rn. 39f. - *Krombach*; siehe auch *Haratsch*, in: ZaöRV 66 (2006), 927.

237 *Frenz*, Handbuch Europarecht, Band 4, S. 16; *Alber/Widmaier*, in: EuGRZ 2000, 497 (505).

238 *Frenz*, Handbuch Europarecht, Band 4, S. 17; vgl. aber zu vereinzelten Divergenzen von EuGH und EGMR *Vondung*, Die Architektur des europäischen Grundrechtsschutzes nach dem Beitritt der EU zur EMRK, S. 111.

239 BVerfG, Beschluss. v. 12.11.1958 - 2 BvL 4/56; 2 BvL 26/56; 2 BvL 40/56; 2 BvL 1/57; 2 BvL 7/57, BVerfGE 8, 274 (328); BVerfG, Beschluss v. 16.05.1961 -

Art. 14 GG, Art. 12 Abs. 1 GG und Art. 2 Abs. 1 GG statt.[240] Aus diesen zusammengehörigen Schutznormen lässt sich eine spezifisch liberal ökonomische Freiheitssphäre des Unternehmers ableiten.[241] Die Vertragsfreiheit ist Teil der jeweiligen grundrechtlichen Betätigung.[242] Sie wird durch das jeweils in Frage stehende Grundrecht geschützt, jedoch stets durch Art. 2 Abs. 1 GG, wenn nicht der Schutzbereich eines spezielleren Grundrechts betroffen ist.[243] Hinter der Vertragsfreiheit steht insoweit in erster Linie das Rechtsprinzip der Selbstbestimmung, welches im Grundrecht der allgemeinen Handlungsfreiheit und deren flankierenden Einzelverbürgungen seinen Niederschlag gefunden hat.[244] Entsprechend der herkömm-

---

2 BvF 1/60, BVerfGE 12, 341 (347); BVerfG, Beschluss v. 04.05.1982 - 1 BvL 26/77; 1 BvL 66/78, BVerfGE 60, 329 (339); BVerfG, Urt. v. 19.10.1983 - 2 BvR 298/81, BVerfGE 65, 196 (210); BVerfG, Beschluss v. 04.06.1985 - 1 BvL 12/84, BVerfGE 70, 115 (123); BVerfG, Beschluss v. 13.05.1986 - 1 BvR 1542/84, BVerfGE 72, 155; BVerfG, Beschluss v. 23.04.1986 - 2 BvR 487/80, BVerfGE 73, 261 (270); BVerfG, Beschluss v. 19.10.1993 - 1 BvR 567/89; 1 BvR 1044/89, BVerfGE 89, 214 (231); BVerfG, Beschluss v. 08.04.1997 - 1 BvR 48/94, BVerfGE 95, 267 (303); BVerfG, Beschluss v. 19.01.1999 - 1 BvR 2161/94, BVerfGE 99, 341 (350); BVerfG, Urt. v. 03.04.2001 - 1 BvR 1681/94, 1 BvR 2491/94, 1 BvR 24/95, BVerfGE 103, 271 (286); *Bechtold*, Die Grenzen zwingenden Vertragsrechts, S. 337; *Lorenz*, Der Schutz vor dem unerwünschten Vertrag, S. 18; *Hillgruber*, in: AcP 191 (1991), 69 (75); *Höfling*, Vertragsfreiheit, S. 18ff.; *Leistner*, Richtiger Vertrag und lauterer Wettbewerb, S. 289; *Medicus*, in: AcP 192 (1992), 35 (41); *Canaris*, in: JZ 1987, 993 (994f.); *Canaris*, in: FS Lerche, S. 873 (878ff.).

240 Vgl. *Dieterich*, in: AuR 2007, 65 (66); *Wolter*, in: FG Schlink, S. 339 (350); *Bettermann*, in: JZ 1952, 65; *Manssen*, Privatrechtsgestaltung durch Hoheitsakt, S. 132; andere Ansicht *Wieland*, in Dreier, Grundgesetz-Kommentar, Band I, Art. 14 Rn. 184: Ein umfassender Schutzbereich „Wirtschaftsfreiheit"; der gleichermaßen von den Art. 2, 12 und 14 erfasst würde, sei abzulehnen; vgl. auch *Schmidt*, in: ErfK, GG, Art. 14 Rn. 9.

241 BAG, Urt. v. 20.06.2013 - 2 AZR 379/12, BAGE 145, 265 Rn. 20; BAG, Urt. v. 26. 9. 2002 – 2 AZR 636/01, BAGE 103, 31 = NZA 2003, 549 (550); BAG, Urt. v. 17.06.1999 - 2 AZR 522/92, BAGE 92, 61 = NZA 1999, 1095; vgl. auch *Canaris*, in: FS Lerche, S. 873 (878ff.).

242 *Busche*, Privatautonomie und Kontrahierungszwang, S. 55.

243 BVerfG, Beschluss. v. 12.11.1958 - 2 BvL 4/56; 2 BvL 26/56; 2 BvL 40/56; 2 BvL 1/57; 2 BvL 7/57, BVerfGE 8, 274 (328); BVerfG, Beschluss v. 16.05.1961 - 2 BvF 1/60, BVerfGE 12, 341 (347); BVerfG, Beschluss v. 04.06.1985 - 1 BvL 12/84, BVerfGE 70, 115 (123); BVerfG, Beschluss v. 14.01.1987 - 1 BvR 1052/79, BVerfGE 74, 129 (151f.); *Taupitz*, in: AcP 192 (1992), 341 (342); *Busche*, Privatautonomie und Kontrahierungszwang, S. 55 m.w.N.

244 *Busche*, Privatautonomie und Kontrahierungszwang, S. 60.

lichen verfassungsrechtlichen Dogmatik umfasst der verfassungsrechtliche Schutz der Vertragsfreiheit im Wesentlichen zwei Dimensionen: Die Vertragsfreiheit ist einerseits als Abwehrrecht des Bürgers gegen den Staat geschützt (*status negativus*), andererseits wird ein Gewährleistungsauftrag an den Staat gerichtet (*status positivus*).[245]

2. Verschiedene Ausprägungen in den einzelnen Grundrechten

a) Vertragsfreiheit als Teil der Berufsfreiheit nach Art. 12 Abs. 1 GG

Beruf im Sinne des Art. 12 Abs. 1 GG ist jede wirtschaftlich sinnvolle auf Dauer angelegte Tätigkeit, die der Schaffung und Erhaltung der Lebensgrundlage des Grundrechtsträgers dient.[246] Auch wenn der Wortlaut des Art. 12 Abs. 1 GG eine Differenzierung zwischen Berufswahl- und Berufsausübungsfreiheit nahelegt[247], bilden beide Ausprägungen nach Ansicht des BVerfG nur konnexe Elemente eines einheitlichen Grundrechts der Berufsfreiheit.[248] Dieses einheitliche Grundrecht der Berufsfreiheit ist

---

245 *Arnold*, Vertrag und Verteilung, S. 205.

246 BVerfG, Urt. v. 11.06.1958 - 1 BvR 596/56, BVerfGE 7, 377 (397); BVerfG, Urt. v. 01.03.1979 - 1 BvR 532/77, 1 BvR 533/77, 1 BvR 419/78, 1 BvL 21/78, BVerfGE 50, 290 (362); BVerfG, Beschluss v. 18.06.1980 - 1 BvR 697/77, BVerfGE 54, 301 (313); BVerfG, Beschluss v. 26.06.2002 - 1 BvR 558/91, 1 BvR 1428/91, BVerfGE 105, 252 (265); BVerfG, Beschluss v. 20.04.2004 - 1 BvR 838/01, 1 BvR 1303/01, 1 BvR 340/02, 1 BvR 1436/01, 1 BvR 1450/01, BVerfGE 110, 304 (321); BVerfG, Urt. v. 09.06.2004 - 1 BvR 636/02, BVerfGE 111, 10 (28); BVerfG, Urt. v. 28.03.2006 - 1 BvR 1054/01, BVerfGE 115, 276 (300); BVerwG, Urt. v. 10.03.1954 - I C 5.53, BVerwGE 1, 92 (93); BVerwG, Urt. v. 04.11.1965 - I C 6.63, BVerwGE 22, 286 (287); BVerwG, Urt. v. 22.06.1994 - 6 C 40.92, BVerwGE 96, 136 (140); BVerwG, Urt. v. 23.08.1994 - 1 C 18.91, BVerwGE 96, 293 (296); BVerwG, Urt. v. 23.08.1994 - 1 C 19.91, BVerwGE 96, 302 (307); *Scholz*, in: Maunz/Dürig, GG, Art. 12 Rn. 29; *Mann*, in: Sachs, GG, Art. 12 Rn. 45; *Jarass*, in: Jarass/Pieroth, GG, Art. 12 Rn. 5; *Nolte*, in: Stern/Becker, GG, Art. 12 Rn. 12.

247 So zum Beispiel *Lücke*, Die Berufsfreiheit: Eine Rückbesinnung auf den Text des Art. 12, Abs. 1 GG; *Hufen*, in: NJW 1994, 2913 (2917).

248 BVerfG, Urt. v. 11.06.1958 - 1 BvR 596/56, BVerfGE 7, 377 (401f.); BVerfG, Urt. v. 18.07.1972 - 1 BvL 32/70, 1 BvL 25/71, BVerfGE 33, 303 (329f.); BVerfG, Beschluss v. 21.02.1995 - 1 BvR 1397/93, BVerfGE 92, 140 (151); BVerfG, Beschluss v. 20.03.2001 - 1 BvR 491/96, BVerfGE 103, 172 (183); *Mann*, in: Sachs, GG, Art. 12 Rn. 14; *Scholz*, in: Maunz/Dürig, Art. 12 Rn. 25.

weit auszulegen und gewährleistet allgemein die Freiheit von Berufswahl und Berufsausübung sowie die Auswahl und Ausübung aller denkbaren Formen erwerbsbezogener Tätigkeiten.[249] Art. 12 Abs. 1 GG wird deshalb auch als das *„zentrale Grundrecht der Arbeit“* bezeichnet.[250]

Die Freiheit Arbeitsverträge zu schließen, ist eine unter Art. 12 GG fallende besondere Ausprägung der allgemeinen Vertragsfreiheit des Art. 2 Abs. 1 GG.[251] Geschützt sind Begründung, inhaltliche Ausgestaltung und Beendigung des Arbeitsverhältnisses.[252] Die Vertragsabschlussfreiheit ist im Regelfall Teil der unternehmerischen Berufsausübungsfreiheit.[253] Die Berufswahlfreiheit[254] wäre nur in Fällen eines Kontrahierungszwanges berührt, sofern durch diesen die Unternehmung nicht in der geplanten Form

---

249 BVerfG, Urt. v. 21.02.1962 - 1 BvR 198/57, BVerfGE 14, 19 (22); BVerfG, Beschluss v. 28.11.1984 - 1 BvL 13/81, BVerfGE 68, 272 (281); *Ruffert*, in: Epping/ Hillgruber, BeckOK, GG, Art. 12 Rn. 41.

250 *Lieske*, Diskriminierungsschutz und unternehmerische Freiheit, 53; *Dieterich*, in: ErfK, Art. 12 GG Rn. 1.

251 BVerfG, Beschluss v. 27.01.1998 - 1 BvL 15/87, 1 BvL 22/93, BVerfGE 97, 169 (177); *Richardi/Fischinger*, in: Staudinger BGB, § 611 Rn. 365; *Busche*, Privatautonomie und Kontrahierungszwang, S. 56f.

252 BVerfG, Beschluss v. 06.10.1987 - 1 BvR 1086/82, 1 BvR 1468/82, 1 BvR 1623/82, BVerfGE 77, 84 (114); BVerfGE 81, 242 (254); BVerfG, Beschluss v. 27.01.1998 - 1 BvL 15/87, 1 BvL 22/93, BVerfGE 97 169 (176); *Schreier*, Schutz vor willkürlichen und diskriminierenden Entlassungen, S. 311; *Bengsch*, Der verfassungsrechtlich geforderte Mindestkündigungsschutz im Arbeitsverhältnis, S. 633; *Gamillscheg*, Die Beendigung des Arbeitsverhältnisses, S. 41; *Rütten*, Institutionelle Arbeitslosigkeit und Grundgesetz, S. 135, 158; *Müller*, Die Berufsfreiheit des Arbeitgebers, S. 271; *Boemke/Gründel*, in: ZfA 2001, 245 (268); *Boemke*, in: NZA 1993, 532 (537); *Groeger*, in: NZA 1999, 850 (851).

253 BVerfG, Beschluss v. 31.10.1984 - 1 BvR 35/82, 1 BvR 356/82, 1 BvR 794/82, BVerfGE 68, 193 (223f.); BVerfG, Beschluss v. 06.10.1987 - 1 BvR 1086/82, 1 BvR 1468/82, 1 BvR 1623/82, BVerfGE 77, 84 (118); BVerfG, Beschluss v. 15.12.1987 - 1 BvR 563, 582/85, 974/86, 1 BvL 3/86, BVerfGE 77, 308 (339); BVerfG, Beschluss v. 19.05.1992 - 1 BvR 126/85, BVerfGE 86, 122 (130); *Busche*, Privatautonomie und Kontrahierungszwang, S. 56; (486f.); *Boemke/Gründel,* in: ZfA 2001, 245 (253); *Boemke*, in: NZA 1993, 532 (534); *Bieback*, in: ZfA 1979, 453; so auch *Lieske,* Diskriminierungsschutz und unternehmerische Freiheit, S. 54, 57f.; *Müller*, Die Berufsfreiheit des Arbeitgebers, S. 30ff.; *Löwisch/Caspers/Klumpp*, Arbeitsrecht, Rn. 561.

254 Siehe hierzu BVerfG, Urt. v. 23.03.1960 - 1 BvR 216/51, BVerfGE 11, 30 (44f.); BVerfG, Beschluss v. 18.12.1968 - 1 BvL 5/64, 1 BvL 14/64, 1 BvL 5/65, 1 BvL 11/65, 1 BvL 12/65, BVerfGE 25, 1 (12); BVerfG, Beschluss v. 16.03.1971 - 1 BvR 52/66, 1 BvR 665/66, 1 BvR 667/66, 1 BvR 754/66, BVerfGE 30, 292 (313); BVerfG, Urt. v. 03.11.1982 - 1 BvL 4/78, BVerfGE 61, 291 (311); BVerfG,

durchgeführt werden könnte. Dies ist im Hinblick auf Art. 15 Abs. 6 AGG de lege lata jedoch fernliegend.

Die Freiheit der Berufsausübung umfasst die gesamte berufliche oder gewerbliche Tätigkeit, mithin auch die Personalauswahl.[255] Die Berufsausübung ist durch jede Beschränkung der freiwilligen Selbstbindung und der vertraglichen Auswahlfreiheit betroffen.[256] Die besondere Bedeutung der Vertragsabschlussfreiheit beim Arbeitsverhältnis liegt in dessen „personalem Charakter" begründet.[257] Das Arbeitsverhältnis als Dauerschuldverhältnis ist wesensmäßig auf engen und wiederholten Kontakt zwischen Arbeitgeber und Arbeitnehmer oder den Arbeitnehmern untereinander angelegt.[258] Angestellte und Kollegen müssen nicht nur auf fachlicher, sondern auch auf persönlicher Ebene zusammenpassen. Deshalb kann häufig auch ein gutes „Bauchgefühl" maßgebliches Entscheidungsmotiv sein. Umgekehrt gehört es, verbürgt durch die negative Vertragsabschlussfreiheit, zur freien Entscheidungsfindung, keinen Arbeitsvertrag zu schließen, wenn kein dem Anforderungsprofil genügender Bewerber vorhanden ist. [259]

Urt. v. 04.10.1983 - 1 BvR 1633, 1549/82, BVerfGE 65, 116 (127f.); BVerfG, Beschluss v. 17.10.1984 - 1 BvL 18/82, 46/83, 2/84, BVerfGE 68, 155 (170f.); BVerfG, Beschluss v. 12.02.1986 - 1 BvR 1770/83, BVerfGE 72, 26 (32); BVerfG, Beschluss v. 06.10.1987 - 1 BvR 1086/82, 1 BvR 1468/82, 1 BvR 1623/82, BVerfGE 77, 84 (106); BVerfG, Beschluss v. 07.02.1990 - 1 BvR 26/84, BVerfGE 81, 242 (253); BVerfG, Beschluss v. 12.06.1990 - 1 BvR 355/86, BVerfGE 82, 209 (229); BVerfG, Beschluss v. 25.03.1992 - 1 BvR 298/86, BVerfGE 86, 28 (38f.); BVerfG, Beschluss v. 29.10.2002 - 1 BvR 525/99, BVerfGE 106, 181 (192f.); *Mann,* in: Sachs, GG, Art. 12 Rn. 81; *Scholz*, in: Maunz/Dürig, GG, Art. 12 Rn. 342.

255 *Richardi/Fischinger*, in: Staudinger BGB, § 611 Rn. 365; *Mann*, in: Sachs, GG, Art. 12 Rn. 79.

256 *Dieterich*, in: AuR 2007, 65 (66f.); *Wolter*, in: FG Schlink, S. 339 (350).

257 vgl. ausführlich *Heinrich*, Formale Freiheit und materielle Gerechtigkeit, S. 492ff; vgl. zudem *Wiese*, in: ZfA 1996, 439.

258 *Richardi/Fischinger*, in: Staudinger, BGB, Neubearbeitung 2016, § 611 Rn. 172; *Putzo*, in: Palandt Einf. v. § 611 Rn. 4; *Müller-Glöge*, in: MüKo BGB § 611 Rn. 7, 126ff.; *Hromadka/Maschmann*, Arbeitsrecht Band 1, § 1 Rn. 21ff.; vgl. zudem *Wiese*, in: ZfA 1996, 439ff. („Der personale Gehalt des Arbeitsverhältnisses"); a.A. *Mittelbach*, Kündigung des Arbeitsverhältnisses aufgrund politischer Meinungsäußerung oder Betätigung, S. 19.

259 *Blaha/Mehlich*, in: NZA 2005, 667 (670); *Löwisch/Caspers/Klumpp*, Arbeitsrecht, Rn. 561.

b) Die unternehmerische Vertragsabschlussfreiheit in Art. 14 GG

Die Abgrenzung von Art. 12 Abs. 1 GG und Art. 14 GG wird häufig etwas vereinfachend auf den Standardsatz: Art 12 Abs. 1 GG schützt den Erwerb, Art 14 GG das Erworbene, reduziert.[260] Im Rahmen des arbeitsrechtlichen Diskriminierungsschutzes fällt eine strikte Abgrenzung dagegen nicht so leicht. In diesem Bereich wird deutlich, dass Berufs- und Eigentumsfreiheit häufig gleichermaßen von wirtschaftslenkenden Regelungen betroffen sein können.[261] Art. 14 GG ist - neben der für das Arbeits- und Wirtschaftsleben zentralen Grundsatznorm des Art. 12 Abs. 1 GG - das *„Hauptgrundrecht der freien wirtschaftlichen Betätigung"*.[262] Art. 14 GG schützt die privatrechtliche Zuordnung und Verwendung von Betriebsmitteln zur Sicherung des individuellen Freiheitsraums im vermögensrechtlichen Bereich.[263] Hierzu gehört unter anderem das Privateigentum einschließlich seiner ökonomischen Nutzbarkeit.[264]

Besondere Bedeutung für die Vertragsabschlussfreiheit des Arbeitgebers gewinnt Art. 14 GG dadurch, dass die Rechtslehre und Teile der Rechtsprechung das Recht am eingerichteten und ausgeübten Gewerbebetrieb als Spezialausprägung des Eigentumsschutzes entwickelt haben.[265]

---

260 BVerfG, Beschluss v. 01.04.1971 - 1 BvL 22/67, BVerfGE 31, 8, (32); BVerfG, Beschluss v. 08.11.1983 - 1 BvL 8/81, BVerfGE 65, 237 (248); BVerfG, Beschluss v. 14.11.1989 - 1 BvL 14/85, 1 BvR 1276/84, BVerfGE 81, 70 (96); BVerfG, Beschluss v. 12.06.1990 - 1 BvR 355/86, BVerfGE 82, 209 (234); BVerfG, Urt. v. 24.04.1991 - 1 BvR 1341/90, BVerfGE 84, 133 (157); BVerfG, Urt. v. 10.03.1992 - 1 BvR 454, 470, 602, 616, 905, 939-955, 957-963, 1128, 1315-1318, 1453/91, BVerfGE 85, 360 (383); BVerfG, Beschluss v. 25.05.1993 - 1 BvR 345/83, BVerfGE 88, 366 (377); zurückgehend auf *Wittig*, in: FS Gebhard Müller, S. 575 (590).

261 *Mann*, in: Sachs, GG, Art. 12 Rn. 197; *Manssen*, in: v. Mangold/Klein/Starck, GG, Band I, Art. 12 Rn. 290.

262 *Schmidt*, in: ErfK, GG, Art. 12 Rn. 1; *Rittner*, Unternehmerfreiheit und Unternehmensrecht, S. 21; *Jung*, Der Unternehmensgesellschafter als personaler Kern der rechtsfähigen Gesellschaft, S. 228; *Schwier*, Der Schutz der „Unternehmerischen Freiheit" nach Art. 16 GRCh, S. 25ff., 40.

263 *Lieske*, Diskriminierungsschutz und unternehmerische Freiheit, S. 62; *Scholz*, in: Maunz/Dürig, GG, Art. 12 Rn. 132ff; siehe auch *Arnold*, Vertrag und Verteilung, S. 203.

264 *Lieske*, Diskriminierungsschutz und unternehmerische Freiheit, S. 62.

265 BGH, Urt. v. 28.01.1957 - III ZR 141/55, BGHZ 23, 157 (162f.); das BVerfG hat es bislang offen gelassen, ob der eingerichtete und ausgeübte Gewerbebetrieb die konstituierenden Merkmale des verfassungsrechtlichen Eigentumsbegriffs auf-

Geschützt sind hiernach die „Funktionsfähigkeit des Unternehmens“, der Kundenstamm, geschäftliche Verbindungen und Beziehungen, die Marktstellung[266], und damit letztlich auch die Qualifikation und Zusammenstellung der Belegschaft. Demzufolge kann die unternehmerische Vertragsfreiheit als Teil einer allgemeinen Wirtschaftsfreiheit im Schutzbereich des Rechts am eingerichteten und ausgeübten Gewerbebetrieb eine Rolle spielen.[267] Ist ein Unternehmer durch diskriminierungsrechtliche Beschränkungen seiner Vertragsfreiheit daran gehindert, seinen Geschäftsbetrieb ordnungsgemäß aufrecht zu erhalten, kann das in extremen Fällen einen Eingriff in den Schutzbereich von Art. 14 GG bedeuten.[268] Zwischen Art. 12 Abs. 1 GG und Art. 14 GG besteht daher in gewissen Konstellationen Idealkonkurrenz.[269] *„Gewährleistungsmäßig kann insoweit auch von der Figur des „Arbeitgeber-Unternehmers“ als gleichsam figurative Umschreibung des Gewährleistungszusammenhangs aus Art. 12 Abs. 1 und Art. 14 Abs. 1 gesprochen werden".*[270] Eingriffe in die unternehmerische Vertragsabschlussfreiheit können, ab einer gewissen Intensität, direkte

---

weist, vgl. BVerfG, Beschluss v. 26.06.2002 - 1 BvR 558/91, 1 BvR 1428/91, BVerfGE 105, 252 (278); BVerfG, Beschluss v. 10.06.2009 - 1 BvR 198/08, NVwZ 2009, 1426, (1428); BVerfG, Beschluss v. 08.09.2010 - 1 BvR 1890/08, NJW 2010, 3501, (3502).

266 BGH, Urt. v. 28.01.1957 - III ZR 141/55, BGHZ 23, 157 (162f.); *Wendt*, in: Sachs, GG, Art. 14 Rn. 26 mwN;.

267 *Papier*, in: Maunz/Dürig, GG, Art. 14 Rn. 228ff.; *Wendt*, in: Sachs, GG, Art. 14 Rn. 64 sieht auch das zivilrechtliche Institut des Arbeitsvertrages als im Kern von Art. 14 GG institutionell gewährleistet an.

268 *Papier*, in: Maunz/Dürig, GG, Art. 14 Rn. 229 weist auch auf die Vertragsfreiheit als Teil des Schutzbereichs des Art. 14 GG hin: *„Denn die Eigentumsgarantie beinhaltet das Recht des „Habens“ und des „Gebrauchmachens“, also auch des Nutzens und des Verfügens in Ansehung der Eigentumsgegenstände. Dem Eigentümer ist die Vertragsfreiheit mithin durch Art. 14 gewährleistet [...].“.*

269 Vgl. *Jung*, Der Unternehmensgesellschafter als personaler Kern der rechtsfähigen Gesellschaft, S. 229; *Leisner*, in: JZ 1972, 33 (34); vgl. auch BVerfG, Beschluss v. 10.07.1958 - 1 BvF 1/58, BVerfGE 8, 71 (79ff.); BVerfG, Beschluss v. 14.02.1967 - 1 BvL 17/63, BVerfGE 21, 150 (154); BVerfG, Urt. v. 01.03.1979 - 1 BvR 532/77, 1 BvR 533/77, 1 BvR 419/78, 1 BvL 21/78, BVerfGE 50, 290 (361f.).

270 *Scholz*, in: Maunz/Dürig, GG, Art. 12 Rn. 136; *Scholz*, in: ZfA 1980, 357 (364 ff.).

Eingriffe in den eingerichteten und ausgeübten Gewerbebetrieb darstellen.[271]

c) Art. 2 Abs. 1 GG und der Schutz des „Wesenskerns" des Menschseins

Art. 2 Abs. 1 GG schützt vor allen staatlichen Eingriffen in die Lebensführung und die Handlungs- bzw. Entschließungsfreiheit des Einzelnen über die Gestaltung der eigenen Rechtsverhältnisse.[272] Insbesondere die Verbürgung der Privatautonomie, mit ihren Ausprägungen der allgemeinen Vertragsfreiheit und der besonderen wirtschaftlichen Entfaltungsfreiheit bzw. unternehmerischen Handlungsfreiheit, bildet das Sinnbild eines breiten Abwehrrechts gegen Eingriffe vonseiten des Staates.[273] Im Verhältnis zu Art. 12 Abs. 1 GG und Art. 14 GG tritt Art. 2 Abs. 1 GG als sog. Auf-

---

271 A.A. *Lieske*, Diskriminierungsschutz und unternehmerische Freiheit, S. 63 (*„Es handelt sich höchstens um Reflexe der über Art. 14 GG geschützten Verfügungsmöglichkeiten, wenn die Eigentumsnutzung faktisch durch ein Diskriminierungsverbot eingeschränkt wird.")*.

272 *Lorenz,* Der Schutz vor dem unerwünschten Vertrag, S. 18; *Busche*, Privatautonomie und Kontrahierungszwang, S. 22; *Sachs*, Verfassungsrecht II –Grundrechte, S. 178; siehe ausführlich *Roscher*, Vertragsfreiheit als Verfassungsproblem, S. 46ff.

273 Vgl. BVerfG, Beschluss. v. 12.11.1958 - 2 BvL 4/56, 2 BvL 26/56, 2 BvL 40/56, 2 BvL 1/57, 2 BvL 7/57, BVerfGE 8, 274 (328); BVerfG, Urt. v. 29.07.1959 - 1 BvR 394/58, BVerfGE 10, 89 (99); BVerfG, Beschluss v. 16.05.1961 - 2 BvF 1/60, BVerfGE 12, 341 (347); BVerfG, Beschluss v. 04.05.1982 - 1 BvL 26/77, 1 BvL 66/78, BVerfGE 60, 329 (339); BVerfG, Urt. v. 19.10.1983 - 2 BvR 298/8, BVerfGE 65, 196 (210); BVerfG, Beschluss v. 04.06.1985 - 1 BvL 12/84, BVerfGE 70, 115 (123); BVerfG, Beschluss v. 23.04.1986 - 2 BvR 487/80, BVerfGE 73, 261 (270); BVerfG, Beschluss v. 14.01.1987 - 1 BvR 1052/79, BVerfGE 74, 129 (151); BVerfG, Beschluss v. 08.04.1987 - 2 BvR 909, 934, 935, 936, 938, 941, 942, 947/82, 64/83, 142/84, BVerfGE 75, 108 (154); BVerfG, Beschluss v. 06.10.1987 - 1 BvR 1086/82, 1 BvR 1468/82, 1 BvR 1623/82, BVerfGE 77, 84 (114); BVerfG, Beschluss v. 31.05.1988 - 1 BvL 22/85, BVerfGE 78, 232 (244); BVerfG, Beschluss v. 25.05.1993 - 1 BvR 1509/91, 1 BvR 1648/91, BVerfGE 88, 384 (403); BVerfG, Beschluss v. 23.06.1993 - 1 BvR 133/89, BVerfGE 89, 48 (61); BVerfG, Beschluss v. 19.10.1993 - 1 BvR 567/89, 1 BvR 1044/89, BVerfGE 89, 214 (231); BVerfG, Beschluss v. 08.04.1997 - 1 BvR 48/94, BVerfGE 95, 267 (303); BVerwG, Urt. v. 18.02.1955 - V C 75.54, BVerwGE 1, 321 (323); BVerwG, Urt. v. 20.05.1955 - V C 14.55, BVerwGE 2, 114 (115); BVerwG, Urt. v. 20.05.1955 - V C 15.55, BVerwGE 2, 118 (120); BVerwG, Urt. v. 24.05.1956 - I C 92.55, BVerwGE 3, 303 (304); BVerwG, Urt.

fanggrundrecht mit Anwendungssubsidiarität zurück, soweit deren Schutzbereiche reichen bzw. betroffen sind.[274] Der Freiheitsgehalt des Art. 2 Abs. 1 GG ist insoweit thematisch von speziellen Freiheitsrechten „verbraucht" - auch dann, wenn der Betroffene im Ergebnis in dem spezielleren Freiheitsrecht nicht verletzt ist, weil der Eingriff sich im Rahmen verfassungsrechtlicher Schranken hält.[275]

Die Einbeziehung impliziter Vorurteile könnte jedoch dazu führen, dass der Entscheidungsprozess des Arbeitgebers in einem Teilbereich die Schutzbereiche von Art. 12 Abs. 1 GG und Art. 14 GG verlässt. Durch die Nähe zu Art. 1 Abs. 1 GG bildet Art. 2 Abs. 1 GG eine besondere Gewährleistung des Persönlichkeitsrechts, wenn der „Wesenskern" des Mensch-

---

v. 13.03.1957 - V C 26.56, BVerwGE 4, 332 (336); *Di Fabio*, in: Maunz/Dürig, GG, Art. 2 Rn. 19.

274 Vgl. BVerfG, Urt. v. 16.01.1957 - 1 BvR 253/56, BVerfGE 6, 32 (37); BVerfG, Beschluss v. 17.12.1958 - 1 BvR 615/52, BVerfGE 9, 63 (73); BVerfG, Beschluss v. 16.06.1959 - 1 BvR 71/57, BVerfGE 9, 338 (343); BVerfG, Beschluss v. 14.07.1959 - 1 BvL 28/57, BVerfGE 10, 55 (58); BVerfG, Beschluss v. 17.11.1959 - 1 BvL 80/53, 1 BvL 81/53, 1 BvL 32/55, 1 BvL 20/59, 1 BvR 12/58, 1 BvR 168/59, BVerfGE 10, 185 (199); BVerfG, Beschluss v. 31.05.1960 - 2 BvR 234/60, 2 BvR 235/60, 2 BvR 236/60, BVerfGE 11, 234 (238); BVerfG, Beschluss v. 16.05.1961 - 2 BvF 1/60, BVerfGE 12, 341 (347); BVerfG, Urt. v. 24.01.1962 - 1 BvL 32/57, BVerfGE 13, 290 (296); BVerfG, Beschluss v. 15.03.1967 - 1 BvR 575/62, BVerfGE 21, 227 (234); BVerfG, Beschluss v. 23.01.1968 - 1 BvR 709/66, BVerfGE 23, 50 (55); BVerfG, Beschluss v. 24.02.1971 - 1 BvR 435/68, BVerfGE 30, 173 (192); BVerfG, Beschluss v. 23.03.1971 - 1 BvL 25/61, BVerfGE 30, 336 (351); BVerfG, Beschluss v. 19.10.1971 - 1 BvR 387/65, BVerfGE 32, 98 (107); BVerfG, Beschluss v. 21.10.1981 - 1 BvR 52/81, BVerfGE 58, 358 (363); BVerfG, Urt. v. 14.06.1983 - 2 BvR 488/80, BVerfGE 64, 208 (213); BVerfG, Urt. v. 19.10.1983 - 2 BvR 298/81, BVerfGE 65, 196 (209); BVerfG, Beschluss v. 08.11.1983 - 1 BvL 8/81, BVerfGE 65, 237 (248); BVerfG, Beschluss v. 20.06.1984 - 1 BvR 1494/78, BVerfGE 67, 157 (171); BVerfG, Beschluss v. 09.01.1991 - 1 BvR 207/87, BVerfGE 83, 182 (194); BVerfG, Beschluss v. 23.06.1993 - 1 BvR 133/89, BVerfGE 89, 48 (61); BVerfG, Beschluss v. 22.01.1997 - 2 BvR 1915/91, BVerfGE 95, 173 (188); BVerfG, Urt. v. 27.10.1998 - 1 BvR 2306/96, 1 BvR 2314/96, 1 BvR 1108/97, 1 BvR 1109/97, 1 BvR 1110/97, BVerfGE 98, 265 (328); BVerfG, Beschluss v. 14.07.1999 - 1 BvR 995/95, 1 BvR 2288/95, 1 BvR 2711/95, BVerfGE 101, 54 (74); BVerfG, Beschluss v. 27.10.1999 - 1 BvR 385/90, BVerfGE 101, 106 (121 f.); BVerfG, Beschluss v. 10.01.2000 - 1 BvR 1398/99, NJW 2000, 1480 (1481).

275 BVerfG, Urt. v. 20.10.1954 - 1 BvR 527/52, BVerfGE 4, 52 (57); *Di Fabio*, in: Maunz/Dürig, GG, Art. 2 Rn. 21; *Jarass/Pieroth*, GG, Art. 2, Rn. 2; *Merten*, in: JuS 1976, 345 (348).

seins auf dem Spiel steht.[276] Die kognitive Ebene des Unbewussten ließe sich als Teil dieses „Wesenskerns" begreifen. Folgt man diesem Gedanken, könnte die Sanktionierung eines vorurteilsgeprägten Entscheidungsprozesses durch Diskriminierungsverbote in diesen Schutzbereich eingreifen. Gehört das Entscheidungsergebnis des Arbeitgebers in Form einer vorurteilsgeprägten Vertragsversagung zur unternehmerischen Vertragsabschlussfreiheit des Art. 12 GG, ist bei darüber hinausgehender Berücksichtigung des Entscheidungsprozesses der innere Gedankengang des Menschen betroffen. In diesem Bereich verbürgt zumindest Art. 2 Abs. 1 GG das Recht auf einen impliziten Entscheidungsprozess.

C. Die unternehmerische Vertragsabschlussfreiheit in der Privatrechtsordnung

Ergänzend zum vorgenannten Schutzbereich unternehmerischer Vertragsabschlussfreiheit haben sich aus der grundrechtlich in Art. 2 Abs. 1 GG verbürgten Privatautonomie, im Zusammenspiel mit dem bereits davor bestehenden BGB, Grundsätze des freiheitlichen Privatrechts entwickelt, die den Vertrag als einziges legitimes Mittel des privaten Güter- und Rechteaustauschs ausweisen.[277] Wird der Entscheidungsprozess des Arbeitgebers antidiskriminierungsrechtlich beschränkt, findet eine gesetzgeberische Einflussnahme auf den Vertragsschluss, also auf den privatautonomen Güter- und Rechteaustausch zwischen Privaten statt. Eingriffe in die Vertragsabschlussfreiheit sind damit stets zugleich Eingriffe in die privatrechtliche Zuweisungs- und Austauschordnung.

---

276 *Busche*, Privatautonomie und Kontrahierungszwang, S. 22; *Di Fabio*, in: Maunz/Dürig, GG, Art. 2 Rn. 18.

277 Vgl. *Lobinger*, in: RdA 2011, 76 (77).

I. Allgemeine Grundsätze des freiheitlichen Privatrechts

1. Zuweisung von Rechtspositionen

Das freiheitliche Privatrecht folgt nach traditionellem Verständnis dem Gedanken der Zuweisungsordnung.[278] Das Privatrecht erkennt als Rechtszuweisungsordnung dem Einzelnen Genuss-, Gebrauchs- oder Verwertungsbefugnisse zu.[279] Diese stellen als „*Substanzrechte*“ die materielle Lebensgrundlage ihres Inhabers dar, indem sie in exklusiver Weise den Raum zur tatsächlichen Benutzung und zur rechtlichen Verfügungsbefugnis eröffnen.[280] Jeder Einzelne verfügt über absolute Rechtspositionen, die der Einflussnahme anderer entzogen sind. Die Gesamtheit der zugewiesenen Rechte verkörpert die private Rechtssphäre des Einzelnen.[281]

Die Allokation und Konkretisierung dieser Rechtssphären erfolgte lediglich ursprünglich heteronom durch den Gesetzgeber.[282] Relevantestes Beispiel hierfür ist das Eigentum, welches in §§ 903ff. BGB normiert wurde und in zahlreichen anderen Vorschriften des Zivil- und des Öffentlichen Rechts näher konkretisiert sowie mittels Inhalts- und Schrankenbestimmungen in seinem Umfang begrenzt wird.[283] Diese Ausgestaltung von

---

278 Ausführlich *Picker*, in: FS Canaris, Band I, S. 1001 (1017); *Picker*, in: FS Medicus II, 311 (317); *Picker*, in: JZ 2010, 542 (546ff.); *Picker*, in: FS Lange, 625 (680ff.); *Ackermann*, Der Schutz des negativen Interesses, S. 77; *Lobinger*, Rechtsgeschäftliche Verpflichtung und autonome Bindung, S. 89ff.; *Lobinger*, in: RdA 2011, 76 (77f.); *Katzenstein*, Haftungsbeschränkungen zugunsten und zulasten Dritter, S. 142ff; ebenso *Hartmann*, Negative Tarifvertragsfreiheit im deutschen und europäischen Arbeitsrecht, S. 312; a.A. *Wieacker*, in: Wieacker, Industriegesellschaft und Privatrechtsordnung, S. 26, 48; siehe auch *Coing*, in: FS Dölle, Band I, S. 25 (30); *Coing*, Zur Geschichte des Privatrechtssystems, S. 55; *Raiser*, Die Zukunft des Privatrechts, S. 8ff; *Wiethölter*, Rechtswissenschaft, S. 195ff.

279 *Picker*, in: JZ 2010, 541 (546).

280 *Picker*, in: JZ 2010, 541 (546).

281 *Lobinger*, in: RdA 2011, 76 (77); *Bader*, Arbeitsrechtlicher Diskriminierungsschutz als Privatrecht, S. 36.

282 *Bader*, Arbeitsrechtlicher Diskriminierungsschutz als Privatrecht, S. 36; Radbruch, Rechtsphilosophie, 122; Auer, Materialisierung, 39, „*Gleichordnung [...] beruht auf einer elementaren Verteilungsentscheidung*“.

283 *Picker*, in: JZ 2010, 541 (551); Art. 14 Abs. 2 Satz 1 GG bringt hierbei mit der Sozialpflichtigkeit des Eigentums eine im Ausgleich der Vertragsparteien bedeutsame Verschiebung der eigenen Rechtssphäre in das Privatrecht, welche besonders im Mietrecht Bedeutung erlangt, vgl. *Bader*, Arbeitsrechtlicher Diskriminie-

staatlicher Seite entspricht insoweit auch den Interessen der Privatrechtssubjekte, da die Zuweisung der absoluten Rechtspositionen dem zwingenden Bedürfnis der Abgrenzung von unterschiedlichen Herrschafts- und Interessensphären geschuldet ist.[284] Das Privatrecht kommt hiermit seiner originären Aufgabe nach, eine transparente und verlässliche Grundordnung für den freien und rechtssicheren Güter- und Rechteaustausch zu schaffen.

Nach erfolgter Zuweisung obliegt es jedoch grundsätzlich den Privatrechtssubjekten, ihre absoluten Rechtsgüter über Verträge zu erweitern, zu ergänzen, zu verschieben oder einzugrenzen.[285] Der Vertrag ist das einzige legitime Mittel der Güterverschiebung zwischen Privatpersonen.[286] Die schuldrechtlichen Verträge bewirken hierbei zunächst eine neue relative Rechtszuweisung, welche anschließend mit Vollzug des dinglichen Geschäfts absolute Wirkung entfaltet.[287]

Der aus Art. 2 Abs. 1 GG sprechende Vorrang des selbstbestimmten Handelns verlangt vom Gesetzgeber äußerste Zurückhaltung bei der Einwirkung in Privatrechtsverhältnisse[288], da die Ausgestkaltung der Vertragsbeziehungen im Grundsatz selbst gegen Eingriffe des Gesetzgebers grundrechtlich geschützt ist.[289] Dem Staat kommt hier nur noch die Rolle des ordnenden Wächters zu, der im Falle eines Marktversagens, wenn also ein selbstbestimmter Austausch oder eine freie Willensbildung[290] nicht möglich ist, einzugreifen hat.[291] Dies geht auf den grundrechtlich verbürg-

---

rungsschutz als Privatrecht, S. 37. Der eigentumsrechtliche Herrschaftsbereich wird eingeschränkt; Teile dieser Rechte auf den strukturell schwächeren Vertragspartner übertragen.

284 *Bader*, Arbeitsrechtlicher Diskriminierungsschutz als Privatrecht, S. 36.

285 BGH, Urt. v. 24.02.1994 - IX ZR 93/93, BGHZ 125, 206; BGH, Urt. v. 30.10.2003 - III ZR 380/02, NJW-RR 2004, 100 (101); BGH, Urt. v. 23.03.2004 - XI ZR 114/03, NJW 2004, 924; *Mankowski*, in: AcP 2011, 154;; *Flume*, in: FS zum 100jährigen Bestehen des Deutschen Juristentages, Band I, S. 135; *Paulus/Zenker*, in: JuS 2001, 1; *Lobinger*, in: Isensee (Hrsg.), Vertragsfreiheit und Diskriminierung, S. 99, 102; *Hofer*, Freiheit ohne Grenzen?, S. 9.

286 *Lobinger*, in: RdA 2011, 76 (77).

287 *Bader*, Arbeitsrechtlicher Diskriminierungsschutz als Privatrecht, S. 36.

288 *Busche*, Privatautonomie und Kontrahierungszwang, S. 60; mit Verweis auf *Medicus*, in: AcP 192 (1992), 35 (55); *Klein*, in: NJW 1989, 1633 (1640).

289 *Oeter*, in: AöR 119 (1994), 529 (543).

290 Vgl. hierzu *Mankowski*, in: AcP 2011, 154 (155).

291 Angesprochen ist damit ein materiales Verständnis der Vertragsfreiheit, vgl. *Canaris*, in: AcP 2000, 273ff; siehe hierzu auch § 3 C. II.

ten Auftrag an den Staat zurück, sich nicht lediglich aufgrund der Abwehrrechte aus dem Privatleben seiner Bürger möglichst weitgehend herauszuhalten, sondern seinen Schutzpflichten entsprechend, im Rahmen seiner rechtlichen und finanziellen Möglichkeiten, den Grundrechtsberechtigten eine freie Ausübung der eigenen Lebensentwürfe zu ermöglichen.[292] Recht fungiert in diesem Zusammenhang als die Möglichkeit der Realisierung der individuellen Freiheitsverwirklichung.[293]

Dadurch wird auch der in diesem Zusammenhang wesentliche – scheinbar aber häufig vergessene – Unterschied zwischen Privatrecht und Öffentlichem Recht deutlich. Private haben im Grundsatz keine gegenseitige Fürsorgepflicht, müssen daher einander grundsätzlich keine Teilhabe- oder Entfaltungschancen gewährleisten.[294] Dies gilt sowohl im vermögenswerten als auch im ideellen Bereich. Aus dem Grundsatz der Privatautonomie folgt unmittelbar, dass echte güteraufstockende Leistungspflichten oder an deren Stelle tretende Ersatzpflichten nur entstehen können, wenn dementsprechende rechtsgeschäftliche Willenserklärungen vorliegen.[295] Aufoktroyierte Leistungspflichten sind dem Privatrecht fremd und erfordern, sollten sie dennoch von gesetzgeberischer Seite angeordnet werden, eben wegen dieser Fremdheit ein besonders restriktives Maß und Fingerspitzengefühl. Jedweder Eingriff in diese selbstverantwortliche Ordnung bedarf einer besonderen Begründung und kann in einer freiheitlichen Privatrechtsordnung nur als ultima ratio erfolgen.[296]

2. Schutz von Rechtspositionen

Genau deshalb erkennt das deutsche Privatrecht im BGB Rücksichtnahmepflichten zwischen Privaten nur in Fallkonstellationen an, in denen eine Verletzung der *bereits bestehenden* Rechtskreise droht oder bereits stattfand. Es sind keine Teilhabepflichten anderer am eigenen Rechtskreis vor-

---

292 *Pieroth/Schlink/Kingren/Poscher*, Grundrechte Staatsrecht II, Rn. 95ff.

293 *Lieder*, Die rechtsgeschäftliche Sukzession, S. 86; *Gierhake*, in: Krüper, Grundlagen des Rechts, § 1 Rn. 28.

294 *Rixecker*, in: MüKo-BGB, Band 1/1, 5. Auflage 2006, Anhang zu § 12 BGB Rn. 130f.

295 *Lobinger*, Rechtsgeschäftliche Verpflichtung und autonome Bindung, S. 94f.

296 *Neuner*, in: Leible/Schlachter, Diskriminierungsschutz durch Privatrecht, S. 80f.

gesehen.[297] Vielmehr wird über den komplementären Mechanismus der Schutzrechte die dargestellte Rechtszuweisungsordnung gesichert.[298] Dieser Schutz muss, um einen absoluten Schutzgehalt zu entwickeln, in drei Richtungen wirken.[299]

Erstens durch einen auf Rechtsverwirklichung gerichteten negatorischen Beseitigungs- und Unterlassungsanspruch im Falle der fremden Rechtsusurpation (Beseitigung von drohenden oder bestehenden Eingriffen in den eigenen Rechtskreis).[300] Beispielhaft hierfür ist § 1004 BGB, der neben dem Eigentum auch auf andere absolute Rechte analoge Anwendung findet.[301]

Die zweite Schutzrichtung besteht hinsichtlich einer Bereicherungsabschöpfung bei unrechtmäßiger Substanzrechtsverschiebung (Wiederherstellung der ursprünglichen Rechtskreise bei unrechtmäßiger Verschiebung).[302] Als Beispiele können hier die §§ 812ff.; 816; 285; 326 Abs. 2 Satz 2; 346 Abs. 1, Abs. 3 Satz 2; 615 Satz 2; 878 Abs. 1 sowie 988 BGB dienen.[303]

Als dritte Schutzrichtung ist die Restitution bei rechtswidrigen Beschädigungen eines Substanzrechts, unter Umständen unter Rückgriff auf das eigene Vermögen des Schädigers, vorgesehen (Wiederherstellung der ursprünglichen Rechtskreise bei rechtswidrigem (schuldhaftem) Eingriff).[304] Beispiele hierfür finden sich in den §§ 823; 280; 989,990; 818 Abs. 4, 819 Abs. 1; 292 i.V.m. 989,990; sowie 346 Abs. 4 i.V.m. 280 BGB.[305]

Fraglich ist im hiesigen Zusammenhang, ob sich der arbeitsrechtliche Diskriminierungsschutz des AGG systemkonform in eine oder mehrere dieser Kategorien der Schutzrechte einsortieren lässt. Insbesondere ist fraglich, inwieweit eine (unter Umständen von impliziten Vorurteilen beeinflusste) Vertragsversagung des Arbeitgebers im Bewerbungsverfahren ein Übergriff auf die Rechtssphäre des abgelehnten Bewerbers sein kann. Nur in Fällen, in denen man dies bejahen kann, fügen sich § 15 Abs. 1 und

---

297 *Rixecker*, in: MüKo-BGB, Band 1/1, 5. Auflage 2006, Anhang zu § 12 BGB Rn. 130f.

298 Vgl. *Picker*, in: JZ 2010, 541 (546).

299 Die „*Trias der Schutzrechte*", vgl. *Picker*, in JZ 2010, 541 (546).

300 *Bader*, Arbeitsrechtlicher Diskriminierungsschutz als Privatrecht, S. 38.

301 *Bader*, Arbeitsrechtlicher Diskriminierungsschutz als Privatrecht, S. 38.

302 *Picker*, in: JZ 2010, 541 (546).

303 *Lobinger*, in: RdA 2011, 76 (82).

304 *Picker*, in: JZ 2010, 541 (546).

305 *Lobinger*, in: RdA 2011, 76 (82).

§ 15 Abs. 2 AGG in das hergebrachte Privatrechtssystem ein. Auf diese Frage wird, wegen ihrer Wichtigkeit für die vorliegende Untersuchung, an späterer Stelle noch ausführlich eingegangen.[306]

II. Ablehnung einer immanent gebundenen Vertragsabschlussfreiheit

Mit der bis hierhin dargestellten Struktur der Privatautonomie im Hinterkopf gilt es, die Auseinandersetzung mit einem abweichenden Verständnis der Vertragsfreiheit aufzunehmen: Der normativen Grundannahme, dass es sich bei der Vertragsfreiheit um eine immanent gebundene Freiheit handelt und Gleichbehandlungsvorschriften deswegen eine gesetzgeberische Ausgestaltung der Freiheit und nicht etwa deren Beschränkung wären.[307] Dieser Ansatz existiert in verschiedenen Ausformungen, fußt jedoch einheitlich auf einem bereits Elemente materialer Gerechtigkeit einschließenden Freiheitsbegriff.[308] Der Vertragsschluss lasse sich heute nicht mehr als eine „individuelle und spontane Willensbetätigung", sondern als „Vollzug einer typischen überindividuellen Sozialfunktion" begreifen.[309] Konsequente Folge dieser Sichtweise ist, dass Diskriminierungsschutz die Vertragsfreiheit nicht beschränkt; dementsprechend wäre auch eine Rechtfertigung, inklusive Verhältnismäßigkeitsgrundsatz, nicht notwendig.

1. Vertragsfreiheit als immanent gebundene Freiheit

Lauber leitet eine normative Konstituierung der grundgesetzlich geschützten Vertragsfreiheit her.[310] Diese impliziere freiheitsausgestaltende, mithin

---

306 Siehe unten § 5 C. II.

307 *Lauber*, Paritätische Vertragsfreiheit durch reflexiven Diskriminierungsschutz, S. 42ff; *Busche*, Privatautonomie und Kontrahierungszwang, S. 102ff; *Baer*, in: ZRP 2002, 290 (291ff); *von Medem*, Kündigungsschutz und AGG, S. 64; siehe auch schon *Wolf*, in: JZ 1976, 41ff; *Wolf*, Rechtsgeschäftliche Entscheidungsfreiheit und vertraglicher Interessenausgleich.

308 Vgl. *Kainer*, Der Gleichbehandlungsgrundsatz im Zivilrecht, S. 161.

309 *Wieacker*, in: Wieacker, Industriegesellschaft und Privatrechtsordnung, S. 24, 47; siehe zur Kritik an diesem Ansatz *Lobinger*, Rechtsgeschäftliche Verpflichtung und autonome Bindung, S. 100ff.

310 Siehe die Zusammenfassung des Standpunkts: *Lauber*, Paritätische Vertragsfreiheit durch reflexiven Diskriminierungsschutz, S. 105.

immanente Bindungen. Privatautonome Vertragsfreiheit sei nicht mit einem rechts- und staatsfreien Raum des individuellen Beliebens zu assoziieren. Es handele sich gerade nicht um ein apriorisches Freiheitsrecht, sondern um eine Freiheit, die eingebettet sei in die sie umgebende Rechtsordnung.[311] Eine natürliche Freiheit könne nicht viel mehr offerieren als die Möglichkeit, untereinander Versprechen auszutauschen und Verpflichtungen einzugehen, die von niemandem außer den Vertragsparteien anerkannt werden müssten. Diese wären deshalb auch nur durch Selbsthilfe durchsetzbar, weil es keine staatliche Durchsetzungsgarantie gäbe.

Die Vertragsfreiheit in der modernen Form gehe jedoch gerade über die natürliche „*Versprechens-Freiheit*“ hinaus und umfasse gleichzeitig den von der staatlichen Rechtsordnung vorgegebenen Rahmen hinsichtlich der Durchsetzung und Garantie. Demnach gebe es keine natürliche Freiheit zum Vertragsschluss, sondern ein vom Staat geordnetes Institut des freien Vertrages.[312] Dies bedeute, dass die Vertragsfreiheit, die als Idee sicher für sich selbst existiere, hinsichtlich ihrer Ausformung und Auslegung von der Rechtsordnung abhängig sei. Die Vertragsfreiheit fordere geradezu die Rechtsordnung als Korrelat – die privatautonome Gestaltung von Rechtsverhältnissen sei also bezüglich Form und Inhalt durch die Rechtsordnung bestimmt.[313] Somit sei die Rechtsordnung kein an sich die bestehende Vertragsfreiheit einschränkendes Gebilde. Vielmehr könne sich die Vertragsfreiheit nur in der Rechtsordnung betätigen.[314] Das Abwehr- und Schrankendenken der Grundrechtsdogmatik genüge nicht, um die horizontale und vertikale Wirklichkeit zu erfassen, in der Menschen die Voraussetzung der Grundrechtsausübung anderer Menschen seien, und der Staat nicht einseitig der menschlichen Vertragsfreiheit Beschränker, sondern auch Beschützer sei. Die Rechtsprechung des Bundesverfassungsgerichts[315] erlege dem Staat den Schutz der tatsächlichen Vertragsfreiheit auf, verbunden mit dem

---

311 *Lauber*, Paritätische Vertragsfreiheit durch reflexiven Diskriminierungsschutz, S. 42ff.

312 Siehe schon *Huber*, in: AöR 1933, 1 (40f.).

313 *Huber*, *Hans*, Die verfassungsrechtliche Bedeutung der Vertragsfreiheit, S. 18ff; siehe auch *Ruffert*, Vorrang der Verfassung und Eigenständigkeit des Privatrechts, S. 304.

314 *Lauber*, Paritätische Vertragsfreiheit durch reflexiven Diskriminierungsschutz, S. 46.

315 Angesprochen wird hier die Bürgschaftsentscheidung des BVerfG, Beschluss v. 23.06.1993 - 1 BvR 133/89, BVerfGE 89, 215; die Abkehr vom reinen status negativus der Grundrechte hat sich bereits zuvor in der Handelsvertreter-Ent-

Gleichheitspostulat, dass die Vertragsfreiheit aller am Zivilrechtsverkehr Beteiligten in Einklang gebracht werden müsse. Vertragsfreiheit sei als Ausdruck der menschlichen Autonomie „*nur im Plural vorstellbar*" und demzufolge eine immanente Qualitätsbestimmung.[316]

Zurück geht dieser Ansatz unter anderem auf *Gardner*[317] und *Suhr*[318], die die Vertragsfreiheit als Ausfluss der menschlichen Autonomie begreifen, deren Ermöglichung das Privatrecht zu dienen bestimmt sei.[319] Vertragsfreiheit wird als positives Freiheitsrecht angesehen, welches nur durch wechselseitige Ermöglichung bestehen könne. Dies mache eine Einstufung von diskriminierungsrechtlichen Vorschriften als Eingriffe in die Vertragsfreiheit obsolet. *Suhr* betont die begrenzten Handlungsmöglichkeiten des Einzelnen, weswegen es für ein wirklichkeitsgerechtes Verständnis notwendig sei, die Vertragsfreiheit als Entfaltungsmöglichkeit durch Andere zu verstehen. Der Mensch bediene sich in Verträgen anderer Menschen zur Entfaltung.[320] Hierbei habe nicht nur der eine das Recht, sich durch den anderen zu entfalten, sondern auch der andere das Recht, sich durch den einen zu entfalten.[321]

Postuliert wird also ein Gleichheitsverständnis, das nicht nur von außen beschränkend auf die Vertragsfreiheit einwirkt, sondern ihr immanent sei, weil die durch die Vertragsfreiheit mögliche freie Entfaltung nur dann frei sei, wenn sie auf Gegenseitigkeit beruhe und demnach wechselseitig stattfände.[322]

Auch hierzu verwandte Ansätze legen den Fokus nicht auf die Freiheitsbeschränkung der Unternehmerseite, sondern auf die erst ermöglichte Freiheitsentfaltung des einzelnen Arbeitnehmers durch flankierenden

---

scheidung angedeutet, vgl. BVerfG, Beschluss v. 07.02.1990 - 1 BvR 26/84, BVerfGE 81, 242.

316 *Lauber*, Paritätische Vertragsfreiheit durch reflexiven Diskriminierungsschutz, S. 105.

317 *Gardner*, in: OJLS 1989, 1; *Gardner*, in: Hepple/Szyszczak (Hrsg.), Discrimination – The limits of the Law, S. 148ff.

318 *Suhr*, Entfaltung der Menschen durch die Menschen. S. 50ff, 123, 147; vgl. auch *Cremer*, Freiheitsgrundrechte: Funktionen und Strukturen, S. 185; *Poscher*, Grundrechte als Abwehrrechte, S. 63.

319 Übersicht bei: *Lauber*, Paritätische Vertragsfreiheit durch reflexiven Diskriminierungsschutz, S. 94ff.

320 *Suhr*, Entfaltung der Menschen durch die Menschen, S. 125.

321 *Suhr*, Entfaltung der Menschen durch die Menschen, S. 106.

322 *Lauber*, Paritätische Vertragsfreiheit durch reflexiven Diskriminierungsschutz, S. 98.

Schutz vor der Einflussnahme anderer.[323] Merkmalsträger könnten aufgrund von Diskriminierungen ihre eigene Freiheit nicht ungestört ausüben. Insbesondere die freie Ausübung selbstbestimmt gewählter Merkmale, wie Religion oder Weltanschauung, würde empfindlich gestört, wenn eine Benachteiligung im Bewerbungsverfahren bei einem offenen Bekenntnis zu befürchten sei.[324]

Baer sieht privatautonome Freiheit als grundrechtlich und privatrechtsdogmatisch von vornherein gebundene Freiheit an.[325] Privatautonome Rechte könnten nicht die Berechtigung in sich tragen, sie in diskriminierender Weise auszuüben.[326] Es wird von einem bestehenden Recht auf freie Entfaltung ausgegangen, welches im Sinne der „*Trias der Schutzrechte*"[327] in seiner Integrität zu schützen sei. Es gehe nicht nur um die Herstellung formaler Gleichheit, sondern um die Freiheit, seinen individuellen Lebensentwürfen entsprechend zu leben und dennoch Zugang zu allen Rechten und Leistungen eines Gemeinwesens haben zu können.[328]

Im verfassungsrechtlichen Kontext bedeute dies, dass die Sicht auf die Vertragsfreiheit als negatives Freiheitsrecht und als Abwehrrecht gegenüber dem Staat zu eng und informationsarm sei.[329] Privatrecht diene einer gerechtigkeitsorientierten Marktordnung.[330] Daher sei Gleichbehandlungsrecht nicht nur privatrechtskonform und verfassungsrechtlich legitimiert, sondern sogar zwingend notwendig.[331]

---

323 *von Medem*, Kündigungsschutz und Allgemeines Gleichbehandlungsgesetz, S. 64.

324 *von Medem*, Kündigungsschutz und Allgemeines Gleichbehandlungsgesetz, S. 64.

325 *Baer*, in: ZRP 2002, 290 (291).

326 *Baer*, in: ZRP 2002, 290 (292).

327 Siehe zur „*Trias der Schutzrechte*" oben § 3 C. I. 2.

328 *Bieback*, in: Fuchs (Hrsg.), Europäisches Sozialrecht, S. 731 Rn. 7; vgl. außerdem *Schiek*, Differenzierte Gerechtigkeit, S. 37ff.

329 *Lauber*, Paritätische Vertragsfreiheit durch reflexiven Diskriminierungsschutz, S. 95f.

330 *Baer*, in: ZRP 2002, 290 (293).

331 Siehe hierzu *Reichold*, in: ZfA 2006, 257; *Neuner*, in: JZ 2003, 57 (58f.).

2. Freiheit als Teilhaberecht

Manche Autoren sehen die privatautonome Freiheit gar als Teilhaberecht. Da ein Stellenbewerber zur Erreichung des erstrebten Erfolges – dem Abschluss eines Arbeitsvertrages – der Mitwirkung des Arbeitgebers bedürfe, sei dieser dazu verpflichtet den Vertragsschluss nicht an unsachlichen „argumenta ad hominem“ scheitern zu lassen.[332] Ein Vertragsfreiheitsverständnis, das von der Möglichkeit Verträge abzulehnen geleitet ist, könne dem sozialen Kontext aller marktoffenen Verträge nicht gerecht werden. Abseits von engen Ausnahmefällen – wie Testamentserrichtung und Stiftungsgeschäft – sind Private nicht imstande, mittels ihrer rechtsgeschäftlichen Freiheit einen Erfolg allein zu bewirken.[333] Folglich dient das Vertragsrecht, nach diesem Verständnis, der gegenseitigen Chanceneröffnung durch Integration und Teilhabe. Privatautonomie wird durch Hinzunahme ethischer Elemente sozialpolitisch aufgeladen.

Auch *Busche* plädiert mit seiner *Theorie der vertragsrechtsgebundenen Selbstbestimmung* dafür, bereits den Schutzbereich der Vertragsfreiheit in einer Weise zu begrenzen, dass staatliche Kontroll- und Korrekturmaßnahmen, selbst Kontrahierungszwänge, innerhalb dessen stattfinden und daher kein Eingriff in die Vertragsfreiheit vorliegen würde.[334] *Busches* Immanenzthese betrifft damit gerade die vorvertragliche Phase, in welcher ein Machtgefälle zwischen den Vertragsparteien der schwächeren jeden Spielraum für selbstbestimmte Rechtsgestaltung nimmt.[335] Die *Theorie der vertragsrechtsgebundenen Selbstbestimmung* erlegt der vermeintlich stärkeren Vertragspartei die Interessenwahrung der schwächeren auf. Vertragsfreiheit wird nicht egoistisch, sondern teilhaberechtlich gedacht.

Schreier leitet eine immanente Bindung der Vertragsfreiheit aus dem Erfordernis einer faktisch funktionierenden Vertragsfreiheit her. In Diskriminierungsfällen müsse der negativen Vorrang vor der positiven Vertragsfreiheit gewährt werden. Ein Diskriminierungsopfer könne faktisch keine

---

332 *Eichenhofer*, in: DVBl. 2004, 1078 (1085); ablehnend *Kainer*, Der Gleichbehandlungsgrundsatz im Zivilrecht, S. 162ff.

333 *Eichenhofer*, in: DVBl. 2004, 1078 (1085).

334 *Busche*, Privatautonomie und Kontrahierungszwang, S. 102ff.; kritisch *Zöllner*, in: FS Bydlinsky, S. 517 (520ff.).

335 Vgl. hierzu auch *Sprafke*, Diskriminierungsschutz durch Kontrahierungszwang, S. 138; *Friedl*, Der Kontrahierungszwang im Wohnraummietrecht bei unzulässigen Benachteiligungen, S. 193ff.

wirksame Willenserklärung abgeben.[336] Vertragsfreiheit bedeute zwar kein Erfolgsrecht, impliziere aber eine Vertragschance.[337] Wenn die eigene Willenserklärung keine Wirkung entfalten könne, dann komme es auf die Äußerung des Willens auch nicht an.[338] Die Möglichkeit des Zugangs zum Vertrag, die als Selbstbestimmungsinstrumentarium anerkannt sei, bleibe dem Diskriminierungsopfer verwehrt. Die Antwort des Diskriminierenden sei immer ablehnend, stelle so gesehen eine Verletzung der Privatautonomie des Diskriminierten dar.[339] Das rein äußerlich funktionierende System der Vertragsfreiheit entpuppe sich als falsches Spiel zulasten der Diskriminierten.[340] Diskriminierungsopfer unterlägen stets dem Willen der anderen Partei.[341] Ihre positive Vertragsfreiheit führe niemals zum Erfolg und sei daher wert- und kraftlos. Das AGG sorge daher für die Funktionssicherung des Instituts Vertragsfreiheit, die zuvor bei der diskriminierenden Seite nicht funktionierte.[342] Die Vertragsfreiheit werde also nicht beschränkt, sondern durch die Vorrangstellung der positiven über die negative Vertragsfreiheit überhaupt erst ermöglicht. Diese Verlagerung diene der heteronomen Moralauffassung des Gesetzgebers und einer Öffnung der Vertragsfreiheit für die Diskriminierten.[343]

3. Stellungnahme

Der Ansatz von *Lauber* hat einen rechtsphilosophisch dogmatischen Hintergrund und kann als solcher weitgehend überzeugen. Die Vertragsfreiheit ist kein apriorisches oder gar natürliches Recht, sondern normativ konstituiert. Die weitere Argumentation überzeugt jedoch nur im Hinblick auf die *Inhalts*freiheit eines Vertrages. In diesem Bereich wird in der Tat die

---

336 *Schreier*, in: KJ 2007, 278 (283).

337 So auch *Busche*, Privatautonomie und Kontrahierungszwang, S. 125; *Schiek*, Differenzierte Gerechtigkeit, S. 347; *Wendeling-Schröder*, in: NZA 2004, 1320 (1321).

338 *Schreier*, in: KJ 2007, 278 (283); *Wendeling-Schröder*, in: NZA 2004, 1320 (1321).

339 *Schreier*, in: KJ 2007, 278 (283).

340 *Schreier*, in: KJ 2007, 278 (283).

341 *Schreier*, in: KJ 2007, 278 (283).

342 *Schreier*, in: KJ 2007, 278 (283); vgl. auch *Busche*, Privatautonomie und Kontrahierungszwang, S. 126.

343 *Schreier*, in: KJ 2007, 278 (283).

Rechtsordnung für die Gültigkeit und Durchsetzbarkeit der einzelnen Bestimmungen in Anspruch genommen. Ein geschlossener Vertrag besteht nicht außerhalb der Rechtsordnung, wenn auch die Inhaltskontrolle aus guten Gründen auf Fälle struktureller Differenz (z.B. Verbraucherschutz) beschränkt bleibt. Gehen die Parteien über ein unverbindliches Versprechen hinaus und wählen die vollstreckbare Variante eines Vertragsschlusses, richtet sich die Gültigkeit des Inhalts nach der für den Vertrag geltenden Rechtsordnung. Im Fall der deutschen Rechtsordnung lässt sich dann auch eine immanente Bindung an gewisse Interessen des Vertragspartners konstatieren, die aus dieser Sonderverbindung hervorgehen und Niederschlag in Normen der kommutativen und institutionellen Inhaltskontrolle gefunden haben.[344]

Im Bereich des Diskriminierungsschutzes bei der Bewerberauswahl geht es aber um die *Abschluss*freiheit der Vertragspartner. Hier belegt die normative Konstituierung im deutschen Privatrecht gerade das Gegenteil einer immanenten Bindung. Lehnt ein Arbeitgeber einen Bewerber ab, so hat er sich gerade gegen einen Vertragsschluss und damit auch gegen die Inanspruchnahme der Durchsetzungskraft der Rechtsordnung entschieden.[345] Zwischen Arbeitgeber und Bewerber besteht noch nicht einmal ein unverbindliches Versprechen. Durch eine Ablehnung wird vielmehr explizit der Wille zum Ausdruck gebracht, zu einem anderen freien Individuum keine Sonderverbindung aufbauen zu wollen.[346]

Die Vertragsabschlussfreiheit kann, wenn überhaupt, nur in Fällen eines umfassenden Kontrahierungszwangs immanent gebunden sein, was gleichzeitig für bestimmte Güter oder Dienstleistungen eine Reduktion der Abschlussfreiheit auf Null zur Folge hätte. Denkbar ist dies im Privatrecht allenfalls in Situationen des Notstands oder bei einem Monopolisten.[347] Ansonsten bewegt sich ein Privatrechtssubjekt bei bloßer Ablehnung eines Vertragsschlusses nicht in der Rechtssphäre eines anderen, es schließt le-

---

344 Siehe hierzu ausführlich unten § 5 C. II. 4.

345 so auch *Friedl*, Der Kontrahierungszwang im Wohnraummietrecht bei unzulässigen Benachteiligungen, S. 195ff.

346 Beschränkte private Willkür besteht erst ab Vertragsschluss, vgl. *Bumke*, Ausgestaltung von Grundrechten, S. 22ff.

347 Jedoch liegt auch in diesen Fällen ein Eingriff in die Vertragsfreiheit näher, weil gerade ein Kontrahierungszwang einer scharfen Verhältnismäßigkeitsprüfung unterzogen werden sollte.

diglich eine Inanspruchnahme seines eigenen Rechtskreises aus.[348] Es ist sicherlich richtig, dass jeder seiner eigenen Lebensvorstellung entsprechend leben können soll, was nicht zuletzt Ausdruck der allgemeinen Handlungsfreiheit nach Art. 2 Abs. 1 GG oder der Religionsfreiheit in Art. 4 GG ist.

Im Privatrecht und damit auch im Arbeitsrecht ist aber immer eine zweiseitige Betrachtung notwendig. Ein privater Arbeitgeber hat aufgrund seiner unternehmerischen Freiheit zunächst einen eigenen Lebensentwurf, nämlich ein Unternehmen in der gewünschten Form und Marktausrichtung zu betreiben. Er ist nicht Garant für die Lebensentwürfe anderer Privatrechtssubjekte.[349] Daher stellt eine Ablehnungsentscheidung in der Bewerbungssituation auch nicht per se eine Verletzung des geschützten Rechtskreises auf freie Lebensentfaltung dar. Auf das Beispiel der freien Religionsausübung bezogen bedeutet dies, dass diese von einem privaten Arbeitgeber gerade nicht gewährleistet werden muss. Vielmehr ist er selbst Grundrechtsberechtigter aus Art. 4 GG, wozu auch die negative Religionsfreiheit und damit das Recht, Religionen abzulehnen, gehört.[350] Das Verständnis von Diskriminierungsschutz als bereits bestehendem Teil einer immanent gebundenen Vertragsfreiheit verkennt daher, dass eine derartige Freiheit in einer Privatrechtsordnung hinsichtlich der Vertragsabschlussfreiheit nicht existiert. Die eigene Freiheit endet stets bei einer Kollision mit den Freiheitsrechten anderer Privatpersonen. Deshalb kann arbeitsrechtlicher Diskriminierungsschutz nicht dem Schutz einer Freiheit dienen, die in dieser Form überhaupt nicht besteht.

---

348 Dies kann vereinzelt bei einem deliktischen Übergriff auf die fremde Rechtssphäre anders sein. Derartige Fälle (z.B. § 823, § 138, § 242 oder § 826 BGB) sind aber aus gutem Grund an hohe Voraussetzungen geknüpft.

349 Anders aber das BAG zum früheren § 611a BGB: *„Im Arbeitsleben hat jeder Arbeitnehmer ein Recht, nach sachangemessenen Maßstäben beurteilt zu werden. Ein Arbeitgeber, der bei der Auswahl zu Unrecht auf das Geschlecht abstellt, beeinträchtigt die Entfaltungsmöglichkeiten der Bewerber, die dem gesuchten Geschlecht nicht angehören. Darin liegt eine Herabwürdigung der beruflichen Fähigkeiten der ausgeschlossenen Bewerber. Sie werden bei der Bewerbung um Einstellung daran gehindert, die erstrebte Berufstätigkeit aufzunehmen und damit ihre individuelle Persönlichkeit zu entfalten, indem ihnen die chancengleiche Teilnahme an einem Auswahlverfahren von vornherein verweigert wird.“*, vgl. BAG, Urt. v. 14.03.1989 - 8 AZR 351/86, BAGE 61, 219; BAG, Urt. v. 14.03.1989 - 8 AZR 447/87, BAGE 61, 209.

350 *Germann*, in: BeckOK GG, Art. 4 Rn. 20f.

Schreiers Argumentation geht daher völlig fehl, wenn er beklagt, dass Diskriminierungsopfer stets dem Willen der anderen Partei unterlägen.[351] Er selbst bekennt in der dazugehörigen Fußnote, dass dies daraus resultiere, *„dass Vertragswillige stets auf den Vertragspartner angewiesen sind“*.[352] Dem ist eigentlich nicht viel hinzuzufügen. Wer einen Vertrag schließen will, ist *immer* darauf angewiesen, dass der ins Auge gefasste Vertragspartner einen korrespondierenden Willen erklärt. Warum dies bei bestimmten Merkmalsträgern ein bedauernswerter Befund sein soll, wird nicht klar. Positive und negative Vertragsfreiheit sind grundsätzlich gleichrangig. Ein striktes immanentes Rangverhältnis zwischen positiver und negativer Vertragsfreiheit bei bestimmten Merkmalsträgern ist abzulehnen. Ansonsten wäre eine allgemeine Vernünftigkeitskontrolle von Verträgen die Folge.

Auch *Baers* Ansatz, die Vertragsfreiheit von vornherein mit der Einschränkung des Verbots eines diskriminierenden Gebrauchs zu versehen, kann nicht überzeugen. Legt das Recht für den einzelnen Entscheidungsträger ein bestimmtes gewünschtes Entscheidungsergebnis fest, wird die Freiheit nicht nur einfach, sondern gleich doppelt gefährdet.[353] Sowohl der einzelne Arbeitgeber als auch der objektive Rechtsanwender verfügen nur noch über eine vorgespurte Vertragsfreiheit, die den exogenen, im Einzelfall oft willkürlichen Gerechtigkeitsvorstellungen des Staates zu entsprechen hat.[354] Nimmt man den Umstand hinzu, dass staatliche Gerechtigkeitsvorstellungen in besonderem Maße dem politischen Zeitgeist unterliegen, ist es geradezu zynisch und trägt Züge des Totalitarismus, diese als Teil der individuellen Freiheit deklarieren zu wollen. Dies gilt gerade für die Diskriminierungsverbote des AGG, die durch Verfolgung des kontinentaleuropäischen Anknüpfungskonzepts auch den subjektiven Entscheidungsprozess des Individuums im Blick haben.[355]

Damit ist nicht gesagt, dass der Staat unter keinen Umständen in die Vertragsabschlussfreiheit *eingreifen* dürfte, um seinem grundrechtlich verbürgten Schutzauftrag nachzukommen.[356] Wie bereits dargelegt, stellen diese Eingriffe nach erfolgter Güterzuteilung im Privatrecht jedoch die ul-

351 *Schreier*, in: KJ 2007, 278 (283).
352 *Schreier*, in: KJ 2007, 278 (283), unter Fn. 55.
353 *Kainer*, Der Gleichbehandlungsgrundsatz im Zivilrecht, S. 164.
354 *Kainer*, Der Gleichbehandlungsgrundsatz im Zivilrecht, S. 164.
355 Siehe hierzu unten § 4 B. V. 2.
356 Vgl. *Paulus/Zenker*, in: JuS 2001, 1 (4f.).

tima ratio dar.[357] Mit der Verabschiedung eines arbeitsrechtlichen Diskriminierungsschutzes hat der Gesetzgeber eine solche Notwendigkeit gesehen und die Grenzen der Rechtskreise im Rahmen der Vertragsabschlussfreiheit verschoben. Diskriminierungsschutz, wie ihn das AGG vorsieht, stellt sich aber nicht schützend vor bestehende Rechtskreise, die ein Recht auf Teilhabe umfassen. Ein Recht auf Teilhabe entsteht allenfalls durch eine angeordnete Verschiebung der Rechtskreise.[358] Die unternehmerische Freiheit wird beschränkt, um die Entfaltungsmöglichkeiten der Arbeitnehmerseite zu vergrößern. Ein Recht auf Teilhabe am Rechtskreis anderer Privatrechtssubjekte wird mittels politischer Entscheidung geschaffen, originär existierte es nicht.[359]

Die gegenteiligen Ansichten *Eichenhofers* und *Busches*, die die Vertragsfreiheit als Teilhaberecht begreifen, leiden an der evidenten Unzulänglichkeit, dass sie ausschließlich die Arbeitnehmerseite im Blick haben und die mit einem Teilhaberecht verbundenen Beschränkungen der Arbeitgeberfreiheit vollkommen ausblenden.[360] Wird die Integration benachteiligter Gruppen als vorgefasstes Ergebnis des Entscheidungsprozesses vom Vertragsrecht bestimmt, reduzieren sich die Entscheidungsalternativen des Arbeitgebers. Diese Beschränkung privater Freiheit kann nicht mit einem simplen Perspektivwechsel in eine Freiheitsermöglichung der anderen Seite umdefiniert werden. Ebenso könnte man bei einer mathematischen Gleichung nur eine Seite in die Rechnung einbeziehen und käme zu gleichsam erstaunlichen Ergebnissen.[361] Auch dem BGH ging es bei der Schaffung des privatrechtlichen Persönlichkeitsrechts[362] keinesfalls darum, anderen außerhalb eines vertraglichen Versprechens Entfaltungschancen zu ermöglichen.[363] Eine Pflicht zur Förderung der Persönlich-

---

357 *Neuner*, in: Leible/Schlachter, Diskriminierungsschutz durch Privatrecht, S. 80f.

358 So auch *Bader*, Arbeitsrechtlicher Diskriminierungsschutz als Privatrecht, S. 136ff.

359 Vgl. *Lobinger*, Rechtsgeschäftliche Verpflichtung und autonome Bindung, S. 94f; *Ruffert*, Vorrang der Verfassung und Eigenständigkeit des Privatrechts, S. 554f.; wohl auch *Jestaedt*, in: Enders et al. (Hrsg.), Der Sozialstaat in Deutschland und Europa, S. 298 (340); *Kempen*, in: DZWir 1994, 499 (503f.).

360 Vgl. *Kainer*, Der Gleichbehandlungsgrundsatz im Zivilrecht, S. 165.

361 Man könnte eine derartige Herangehensweise als „*Taschenspielertrick*“ bezeichnen, vgl. *Kainer*, Der Gleichbehandlungsgrundsatz im Zivilrecht, S. 166.

362 Siehe hierzu BGH, Urt. v. 25.05.1954 - I ZR 211/53, NJW 1954, 1404.

363 *Baston-Vogt*, Der sachliche Schutzbereich des zivilrechtlichen allgemeinen Persönlichkeitsrechts, S. 127.

keitsentfaltung kann allenfalls innerhalb eines bestehenden Arbeitsverhältnisses angenommen werden, weil der Arbeitgeber hier durch die Eingehung einer Sonderverbindung eine besondere Verantwortung übernommen hat.[364]

Mithin ist eine immanent sozialgebundene Vertragsabschlussfreiheit abzulehnen. Staatliche Regulierungen in diesem Bereich müssen den Grundsätzen der Verhältnismäßigkeit, insbesondere dem Übermaßverbot, genügen, was durch eine Definition der Vertragsfreiheit als immanent gebundene Freiheit verhindert oder erschwert wird. Die erforderliche Abwägung zwischen Freiheit und Gleichheit wird „*im Freiheitsbegriff versteckt*" und so dem offenen Diskurs entzogen.[365] Dies stellt eine Umkehrung der Grundrechtsdogmatik dar, wonach Darstellungslast und Beweis der Verhältnismäßigkeit einer Beschränkung eines unbeschränkt gewährleisteten Rechtes aufgrund legitimer Zielsetzungen des Allgemeininteresses oder grundrechtsimmanenter Schranken gerade denjenigen treffen soll, der die Beschränkung geltend macht.[366]

Damit ist auch die Wirkweise der Grundrechte angesprochen. Die Grenze zwischen legitimer Differenzierung und verbotener Ungleichbehandlung wird beim Staat und bei Privatrechtssubjekten aus unterschiedlichen Richtungen betrachtet. Beim Staat ist jede nicht gerechtfertigte Ungleichbehandlung erklärungsbedürftig.[367] Ein Privater diskriminiert im Rechtssinne nur dann, wenn unterverfassungsrechtliche Normen ihn zur Gleichbehandlung verpflichten und diese Verpflichtung vor den einschlägigen Grundrechten gerechtfertigt werden kann.[368]

Ansonsten sichert die Vertragsabschlussfreiheit „*legitime Willkür als Grundlage seiner Entfaltung*".[369] Eine immanente Bindung der Vertragsfreiheit findet erst im Augenblick des Vertragsschlusses, wohlgemerkt

---

364 Vgl. *Richardi/Fischinger*, in: Staudinger, BGB, Neubearbeitung 2016, § 611 Rn. 172; *Thees*, Das Arbeitnehmer-Persönlichkeitsrecht als Leitidee des Arbeitsrechts, S. 55.

365 *Kainer*, Der Gleichbehandlungsgrundsatz im Zivilrecht, S. 165.

366 *Kainer*, Der Gleichbehandlungsgrundsatz im Zivilrecht, S. 165.

367 *Jestaedt*, in: Enders et al. (Hrsg.), Der Sozialstaat in Deutschland und Europa, S. 298 (333).

368 *Jestaedt*, in: Enders et al. (Hrsg.), Der Sozialstaat in Deutschland und Europa, S. 298 (333).

369 *Jestaedt*, in: Enders et al. (Hrsg.), Der Sozialstaat in Deutschland und Europa, S. 298 (333); *Ruffert*, Vorrang der Verfassung und Eigenständigkeit des Privatrechts, S. 175 m.w.N.

durch Selbstbindung der Vertragsparteien, statt.[370] Vor Vertragsschluss haben beide Seiten die Möglichkeit, entsprechend privater Willkür, einer rechtlichen Bindung auszuweichen.[371]

D. Implizite Vorurteile als Teil der Vertragsabschlussfreiheit

I. Der vorurteilsgeprägte Entscheidungsprozess im Schutzbereich der Vertragsabschlussfreiheit

Fraglich ist, ob auch implizite Vorurteile Teil der legitimen privaten Willkür sind. Bis hierhin wurde herausgearbeitet, dass die Vertragsabschlussfreiheit nicht nur dann besteht, wenn sich der Entscheidungsprozess anhand plausibler Motive auf Motivebene vollzieht, sondern dass er im Grundsatz Unvernunft und Willkür zulässt.[372] Er wird weder einem Begründungs- oder Sachlichkeitsgebot, noch einer *„öffentlich verordneten Moral*“ unterworfen.[373] Das Entscheidungsergebnis ist schützenswerter Ausdruck der Vertragsabschlussfreiheit, mögen die Beweggründe im Entscheidungsprozess auch wenig bis gar nicht nachvollziehbar sein.[374] Niemand soll dem Staat über die Motive eines Rechtsgeschäfts Rechenschaft ablegen müssen.[375] Grundsätzlich sind demnach auch grob sachfremde oder nicht nachvollziehbare Beweggründe Teil der privatautonomen Vertragsabschlussfreiheit.[376] Ist es möglich, die Auswahl der Bewerber be-

---

370 *Mohr*, Sicherung der Vertragsfreiheit durch Wettbewerbs- und Regulierungsrecht, S. 17; *Singer*, Selbstbestimmung und Verkehrsschutz im Recht der Willenserklärungen, S. 57; *Thüsing*, RdA 2005, 257 (259); *Canaris*, in: AcP 200 (2000), 273 (279).

371 Vgl. *Bumke*, Ausgestaltung von Grundrechten, S. 22f.

372 *Schmidt*, Vertragsfreiheit und Schuldrechtsreform, S. 86; siehe schon *Fritz von Hippel*, Das Problem der rechtsgeschäftlichen Privatautonomie, S. 62; vgl. zum Willkürbegriff *Bumke*, Ausgestaltung von Grundrechten, S. 22, 24;.

373 Zur grundsätzlichen Irrelevanz des Motivs für den Abschluss oder Nichtabschluss eines Arbeitsvertrages: BVerfG, Beschluss v. 21.06.2006 - 1 BvR 1659/04, NZA 2006, 913; *Schreier*, Schutz vor willkürlichen und diskriminierenden Entlassungen, S. 278; *Mohr*, in: SAE 2006, 26 (27); *Säcker*, in: ZRP 2002, 286 (290); *Hanau*, in: FS Konzen, S. 235; *Löwisch/Caspers/Klumpp*, Arbeitsrecht, § 16 Rn. 562; kritisch *Otto*, Arbeitsrecht, S. 104ff.

374 So auch *Wieland*, in: Dreier, Grundgesetz-Kommentar, Art. 12 Rn. 67.

375 *Schreier*, in: KJ 2007, 279 (281).

376 *Säcker*, in: ZRP 2002, 286 (290).

wusst von deren Schuhgröße, Haarfarbe, Musikgeschmack, Lieblingsspeise etc. abhängig zu machen, wird deutlich, dass sich ein privater Arbeitgeber im Gegensatz zu einem staatlichen Arbeitgeber keine Gedanken zur objektiven Bestenauswahl machen muss.[377]

Genau genommen muss er sich überhaupt keine Gedanken über fachliche Eignung, Qualifikation oder dergleichen machen.[378] Gerade die Abwesenheit eines Sachlichkeitsgebots ermöglicht es, dass die Vertragsabschlussfreiheit nicht nur in formaler Hinsicht besteht, sondern auch in materialer Hinsicht gelebt werden kann. Dementsprechend hat auch jeder Arbeitgeber das Recht, der eigenen menschlichen Unvollkommenheit entsprechend, keine bewusste Vorstellung über den Entscheidungsprozess zu haben. Teil legitimer privater Willkür ist es, kein bewusstes Entscheidungskriterium zu besitzen, den eigenen Entscheidungsprozess nicht erklären zu können.

Verfolgt man diesen Gedanken weiter, sind implizite Vorurteile vom Schutzbereich der Vertragsabschlussfreiheit umfasst. Sie sind, ebenso wie Stimmungen oder Gefühle, Ausdruck der persönlichen Präferenzen der Vertragspartner und bilden den persönlich individuellen Hintergrund von Vertragsverhandlungen.[379] Implizite Vorurteile in Form von impliziten Einstellungen bilden die Tendenz der Zuneigung oder Ablehnung gegenüber dem jeweiligen Bewerber.[380] Anhand impliziter Stereotype lassen sich die Bewerber in soziale Kategorien einteilen.[381] Beide Vorurteilsformen sind damit letztlich Vereinfachungen der komplexen Vielschichtigkeit des Bewerberfeldes. Die moralische Wertigkeit derartiger Kategorisierungen ist eine Frage der legitimen Beschränkungsmöglichkeiten der Vertragsabschlussfreiheit. Soziale Kategorisierungen fallen jedoch nicht von vornherein aus dem Schutzbereich heraus, zumal wenn sie unbewusst stattfinden. Dies erkennt man schon daran, dass der Gesetzgeber im AGG nur bestimmten Entscheidungskriterien die Legitimität abgesprochen hat,

377 Vgl. BAG, Urt. v. 7.4.2011 – 8 AZR 679/09, NZA 2011, 1184; BAG, Urt. 24.01.2013 - 8 AZR 429/11, NZA 2013, 498; vgl. auch *Schmidt*, Von "Mangold" bis " Maruko", S. 12.

378 Es sei denn, eine bestimmte Position erfordert gesetzlich einen bestimmten Hochschulabschluss, eine bestimmte Zulassung etc.

379 Vgl. zur Fähigkeit der Distanzierung des Menschen von instinktgeleitetem Handeln *Laufs*, in: FS Fischer, S. 223 (225).

380 *Greenwald/Banaji*, in: Psychol. Rev. 102 (1995), 4 (8).

381 *Petersen/Six*, in: Petersen/Six (Hrsg.), Stereotype, Vorurteile und soziale Diskriminierung, S. 21.

im Übrigen aber private Willkür zubilligt.[382] Da dies wohlgemerkt sogar für bewusste Willkür gilt, muss der unbewusste Entscheidungsprozess erst recht Teil des Schutzbereichs der Vertragsabschlussfreiheit sein. Mithin ist die von impliziten Vorurteilen beeinflusste Vertragsversagung grundsätzlich Teil der unternehmerischen Vertragsabschlussfreiheit.

II. Der vorurteilsgeprägte Entscheidungsprozess in der Privatrechtsordnung

1. Das Privatrecht geht von einem selbstbestimmten Individuum aus

Die unbewusste Entscheidungsebene stellt eine Herausforderung für das herkömmliche Verständnis privatrechtlicher Willenserklärungen dar.[383] Die Väter des BGB hatten aus dem römischen (Fall-)Recht der Pandekten (lat. Digesten) abstrakte Rechtssätze und Rechtsbegriffe extrahiert[384] und dabei die rechtsphilosophischen Elemente der Willensfreiheit und sittlichen Selbstverantwortlichkeit ins Zentrum der Privatrechtswissenschaft gestellt.[385] Die Willensfreiheit des freien Menschen als Rechtssubjekt erhielt den Status eines subjektiven Rechts.[386]

Die Integration der unbewussten Entscheidungsebene in diesen Denkansatz ist schwierig, und zwar nicht nur, weil das Privatrecht außerhalb

382 Vgl. *Isensee*, in: Isensee, Vertragsfreiheit und Diskriminierung, S. 7; *Schmidt*, Von "Mangold" bis " Maruko", S. 12.

383 Vgl. ausführlich *Mankowski*, in: AcP 2011, 153 (153ff., 174ff.).

384 *Lauber*, Paritätische Vertragsfreiheit durch reflexiven Diskriminierungsschutz, S. 57.

385 *Lauber*, Paritätische Vertragsfreiheit durch reflexiven Diskriminierungsschutz, S. 57.

386 Dieser Gedanke geht auf Kants Ethik der sittlichen Autonomie der Person und ihres sittlichen Willens und auf seinen Ansatz, dass die Rechtsordnung die Ermöglichung der größten Freiheit, die mit der Freiheit der Rechtsgenossen zusammen bestehen kann, zurück. Das objektive Recht soll hiernach die Freiheit des Einzelnen in seinem Zusammenleben mit anderen Privatpersonen sichern, indem es die Grenzen des jedem zukommenden, freien Raums bestimmt. Innerhalb dieses konkretisierten freien Raums herrscht das subjektive Recht, das ein Gebiet bildet, worin der freie Wille der Person herrscht, vgl. *Lauber*, Paritätische Vertragsfreiheit durch reflexiven Diskriminierungsschutz, S. 57 m.w.N., vgl. zu Kants Abgrenzung von objektivem und subjektivem Recht: *Savigny*, System des heutigen römischen Rechts Bd. I, S. 7, 331, (332).

der §§ 104ff. BGB von vollständig zurechenbaren und bewusst handelnden Privatrechtssubjekten ausgeht[387], sondern auch, weil das herkömmliche Verständnis von Privatautonomie und unternehmerischer Freiheit von bewussten unternehmerischen Entscheidungen, seien sie auch manchmal willkürlicher Natur, geprägt ist.[388]

In den Motiven des BGB wird Privatautonomie als die *„Befugniß, innerhalb der Grenzen des dispositiven Rechts die privaten Angelegenheiten im Wege des Rechtsgeschäfts zu regeln“* definiert.[389] Das Rechtsgeschäft ist laut den Beratungen zum BGB *als „eine Privatwillenserklärung, gerichtet auf die Hervorbringung eines rechtlichen Erfolges, welcher nach der Rechtsordnung deswegen eintritt, weil er gewollt ist“* zu verstehen.[390] Das Wesen des Rechtsgeschäfts würde darin gefunden, *„daß ein auf die Herbeibringung rechtlicher Wirkungen gerichteter Wille sich bestätigt, und daß der Spruch der Rechtsordnung in Anerkennung dieses Willens die gewollte rechtliche Gestaltung in der Rechtswelt verwirklicht“*.[391] Das Bundesverfassungsgericht charakterisiert die Privatautonomie als *„Prinzip der eigenen Gestaltung der Rechtsverhältnisse durch den Einzelnen nach seinem Willen“*.[392] Die Abwesenheit von hoheitlichem Rechtszwang mit-

---

387 *Ellenberger*, in: Palandt, Einf. v. § 104, Rn. 2; §§ 104ff. regeln die *Ausnahmefälle* der Geschäftsunfähigkeit und der beschränkten Geschäftsfähigkeit. Im Grundsatz sieht das Gesetz alle Menschen als geschäftsfähig an; vgl. zur strafrechtlichen Diskussion über die innere Willensfreiheit *Burkhardt*, Willensfreiheit aus rechtlicher Sicht, in: Tröger (Hrsg.), Wie frei ist unser Wille?, S. 87ff.

388 *Arnold*, Vertrag und Verteilung, S. 381; *Flume*, Allgemeiner Teil des Bürgerlichen Rechts, Zweiter Band: Das Rechtsgeschäft, S. 6ff.; *Picker*, in: JZ 2003, 540 (543); *von Hippel*, Das Problem der rechtsgeschäftlichen Privatautonomie, S. 61ff.

389 Motive zu dem Entwurfe eines Bürgerlichen Gesetzbuches für das Deutsche Reich, Band 1, S. 10.

390 Motive zu dem Entwurfe eines Bürgerlichen Gesetzbuches für das Deutsche Reich, Band 1, S. 126; vgl. auch die Analyse von *Lieder*, Die rechtsgeschäftliche Sukzession, S. 84ff.,.

391 Motive zu dem Entwurfe eines Bürgerlichen Gesetzbuches für das Deutsche Reich, Band 1, S. 126.

392 BVerfG, Beschluss v. 13.05.1986 - 1 BvR 1542/84, BVerfGE 72, 155 (170); BVerfG, Beschluss v. 19.10.1993 - 1 BvR 567/89, 1 BvR 1044/89, BVerfGE 89, 214 (231).

tels Verbürgung einer individuellen Willkür ist eine fundamentale Determinante des Privatrechts.[393]

2. Unbeachtlichkeit des Motivs bei der Willenserklärung und der Willensäußerung

Implizite Vorurteile lassen Zweifel aufkommen, ob der Willensbildungsprozess in dem Maße selbstbestimmt und frei ist, wie es dem privatrechtlichen Verständnis zugrunde liegt.[394] Auffällig ist, dass an keiner Stelle der freie Wille bzw. die Freiheit der Willensbildung im geschriebenen Privatrecht zur positiven Wirksamkeitsvoraussetzung einer Willenserklärung gemacht werden.[395] Nirgends ist das Vorliegen einer freien Willenserklärung Prüfungspunkt für deren Wirksamkeit, auch positive persönliche und kognitive Voraussetzungen für eine freie Willensbildung werden nicht aufgestellt.[396] Das Privatrecht stellt auf formale, nicht auf materielle Freiheit und Selbstbestimmung ab.[397]

Im hiesigen Zusammenhang ist zunächst festzuhalten, dass es sich bei der vorurteilsbedingten Vertragsversagung um keine Willenserklärung im Sinne der §§ 145ff. BGB handelt.[398] Die Vertragsversagung ist lediglich das Unterlassen eines Angebots auf Abschluss eines Arbeitsvertrages. Dennoch lassen sich bestimmte Wertungen der Rechtsgeschäftslehre auf die vorurteilsbedingte Vertragsversagung übertragen. Betrachtet man nämlich die Wertungen des BGB, so fällt auf, dass nach der Rechtsgeschäftslehre der einer Willenserklärung vorgelagerte Entscheidungsprozess in der Regel unbeachtlich ist. Das BGB schützt in erster Linie den Rechtsver-

---

393 *Isensee*, in: Isensee/Kirchhof (Hrsg.), Handbuch des Staatsrechts, § 150 Rn. 12; *Lieder*, Die rechtsgeschäftliche Sukzession, S. 84; *Grigoleit*, in: Jestaedt/Lepsius (Hrsg.), Rechtswissenschaftstheorie, S. 51ff.

394 Vgl. hierzu *Laufs*, in: FS Fischer, S. 223ff.

395 *Mankowski*, in: AcP 2011, 153 (174).

396 *Habermeyer/Saß*, in: MedR 2003, 543; *Leenen*, BGB Allgemeiner Teil, Rechtsgeschäftslehre, § 5 Rn. 30.

397 *Singer*, Selbstbestimmung und Verkehrsschutz im Recht der Willenserklärungen, S. 8ff.; *Singer*, in: Staudinger, BGB, Neubearbeitung 2012, § 119 Rn. 5; *Mankowski*, in: AcP 2011, 153 (174).

398 So aber *Schreier*, Schutz vor willkürlichen und diskriminierenden Entlassungen, S. 282.

kehr.[399] Willenserklärungen werden aus der Perspektive eines objektiven Empfängers ausgelegt (§§ 133, 157 BGB). Innere Willensmängel sind dementsprechend nur relevant, wenn sie auch einem objektiven Empfänger nicht verborgen geblieben wären.[400] Ein Recht zur Anfechtung besteht aus diesem Grund nur in eng umgrenzten Ausnahmefällen, die Risikozuweisung geht zulasten des Erklärenden.[401]

Bei der bloßen Willensäußerung, die keine unmittelbare Rechtsfolge nach sich zieht, ist der Rechtsverkehr nicht in gleicher Weise schützenswert. Kein potenzieller Vertragspartner hat auf die Gültigkeit der vertraglichen Bindung vertraut. Dennoch hat der Bewerber im Bewerbungsverfahren, der durch seine Bewerbung gegenüber dem Arbeitgeber eine *invitatio ad offerendum* erklärt, ein schützenswertes Interesse, auf den Erklärungsinhalt der Vertragsversagung vertrauen zu dürfen. Insoweit sind die Wertungen der Rechtsgeschäftslehre auf die vorurteilsbedingte Vertragsversagung übertragbar.

Aus der Perspektive eines objektiven Empfängers sind implizite Vorurteile nicht erkennbar. Deshalb beeinflussen sie weder die Wirksamkeit einer Willenserklärung noch den objektiven Inhalt einer bloßen Willensäußerung. Die intendierte Folge einer Vertragsversagung (keinen Vertrag zu schließen) ist durch den Einfluss impliziter Vorurteile nicht betroffen.[402] Implizite Vorurteile begründen keinen Willensmangel, sondern betreffen lediglich die grundsätzlich unbeachtliche Motivlage.[403] Der Wille, einen Vertrag in dieser Form und mit diesem Vertragspartner zu schließen bzw. mit den abgelehnten Bewerbern nicht zu schließen, ist ohne Zweifel vor-

---

399 *Singer*, in: Staudinger, BGB, Neubearbeitung 2012, Vorbem. § 116ff. Rn. 1, 34ff.

400 Es wird abstrahiert vom „lebensweltlichen Willen“, vgl. *Schapp*, Grundfragen der Rechtsgeschäftslehre, S. 6ff; *Schur*, in: Lampe/Pauen/Roth (Hrsg.), Willensfreiheit und rechtliche Ordnung, S. 226 (228, 234).

401 Es wird abstrahiert vom „lebensweltlichen Willen“, vgl. *Schapp*, Grundfragen der Rechtsgeschäftslehre, S. 6ff; *Schur*, in: Lampe/Pauen/Roth (Hrsg.), Willensfreiheit und rechtliche Ordnung, S. 226 (228, 234).

402 Vgl. zur Natur des Arbeitsvertrages und zu Willensmängeln bei Vertragsschluss: *Zöllner/Loritz/Hergenröder*, Arbeitsrecht, § 14 Rn. 25ff.

403 Motive zu dem Entwurfe eines Bürgerlichen Gesetzbuches für das Deutsche Reich, Band 1, S. 203; *Singer*, Selbstbestimmung und Verkehrsschutz im Recht der Willenserklärungen, S. 207; *Weiler*, Die beeinflusste Willenserklärung, S. 397; *Singer*, in: Staudinger, BGB, Neubearbeitung 2012, Vorbem. § 116ff. Rn. 5; *Mankowski*, in: AcP 2011, 153 (183).

handen, da der Arbeitgeber bewusst mit allen abgelehnten Bewerbern keinen Vertrag schließen will.[404]

Lediglich der Entscheidungsprozess der zu dieser Willensäußerung geführt hat, ist verdeckt.[405] So kann auf Motivebene die Motivation, *warum* der Vertrag mit diesem Bewerber nicht geschlossen werden soll, von Vorurteilen geprägt sein. Ebenso kann die Berücksichtigung des Merkmals auf Anknüpfungsebene unklar sein. Diese Mängel bei der Willensbildung im Entscheidungsprozess führen nicht zu einer Diskrepanz zwischen dem Willen und der Erklärung, sondern nur zu einem fehlgebildeten, in sich fehlerhaften Willen.[406] Wegen der Unbeachtlichkeit eines solchen sog. „einfachen Motivirrtums" ist der Einzelne trotz etwaiger Wissens- oder Willenslücken im Entscheidungsprozess an seine Willenserklärung gebunden (pacta sunt servanda).[407]

Folglich ändern unbewusste Elemente im Entscheidungsprozess nichts an der rechtlichen Wirksamkeit abgegebener Willenserklärungen. Die Rechtsgeschäftslehre ist am Rechtsverkehr orientiert. Der objektive Empfängerhorizont geht inneren Willensbildungsmängeln des Erklärenden vor. Der psychologische Wille wird *„insoweit rechtlich überformt und normativ gebändigt"*.[408]

E. Gesamtschau: Die unternehmerische Vertragsabschlussfreiheit als liberal ökonomische Freiheitssphäre des Arbeitgebers

Fasst man die gefundenen Erkenntnisse zusammen, lässt sich festhalten, dass die unternehmerische Vertragsabschlussfreiheit ein hohes Gut ist und weitreichenden Schutz im Unionsrecht und nationalen (Verfassungs-)recht genießt. Die deutsche Privatrechtsordnung steht in der Tradition individueller Freiheit, die nur durch die Rechtsordnung und die Freiheit anderer

---

404 Vgl. zur Willensvoraussetzung bei Vertragsschluss: *Enderlein*, Rechtspaternalismus und Vertragsrecht, S. 73ff.; *Hanau*, in: Gegen den Strich, FS Adomeit, S. 237 (238f.).

405 Fehler der Willensbildung, wie beispielsweise der Motivirrtum fallen nach der Wertung des BGB in den Verantwortungsbereich des Erklärenden, vgl. *Larenz/ Wolf*, Allgemeiner Teil des Bürgerlichen Rechts, § 25 Rn. 41.

406 *Boesche*, in: FS Georgiades, 3 (30); *Mankowski*, in: AcP 2011, 153 (183).

407 *Weiler*, Die beeinflusste Willenserklärung, S. 397.

408 *Mankowski*, in: AcP 2011, 153 (183); vgl. auch *Schur*, in: Lampe/Pauen/Roth (Hrsg.), Willensfreiheit und rechtliche Ordnung, S. 226 (228, 236).

Privatrechtssubjekte beschränkt ist. Auch verfassungsrechtlich besteht ein Primat des Marktprinzips im Sinne eines Regel-Ausnahme-Verhältnisses von Freiheit und Gleichheit.[409]

Dies macht Eingriffe in die Vertragsfreiheit rechtfertigungsbedürftig, unterwirft sie also dem Übermaßverbot, das Eingriffe in die Vertragsfreiheit und den Markt an den Maßstäben der Geeignetheit, Erforderlichkeit und Verhältnismäßigkeit misst.[410] In der hiesigen Untersuchung wird die grundsätzliche Eignung des AGG als dem Gesetzesvorbehalt genügende, verhältnismäßige Beschränkung der Vertragsabschlussfreiheit nicht in Zweifel gezogen.[411] Die Untersuchung wird sich der Frage annehmen, ob ein Verständnis des Benachteiligungstatbestandes als Verbot eines von impliziten Vorurteilen geprägten Entscheidungsprozesses im Hinblick auf die Vertragsabschlussfreiheit des Arbeitgebers dem Grundsatz der Verhältnismäßigkeit genügen kann.

Zur Beantwortung dieser Frage wird ein einheitliches Verständnis der Vertragsabschlussfreiheit zugrunde gelegt, dessen Schutzbereich unter anderem folgende zentrale Aspekte umfasst:

1. Die negative Vertragsabschlussfreiheit, die es dem Arbeitgeber überlässt, ob und mit wem er Arbeitsverträge schließen will.[412]

---

409 *Canaris*, in: FS Lerche, S. 873 (880).

410 *Canaris*, in: FS Lerche, 873 (880); auch schon *Canaris* JZ 1987, 994f.; *Höfling*, Vertragsfreiheit, S. 40.

411 Für die vorliegende Untersuchung wird es auf eine präzise Verortung des Prüfungsmaßstabs am Gemeinschaftsrecht oder am nationalen Verfassungsrecht nicht ankommen. Die Anforderungen und Maßstäbe der Garantie und des Schutzes von Freiheit und Gleichheit sind nach den ungeschriebenen Grundrechten des Gemeinschaftsrechts (Art. 6 Abs. 2 EUV), nach der Europäischen Menschenrechtskonvention (Art. 1 des Ersten Zusatzprotokolls), sowie nach deutschem Verfassungsrecht (Art. 12, Art. 14 und Art. 2 Abs. 1 GG) in den hier relevanten Ausprägungen gleichartig, vgl. *Badura*, in: ZaöRV 2008, 347 (356). Der durch das Gemeinschaftsrecht garantierte Grundrechtsschutz darf nicht hinter dem Grundrechtsschutz zurückbleiben, den das Grundgesetz vorsieht. Insbesondere der Schutz von Privatautonomie und Vertragsfreiheit besteht auf beiden Ebenen gleichermaßen, vgl. *Korthaus*, Das neue Antidiskriminierungsrecht, 244 m.w.N. Auch die Grundrechtsschranke des Gemeinwohls bzw. der hinreichenden Gründe des Allgemeinwohls sind deckungsgleich. Die inhaltliche Auseinandersetzung mit der Verhältnismäßigkeit diskriminierungsschutzrechtlicher Normen wird sich an einem in jedem Fall gewährleisteten Mindestniveau der Vertragsabschlussfreiheit orientieren,.

412 *Lobinger*, Vertragsfreiheit und Diskriminierungsverbote, in: Isensee (Hrsg.), Vertragsfreiheit und Diskriminierung, S. 99 (103).

2. Die Nichtexistenz einer originären Pflicht zur Öffnung des eigenen Rechtskreises; ein Recht auf Teilhabe bildet die Ausnahme.[413]
3. Einen geschützten Entscheidungsprozess, der keinem Begründungszwang hinsichtlich der Gründe der Vertragsversagung unterliegt.[414]
4. Persönliche Präferenzen (auch Vorurteile) stellen grundsätzlich valide Entscheidungskriterien eines privaten Arbeitgebers dar.[415]

Die Vertragsabschlussfreiheit in diesem Sinne ist Teil einer liberal ökonomischen Freiheitssphäre des Arbeitgebers.[416] Diese ist im nachfolgenden Kapitel mit dem durch das AGG verkörperten Gleichheitsgedanken, unter Berücksichtigung des vorurteilsgeprägten Entscheidungsprozesses, in Einklang zu bringen. Die Reichweite des Benachteiligungstatbestandes und damit die Eingriffsintensität in die unternehmerische Vertragsabschlussfreiheit sind vor dem Hintergrund des Übermaßverbots zu bestimmen.

---

413 *Rixecker*, in: MüKo-BGB, Band 1/1, 5. Auflage 2006, Anhang zu § 12 BGB Rn. 130f.

414 BVerfG, Beschluss v. 21.06.2006 - 1 BvR 1659/04, NZA 2006, 913; *Schreier*, Schutz vor willkürlichen und diskriminierenden Entlassungen, S. 278; *Mohr*, in: SAE 2006, 26 (27); *Säcker*, in: ZRP 2002, 286 (290); *Hanau*, in: FS Konzen, S. 235; *Löwisch/Caspers/Klumpp*, Arbeitsrecht, § 16 Rn. 562; kritisch *Otto*, Arbeitsrecht, S. 104ff.

415 *Isensee*, in: Isensee, Vertragsfreiheit und Diskriminierung, S. 7.

416 Begriff stammt von *Canaris*, in: FS Lerche, S. 873.

§ 4 Implizite Vorurteile im Benachteiligungsverbot des AGG

A. *Einführung*

Das Allgemeine Gleichbehandlungsgesetz (AGG) ist nun seit mehr als zehn Jahren in Kraft. Trotz manch anderslautender Prophezeiung ist seit seinem Inkrafttreten am 18. August 2006 das Abendland nicht untergegangen. Der Streit über das heute bestehende Konzept des Diskriminierungsschutzes in seiner konkreten Form begann mit der Schaffung einer europäischen Ermächtigungsgrundlage. Art. 19 AEUV (früher: Art. 13 EGV) wurde durch den Amsterdamer Vertrag eingeführt und ermächtigt den Rat, geeignete Vorkehrungen zu treffen, um Diskriminierungen aus Gründen des Geschlechts, der Rasse, der ethnischen Herkunft, der Religion oder der Weltanschauung, einer Behinderung, des Alters oder der sexuellen Ausrichtung zu bekämpfen. Von dieser Ermächtigung wurde in Form mehrerer Antidiskriminierungsrichtlinien[417] Gebrauch gemacht, welche schlussendlich vom deutschen Gesetzgeber durch das AGG in nationales Recht umgesetzt wurden.

Zentrale Frage ist, ob das Benachteiligungsverbot des AGG Benachteiligungen erfasst, die ihre Ursache, bedingt durch implizite Vorurteile, auf der unbewussten Bewusstseinsebene des Benachteiligenden haben. Der Blick richtet sich mithin auf den benachteiligenden Entscheidungsprozess. Hierbei ist zwischen Motivebene und Anknüpfungsebene zu unterscheiden. Auf Motivebene ist sich der Arbeitgeber nicht bewusst, *warum* er ein Merkmal des § 1 AGG zum Entscheidungskriterium gemacht hat. In Stei-

417 Richtlinie 2000/43/EG des Rates vom 29. Juni 2000 zur Anwendung des Gleichbehandlungsgrundsatzes ohne Unterschied der Rasse oder der ethnischen Herkunft; Richtlinie 2000/78/EG des Rates vom 27. November 2000 zur Festlegung eines allgemeinen Rahmens für die Verwirklichung der Gleichbehandlung in Beschäftigung und Beruf; Richtlinie 2004/113/EG des Rates vom 13. Dezember 2004 zur Verwirklichung des Grundsatzes der Gleichbehandlung von Männern und Frauen beim Zugang zu und bei der Versorgung mit Gütern und Dienstleistungen; Richtlinie 2006/54/EG des Europäischen Parlaments und des Rates vom 5. Juli 2006 zur Verwirklichung des Grundsatzes der Chancengleichheit und Gleichbehandlung von Männern und Frauen in Arbeits- und Beschäftigungsfragen (Neufassung).

gerung dessen ist sich der Arbeitgeber auf Anknüpfungsebene nicht bewusst, *dass* er überhaupt ein Merkmal des § 1 AGG zum Entscheidungskriterium gemacht hat. Im Extremfall geht er sogar fest davon aus, ausschließlich andere Kriterien zur Bewerberauswahl herangezogen zu haben. Zwischen beiden Ebenen besteht durchaus ein Wertungsunterschied, weswegen insbesondere ein Verbot des impliziten Anknüpfens auf Anknüpfungsebene Fragen der Verhältnismäßigkeit aufwirft.

Da die unternehmerische Vertragsabschlussfreiheit als Teil der Privatautonomie weitreichenden positivrechtlichen Schutz genießt, verwundert es nicht, dass jeder Eingriff in diese Rechtsposition von rechtspolitischen und rechtsdogmatischen Debatten begleitet wird. Die Diskussion über Antidiskriminierungsrecht ist, neben Argumenten in der Sache, stets von emotionalen Reaktionen begleitet gewesen.[418] Liberalisten und Egalitaristen stehen sich seit Beginn der Diskussion um einen gesetzlich geregelten arbeitsrechtlichen Diskriminierungsschutz mitunter unversöhnlich gegenüber.[419]

Viele dieser Grundsatzdiskussionen sind im Angesicht der Existenz der europäischen Richtlinien und des AGG nicht erneut aufzunehmen. Durch die eindeutige EU-rechtliche Rechtslage und die unbestrittene Zuständigkeit der EU zum Erlass der Antidiskriminierungsrichtlinien führte an der Umsetzung ins nationale Recht letztlich kein Weg vorbei, um nicht ein Sanktionsverfahren durchlaufen zu müssen.[420] Jedoch besteht die Relevanz der Streitfragen hinsichtlich der verhältnismäßigen Anwendung, sowie der richtlinienkonformen, grundrechtskonformen und privatrechtskonformen Auslegung fort. In diese Diskussion will die vorliegende Arbeit, unter Hinzunahme des besonderen Aspekts der impliziten Vorurteile, einsteigen.

Bevor aber diese Diskussion geführt werden kann, sind Grundlagen zu schaffen. Die konkrete Ausgestaltung des subjektiven Tatbestandes, inklusive impliziter Elemente, lässt sich nicht isoliert untersuchen. Das Antidis-

---

418 Vgl. *Picker*, Karlsruher Forum 2004, Haftung wegen Diskriminierung nach derzeitigem und zukünftigem Recht, S. 7 (60); *Adomeit*, in: NJW 2002, 1622 (1623); *Däubler*, in Däubler/Bertzbach, AGG, Einleitung Rn. 69; *Braun*, in JuS 2002, 424ff.; *Jestaedt*, in: Der Sozialstaat in Deutschland und Europa, S. 298 (350); *Repgen*, in: Isensee (Hrsg.), Vertragsfreiheit und Diskriminierung, S. 11ff.; *Schmelz*, in: ZRP 2003, 67 (67); *Säcker*, in: ZRP 2002, 286ff.

419 Vgl. *Neuner*, in: Leible/Schlachter, Diskriminierungsschutz durch Privatrecht, S. 91; *Bader*, Arbeitsrechtlicher Diskriminierungsschutz als Privatrecht, S. 28.

420 *Eichenhofer*, in: AuR 2013, 62.

kriminierungsrecht heutiger Prägung ist in besonderem Maße ein Kind seiner geschichtlichen Entwicklung auf juristischer und politischer Ebene. Dementsprechend beginnt die Untersuchung mit einem Abriss über die historische Entwicklung des arbeitsrechtlichen Diskriminierungsschutzes in Deutschland (B.). Diese ist für die spätere Auslegung von enormer Bedeutung, weil im vorherrschenden Verständnis der normativen Regelungen die subjektive Seite des Entscheidungsträgers (vor allem die Motivebene) im Rahmen des Diskriminierungstatbestandes zunehmend an Bedeutung verlor.

Dieser Bedeutungsverlust des subjektiven Tatbestandes auf Diskriminierendenseite war keineswegs zwingend vorgespurt. Der AEUV definiert selbst nicht, wann von einer Diskriminierung auszugehen ist.[421] Die nähere Konkretisierung des Begriffs der Diskriminierung erfolgte erst in den Richtlinien auf sekundärrechtlicher Ebene. Hierbei hat der europäische Gesetzgeber durchaus die Vielschichtigkeit der Diskriminierungsproblematik erkannt und eine tatbestandsmäßige unmittelbare Diskriminierung vom Anknüpfen an ein Diskriminierungsmerkmal *und* von einer Vergleichsperson ohne dieses Merkmal abhängig gemacht.[422] Bezieht sich der Vergleich auf das Entscheidungs*ergebnis*, so nimmt das Anknüpfen den Entscheidungs*prozess* ins Visier. Leider ist eben jener Entscheidungsprozess, als Teil des subjektiven Tatbestandes der unmittelbaren Benachteiligung, in Forschung und Praxis seltsam unkonkret geblieben. Wie das Entscheidungsergebnis zustande kam, spielt oftmals, entgegen dem Wortlaut der Diskriminierungsdefinition, eine deutlich untergeordnete Rolle.[423]

In Kapitel C. und D. geht es um die Zielsetzungen des arbeitsrechtlichen Diskriminierungsschutzes und deren Umsetzung im Allgemeinen

---

421 *Streinz*, in: Streinz, Art. 19 AEUV Rn. 17.

422 Vgl. *Schiek*, in: Schiek (Hrsg.), Allgemeines Gleichbehandlungsgesetz, § 3 Rn. 2; *von Medem*, Kündigungsschutz und Allgemeines Gleichbehandlungsgesetz, S. 46.

423 Vgl. BAG, Urt. v. 20.01.2016, 8 AZR 194/14, NZA 2016, 681 (684); BAG, Urt. v. 22.10.2015, 8 AZR 384/14, NZA 2016, 625; BAG, Urt. v. 26.06.2014, 8 AZR 547/13, NZA 2015, 896; BAG, Urt. v. 24.01.2013 - 8 AZR 429/11, NZA 2013, 498; *Lenz*, in: Nomos-BR, AGG, § 3 Rn. 2; *Thüsing*, in: MüKo-BGB, AGG, § 3 Rn. 8 unter Verweis auf BAG, Urt. v. 28.04.2011 - 8 AZR 515/10, NJW 2011, 2458; *Rolfs*, in: Staudinger, AGG, § 3 Rn. 3; *Broy*, in: Herberger/Martinek/Rüßmann, jurisPK-BGB, 8. Aufl. 2017, § 3 AGG Rn. 8; *Schrader/Schubert*, in: Däubler/Bertzbach, AGG, § 3 Rn. 38; *Bauer/Krieger*, AGG, § 3 Rn. 10; vgl. auch *Ellis/Watson*, EU Anti-Discrimination Law, S. 163f.

Gleichbehandlungsgesetz. Wagt man sich an eine Systematisierung der Zielsetzungen, lassen sich diese in zwei Hauptkategorien einteilen. Es geht um Persönlichkeitsschutz (individuelle Gerechtigkeit) und um Umverteilung (kollektive Gerechtigkeit).[424] Beide Kategorien bestehen aus verschiedenen Unterzielsetzungen, die Benachteiligungen von unterschiedlichen Merkmalsträgern aus unterschiedlichen Gründen verringern oder beseitigen sollen. Die gesetzliche Umsetzung wird in einem ersten Schritt überblicksartig vorgestellt, um die Systematik des AGG zu verdeutlichen. Die isolierte Betrachtung einzelner Normen ist wenig fruchtbar, weil sich das AGG einer umfassenden Verweisungstechnik bedient.[425]

In einem zweiten Schritt werden in Kapitel E. und § 5 der Tatbestand der unmittelbaren Benachteiligung gemäß § 3 Abs. 1 AGG und die Rechtsfolgen des § 15 AGG, samt ihrer systematischen Einbettung in das übrige Regelungsregime, näher untersucht. Im Fokus steht dabei die dogmatische Ausgestaltung des subjektiven Tatbestandes der unmittelbaren Benachteiligung. Die Unterteilung in Motivebene und Anknüpfungsebene wird dabei helfen, dem Tatbestand Kontur zu geben. Die präzise Herausarbeitung des Tatbestandsumfangs dient der Verortung impliziter Vorurteile, um die Frage beantworten zu können, ob der Tatbestand auch in diesen Fällen erfüllt ist. Da dies – so viel sei vorweggenommen – der Fall ist, schließt sich die Frage an, inwiefern die Rechtsfolgen des § 15 AGG, insbesondere § 15 Abs. 2 AGG, die eine Mischung aus Restitutions- und Sanktionsanspruch darstellen, eine verhältnismäßige Beschränkung des implizit vorurteilsgeprägten Entscheidungsprozesses des Arbeitgebers sein können.

---

424 Vgl. *Lauber*, Paritätische Vertragsfreiheit durch reflexiven Diskriminierungsschutz, S. 121ff. m.w.N.

425 Entwurf eines Gesetzes zur Umsetzung europäischer Richtlinien zur Verwirklichung des Grundsatzes der Gleichbehandlung, BT-Drs. 16/1780, S. 34; vgl. auch *Sievers,* in: Herberger/Martinek/Rüßmann, jurisPK-BGB, 8. Aufl. 2017, § 7 AGG Rn. 1; a.A. *Roloff*, in: BeckOK, ArbR, § 7 AGG vor Rn. 1.

B. Die Entwicklung des Diskriminierungsschutzes im Arbeitsrecht

I. Der Beginn des europäischen Einflusses auf das deutsche Vertragsrecht

„Im ewigen Spannungsverhältnis zwischen Freiheit und Gleichheit als den beiden zentralen Axiomen des westlichen Rationalismus neigt sich die Waage zusehends zur Gleichheit."[426]

Das heutige Antidiskriminierungsrecht wurde entscheidend auf europäischer Ebene geprägt; dies sowohl hinsichtlich der grundsätzlichen Konzeption, als auch hinsichtlich der konkreten Ausgestaltung und Reichweite.

Bis zum Inkrafttreten des AGG am 18. August 2006[427] kannte das deutsche Privatrecht ausdrückliche Diskriminierungsverbote nur in einzelnen Vorschriften des Arbeitsrechts.[428] Vor dem Einfluss der europäischen Rechtsentwicklung ab 1976[429] gab es solche nur auf kollektivrechtlicher Ebene. Zu denken ist hier insbesondere an § 75 Abs. 1 BetrVG und den gewohnheitsrechtlich anerkannten allgemeinen arbeitsrechtlichen Gleichbehandlungsgrundsatz. Betrachtet man deren Voraussetzungen, erhält man einen ersten Hinweis darauf, warum die Ausweitung des Diskriminierungsschutzes stets von Kritik begleitet wurde. Während die früheren Regelungsinstrumente ein bestehendes Arbeitsverhältnis zur Voraussetzung haben und demnach die Vertragsabschlussfreiheit des Arbeitgebers bei der Stellenbesetzung nicht einschränken, ist der europäische Ansatz viel weitgehender.[430] Besteht im Anwendungsbereich des allgemeinen Gleichbehandlungsgrundsatzes nach deutschem Recht bereits eine Sonderverbindung zwischen den beiden Privatrechtssubjekten, ist dies bei den europäischen Diskriminierungsverboten durch Einbeziehung des Bewerbungsverfahrens nicht der Fall. Zudem hielt das deutsche Privatrecht stets die Möglichkeit einer Ungleichbehandlung mittels individueller Vertragsver-

---

426 *Krause*, in: FS Adomeit, 377 (392).

427 Art. 1 des Gesetzes zur Umsetzung europäischer Richtlinien zur Verwirklichung des Grundsatzes der Gleichbehandlung vom 14. August 2006, BGBl. S. 1897ff.

428 *Däubler*, in: Däubler/Bertzbach, AGG, Einleitung Rn. 61.

429 1976 fiel mit der Rechtssache *Defrenne II* der Startschuss einer zunehmenden Dominanz des Europarechts im arbeitsrechtlichen Diskriminierungsschutz, siehe weiter unten ausführlicher.

430 *Bader*, Arbeitsrechtlicher Diskriminierungsschutz als Privatrecht, S. 58.

einbarung offen und schränkte die Vertragsfreiheit nur über eine bloße Willkürkontrolle ein.[431]

Kurz gesagt: Mit Beginn des europäischen Einflusses auf das deutsche Gleichbehandlungsrecht nahm die Eingriffsintensität in die Vertragsfreiheit zu.[432] Dieser Trend sollte sich in den folgenden Jahrzehnten durch die europäischen Richtlinien und die Rechtsprechung des EuGH fortsetzen.

II. Die Politisierung des Diskriminierungsschutzes

Verantwortlich für die stetige Ausweitung des vorvertraglichen Diskriminierungsschutzes waren nicht zuletzt gesellschaftliche und politische Veränderungen. Die Entwicklung des gesamten privatrechtlichen Diskriminierungsschutzes wurde stets vom Kampf zweier diametral gegensätzlicher politischer Lager begleitet, welche die richtige Balance zwischen Privatautonomie und sozialer Verantwortlichkeit suchten.[433] Auf der einen Seite steht die Vertragsfreiheit als Kernstück mit symbolischer Kraft für die Entwicklung des Binnenmarktes und die Ökonomisierung der Europäischen Union, und auf der anderen Seite der Diskriminierungsschutz als Paradebeispiel für die Bedeutung der sozialen und fundamentalen Rechte und der Politisierung der Europäischen Union.[434]

Verfolgt man die historische Entwicklung der Europäischen Wirtschaftsgemeinschaft vom Jahr 1957 bis zur Europäischen Union heute, könnte man sagen, dass das Europäische Projekt hin und hergerissen ist zwischen einem Marktintegrationsmodel („market integration model“) und einem Model der sozialen Fürsorge („social citizenship model“).[435] Ersteres schreibt der Europäischen Union sehr begrenzte Kompetenzen im Bereich der Sozialpolitik zu, weil ihre Hauptaufgabe die Durchsetzung des freien Binnenmarktes sei.[436] Letzteres hingegen sieht die Europäische

431 *Bader*, Arbeitsrechtlicher Diskriminierungsschutz als Privatrecht, S. 58.

432 *Schmidt*, Von "Mangold" bis " Maruko", S. 12.

433 *Bell*, Anti-Discrimination Law and the European Union, S. 6; *Micklitz*, The Visible Hand of European Regulatory Private Law. The Transformation of European Private Law from Autonomy to Functionalism in Competition and Regulation, EUI Working Papers Law 2008/14, S. 12.

434 *Lauber*, Paritätische Vertragsfreiheit durch reflexiven Diskriminierungsschutz, S. 209.

435 *Bell*, Anti-Discrimination Law and the European Union, S. 6.

436 *Bell*, Anti-Discrimination Law and the European Union, S. 6.

Union als Garant fundamentaler sozialer Rechte und deswegen die Gestaltung der Sozialpolitik als mindestens ebenso drängend und auf derselben Stufe mit der Etablierung der ökonomischen Freiheit.[437]

Hierbei hängt die jeweils vorherrschende Ansicht von der allgemeinen politischen und ökonomischen Lage innerhalb der Mitgliedstaaten der Europäischen Union ab. Zuweilen neigen die Ansichten dazu, in extreme Richtungen auszuschlagen, wie beispielsweise der Thatcher'sche Neoliberalismus[438] in den 1970er und 1980er Jahren und im Gegenzug ausufernde Maßnahmen des Gender-Mainstreamings seit den 2000er Jahren demonstrieren.[439] Die Befürworter eines Ökonomie fokussierten Ansatzes verloren in den Jahrzehnten seit den 1990er Jahren deutlich an Einfluss, was zu einer gewissen Dominanz des sozialpolitischen Ansatzes führte.[440] Manche Autoren begannen gar, das Diskriminierungsrecht als Herzstück des Binnenmarktes anzusehen.[441]

Für die hier zu untersuchende Problematik des (unbewussten) Entscheidungsprozesses ist diese Entwicklung deshalb bedeutsam, weil der vorvertragliche Diskriminierungsschutz einen immer weitgehenderen Anwendungsbereich erhielt, mit der Folge, dass die subjektive Seite (vor allem die Motivebene) des Entscheidungsträgers im Rahmen des Diskriminierungstatbestandes an Bedeutung verlor.[442]

Dies kann mit einem Beispiel aus der Gesetzgebungsgeschichte illustriert werden: Die Definition der Diskriminierung in den EU-Gleichbe-

---

437 *Bell*, Anti-Discrimination Law and the European Union, S. 7.

438 Großbritannien lehnte unter Thatcher strikt jede europäische sozialpolitische Vertragsänderung (die Einheitliche Europäische Akte (EEA) im Jahr 1987 stellte für die britische Regierung ein Deregulierungsprogramm dar) ab, um das Projekt des freien europäischen Binnenmarkts nicht zu gefährden, vgl. *Lauber*, Paritätische Vertragsfreiheit durch reflexiven Diskriminierungsschutz, S. 211.

439 Vgl. *Geppert*, Thatchers konservative Revolution, S. 227ff.; vgl. *Kelle*, Gender-Gaga; grundlegend zum Thema Gender Mainstreaming: *Doblhofer/Küng*, Gender Mainstreaming.

440 Riesenhuber nennt die Ausweitung des Diskriminierungsschutzes die „dritte Generation der europäischen Diskriminierungsverbote", vgl. *Riesenhuber*, Das Allgemeine Gleichbehandlungsgesetz, S. 10.

441 *Bernard*, in: ICLG 45 (1996), S. 82ff.

442 Vgl. Schramm, Ungewisse und diffuse Diskriminierung, S. 81; vgl. auch Reaume, in: TIL 2 (2001), 349 (370): *"In rejecting the focus on the defendant's subjective attitudes and whether they exhibit animosity, adjudicators began to ask simply whether the defendant differentiated between members of various groups, rather than whether he intended to insult."*.

handlungsrichtlinien ist angelehnt an die Definition in der Richtlinie über die Beweislastverteilung (97/80/EG).[443] Bei der Ausarbeitung des Gesetzes ist besonderer Wert darauf gelegt worden, den Tatbestand der Diskriminierung nicht durch ein subjektives Erfordernis zu verengen.[444]

Der Originalvorschlag der Europäischen Kommission für die Beweislastrichtlinie sah, neben weiteren Inhalten, folgende Regel zur Beweislast vor:

„Die Mitgliedstaaten ergreifen gemäß ihren nationalen Rechtssystemen die erforderlichen Maßnahmen, nach denen [...] der Kläger nicht den Beweis eines Verschuldens des Beklagten erbringen muß, um die Verletzung des Verbots geschlechtsbedingter Diskriminierung zu beweisen.“[445]

Der Ausschuss für die Rechte der Frau des Europäischen Parlaments forderte eine Streichung dieses Absatzes, da weder Absicht noch Verschulden des Diskriminierenden für Diskriminierungsfälle von Bedeutung seien, und die Benutzung des Wortes Verschulden zu dem Missverständnis führen könne, dass Verschulden ein zu berücksichtigendes Element sei.[446] Das Europäische Parlament folgte diesem Vorschlag und strich diese Vorschrift.[447] Dies illustriert einerseits die stärker werdende Frauenbewegung in dieser Zeit und andererseits die Hinwendung zu einem möglichst weiten Anwendungsbereich der Diskriminierungsverbote.

---

443 *Dammann*, Die Grenzen zulässiger Diskriminierung im allgemeinen Zivilrecht, S. 237.

444 *Dammann*, Die Grenzen zulässiger Diskriminierung im allgemeinen Zivilrecht, S. 237, welcher die nachfolgenden Schritte des Gesetzgebungsprozesses ebenfalls darstellt.

445 Art. 4 Abs. 1 lit. c) des Vorschlages für eine Richtlinie des Rates zur Beweislast bei geschlechtsbedingter Diskriminierung vom 20.09.1996, ABl. Nr. C 332 vom 07.11.1996, 11. (KOM (96)0340, - C4 – 0539/96 – 96/0196.

446 Bericht über den Vorschlag für eine Richtlinie des Rates zur Beweislast bei geschlechtsbedingter Diskriminierung (KOM (96)0340, - C4 – 0539/96 – 96/0196 (SYN) vom 25.03.1997, Ausschuß für die Rechte der Frau, A4 – 0115/97, 18.

447 Siehe Legislative Entschließung mit der Stellungnahme der Europäischen Parlaments zu dem Vorschlag für eine Richtlinie des Rates zur Beweislast bei geschlechtsbedingter Diskriminierung (KOM(96)0340 – C4 – 0539/96 – 96/0196 (PRT), ABl. Nr. C 132 vom 28.04.1997, 219.

III. Die Entwicklung des § 611a BGB als Tauziehen zwischen nationalem Gesetzgeber und Europäischem Gerichtshof

Die Ausweitung des Anwendungsbereichs privatrechtlicher Diskriminierungsverbote wurde anschließend in Deutschland konkret. Die nachfolgend dargestellte Entwicklung[448] des § 611a BGB veranschaulicht das Wechselspiel zwischen der Rechtsprechung des EuGH und der nationalen Gesetzgebung in Deutschland. Dieses war gekennzeichnet von einer Zurückhaltung des deutschen Gesetzgebers, die Vertragsfreiheit durch Gleichbehandlungsgebote zu beschränken, was wiederum den EuGH dazu veranlasste, die eigene Agenda ohne Berücksichtigung nationaler Befindlichkeiten durchzusetzen. Insbesondere das im deutschen Schadensersatzrecht fundamentale[449] Verschuldenserfordernis wurde vom EuGH mit verblüffender Leichtigkeit hinweggefegt.[450]

Im Jahre 1976 legte der EuGH den Grundstein für die zunehmende Dominanz des Europarechts im arbeitsrechtlichen Diskriminierungsschutz. In der Rechtssache *Defrenne II* erklärte er Art. 157 AEUV (damals: Art. 119 EWG) als unmittelbar zwischen Arbeitnehmer und Arbeitgeber anwendbares Recht und ging damit von einer unmittelbaren horizontalen Drittwirkung von europäischem Primärrecht aus.[451]

Auf nationaler Ebene begann die Gleichbehandlungsgesetzgebung hinsichtlich der Gleichbehandlung von Männern und Frauen im Jahre 1980 mit dem EG-Anpassungsgesetz.[452] Zu diesem Zeitpunkt zeigte sich eine relativ offene Widerwilligkeit des deutschen Gesetzgebers, die Vertragsfreiheit durch Gleichbehandlungspflichten zu beschränken.[453] So war zum Zeitpunkt des Inkrafttretens des EG-Anpassungsgesetzes die in der Richtlinie vorgesehene Umsetzungsfrist bereits seit mehr als zwei Jahren abge-

---

448 Siehe zur nationalen Entwicklung des arbeitsrechtlichen Diskriminierungsschutzes, *Thüsing*, Europäisches Arbeitsrecht, 74ff.

449 Zum Verschuldensprinzip im deutschen Privatrecht, vgl. *Lorenz*, Perspektiven des europäischen Vertragsrechts, in: von Danwitz/Habersack/Lorenz (Hrsg.), 43 (56f.); Verschuldensprinzip als *„Fundamentalsatz des Schadensersatzrechts"*, *Lobinger*, Die Grenzen rechtsgeschäftlicher Leistungspflichten, S. 298; siehe ausführlich unten § 5 D. II.

450 *Bader*, Arbeitsrechtlicher Diskriminierungsschutz als Privatrecht, 76.

451 EuGH, Urt. v. 08.04.1976 - Rs. 43/75, Slg. 1976, 455 – *Defrenne II.*

452 BGBl. I, 1308.

453 *Schlachter*, Wege zur Gleichberechtigung, S. 145.

laufen.[454] Die EG-Kommission hatte bereits ein Vertragsverletzungsverfahren eingeleitet.[455] In der rechtswissenschaftlichen Literatur regte sich erster Widerstand, der in Teilen an die spätere Kritik vor Verabschiedung des AGG erinnert.[456]

Die konkrete Umsetzung der Richtlinie ließ auch in ihrer Entschlossenheit zu wünschen übrig. § 611a BGB, in der Fassung vom 21.08.1980, erklärte lediglich den materiellen Vertrauensschaden für ersatzfähig, welcher sich regelmäßig in den Bewerbungskosten erschöpfte.[457] Dies zog diverse EuGH-Urteile nach sich, die den deutschen Gesetzgeber zu einer Nachbesserung bei der Umsetzung der Richtlinien aufforderten.[458] Hierbei ging es insbesondere um die Frage, ob die Richtlinie 76/207/EWG nicht zu weitergehenden Ansprüchen verpflichtet. Zwar obliegt grundsätzlich den Mitgliedstaaten die Entscheidung, mit welchen Mitteln das vorgegebene Ziel umgesetzt wird - Richtlinien sind nur hinsichtlich des zu erreichenden Ziels verbindlich.[459] Jedoch stellte der EuGH in den Entscheidungen *Colson/Kammann*[460] und *Harz*[461] fest, dass die Richtlinie zwar keine bestimmte Sanktion für Verstöße gegen das Benachteiligungsverbot festlege, es sich aber dennoch um *geeignete* Sanktionen handeln müsse, um sowohl einen tatsächlich *wirksamen* Rechtsschutz zu gewährleisten als auch eine *abschreckende* Wirkung gegenüber dem Arbeitgeber zu entfalten.[462] Die Entschädigung müsse daher in einem angemessenen Verhältnis zum erlit-

454 *Schlachter*, Wege zur Gleichberechtigung, S. 145.

455 *Schlachter*, Wege zur Gleichberechtigung, S. 145.

456 Vgl. *Bader*, Arbeitsrechtlicher Diskriminierungsschutz als Privatrecht, S. 60; *Zöllner*, in: FS Strasser, S. 223 (237ff.); *Adomeit*, in: DB 1980, 2388ff.; *Eich*, in: NJW 1980, 2329ff.; *Lorenz*, in: DB 1980, 1745ff.

457 Daher auch die spöttische Bezeichnung als „Portoparagraph“, vgl. *Annuß*, in: NZA 1999, 738 (740); zudem musste konsequenterweise ein Vertrauensschaden ausscheiden, wenn der Arbeitgeber von vornherein keine neutrale Stellenausschreibung verfasst hat, da hierdurch kein schützenswertes Vertrauen auf den Erhalt der Stelle geschaffen werden konnte, vgl. *Adomeit*, in: DB 1980, 2388; vgl. auch *Riesenhuber*, Das Allgemeine Gleichbehandlungsgesetz, S. 25f.

458 Hier begann eine Entwicklung die sich in den nächsten Jahrzehnten noch häufiger zeigen wird. Der EuGH treibt den deutschen Gesetzgeber bei der Umsetzung der Anti-Diskriminierungsrichtlinien vor sich her.

459 *Stürmer*, in: NZA 2001, 527 (528).

460 EuGH, Urt. v. 10.04.1984 – Rs. 14/83 = NJW 1984, 1021ff., - *Colson/Kamann.*

461 EuGH, Urt. v. 10.04.1984 – Rs. 79/83 = NZA 1984, 157 – *Hartz.*

462 EuGH, Urt. v. 10.04.1984 – Rs. 14/83 = NJW 1984, 1021 Rn. 23 - *Colson/Kamann.*

tenen Schaden stehen und dürfe nicht nur rein symbolisch sein.[463] Der EuGH hat mit diesen Entscheidungen erstmals den Dreiklang der europäischen Sanktionsnormen geprägt: wirksam, verhältnismäßig, abschreckend.[464] Zudem wurde zum ersten Mal die Verpflichtung der nationalen Gerichte zur richtlinienkonformen Auslegung begründet.[465]

Einige Jahre später folgte die Rechtssache *Dekker*[466]. Hierin fand die entscheidende Weichenstellung für das heutige Verständnis des subjektiven Diskriminierungstatbestandes und damit für die Problematik der impliziten Vorurteile im Diskriminierungsschutz statt. Ironischerweise war eine derartige Bedeutung zu diesem Zeitpunkt keineswegs beabsichtigt. In Bezug auf die Schadensersatzansprüche nach erfolgter Diskriminierung hat der Gerichtshof in diesem Verfahren festgestellt, dass die Richtlinie 76/207/EWG die Haftung des diskriminierenden Arbeitgebers nicht von dem *Nachweis* eines Verschuldens abhängig macht.[467] Es ging also um eine Frage der Beweislast, nicht etwa um das Verschuldenserfordernis an sich.[468] Trotzdem setzte der EuGH hiermit eine Missverständniskette hinsichtlich des subjektiven Tatbestandes der unmittelbaren Benachteiligung in Gang, die sich bis in das heute herrschende Verständnis des § 3 Abs. 1 AGG durchzieht.[469]

14 Jahre nach dem ersten Versuch startete der deutsche Gesetzgeber im Jahre 1994 einen neuen Anlauf, die Vorschrift des § 611a BGB im Sinne der Rechtsprechung des EuGH europarechtskonform zu gestalten. Hierin wurden gewisse, vom EuGH geforderte Anpassungen vorgenommen[470], welche jedoch erneut eher halbherzig den Diskriminierungsschutz ins Privatrecht implementieren sollten. Zwar wurde die Beschränkung auf den

---

463 EuGH, Urt. v. 10.04.1984 – Rs. 14/83 = NJW 1984, 1021 Rn. 23f. - *Colson/ Kamann.*

464 *Bader*, Arbeitsrechtlicher Diskriminierungsschutz als Privatrecht, S. 64.

465 *Schmidt*, in: Haverkate/Weiss/Huster/Schmidt (Hrsg.), Casebook zum Arbeits- und Sozialrecht der EU, 99 m.w.N.

466 EuGH, Urt. v. 08.11.1990 – Rs. C-177/88 = NZA 1991, 171 – *Dekker.*

467 EuGH, Urt. v. 08.11.1990 – Rs. C-177/88 = NZA 1991, 171 (172) – *Dekker.*

468 *Bader*, Arbeitsrechtlicher Diskriminierungsschutz als Privatrecht, S. 68ff. m.w.N.

469 Siehe sogleich die Bezugnahme des EuGH auf *Dekker* in der Rechtssache *Draehmpaehl*, EuGH, Urt. v. 22.04.1997 – Rs. C-180/95 = NZA 1997, 645 - *Draehmpaehl.*

470 Bader, Arbeitsrechtlicher Diskriminierungsschutz als Privatrecht, S. 72ff. m.w.N.; *Stürmer*, in: NZA 2001, 527 (527f.).

Ersatz des Vertrauensschadens in § 611a Abs. 2 BGB aufgegeben[471], gleichzeitig aber eine feste Entschädigungsobergrenze im Gesetz belassen. Zudem wurde in § 61b Abs. 2 ArbGG ein Summenbegrenzungsverfahren eingefügt, welches es dem Arbeitgeber möglich machte, bei mehreren geltend gemachten Entschädigungsansprüchen einen Antrag auf Begrenzung der Summe dieser Entschädigungen auf sechs bzw. zwölf Monatsgehälter zu stellen.[472] Zudem wurde die Vertragsfreiheit des Arbeitgebers faktisch gestärkt, indem ein Einstellungsanspruch bzw. ein Beförderungsanspruch durch die neu eingefügten § 611a Abs. 3 und § 611a Abs. 5 BGB gesetzlich ausgeschlossen wurde.[473]

Die Entschädigungsgrenze in Höhe von höchstens drei Monatsgehältern und das Summenbegrenzungsverfahren hielten der Entscheidung des EuGH in der Rechtssache *Draehmpaehl*[474] nicht stand.[475] In diesem Fall klagte ein Mann auf Schadensersatz wegen Nichteinstellung, nachdem er sich auf eine Stellenanzeige für eine Sekretärin beworben hatte. Aufgrund der nach wie vor bestehenden Zweifel an der Europarechtskonformität der deutschen Regelung zur Entschädigungsgrenze, zum Summenbegrenzungsverfahren und zum Erfordernis des Verschuldens legte das zuständige Arbeitsgericht das Verfahren dem EuGH vor.[476]

Bezüglich der Frage des Verschuldens verwies der EuGH auf seine Rechtsprechung in *Dekker*.[477] Interessanterweise verkannte er hierbei seine eigene zuvor eingenommene Position und gab dieser unbewusst im

---

471 § 611a Abs. 2 in der neuen Fassung lautete nun: *„Hat der Arbeitgeber bei der Begründung eines Arbeitsverhältnisses einen Verstoß gegen das Benachteiligungsverbot des Absatzes 1 zu vertreten, so kann der hierdurch benachteiligte Bewerber eine angemessene Entschädigung in Geld in Höhe von höchstens drei Monatsverdiensten verlangen.“*.

472 Vgl. *Annuß*, in: NZA 1999, 738 (740).

473 Auch wenn der Gesetzgeber nur von rein deklaratorischen Regelungen ausging: *„Der neu einzufügende Absatz 3 stellt klar, dass ein Einstellungsanspruch des benachteiligten Bewerbers ausgeschlossen ist. Ein solcher Einstellungsanspruch wäre mit dem geltenden Arbeitsrecht nicht zu vereinbaren.“*, BT-Drucks. 12/5468, S. 44.

474 EuGH, Urt. v. 22.04.1997 – Rs. C-180/95 = NZA 1997, 645, - *Draehmpaehl*.

475 Vgl. auch *Stürmer*, in: NZA 2001, 527 (528).

476 Reihenfolge der Fragen durch den Verfasser verändert.

477 EuGH, Urt. v. 22.04.1997 – Rs. C-180/95 = NZA 1997, 645 (646) - *Draehmpaehl*: *„Insoweit hat der Gerichtshof bereits im Urteil vom 8.11.1990 [...] dargelegt, dass die Richtlinie die Haftung des Urhebers einer Diskriminierung keineswegs vom Nachweis eines Verschuldens oder vom Fehlen eines Rechtfertigungs-*

Nachhinein eine weit größere Tragweite. Wie bereits dargestellt, ging es bei *Dekker* um die Frage der Beweislast hinsichtlich eines etwaigen Verschuldens des Diskriminierenden. In *Draehmpaehl* zog der EuGH nun den Schluss, dass das Verschuldenserfordernis an sich richtlinienwidrig sei.[478] Trotz dieses fundamentalen Unterschieds begründete der Gerichtshof seine Auffassung mit keinem weiteren Wort.[479] Statt einer Begründung lieferte er eine fragwürdige Schlussfolgerung: Eine Vorschrift, die den Schadensersatzanspruch vom Nachweis eines Verschuldens abhängig macht, ist richtlinienwidrig. Somit (!) ist auch ein vom Verschulden abhängiger Anspruch richtlinienwidrig.[480] Hieraus resultiert das heute vorherrschende Verständnis des Tatbestandes der unmittelbaren Benachteiligung als verschuldensunabhängig.[481] Die Verortung impliziter Vorurteile im Tatbe-

---

grundes abhängig macht. Der Gerichtshof hat im vorerwähnten Urteil Dekker [...] außerdem folgendes ausgeführt: Entscheidet sich ein Mitgliedstaat für eine Sanktion, die sich in den Rahmen einer Regelung über die zivilrechtliche Haftung des Arbeitgebers einfügt, so muss der Verstoß gegen das Diskriminierungsverbot für sich genommen ausreichen, um die volle Haftung seines Urhebers auszulösen, ohne dass die im nationalen Recht vorgesehenen Rechtfertigungsgründe berücksichtigt werden können. Somit ist festzustellen, dass die Richtlinie einer innerstaatlichen gesetzlichen Regelung entgegensteht, die wie § 611a Absätze 1 und 2 BGB für einen Anspruch auf Schadensersatz wegen Diskriminierung aufgrund des Geschlechts bei der Einstellung die Voraussetzung des Verschuldens aufstellt.“.

478 *Bader*, Arbeitsrechtlicher Diskriminierungsschutz als Privatrecht, S. 76ff. m.w.N.

479 *Bader*, Arbeitsrechtlicher Diskriminierungsschutz als Privatrecht, S. 76f.

480 Selbst die unterschiedliche Terminologie in sämtlichen Sprachfassungen des Urteils ließen den EuGH den Unterschied nicht erkennen: In der englischen Fassung wurde „proof of a fault“ zu „requirement of fault“; in der französischen Fassung wandelte sich „à la preuve d'une faute“ in „à la condition d'une faute“; vgl. *Bader*, Arbeitsrechtlicher Diskriminierungsschutz als Privatrecht, 77.

481 Entwurf eines Gesetzes zur Umsetzung europäischer Richtlinien zur Verwirklichung des Grundsatzes der Gleichbehandlung, BT-Drs. 16/1780, S. 38; *Roloff*, in: BeckOK ArbR, § 3 Rn. 12; *Rust*, in: Rust/Falke, AGG, § 3 Rn. 20, *„Vorsatz ist nicht erforderlich. Vielmehr ist das Ergebnis entscheidend.“; Baer*, in: ZRP 2002, 290 (293f.); *Baer*, in: ZRP 2001, 500 (502). Dörfler, Die Nettolohnhaftung nach dem Arbeitnehmer-Entsendegesetz, S. 66f; BAG, Urt. v. 22.10.2015, 8 AZR 384/14, Rn. 16, NZA 2016, 625; BAG, Urt. v. 18.11.2014, 8 AZR 759/13, Rn. 26, DB 2015, 384; BAG, Urt. v. 26.06.2014, 8 AZR 547/13, Rn. 24, DB 2014, 1440; BAG, Urt. v. 16.02.2012, 8 AZR 697/10, Rn. 30, NZA 2012, 667; BAG, Urt. v. 17.08.2010, 9 AZR 839/08, Rn. 25, NZA 2011, 153; BAG, Urt. v. 16.09.2008, 9 AZR 791/07, Rn. 33, BAGE 127, 367; BVerwG, Urt. v. 03.03.2011, 5 C 16.10, Rn. 14, BVerwGE 139, 135.

stand ist demnach im höchsten Maße von der Rechtsprechung des EuGH beeinflusst.[482]

Die Rechtsprechung des EuGH führte zu einer erneuten Gesetzesnovelle im Jahr 1998. Das Gesetz zur Änderung des Bürgerlichen Gesetzbuchs und des Arbeitsgerichtsgesetzes vom 29.06.1998 beinhaltete eine ersatzlose Streichung des Verschuldenserfordernisses. Die Gesetzesbegründung erschöpfte sich weitgehend in einer Generalverweisung auf die Entscheidungsgründe in *Dekker* und *Draehmpaehl*[483] und damit auf die angenommene Richtlinienwidrigkeit des Verschuldenserfordernisses.

IV. Die Umsetzung eines umfassenden Diskriminierungsschutzes

Parallel zur Geschlechterfrage hatten Parlament, Rat und Kommission damit begonnen, alle Formen von Intoleranz, Fremdenfeindlichkeit und Antisemitismus zu verurteilen. Jedoch geschah dies zunächst lediglich durch gemeinsame Erklärungen, ohne den entscheidenden Schritt zu gehen, eine konkrete Ermächtigungsgrundlage zu deren Bekämpfung zu schaffen.[484]

Geändert hat sich dies erst im Laufe der 1990er Jahre. Statt weiterhin auf eine Förderung und Stabilisierung des Binnenmarkts konzentriert zu sein, rückten nun die Menschenrechte in den europapolitischen Fokus. Dies führte schließlich, nach langem Ringen um einen gemeinsamen Nenner, im Amsterdamer Vertrag, welcher am 01.05.1999 in Kraft trat, zur Schaffung des Art. 13 EGV (heute: Art. 19 AEUV).[485] Durch diese Rechtsgrundlage, in Kombination mit der mittlerweile gefestigten „sozialpolitischen Aufladung" des Art. 157 AEUV, entwickelte sich das europäi-

---

482 Siehe § 4 D. IV. 3.

483 *Annuß*, in: NZA 1999, 738 (740).

484 Gemeinsame Erklärung des Europäischen Parlaments, des Rates und der Kommission zu den Grundrechten, ABl. EG 1977 Nr. C 103/1, vom 05.04.1977; Gemeinsame Erklärung des Europäischen Parlaments, des Rates und der Kommission gegen Rassismus und Fremdenfeindlichkeit, ABl. EG 1986 Nr. C 158/1; Entschließung des Rates und der im Rat vereinigten Vertreter der Regierungen der Mitgliedstaaten, ABl. EG 1990 Nr. C 157/1, vom 29.05.1990; Mitteilung der Kommission, KOM(95) 653 endg., vom 13.12.1995 und die Entschließung des Rates und der im Rat vereinigten Vertreter der Regierungen der Mitgliedstaaten am 23.07.1996 betreffend das europäische Jahr gegen Rassismus 1997, ABl. EG 1996 Nr. C 237/1.

485 *Bell*, Anti-Discrimination Law and the European Union, S. 112ff; *Flynn*, in: CMLR 1999, 1127 (1127ff).

sche Antidiskriminierungsrecht zu einem eigenständigen Rechtsgebiet.[486] Der menschenrechtliche Ansatz wurde zudem in Art. 21 und Art. 23 Grundrechte-Charta ausgebaut.[487] Die auf Grundlage des Art. 19 AEUV erlassenen Richtlinien begründeten eine neue Generation der europarechtlichen Diskriminierungsverbote.[488]

1. Art. 19 AEUV und die Gleichbehandlungsrichtlinien

Art. 19 AEUV (früher: Art. 13 EGV) ermächtigt den Rat, geeignete Vorkehrungen zu treffen, um Diskriminierungen aus Gründen des Geschlechts, der Rasse, der ethnischen Herkunft, der Religion oder der Weltanschauung, einer Behinderung, des Alters oder der sexuellen Ausrichtung zu bekämpfen.[489] Ziel der Vorschrift ist damit die Bekämpfung bestimmter Erscheinungsformen der Diskriminierung. Die Vorschrift ist nicht unmittelbar anwendbar und verleiht demnach unmittelbar auch keine subjektiven Rechte.[490] Vielmehr handelt es sich um eine Ermächtigungsnorm, die dem Rat (Abs. 1) bzw. Europäischem Parlament und Rat gemeinsam (Abs. 2) die Kompetenz zum Erlass der „geeigneten Vorkehrungen" verleiht.[491] Umfasst von diesen „geeigneten Vorkehrungen" ist das gesamte Rechtsinstrumentarium des Art. 288 AEUV, also insbesondere Verordnungen, Richtlinien und Beschlüsse.[492] Erst durch den Gebrauch der Ermächtigung werden durch das Sekundärrecht subjektive Rechte, mit der Möglichkeit Privatpersonen zu verpflichten, geschaffen.[493] Relevant für den hiesigen Zusammenhang sind die bereits mehrfach erwähnten Richtlinien 2000/43/EG, 2000/78/EG und 2004/113/EG, die auf Grundlage von

---

486 *Schiek*, in: Schiek (Hrsg.), Allgemeines Gleichbehandlungsgesetz, Einl. Rn 32.

487 *Kainer*, Der Gleichbehandlungsgrundsatz im Zivilrecht, S. 632.

488 *Riesenhuber*, Das Allgemeine Gleichbehandlungsgesetz, S. 10.

489 Vgl. hierzu *Zoppel*, Europäische Diskriminierungsverbote und Privatrecht, S. 59.

490 EuGH, Urt. v. 11.07.2006, Rs. C-13/05, Slg. 2006, I-6467 Rn. 54f - *Chacon Navas*; *Epiney*, in: Calliess/Ruffert, EUV/AEUV, Art. 19 AEUV Rn. 1 mwN; *Lenz*, in: Lenz/Borchardt (Hrsg.), EU-Verträge Kommentar, Art. 19 AEUV Rn. 18.

491 *Streinz*, in: Streinz, EUV/AEUV, Art. 19 AEUV Rn. 19.

492 *Epiney*, in: Calliess/Ruffert, EUV/AEUV, Art. 19 AEUV Rn. 7; *Lenz*, in: in: Lenz/Borchardt (Hrsg.), EU-Verträge Kommentar, Art. 19 AEUV Rn. 17; *Streinz*, in: Streinz, EUV/AEUV, Art. 19 AEUV Rn. 19.

493 *Lenz*, in: in: Lenz/Borchardt (Hrsg.), EU-Verträge Kommentar, Art. 19 AEUV Rn. 17; *Streinz*, in: Streinz, EUV/AEUV, Art. 19 AEUV Rn. 19; *Grabenwarter*, in: Grabitz/Hilf/Nettesheim, EUV/AEUV, Art. 19 AEUV Rn. 44.

Art. 19 AUEV erlassen wurden und deren Umsetzung ins deutsche Recht das AGG darstellt.

2. Der europäische Diskriminierungsbegriff als Hybrid aus Vergleichspersonenkonzept und Anknüpfungskonzept

Der AEUV selbst definiert nicht, wann von einer Diskriminierung auszugehen ist.[494] Nach herkömmlicher Meinung orientiert sich der Diskriminierungsbegriff des AEUV jedoch am allgemeinen Gleichheitssatz.[495] Grundsätzlich liegt demnach jeder Diskriminierung eine Ungleichbehandlung von wesentlich Gleichem oder eine Gleichbehandlung von wesentlich Ungleichem zugrunde.[496] Die Ungleichbehandlung qualifiziert sich zur Diskriminierung, wenn sie nicht gerechtfertigt werden kann. Art. 19 AEUV ermächtigt den Rat nur zu Maßnahmen zur Bekämpfung von ungerechtfertigten Ungleichbehandlungen.[497]

Die nähere Konkretisierung des Begriffs der Diskriminierung erfolgte erst in den Richtlinien auf sekundärrechtlicher Ebene. Hierbei sind alle Richtlinien ähnlich strukturiert. Im jeweiligen Art. 2 findet sich eine Legaldefinition des Diskriminierungsbegriffs, welche primär für die jeweilige Richtlinie Gültigkeit besitzt, jedoch dem in Rechtsprechung und Literatur geschaffenen unionsrechtlichen Begriffsverständnis entspricht. Art. 2 der Richtlinie 2000/43/EG dient hierfür als Beispiel:

> *Artikel 2*
> *(1) Im Sinne dieser Richtlinie bedeutet „Gleichbehandlungsgrundsatz", daß es keine unmittelbare oder mittelbare Diskriminierung aus Gründen der Rasse oder der ethnischen Herkunft geben darf.*
> *(2) Im Sinne von Absatz 1*
> *a) liegt eine unmittelbare Diskriminierung vor, wenn eine Person aufgrund ihrer Rasse oder ethnischen Herkunft in einer vergleichbaren Situation eine weniger günstige Behandlung als eine andere Person erfährt, erfahren hat oder erfahren würde;*

---

494 *Streinz*, in: Streinz, EUV/AEUV, Art. 19 AEUV Rn. 17.

495 *Streinz*, in: Streinz, EUV/AEUV, Art. 19 AEUV Rn. 17; *Grabenwarter*, in: Grabitz/Hilf/Nettesheim, EUV/AEUV, Art. 19 AEUV Rn. 25; vgl. auch *Zoppel*, Europäische Diskriminierungsverbote und Privatrecht, S. 59; *Althoff*, Die Bekämpfung von Diskriminierungen, S. 92.

496 *Streinz*, in: Streinz, EUV/AEUV, Art. 19 AEUV Rn. 17.

497 *Streinz*, in: Streinz, EUV/AEUV, Art. 19 AEUV Rn. 17; *Waltermann*, in: ZfA 2006, 305 (311); *Wernsmann*, in: JZ 2005, 224 (228).

b) liegt eine mittelbare Diskriminierung vor, wenn dem Anschein nach neutrale Vorschriften, Kriterien oder Verfahren Personen, die einer Rasse oder ethnischen Gruppe angehören, in besonderer Weise benachteiligen können, es sei denn, die betreffenden Vorschriften, Kriterien oder Verfahren sind durch ein rechtmäßiges Ziel sachlich gerechtfertigt, und die Mittel sind zur Erreichung dieses Ziels angemessen und erforderlich.

Prägend ist hierbei die Unterscheidung von unmittelbarer und mittelbarer Diskriminierung. Diese Ausgestaltung und deren Definitionen wurden wortgleich in das spätere AGG übernommen, weswegen sie auch an späterer Stelle noch einmal relevant sein werden. Betrachtet man die Definition der unmittelbaren Diskriminierung, fällt zunächst die Kombination aus Bezugnahme auf die jeweiligen verpönten Merkmale („*... aufgrund ihrer Rasse oder ethnischen Herkunft ...*“), sowie gleichzeitig auf eine Vergleichsperson ohne das konkrete Merkmal („*... als eine andere Person ...*“) auf. Diese Konzeption des Gesetzgebers stellt einen Hybriden aus Vergleichspersonenkonzept und Anknüpfungskonzept dar.[498]

Nach dem Vergleichspersonenkonzept, welches dem anglo-amerikanischen Rechtskreis entstammt, werden zwei Personen, die sich durch ein verpöntes Merkmal unterscheiden, betrachtet.[499] Wird demnach eine Person von einer benachteiligenden Maßnahme betroffen, während die andere Person nicht betroffen wird, so wird davon ausgegangen, dass die Unterscheidung aufgrund eines der verpönten Merkmale erfolgte, sofern kein anderer Grund für die Unterscheidung ersichtlich ist.[500] Das Vergleichspersonenkonzept stößt an seine Grenzen, wenn im Unternehmen keine konkrete Vergleichsperson zur Verfügung steht.[501] Wird zum Beispiel der einzige Justiziar aufgrund seines Alters entlassen, ist es schwierig eine konkrete Vergleichsperson zu benennen. Ebenfalls kann der Vergleich eines abgelehnten Bewerbers mit dem eingestellten Bewerber nur dann als Indiz einer Benachteiligung herangezogen werden, wenn letzterer Mitglied einer tendenziell gesellschaftlich bevorzugten Gruppe ist und ersterer ein geschütztes Merkmal aufweist. Ist der abgelehnte Bewerber hingegen der einzige Bewerber gewesen oder gehörte der eingestellte Bewerber

---

498 Vgl. *Schiek*, in: Schiek (Hrsg.), Allgemeines Gleichbehandlungsgesetz, § 3 Rn. 2.

499 *Schiek*, in: Schiek (Hrsg.), Allgemeines Gleichbehandlungsgesetz, § 3 Rn. 2.

500 *von Medem*, Kündigungsschutz und Allgemeines Gleichbehandlungsgesetz, S. 46.

501 *von Medem*, Kündigungsschutz und Allgemeines Gleichbehandlungsgesetz, S. 46.

derselben Merkmalsgruppe an, so hilft das Vergleichspersonenkonzept nicht weiter.

In kontinentaleuropäischen Rechtsordnungen lag der Fokus bei Ungleichbehandlungen traditionell nicht auf dem konkreten Vergleich, sondern auf der abstrakten Kausalbeziehung zwischen verpöntem Merkmal und nachteiliger Behandlung. Das Anknüpfungskonzept besagt, dass es nicht auf den Vergleich mit einem anderen Merkmalsträger, sondern auf das Basieren der Handlung auf einem der verpönten Merkmale ankommt. Hierbei spielt die Motivation, *warum* an das Merkmal angeknüpft wird, keine Rolle.[502] Es genügt, dass das Merkmal Teil der Entscheidungsregel ist. Die Entscheidung muss keine merkmalsfeindliche Motivation aufweisen. Vielmehr können auch ausschließlich andere Zielsetzungen (zum Beispiel kaufmännische Motive) eine Rolle spielen.[503] Unter dem Stichwort des „Motivbündels“ hat sich eine Rechtsprechung des BVerfG[504], des BGH[505] und des BAG[506] herausgebildet, nach welcher das Geschlecht bei der Entscheidungsfindung nur ein Gesichtspunkt unter vielen gewesen sein muss.[507] Die Rechtsprechung des EuGH ging im Rahmen der Geschlechtergleichbehandlung bis zum Erlass der Richtlinien stets von der

---

502 Siehe zur Relevanz der Motivebene im Tatbestand der unmittelbaren Benachteiligung § 4 D. III.

503 Vgl. das Beispiel bei *von Medem*, Kündigungsschutz und Allgemeines Gleichbehandlungsgesetz, S. 47, welches dem Sachverhalt in LAG Köln v. 08.11.2002 – 3 Sa 974/00, NZA-RR 2001, 232 nachgebildet ist: *„Wenn ein Arbeitgeber Bewerbungen von Frauen nicht berücksichtigt und dies damit begründet, Frauen seien körperlich zu schwach für die Tätigkeit, liegt eine Anknüpfung an das Merkmal Geschlecht vor, weil die Entscheidungsregel für die Stellenbesetzung das Merkmal Geschlecht enthält. Darauf, ob noch andere Kriterien in der Entscheidungsregel enthalten sind, kommt es nicht an. Ebenso wenig kommt es darauf an, ob die Regel auf einer frauenfeindlichen Motivation beruht. Unerheblich wäre es auch, wenn sich herausstellen würde, dass tatsächlich 90% aller Frauen zu schwach für die Tätigkeit sind, während dies nur auf 5% aller Männer zutrifft. Als typisierender Test für das letztlich relevante Merkmal der körperlichen Stärke mag das Geschlecht in diesem Fall zunächst einmal durchaus rational sein. Es liegt aber gleichwohl noch eine Anknüpfung vor.“*.

504 BVerfG, Beschluss v. 16.11.1993 – 1 BvR 258/86, BVerfGE 89, 276.

505 BGH, Urt. v. 23.04.2012 - II ZR 163/10, BGHZ 193, 110. .

506 BAG v. 05.02.2004 – 8 AZR 112/03 – NZA 2004, 540 (544). BAG, Urt. v. 26.06.2014 - 8 AZR 547/13, NZA 2015, 896; BAG, Urt. v. 18.09.2014 - 8 AZR 753/13, DB 2015, 562; BAG, Urt. v. 23.07.2015 - 6 AZR 457/14, BAGE 152, 134.

507 *Däubler*, in: Däubler/Bertzbach, AGG, § 1 Rn. 19.

Notwendigkeit einer konkreten Vergleichsperson aus.[508] Lediglich in Fällen der Schwangerschaft hat der Gerichtshof auch dann eine Diskriminierung wegen des Geschlechts angenommen, wenn keine männliche Vergleichsperson vorhanden war.[509]

Indem der Wortlaut der europäischen Richtlinien beide Konzepte in sich aufgenommen hat, wird versucht über die Einbeziehung hypothetischer Vergleichsfälle die oben genannten Schwachstellen des Vergleichspersonenkonzepts zu verringern.[510] Zudem modifizieren die europäischen Richtlinien das Vergleichspersonenkonzept hinsichtlich der Ermöglichung eines hypothetischen Vergleichs („... erfahren würde..."). Flankiert durch das Anknüpfungskonzept, werden die Möglichkeiten, diesen Diskriminierungsschutz zu umgehen, deutlich verringert. Demnach sollten nun auch Fälle, wie die Ablehnung des einzigen Bewerbers aus rassistischen Gründen sowohl mittels hypothetischen Vergleichs als auch mittels verbotener Anknüpfung an die ethnische Herkunft vom Tatbestand erfasst sein.

3. Die deutsche Richtlinienumsetzung

Das europäische Jahr gegen Rassismus 1997[511] bildete den Anlass für die ersten Vorentwürfe eines deutschen Gesetzes gegen verschiedene Formen der Diskriminierung.[512] Den Anfang machte die PDS-Fraktion des Bundestages mit einem Entwurf eines Anti-Rassismusgesetzes.[513] Bereits vor der Regierungsübernahme 1998 legten die Bundestagsfraktionen von Bündnis 90/Die Grünen und SPD die Entwürfe des „Antidiskriminierungs- und Minderheitenschutzgesetzes", sowie des „Gleichbehandlungs-

---

508 *Schmidt*, Von "Mangold bis Maruko", S. 104.

509 EuGH, Urt. v. 08.11.1990 – Rs. C-177/88 = NZA 1991, 171 – *Dekker.*

510 A.A. *Schramm*: *„...das Vergleichspersonenkonzept in der Dogmatik der unmittelbaren Diskriminierung [...] kein selbständiges Element darstellt."*, Ungewisse und diffuse Diskriminierung, S. 95.

511 Ausgerufen durch Entschließung des Rates und der im Rat vereinigten Vertreter der Regierungen der Mitgliedstaaten vom 23.07.1996 – Amtsblatt C 237 vom 15.08.1996.

512 *Schiek*, in: Schiek (Hrsg.), Allgemeines Gleichbehandlungsgesetz, Einl. Rn. 2; siehe auch Guttenberg, Schutz vor Diskriminierung im Beschäftigungsverhältnis in Großbritannien – Equality Act 2010, S. 66.

513 Entwurf eines Gesetzes gegen Rassismus und die Diskriminierung ausländischer Bürgerinnen und Bürger vom 19.05.1995, BT-Drs. 13/1466.

gesetzes“ vor.[514] Beide Entwürfe wurden jedoch nicht weiterverfolgt. Erst durch Inkrafttreten der europäischen Antidiskriminierungsrichtlinien kam neuer Schwung in die politische Debatte. Gestritten wurde vor allem darüber, ob die bisherige partielle Sanktionierung von Diskriminierungen über die Generalklauseln des Zivilrechts ausreichend sei, um die Vorgaben der Richtlinien zu erfüllen oder ob es einer weiteren Umsetzung bedürfe.[515] Das Bundesjustizministerium vertrat die Ansicht, dass die allgemeinen Rechtsgrundsätze zur Umsetzung der Richtlinie nicht genügen würden und legte in der Folge erste Eckpunkte einer Umsetzung der Richtlinie 2000/43/EG vor[516], welchen ein erster Diskussionsentwurf nachfolgte.[517] Dieser war aufgrund seines weiten Anwendungsbereichs einer Flut an Kritik ausgesetzt und wurde deshalb schließlich aufgegeben.[518] Danach wurde die Bundesregierung erst durch die Vertragsverletzungsklage der EU-Kommission[519] im Dezember 2004 wieder aktiv und legte einen weiteren Gesetzesentwurf vor.[520] Dieser hatte, wie der erste Gesetzesentwurf 2001, einen umfassenden Ansatz und erstreckte bereits das Benachteiligungsverbot auf sämtliche Merkmale des heutigen § 1 AGG (also auch auf die Weltanschauung). Erstmals lag damit der Entwurf eines einheitlichen Gesetzes für alle Diskriminierungsmerkmale vor. Gescheitert ist dieser Entwurf nicht wegen inhaltlicher Differenzen[521], sondern er fiel den vorgezogenen Neuwahlen und der damit verbundenen Auflösung des Bundestages im Herbst 2005 zum Opfer, obwohl er zuvor am 17.06.2005 vom Bundes-

---

514 Entwurf eines Gesetzes zum Schutz vor Diskriminierung und zur Stärkung von Minderheitenrechten vom 20.01.1998, BT-Drs. 13/9706; Entwurf eines Gesetzes zur Durchsetzung des Gleichbehandlungsgebotes des Artikels 3 Grundgesetz vom 09.03.1998, BT-Drs. 13/10081.

515 *Klumpp*, in: NZA 2005, 848 (849); *Schiek*, in: NZA 2004, 874 (878).

516 *Schiek*, in: Schiek (Hrsg.), Allgemeines Gleichbehandlungsgesetz, Einl. Rn. 3.

517 ZivADG 2001, abgedruckt in DB 2002, 470f.

518 *von Koppenfels*, in: WM 2002, 1489 (1492); *Picker* JZ 2003, 540 (540ff.); *Wiedemann/Thüsing*, in: DB 2002, 463 (463ff.); *Säcker*, in: ZRP 2002, 286 (286ff.); a.A. *Neuner*, in: JZ 2003, 57 (66); *Graf von Westphalen*, in: ZGS 2002, 283 (283ff.).

519 Wegen Nichtumsetzung der Richtlinie 2000/43/EG; später erfolgte die Verurteilung, vgl. EuGH KOM v Deutschland C 329/04, ArbuR 2005, 236.

520 ADG-E 2004, BT-Drs. 15/4538; vgl. auch Beiträge zum Entwurf in Leible/Schlachter (Hrsg.); *Braun*, in: ZTR 2005, 244 (244ff.).

521 Gleichwohl wurde auch hier eine ausführliche Diskussion geführt; vgl. *Schöbener/Stork*, in: ZEuS 2004, 43ff.; *Säcker*, in: ZG 2005, 154 (154ff.); *Schiek*, in: Schiek (Hrsg.), Allgemeines Gleichbehandlungsgesetz, Einl. Rn. 4 m.w.N.

tag angenommen worden war. Nach der Bundestagswahl brachte die Bundestagsfraktion von Bündnis 90/Die Grünen dieses Gesetz erneut als Fraktionsentwurf in den Bundestag ein. Aufgrund der versäumten Umsetzungsfrist und der dadurch bedingten Eröffnung des Zwangsgeldverfahrens nach Art. 228 EG erkannte die Bundesregierung die Eilbedürftigkeit und leitete ihren eigenen Gesetzesentwurf über den Bundesrat dem Parlament zu.[522] Das Risiko hoher Strafzahlungen wirkte hierbei als großer Motivationsfaktor für eine zügige, wenn nicht sogar überstürzte Umsetzung der Richtlinien.[523]

V. Zusammenfassung

Der deutsche Gesetzgeber tat sich lange Zeit schwer damit, die Vertragsfreiheit durch Diskriminierungsverbote zu beschneiden. Erst der europäische Druck in Gestalt von mehreren eingeleiteten Vertragsverletzungsverfahren und insbesondere die expansive Handhabung des europäischen Sekundärrechts durch den Europäischen Gerichtshof trieben den deutschen Gesetzgeber zu einer stetigen Ausweitung des arbeitsrechtlichen Diskriminierungsschutzes. Das deutsche Recht fügte sich also letztlich den europarechtlichen Anforderungen, ohne dass es eine innere nationale Überzeugung gegeben hätte. Das Antidiskriminierungsrecht gilt in Deutschland nicht, weil dessen sachliche Notwendigkeit unbestritten wäre, sondern weil dessen Umsetzung rechtlich unausweichlich war. Es gilt ratione imperii, und nicht imperio rationis – aus dem Geist der Herrschaft, und nicht aus der Herrschaft des Geistes.[524]

Dies ist zum einen rechtshistorisch interessant, bietet aber darüber hinaus mehrere wichtige Erkenntnisse für die weitere Untersuchung. Antidiskriminierungsrecht war und ist stets politisch geprägt. Die Agenda der Gleichbehandlung hat hierbei zuweilen einen ideologisierten Charakter angenommen. Der Gleichheitsgedanke hat den Freiheitsgedanken deutlich

---

522 *Schiek*, in: Schiek (Hrsg.), Allgemeines Gleichbehandlungsgesetz, Einl. Rn. 5; Entwurf eines Gesetzes zur Umsetzung europäischer Richtlinien zur Verwirklichung des Grundsatzes der Gleichbehandlung vom 18.05.2006 (mit Begründung der Eilbedürftigkeit), BR-Drs. 329/06; Entwurf eines Gesetzes zur Umsetzung europäischer Richtlinien zur Verwirklichung des Grundsatzes der Gleichbehandlung vom 08.06.2006, BT-Drs. 16/1780.

523 Vgl. hierzu *Bauer/Krieger*, AGG, Einl. Rn. 23f.

524 *Eichenhofer*, in: AuR 2013, 62.

zurückgedrängt. Die ökonomische Denkweise des europäischen Projekts zur Schaffung eines möglichst freien Binnenmarkts wurde durch eine sozialpolitische Dimension ergänzt – wenn nicht in manchen Teilen sogar ersetzt. Die Hauptgefahren politischer Leitprojekte bestehen stets in der drohenden Zuspitzung der Problemlage und der Einseitigkeit der Sichtweisen. Man gewinnt den Eindruck, dass Unternehmer mitunter nicht als schützenswerter Antriebsmotor der europäischen Binnenwirtschaft gesehen werden, sondern als potenzielle Ursache für strukturelle Ungleichgewichte und Ungerechtigkeiten.

Dementsprechend wird die Umsetzung eines möglichst weitreichenden Diskriminierungsschutzes angestrebt, oftmals ohne die selbst angemahnte Verhältnismäßigkeitsprüfung vorzunehmen und offenbar ohne die eigene Zielrichtung genau benennen zu können.[525] Geht es dem europäischen Gesetzgeber um Rechtsgüterschutz, Bestrafung, Prävention oder um alles zusammen?[526] Der EuGH betont (ohne besonderen Respekt für nationale Befindlichkeiten) den Sanktionscharakter der Antidiskriminierungsrichtlinien.[527] Er spricht von Abschreckung in einem Rechtsgebiet, in dem es vor allem um Integration benachteiligter Gruppen gehen sollte, im Fall des Schadensersatzes doch zumindest um Restitution eines erlittenen Schadens. Folge ist eine nach wie vor bestehende Unsicherheit hinsichtlich des teleologischen Gehalts des arbeitsrechtlichen Diskriminierungsschutzes, die aus der „*verkorksten*“[528] Geschichte seiner Entstehung herrührt.

C. Zielsetzungen des vorvertraglichen Diskriminierungsschutzes

I. Überblick

Wagt man sich an eine Systematisierung der mit dem europäischen Ansatz des Diskriminierungsschutzes verfolgten Zielsetzungen, kann man diese in zwei Hauptgruppen einteilen. Es geht einerseits um individuelle Gerech-

---

525 Die Regierungsbegründung ist sehr allgemein gehalten, vgl. Entwurf eines Gesetzes zur Umsetzung europäischer Richtlinien zur Verwirklichung des Grundsatzes der Gleichbehandlung vom 08.06.2006, BT-Drs. 16/1780, S. 20f.

526 *Bader*, Arbeitsrechtlicher Diskriminierungsschutz als Privatrecht, S. 87.

527 EuGH, Urt. v. 10.04.1984 – Rs. 14/83 = NJW 1984, 1021 Rn. 23 - *Colson/ Kamann*.

528 So *Bader*, Arbeitsrechtlicher Diskriminierungsschutz als Privatrecht, S. 87.

tigkeit (*individual justice*), andererseits um kollektive Gerechtigkeit (*group justice*).[529] Erfolgt eine diskriminierende Vertragsversagung, ist unmittelbar nur der jeweils abgelehnte Bewerber betroffen. Diskriminierungsverbote fungieren hierbei als Schutzrechte im Falle einer Substanzrechtsverletzung, nämlich einer Persönlichkeitsrechtsverletzung.[530] Darüber hinaus summieren sich individuelle diskriminierende Vertragsversagungen zu einer kollektiven Benachteiligung bestimmter Bevölkerungsgruppen. Will arbeitsrechtlicher Diskriminierungsschutz kollektive Gerechtigkeit schaffen, muss Zielsetzung eine Umverteilung von Arbeitsvertragsschlüssen sein. Diskriminierungsverbote fungieren diesbezüglich als Teilhaberechte. [531]

Hierbei richtet sich die Verfolgung einer dieser Konzeptionen nicht nach einer unumstößlichen Logik, sondern nach der jeweiligen Werteauffassung und dem politischen Ziel.[532] Persönlichkeitsschutz und Umverteilung stehen nicht unabhängig nebeneinander, sondern bezwecken beide die Reduktion unerwünschter Ungleichbehandlungen. Beiden ist die Erkenntnis gemein, dass der Staat seiner Wächterfunktion nachkommen muss, wenn der selbstbestimmte Austausch von Rechtsgütern zwischen Privatrechtssubjekten aufgrund von strukturellen Ungleichgewichten nicht gewährleistet ist. Horizontale Diskriminierungsverbote können dann notwendig werden, wenn widerstreitende Grundrechtspositionen auszutarieren sind.[533] Im Konflikt zwischen der Vertragsfreiheit des Arbeitgebers und dem Recht der Arbeitnehmerseite auf Achtung ihres Persönlichkeitsrechts, kann es Aufgabe des Gesetzgebers werden, mittels eingreifender Regelungen für einen gerechten Ausgleich und eine angemessene Lösung zu sorgen.[534]

---

529 *Lauber*, Paritätische Vertragsfreiheit durch reflexiven Diskriminierungsschutz, S. 121ff. m.w.N.

530 Vgl. erneut *Picker*, in: JZ 2010, 541 (546); *Lobinger*, in: RdA 2011, 76 (77).

531 *Neuner*, in: ERCL 2006, 35 (41f.); auf die an dieser Stelle ebenfalls häufig dargestellte Abgrenzung von Aristoteles‘ Unterscheidung von iustitia commutativa und iustitia distributiva wird an späterer Stelle bei der kollektiven Gerechtigkeit eingegangen.

532 *Lauber*, Paritätische Vertragsfreiheit durch reflexiven Diskriminierungsschutz, S. 120.

533 *Sachs*, in: Klein/Menke (Hrsg.), Universalität, Schutzmechanismen, Diskriminierungsverbote, S. 325 (341ff.).

534 *Odendahl*, in: Klein/Menke (Hrsg.), Universalität, Schutzmechanismen, Diskriminierungsverbote, S. 357 (361).

II. Persönlichkeitsschutz (Individuelle Gerechtigkeit)

Oberstes Anliegen der Bekämpfung von Diskriminierungen, und in einer westlich demokratischen Gesellschaft nicht tolerierbar, ist das willentliche Zurücksetzen einer Person aufgrund der Zugehörigkeit zu einer bestimmten Gruppe. In einem solchen Fall wird einem anderen die Eigenschaft als Person schlechthin aberkannt.[535] Auslöser sind häufig die oben aufgeführten expliziten Varianten persönlicher Einstellungen, wie Rassismus, geschlechts- oder altersbezogene Vorurteile sowie wie deren Abwandlungen in Form von Antisemitismus oder generellem Fremdenhass.[536] Bei all diesen Diskriminierungsformen ist die Verletzung des Persönlichkeitsrechts offensichtlich.[537] Die Bereitstellung eines arbeitsrechtlichen Diskriminierungsschutzes entspricht an dieser Stelle dem verfassungsrechtlichen Gebot aus Art. 1 Abs. 1 S. 2 GG.[538] Dies erkennen selbst erklärte Gegner privatrechtlicher Gleichbehandlungspflichten an.[539] Deswegen lädt diese Zielsetzung allenfalls in ihrer konkreten systematischen Handhabung innerhalb des Privatrechts zu Diskussionen ein.[540]

Das AGG nimmt hierbei die dem europäischen Recht entstammende Verbindung von Gleichheit und menschlicher Würde in sich auf. Dies wird auch an der Fiktion in § 3 Abs. 3 AGG deutlich, eine Belästigung als Dis-

535 *Picker*, in: ZfA 2005, 167 (172).

536 Siehe § 2 B. IV.

537 *von Medem*, Kündigungsschutz und Allgemeines Gleichbehandlungsgesetz, S. 59; siehe auch allgemein zum Diskriminierungsbegriff *Alexander*, in: U. Pa. L. Rev. 141 (1992), 149 (151): "*And indeed, there can be no doubt that this kind of behaviour is not tolerable in a modern society. When a person is assessed to be of inferior moral worth and is treated correspondingly, that treatment is morally wrong notwithstanding of the material or immaterial consequences. It represents a failure to show the moral respect due to a whole group of people in society, a failure which is by itself sufficient to be assessed immoral. And exactly for such a kind of revelation of disregard of standards a modern society developed a prohibition is the right response.*".

538 Entwurf eines Gesetzes zur Umsetzung europäischer Richtlinien zur Verwirklichung des Grundsatzes der Gleichbehandlung, BT- Drs. 16/1780, S. 1; *von Medem*, Kündigungsschutz und Allgemeines Gleichbehandlungsgesetz, S. 59.

539 Vgl. *Picker*, in ZfA 2005, 167 (171f.).

540 So ließen sich viele diskriminierende Herabwürdigungen auch über die Generalklauseln des BGB bekämpfen, vgl. *Picker*, in ZfA 2005, 167 (176); was jedoch in der Regierungsbegründung als nicht ausreichend empfunden wurde, vgl. Entwurf eines Gesetzes zur Umsetzung europäischer Richtlinien zur Verwirklichung des Grundsatzes der Gleichbehandlung, BT-Drs. 16/1780, S. 22.

kriminierung einzustufen.[541] Die Konzeption des Benachteiligungsverbots im AGG macht jedoch ausdrücklich an dieser Stelle nicht halt. Wegen der grundsätzlichen Irrelevanz der Motivebene[542] ist auch das durch Vorurteile und Stereotype bedingte Anknüpfen an die Merkmale des § 1 AGG, die „halbrationale" statistische Realitäten widerspiegeln, verboten. Hier geht es oftmals nicht um ein gezieltes Zurücksetzen des abgelehnten Bewerbers, sondern um althergebrachte Rollenbilder und pseudostatistische Weisheiten (wie beispielsweise die regelmäßig geringere Körperkraft einer weiblichen Bewerberin).[543]

Würdeverletzend sei ein derartiger Entscheidungsprozess deshalb, weil dem Individuum keine Entfaltungsmöglichkeiten gelassen würden, der eigenen sozialen Gruppenzugehörigkeit zu entkommen.[544] Statt der Berücksichtigung individueller Stärken und Schwächen, auf die es in einem Auswahlverfahren idealerweise ankommen sollte, findet eine Generalisierung und Typisierung der Auswahlkandidaten statt, welches diesen die Authentizität nimmt und sie zur bloßen Chiffre degradiert.[545] Das Individuum wird partiell nicht als solches anerkannt, sondern in eine der vorgefertigten Gruppen verschiedener Merkmalsträger einsortiert. Ziel des AGG ist es daher, einer solchen Beurteilung von Individuen einzig anhand ihrer Merkmalsträgereigenschaft, die Legitimation zu entziehen.[546] Die schematisierende Benachteiligung eines Bewerbers aufgrund eines verpönten Merkmals unter Missachtung seiner Individualität wird sanktioniert, weil dem Einzelnen ein besonderer Achtungsanspruch zusteht.[547] Zur Achtung der Menschenwürde als Teil des Persönlichkeitsrechts gehört es auch, die Selbstverantwortlichkeit von Individuen zu respektieren. Niemand soll wegen Eigenschaften, für die er nicht verantwortlich ist, gegenüber anderen benachteiligt werden.[548]

---

541 § 3 Abs. 3 und Abs. 4 AGG basieren auf: Art. 2 (3) RL 2000/43/EG; Art. 2 (3) RL 2000/78/EG; Art. 2 lit. c RL 2004/113/EG.

542 Siehe ausführlich § 4 D. III.

543 *von Medem*, Kündigungsschutz und Allgemeines Gleichbehandlungsgesetz, S. 60.

544 *Däubler*, in Däubler/Bertzbach, AGG, Einl. Rn. 219.

545 *Däubler*, in Däubler/Bertzbach, AGG, Einl. Rn. 219.

546 *von Medem*, Kündigungsschutz und Allgemeines Gleichbehandlungsgesetz, S. 60.

547 *Lauber*, Paritätische Vertragsfreiheit durch reflexiven Diskriminierungsschutz, S. 237.

548 *Dworkin*, Sovereign Virtue – The theory and practice of Equality, S. 6.

Der arbeitsrechtliche Diskriminierungsschutz des AGG ist daher als Schutz des Persönlichkeitsrechts des Diskriminierten einzuordnen.[549] *Bader* übernahm in seiner Arbeit die Aufgabe, den arbeitsrechtlichen Diskriminierungsschutz des AGG als integritätsschützendes (schutzrechtliches) Regelungsregime systemkonform in das deutsche Privatrecht zu integrieren.[550] Er gelangte hierbei zu dem Ergebnis, dass dies möglich sei, wenn man Diskriminierungsschutz als Integritätsschutz des allgemeinen Persönlichkeitsrechts des Diskriminierten begreift. Im Gegensatz zu den Begründungsansätzen bei den allgemeinen zivilrechtlichen Benachteiligungsverboten in den §§ 19ff. AGG stehe gerade beim arbeitsrechtlichen Diskriminierungsschutz die besondere Persönlichkeitsrelevanz von abhängiger Beschäftigung im Vordergrund.[551] Es gehöre zum Kern der Identität des Einzelnen, sich über sein berufliches Fortkommen zu definieren. Berufliche Erfolglosigkeit werde als persönlicher Makel empfunden, und zwar sowohl vom Betroffenen selbst (innere Ehre), als auch von weiten Teilen der Gesellschaft (äußere Ehre). Arbeitslosigkeit könne zudem zu Isolation und Vereinsamung durch weitestgehenden Ausschluss vom gesellschaftlichen Zusammenleben führen. Demnach sei die Zurücksetzung einzelner Individuen aufgrund der Zugehörigkeit zu einer bestimmten Gruppe insbesondere in der Einstellungssituation relevant. Es gehe um die Chancengleichheit, der nicht gewollten und gesellschaftlich verpönten Beschäftigungslosigkeit entkommen zu können. In persönlichkeitsrechtlicher Hinsicht sei fortdauernde Arbeitslosigkeit der verletzendste Zustand. Sowohl das Selbstwertgefühl als auch das gesellschaftliche Ansehen würden hier massiv beeinträchtigt und könnten seelische Verletzungen bis hin zu erheblichen gesundheitlichen Folgeschäden nach sich ziehen.

---

549 *Lobinger*, in: EuZA 2009, 365 (378f.); a.A. *Grünberger*, Personale Gleichheit, S. 653.

550 *Bader*, Arbeitsrechtlicher Diskriminierungsschutz als Privatrecht, S. 125ff.

551 Dies hat das BAG schon früh betont: *„Eine geschlechtsbezogene Diskriminierung verletzt regelmäßig das allgemeine Persönlichkeitsrecht, dessen Inhalt für den Zugang zum Arbeitsverhältnis durch § 611a BGB konkretisiert wird.“*, vgl. erneut BAG, Urt. v. 14.03.1989 - 8 AZR 351/86, BAGE 61, 219; BAG, Urt. v. 14.03.1989 - 8 AZR 447/87, NJW 1990, 65.

III. Umverteilung (Kollektive Gerechtigkeit)

Neben dem Persönlichkeitsschutz geht es in der Bewerbungssituation um eine gerechte Umverteilung von Vertragsabschlüssen.[552] Es soll durch eine Umgestaltung des Entscheidungsprozesses die relative Position der Merkmalsträger im Bewerbungsverfahren verbessert werden, indem die nachteilig wirkenden Eigenschaften als nicht berücksichtigungsfähig eingestuft werden, bzw. im Falle einer trotzdem erfolgenden Berücksichtigung Entschädigungsansprüche geltend gemacht werden können.[553] Der individuelle Bewerber soll schlicht mit denselben Bedingungen wie jeder andere am Bewerbungsverfahren teilnehmen können. Der Entscheidungsprozess soll von Störungen (wie (impliziten) Vorurteilen) bereinigt werden. Es wird teilweise auch von einer *corrective justice* gesprochen.[554]

1. Die Reallokation von Gütern und Verträgen

Rechtlicher Diskriminierungsschutz kreiert keine wirtschaftlichen Werte, sondern sorgt über eine Umverteilung von Wohlstand für eine Reallokation volkswirtschaftlicher Güter zwischen Privaten.[555] Hauptproblem und Streitpunkt jeder Form von gesellschaftlicher Umverteilung ist die letztlich immer gleiche Frage in unterschiedlichem Gewand: Wann herrscht Verteilungsgerechtigkeit? Was ist Gleichheit? Wem steht welches Recht zu? Gibt es ein Recht auf Teilhabe am Rechtskreis anderer Privatrechtssubjekte?

Da es hierauf keine zwingende Antwort geben kann, ist zunächst nicht die Logik, sondern eine politische Leitentscheidung gefragt. Die austeilende Gerechtigkeit[556] bietet selbst keinen Anhaltspunkt dafür, ob, wann und in welchem Ausmaß eine Umverteilung stattfinden soll.[557] Auch die oben

---

552 Vgl. *Lauber*, Paritätische Vertragsfreiheit durch reflexiven Diskriminierungsschutz, S. 124.

553 *McCrudden*, in: OJLS 1993, 320 (327).

554 *Lauber*, Paritätische Vertragsfreiheit durch reflexiven Diskriminierungsschutz, S. 123.

555 *Collins*, in: Wilhelmsson (Hrsg.), Perspectives of Critical Contract Law, S. 293 (308).

556 Siehe sogleich.

557 *Lauber*, Paritätische Vertragsfreiheit durch reflexiven Diskriminierungsschutz, S. 125.

dargestellten allgemeinen Grundsätze des Privatrechts können auf die Gerechtigkeitsfrage keine Antwort geben. Das Privatrecht ist seiner Natur nach neutral und basiert auf der horizontalen Güterverschiebung über Verträge. Erst wenn die politische Entscheidung für ein Verteilungsmodell gefallen ist, kann untersucht werden, mit welchen (systemkonformen) Instrumentarien des Rechts diese Verteilung erreicht werden könnte. Dann gilt das Gebot der teleologischen Folgerichtigkeit.[558]

Soll demnach - mittels Recht - durch Umverteilung kollektive Gerechtigkeit hergestellt werden, müssen die folgenden zwei Schritte durchlaufen werden: Erstens muss der Zweck der Distribution festgelegt werden, also beispielweise die relative Position benachteiligter Gruppen durch Ausschaltung von Vorurteilen zu verbessern. Zweitens müssen sowohl die exakte Konkretisierung dieser Gruppen gewährleistet sein, als auch die juristischen Werkzeuge zu deren Förderung bestimmt werden.[559]

Bei beiden Schritten sind bezüglich der Frage, was gerecht ist, unterschiedlichste Meinungen zu erwarten.[560] Über die richtige Verteilung von Chancen, Gütern und Rechten kann legitimerweise lebhaft gestritten werden. Auch über die Definitionen und Bedeutung von formeller und materieller Chancenungleichheit kann es verschiedene Meinungen geben.[561] Es kann zuweilen schwierig sein zu ermitteln, ob es sich um eine tatsächlich bestehende gesellschaftliche Ungerechtigkeit handelt oder ob diese nur als allgemeingültig vorgetragen wird. Auch ist nicht jede real vorgefundene Ungleichheit auf Diskriminierungen zurückzuführen, sondern spiegelt den gelegentlich vergessenen Umstand wider, dass Menschen in tatsächlicher Hinsicht nicht gleich sind und unterschiedliche Lebensentwürfe verfolgen. Der europäische Gesetzgeber hat sich jedoch insoweit festgelegt. Er erachtet bestimmte Gruppen als besonders anfällig für Diskriminierungen und hat in der Folge das gesamte diskriminierungsrechtliche Regelungsregime an diesen ausgerichtet.

---

558 Ausf. *Canaris*, Die Bedeutung der iustitia distributiva im deutschen Vertragsrecht, S. 48f.

559 *Lauber*, Paritätische Vertragsfreiheit durch reflexiven Diskriminierungsschutz, S. 125.

560 Vgl. *Canaris*, Die Bedeutung der iustitia distributiva im deutschen Vertragsrecht, S. 22.

561 Vgl. GenderKompetenzZentrum [online], Verfügbar unter: http://www.gender kompetenz.info/genderkompetenz-2003 2010/gendermainstreaming/Strategie /Gleichstellungspolitik/chancengleichheit/index.html.

Ein viel diskutiertes Thema und häufig eng mit der Einstellungsentscheidung verwoben, ist auch das Problem der Lohnungleichheit, also beispielsweise Lohnunterschiede bedingt durch das Geschlecht oder die ethnische Herkunft.[562] Das AGG entfaltet hierbei einen distributiven Zweck, der über die Beseitigung von bloßen Ungleichbehandlungen hinausgeht.[563] Es greift in den Marktprozess ein, um eine Umverteilung zu bewirken. Betrachtet man die Arbeitnehmerseite, so wirken sich Diskriminierungen auf dem Arbeitsmarkt besonders schwerwiegend aus, weil die Arbeitskraft häufig die wichtigste Ressource darstellt, über die Individuen verfügen.[564] Die individuelle finanzielle Lage sowie die Möglichkeiten der selbstbestimmten Lebensgestaltung hängen entscheidend von der Situation des Arbeitsmarktes ab.[565] Reale Lohn- oder Einkommensdiskriminierung liegt vor, wenn beispielsweise Frauen für bestimmte Tätigkeiten eine niedrigere Entlohnung als Männer erhalten - nicht aufgrund von leistungsbedingten Unterschieden, sondern *auch* deshalb, weil sie Frauen sind.[566] Entsprechend liegt eine reale Lohn- oder Einkommensdiskriminierung bei tatsächlichen Unterschieden in der Arbeitsleistung vor, wenn das Verhältnis der Einkommensunterschiede von Männern und Frauen größer ist als die Leistungsunterschiede.[567]

Der distributive Zweck des Verbots der Ungleichbehandlung erschöpft sich jedoch nicht in der Umverteilung volkswirtschaftlicher Güter. Es findet neben der ökonomischen Umverteilung auch eine rechtliche Umverteilung statt. Allgemeiner gesprochen begünstigt das AGG die von § 1 AGG geschützten Gruppen *„durch Zuweisung spezifischer Rechte unter partiel-*

---

562 *Schubert*, Ökonomische Diskriminierung von Frauen, S. 15.

563 Vgl. *Somek*, Engineering Equality, S. 99f.

564 *Schubert*, Ökonomische Diskriminierung von Frauen, S. 22.

565 *Schubert*, Ökonomische Diskriminierung von Frauen, S. 22.

566 *Schubert*, Ökonomische Diskriminierung von Frauen, S. 23.

567 Angesprochen ist damit die Ungleichbehandlung bei vergleichbaren Sachverhalten. In der politischen Diskussion wird dieses Problem allzu häufig mit den durchschnittlichen Einkommensunterschieden der Geschlechter in der gesamten Bevölkerung verwechselt. Dass Frauen im Durchschnitt weniger verdienen als Männer liegt hier nämlich an der unterschiedlichen Berufswahl der jeweiligen Mehrheit des Geschlechts. Männer ergreifen häufiger Berufe in gut dotierten Branchen, während Frauen vielfach in schlechter bezahlten pädagogischen oder sozialen Berufen anzutreffen sind, vgl. Studie des statistischen Bundesamtes – Auf dem Weg zur Gleichstellung? (2014) [online]. Verfügbar unter: https://www.destatis.de/DE/PresseService/Presse/Pressekonferenzen/2014/Gleichstellung/begleitheft_Gleichstellung_2014.pdf?__blob=publicationFile. Zugriff: 18.09.2016.

ler Aufhebung privatautonomer Regelungsspielräume".[568] Um den Integrationsprozess benachteiligter Gruppen zu fördern, findet eine Verschiebung von Rechten und Pflichten zwischen Privaten statt.[569] Der liberale Grundansatz des Zivil- und Arbeitsrechts sowie der deutschen und europäischen Wirtschaftsverfassung wird durch die generelle Inhaltskontrolle des § 7 AGG auf den Kopf gestellt.[570]

2. Die Verbindung von Persönlichkeitsschutz und Umverteilung

Im Rahmen der individuellen Gerechtigkeit stand der Menschenwürdeaspekt des Diskriminierten im Vordergrund. Bei der Lösung gesamtgesellschaftlicher Probleme durch Umverteilung ist dieser Schutzzweck nicht ausgeblendet, sondern wird lediglich auf einer zweiten, kollektiven Ebene betrachtet. Merkmalsbedingte Vorurteile sollen sich nicht länger zum Nachteil ganzer Gruppen auswirken dürfen, und zwar selbst dann nicht, wenn sie statistisch belegt oder nur aus Gründen der Vereinfachung anstelle des tatsächlichen Auswahlkriteriums dem Entscheidungsprozess zugrunde lagen.[571]

Im Fall einer vorurteilsbasierten Entscheidung würde das Individuum nicht gewürdigt, sondern zum Zwangsmitglied einer Schicksalsgemeinschaft gemacht werden. Die Zugehörigkeit zu einer bestimmten Gruppe dürfe sich nicht unmittelbar auf den Vertragsinhalt auswirken.[572] Zum Schutz der Menschenwürde wird der unternehmerischen Freiheit eine Art vorvertragliche Fürsorgepflicht der Arbeitgeber entgegengesetzt.[573]

Das AGG soll demnach in vielschichtiger Weise wirken. Es sollen nicht nur schon seit jeher nicht tolerierbare Diskriminierungen der menschenverachtenden und entwürdigenden Art unterbunden werden. Vielmehr wird die Privatautonomie auch im Bereich legitimer Entscheidungsfindung berührt, indem bestimmte Kriterien im Entscheidungsprozess untersagt werden. Es findet nicht nur eine Einflussnahme auf den engeren Aus-

568 *Kainer*, Der Gleichbehandlungsgrundsatz im Zivilrecht, S. 715.
569 *Kainer*, Der Gleichbehandlungsgrundsatz im Zivilrecht, S. 715.
570 Vgl. *Kainer*, Der Gleichbehandlungsgrundsatz im Zivilrecht, S. 718.
571 *von Medem*, Kündigungsschutz und Allgemeines Gleichbehandlungsgesetz, S. 61.
572 Entwurf eines Gesetzes zur Umsetzung europäischer Richtlinien zur Verwirklichung des Grundsatzes der Gleichbehandlung, BT-Drs. 16/1780, S. 21.
573 *Singer*, in: Gegen den Strich, FS Adomeit, S. 703 (707).

wahlprozess statt, sondern auch eine Reallokation finanzieller Risiken. Insbesondere im Fall der angeordneten Unbeachtlichkeit einer Schwangerschaft wird das gesellschaftliche Interesse an einer Erhöhung der Geburtenrate und einer besseren Vereinbarkeit von Familie und Beruf in den Entscheidungsprozess des einzelnen Arbeitgebers integriert. Als sog. Flankenschutzkonzept[574] schützt § 3 Abs. 1 S. 2 AGG damit nicht nur die Freiheit der Frau, Selbstverwirklichung in der Rolle als Mutter und gleichzeitig in der beruflichen Tätigkeit zu finden, sondern kann auch als Schutz des gesamtgesellschaftlichen Anliegens, dem demografischen Wandel durch eine Erhöhung der Geburtenrate entgegenzutreten, angesehen werden.[575]

3. Die Integration benachteiligter Gruppen

Eine weitere Fallgruppe der Umverteilung stellt die Integration benachteiligter Gruppen dar. Blickt man in die Gesetzesbegründung soll arbeitsrechtlicher Diskriminierungsschutz auch der Bekämpfung gesamtgesellschaftlicher Probleme dienen, weil Diskriminierungen dazu im Stande seien, die Verwirklichung der im EG-Vertrag festgelegten Ziele zu unterminieren. Dies gelte insbesondere für die Erreichung eines hohen Beschäftigungsniveaus, die Hebung des Lebensstandards und der Lebensqualität und den wirtschaftlichen und sozialen Zusammenhalt.[576]

Dem anglo-amerikanischen Verständnis von Diskriminierungsschutz ist die Möglichkeit entlehnt, durch Normen integrierende Prozesse in Gang zu setzen. Es basiert auf der Prämisse, dass soziale Ungleichheit eines der Hauptprobleme auf gesellschaftlicher Ebene darstellt.[577] Ziel des Rechts – insbesondere des Gleichbehandlungsrechts – müsse es sein, alle Formen der Ungleichheit, die auf Rasse, Geschlecht, Behinderung oder Religion beruhen, zu beseitigen.[578] Fürsprecher eines breiten Anwendungsbereichs des Diskriminierungsschutzes verstehen Diskriminierung als soziales

574 Ausf. *von Medem*, Kündigungsschutz und Allgemeines Gleichbehandlungsgesetz, S. 64.

575 *von Medem*, Kündigungsschutz und Allgemeines Gleichbehandlungsgesetz, S. 64; vgl. auch BAG, Urt. v. 12.11.2002 - 1 AZR 58/02, BAGE 103, 321.

576 Entwurf eines Gesetzes zur Umsetzung europäischer Richtlinien zur Verwirklichung des Grundsatzes der Gleichbehandlung, BT-Drs. 16/1780, S. 21, 23.

577 *Bagenstos*, in: Harvard Law & Policy Review 1 (2007), 477 (480).

578 *Bagenstos*, in: Harvard Law & Policy Review 1 (2007), 477 (480).

Problem, welches unabhängig vom persönlichen Verschulden des einzelnen diskriminierenden Entscheidungsträgers systematisch schädliche Effekte auf die Entfaltungsmöglichkeiten und Aufstiegschancen traditionell benachteiligter Gruppen hat.[579] Dementsprechend dürften auch die Motive des Diskriminierenden oder andere mögliche Erklärungen für das konkrete Entscheidungsresultat keine Rolle spielen.[580] Vielmehr liege der Zweck dieses Rechtsgebiets in der Transformation sozial unerwünschter Verhaltensweisen und einer Rekonstruktion stereotyper Identitäten.[581] Diesem Ansatz geht es nicht nur um die Eliminierung bestimmter negativer Einstellungen, sondern darum, welche Chance Antidiskriminierungsrecht hat, derartige Einstellungen zu reduzieren oder zumindest zu modifizieren.[582]

Dabei spielen zwei Facetten eine Rolle: Kompensation für früheres Unrecht und vollständige soziale Gleichheit mittels Integration für die Zukunft.[583] Die Idee der Kompensation ist insbesondere für alle Formen der rassistischen und geschlechtsbasierten Ungleichbehandlung in der Vergangenheit relevant.[584] Weil Frauen über die Jahrhunderte sozial benachteiligt wurden, seien besondere Anstrengungen der Gesellschaft geboten, auf eine vollständige Gleichstellung hinzuwirken.[585] Unter diese Zielsetzung ließen sich demzufolge alle Maßnahmen fassen, die dazu dienen, die beruflichen Chancen von Frauen zu verbessern[586], also beispielsweise spezielle Förderungsprogramme, Frauenquoten oder Gleichstellungsbeauftragte.[587] Der Ansatz einer Umverteilung von Chancen beschränkt sich jedoch ausdrücklich nicht auf kompensatorische Forderungen. Durch derartige Maßnahmen soll ein ethisches Gespür für bestehende und neu hinzukom-

579 *Bagenstos*, in: Harvard Law & Policy Review 1 (2007), 477 (480).
580 *Wax*, in: Conn. L. Rev. 40 (2008), 979 (979).
581 *Post*, in: Cal. L. Rev. 88 (2000), 1 (31).
582 *Post*, in: Cal. L. Rev. 88 (2000), 1 (31).
583 Entwurf eines Gesetzes zur Umsetzung europäischer Richtlinien zur Verwirklichung des Grundsatzes der Gleichbehandlung, BT-Drs. 16/1780, S. 4.
584 *Hanau*, in: FS Herschel, S. 191 (191f.); *Wank*, in: NZA 2004, Sonderbeilage zu Heft 22, 16 (24).
585 *Fiss*, in: Phil. & Pub. Aff. 5 (1976), 107 (150).
586 Siehe hierzu *Burg*, Positive Maßnahmen zwischen Unternehmerfreiheit und Gleichbehandlung.
587 Siehe den Überblick bei *Barnard*, EU Employment Law, S. 375. Es erscheint in der Tat wenig einleuchtend, warum ein gegenwärtig arbeitssuchender Mann trotz besserer Leistungen gegenüber einer Frau benachteiligt werden soll, in einer Art zeitlich versetzten Kompensation für alle Minderheiten und Frauen, die in der Vergangenheit ähnliche Ungerechtigkeiten erfahren haben.

mende Ungerechtigkeiten bei den einzelnen Entscheidungsträgern geschaffen werden, welches es für diese selbst unerwünscht werden lässt, Führungspositionen nach festgefahrenen Mustern zu besetzen.[588]

Zudem eröffnet eine diskriminierungsfreie Bewerberauswahl vielen Bewerbern die Chance auf eine Tätigkeit, die bei einer diskriminierenden Vorauswahl nicht gegeben wäre. Vorvertraglicher Diskriminierungsschutz soll bestimmten Gruppen die gleiche Freiheit wie der Mehrheit der Bevölkerung ermöglichen.[589] Daher setzt sich beispielsweise die Richtlinie 2000/78/EG die „Förderung der Vielfalt im Bereich der Beschäftigung" zum Ziel.[590]

Hierzu werden die privaten Arbeitgeber zwangsweise in die Pflicht genommen. Dies widerspricht in besonderem Maße privatautonomen Grundsätzen, wonach es gerade kein Recht auf Teilhabe an anderen privaten Rechtskreisen gibt, wird aber von den Befürwortern privatrechtlicher Gleichbehandlungspflichten als unproblematisch angesehen. *Singer* beispielsweise rechtfertigt – wenig überzeugend – die Inanspruchnahme privater Arbeitgeber für gesamtgesellschaftliche Anliegen durch deren gewissermaßen von Natur aus gegebene Verantwortung für die Integration benachteiligter Gruppen. Schwerbehinderte könnten gar nicht anders in das Arbeitsleben integriert werden, als durch die Verpflichtung des Arbeitgebers zu deren Einstellung. Es gäbe überhaupt keine andere Möglichkeit,

588 *Fiss*, in: Phil. & Pub. Aff. 5 (1976), 107 (151); vgl. außerdem *Bagenstos*, in: Va. L. Rev. 89 (2003), 825 (837ff.), welcher die sozialpolitische Rolle des Gleichbehandlungsrechts folgendermaßen zusammenfasst: [anti-discrimination law aims] *„at the wholesale, not a retail, injustice. When the law prohibits discrimination, it does so not because it seeks to enforce a uniform norm of ethical conduct on individual employers but because discrimination contributes to a pattern of social and economic subordination that has intolerable effects on the society. Therefore anti-discrimination law is best justified as a policy tool that aims to dismantle patterns of group-based social subordination, and that does so principally be integrating members of previously excluded, socially salient groups throughout important positions in society.[...] Although anti-discrimination law is per se moralistic, its moralism inheres not in the aim to penalise employers with socially unwanted cogitations, but in the large-scale project of eliminating dependency and dissociation and enforcing a principle of equality for all members in society. Hence, discrimination in this interpretation is wrong not because it is an infraction of personal ethics, but because of its harmful effects in continuing the systematic subordination of socially disadvantaged groups, in which great parts are regularly barred from significant opportunities in society."*.

589 *Sacksofsky*, Das Grundrecht auf Gleichberechtigung, S. 274.

590 Richtlinie 2000/78/EG L 303/17 Erwägungsgrund Nr. 25.

die Ausgrenzung der benachteiligten Personen und die Verletzung ihres Persönlichkeitsrechts zu verhindern, als durch ein Verbot der Benachteiligung und deren Sanktion. Daher sei es auch unter dem Gesichtspunkt distributiver Gerechtigkeit gerechtfertigt, Privatrechtssubjekte und nicht den Staat für den Diskriminierungsschutz in Anspruch zu nehmen.[591]

4. Die iustitia distributiva im Privatrecht

Letztlich bedeutet die Umverteilungsfunktion des AGG eine Verwirklichung der objektiven Gerechtigkeitsidee in Form der iustitia distributiva im Vertragsrecht.[592] Der durch das AGG bewirkte Schutz vor Diskriminierungen stelle sogar ein besonders deutliches Beispiel für das Wirken der iustitia distributiva im Vertragsrecht dar.[593] Die iustitia distributiva (zu Deutsch: Verteilungsgerechtigkeit) wird Aristoteles folgend als Gerechtigkeitsform im Allgemeinen der iustitia commutativa (zu Deutsch: Austauschgerechtigkeit) gegenübergestellt.[594] Nach Aristoteles betrifft der Gedanke distributiver Gerechtigkeit das Problem der gerechten, aber nicht notwendig gleichen Zuteilung von Gütern an mehrere Individuen durch eine übergeordnete, verteilende Instanz. *„Das Gebot der gleichmäßigen Behandlung lässt sich somit nur als eine soziale Inanspruchnahme im Sinne der iustitia distributiva erklären, die man als Gerechtigkeit in Ansehung der Person definiert.“*[595]

Der Gedanke kommutativer Gerechtigkeit beschränkt sich demgegenüber auf den Bereich des Güteraustauschs zwischen Gleichgeordneten. Er lässt in diesem Verhältnis allein den Maßstab strikter, arithmetischer Gleichwertigkeit, also Gerechtigkeit ohne Ansehung der Person gelten.[596] Entsprechend der iustitia commutativa werden in unserer Wirtschaftsordnung permanent knappe Ressourcen über Verträge zwischen den Privat-

---

591 *Singer*, in: Gegen den Strich, FS Adomeit, 703 (706f.).

592 *Arnold*, Vertrag und Verteilung, S. 380.

593 *Lauber*, Paritätische Vertragsfreiheit durch reflexiven Diskriminierungsschutz, S. 124ff.; *Schiek*, Differenzierte Gerechtigkeit, S. 307; *Singer*, in: Gegen den Strich, FS Adomeit, S. 703 (707).

594 Vgl. *Canaris*, in: AcP 2000, 273 (293ff.).

595 *Neuner*, in: Leible/Schlachter (Hrsg.), Diskriminierungsschutz durch Privatrecht, S. 73 (79) m.w.N.

596 Näher hierzu *Auer*, Materialisierung, Flexibilisierung, Richterfreiheit, 38f. m.w.N.

rechtssubjekten verteilt. Verträge ermöglichen Güteraustausch, das Vertragsrecht weist Risiken zu und bildet eine wichtige Grundlage für die Konstituierung der Märkte.[597]

Das AGG verlangt, den Blick vom konkreten Vertragsverhältnis auf den sozialen Kontext des jeweiligen Lebensbereiches zu lenken. Nicht die essentialia negotii des Vertrages bestimmen die hinreichenden Bedingungen des Vertragsschlusses, sondern die Merkmalsträgerschaft des Vertragspartners. Die in den essentialia negotii zum Ausdruck gebrachte Abstraktion und damit verbundene Reduktion auf typisierte Minimalrollen wird zugunsten einer Konkretisierung des Vertragspartners aufgegeben. Dieser Ratio folgend, kann wahre Austauschgerechtigkeit nur funktionieren, wenn der freie Markt funktioniert, mithin keine Partei von vornherein vom Arbeitsmarkt ausgeschlossen ist.[598]

Der Ansatz einer Verteilungsgerechtigkeit im Vertragsrecht entfernt sich von einem rein formalistischen Blick auf das Institut des Vertrages.[599] Das Vertragsrecht wird bewusst als Medium eingesetzt, um rechtspolitische Ziele zu verwirklichen, die mit dem jeweiligen Vertragsverhältnis selbst nicht im unmittelbaren Zusammenhang stehen. Der Schutz vor Diskriminierungen soll durch eine präventive Steuerungswirkung bzw. durch eine Instrumentalisierung des Vertragsrechts zukunftsorientiert erreicht werden.[600]

Blickt man auf das europäische Konzept der verpönten Merkmale, scheint der Gedanke des Vertragsschlusses „ohne Ansehung der Person" nicht konsequent verfolgt zu werden. Das Entscheidungsergebnis soll ja gerade ohne Ansehung der Merkmale des § 1 AGG zustande kommen. Die Antwort auf diesen scheinbaren Widerspruch liegt in den zwei Schritten des *group justice modells*. Die verpönten Merkmale dienen dazu, im ersten Schritt den Empfänger der gewünschten Umverteilung von Arbeitsvertragsschlüssen zu benennen. Die von staatlicher Seite als gerecht empfundene Umverteilung wird zur Grundlage des erst nachfolgenden Entscheidungsprozesses und -ergebnisses des privaten Arbeitgebers gemacht. Das „Ansehen der Person" findet also in der politischen Entscheidung über die

---

597 *Arnold*, Vertrag und Verteilung, S. 8.

598 Vgl. *Canaris*, in: AcP 2000, 273 (293ff.).

599 Vgl. *Lauber*, Paritätische Vertragsfreiheit durch reflexiven Diskriminierungsschutz, S. 124.

600 Vgl. *Schäfer*, in: AcP 202 (2002), 397 (424); siehe ausführlich unten § 5 D. II. 2. b).

Auswahl der schützenswerten Merkmalsträger statt. Der private Arbeitgeber soll durch seine vorurteilsfreie Auswahlentscheidung nur zum Vollstrecker der bereits festgelegten Umverteilung werden.

IV. Fazit

Die Zielsetzungen des vorvertraglichen Diskriminierungsschutzes lassen sich in zwei interdependente Hauptgruppen einteilen: Persönlichkeitsschutz und Umverteilung. Beide Kategorien bestehen aus verschiedenen Unterzielsetzungen, die Benachteiligungen von unterschiedlichen Merkmalsträgern aus unterschiedlichen Gründen bekämpfen sollen. Diskriminierende Vertragsversagungen können individuell persönlichkeitsrechtsverletzend wirken. Der einzelne Bewerber soll durch Schutzrechte Unterstützung erfahren, die ihrerseits präventiv wirken sollen. Gleichzeitig bezweckt arbeitsrechtlicher Diskriminierungsschutz eine Umverteilung von Gütern und Rechten, die in besonderem Maße der Integration benachteiligter Gruppen dienen soll. Indem Merkmalsträgern zuvor nicht erzielbare Vertragsschlüsse ermöglicht werden sollen, findet eine Verknüpfung von individueller und kollektiver Gerechtigkeit statt. Ziel ist es, individuelle Teilhabe zu kollektiver Teilhabe benachteiligter Gruppen aufzusummieren.

Die Zielsetzungen Persönlichkeitsschutz und Umverteilung haben sich in der dogmatischen Ausgestaltung des AGG niedergeschlagen, dessen Kombination aus schutzrechtlichem und teilhaberechtlichem Regelungsregime nachfolgend dargestellt wird.

D. Gesetzliche Umsetzung im Allgemeinen Gleichbehandlungsgesetz

Am 18. August 2006 trat als erstes einheitliches Gesetz zum Diskriminierungsschutz in Deutschland und in Umsetzung der genannten Richtlinien das AGG in Kraft. Die dargestellten Zielsetzungen sollen durch restituierende und sanktionierende Ansprüche[601] erreicht werden, deren Tatbestandsvoraussetzungen aufgrund umfassender Verweisungstechnik über

601 Siehe ausführlich § 5 C. II. 3.

zahlreiche Normen des AGG verteilt sind.[602] Dieses systematische Gerüst aus Benachteiligungstatbestand, Benachteiligungsverbot und Schadensersatz als Rechtsfolge wird im Folgenden vorgestellt, bevor anschließend die Berücksichtigung impliziter Vorurteile untersucht wird.

I. Das Benachteiligungsverbot des § 7 AGG

Die zentrale Vorschrift im Diskriminierungsschutz des AGG ist § 7 AGG.[603] Diese statuiert ein umfassendes Benachteiligungsverbot wegen eines in § 1 genannten Grundes und zwar nur wegen eines der dort genannten Gründe. Eine Benachteiligung aus anderen Gründen ist durch § 7 AGG nicht verboten, dem AGG ist dementsprechend kein allgemeines Willkürverbot zu entnehmen.[604] Nach § 7 Abs. 1 Halbs. 2 AGG gilt das Benachteiligungsverbot auch, wenn der benachteiligende Entscheidungsträger das Vorliegen eines der geschützten Merkmale des § 1 AGG nur annimmt.[605] Folglich stellt auch der „Versuch am untauglichen Objekt" eine verbotene Benachteiligung dar.[606] Das Verbot der Benachteiligung enthält kaum eigene Tatbestandsvoraussetzungen, sondern bedient sich einer umfassenden Verweisungstechnik.[607]

---

602 *Bauer/Krieger*, AGG, § 7 Rn. 1; *Sievers*, in: Herberger/Martinek/Rüßmann, jurisPK-BGB, 8. Aufl. 2017, § 7 AGG Rn. 10.

603 Entwurf eines Gesetzes zur Umsetzung europäischer Richtlinien zur Verwirklichung des Grundsatzes der Gleichbehandlung, BT-Drs. 16/1780, S. 34; vgl. auch *Sievers,* in: Herberger/Martinek/Rüßmann, jurisPK-BGB, 8. Aufl. 2017, § 7 AGG Rn. 1; a.A. *Roloff*, in: BeckOK, ArbR, § 7 AGG vor Rn. 1.

604 *Schleusener*, in: Schleusener/Suckow/Voigt, AGG, § 7 Rn. 2.

605 BAG, Urt. v. 17.12.2009 - 8 AZR 670/08, NZA 2010, 383; BAG, Urt. v. 20.06.2013 - 8 AZR 482/12, NZA 2014, 21; vgl. auch *Däubler*, in: Däubler/Bertzbach, AGG, § 7 Rn. 5; *Thüsing*, in: MüKo-BGB, 7. Aufl. 2015, § 7 Rn. 9; *Sievers*, in: Herberger/Martinek/Rüßmann, jurisPK-BGB, 8. Aufl. 2017, § 7 AGG Rn. 12.

606 BAG, Urt. v. 17.12.2009 - 8 AZR 670/08, NZA 2010, 383; BAG, Urt. v. 20.06.2013 - 8 AZR 482/12, NZA 2014, 21; vgl. auch *Schleusener*, in: Schleusener/Suckow/Voigt, AGG, § 7 Rn. 3.

607 *Bauer/Krieger*, AGG, § 7 Rn. 1; *Sievers*, in: Herberger/Martinek/Rüßmann, jurisPK-BGB, 8. Aufl. 2017, § 7 AGG Rn. 10.

II. Tatbestand der Benachteiligung im Überblick

1. Benachteiligungsformen nach § 3 AGG

§ 3 Abs. 1 S. 1 AGG definiert die unmittelbare Benachteiligung. Gemäß § 3 Abs. 1 S. 2 AGG liegt eine unmittelbare Benachteiligung wegen des Geschlechts auch bei einer solchen wegen der Schwangerschaft oder Mutterschaft vor. Nach § 3 Abs. 2 AGG liegt eine mittelbare Benachteiligung vor, wenn dem Anschein nach neutrale Vorschriften, Kriterien oder Verfahren Personen wegen eines in § 1 genannten Grundes gegenüber anderen Personen in besonderer Weise benachteiligen können, es sei denn, die betreffenden Vorschriften, Kriterien oder Verfahren sind durch ein rechtmäßiges Ziel sachlich gerechtfertigt und die Mittel sind zur Erreichung dieses Ziels angemessen und erforderlich.

Die verschiedenen Formen der Benachteiligung sind demnach in § 3 AGG legal definiert. Das Vorliegen einer Benachteiligung ist nicht isoliert anhand der Verbotsnorm des § 7 Abs. 1 AGG zu beurteilen, sondern bemisst sich über den Weg der Rechtsgrundverweisung nach den Begriffsbestimmungen des § 3 AGG.[608] Das Benachteiligungsverbot verbietet nicht nur offene, ausdrücklich an ein geschütztes Merkmal des § 1 AGG anknüpfende Handlungen, sondern umfasst auch sämtliche verdeckten Varianten.[609] Entgegen anderslautender Ansichten[610] können sowohl die unmittelbare als auch die mittelbare Benachteiligung offen oder verdeckt erfolgen.[611] Entscheidend ist, ob direkt an ein verbotenes Merkmal (unmittelbare Benachteiligung) oder an ein dem Anschein nach neutrales Merkmal (mittelbare Benachteiligung) in offener oder verdeckter Weise angeknüpft wird.[612]

---

608 *Adomeit/Mohr*, AGG, § 3 Rn. 1. *Bauer/Krieger*, AGG, § 7 Rn. 1; *Sievers*, in: Herberger/Martinek/Rüßmann, jurisPK-BGB, 8. Aufl. 2017, § 7 AGG Rn. 10.

609 *Adomeit/Mohr*, AGG, § 3 Rn. 10.

610 Vgl. hierzu *Schramm*, Ungewisse und diffuse Diskriminierung, 25ff. m.w.N.; *Schrader/Schubert*, in: Däubler/Bertzbach, AGG, § 3 Rn. 15 haben diesbezüglich ihre Meinung offenbar geändert. In der aktuellen Auflage fehlt die Gleichsetzung von offen und unmittelbar.

611 *Adomeit/Mohr*, AGG, § 3 Rn. 10.

612 BAG, Urt. v. 22.07.2010 – 8 AZR 1012/08, NZA 2011, 93 Rn. 50.

Benachteiligungen können sowohl rechtsgeschäftlichen als auch rein faktischen Charakter haben.[613] Entscheidend sind nicht die juristische Einstufung, sondern die Auswirkungen auf den Betroffenen. Im Fall des Bewerbungsverfahrens kann eine Benachteiligung durch Vertragsversagung, bei gleichzeitiger Annahme eines tatsächlich oder hypothetisch vergleichbaren Bewerbers, erfolgen.[614] Grundvoraussetzung ist jedoch, dass die Bewerbung ernst gemeint und dass der Kandidat objektiv für die Stelle geeignet war.[615] Daran fehlt es, wenn die Bewerbung nur erfolgte, um einen Anspruch aus § 15 AGG geltend machen zu können (sog. „AGG-Hopping“).[616]

Auf den ersten Blick irritierend, ist die Einordnung der Belästigung nach § 3 Abs. 3 AGG sowie der sexuellen Belästigung nach § 3 Abs. 4 AGG unter den Benachteiligungsbegriff. Geht es doch hierbei nicht um eine Ungleichbehandlung im Sinne des Vergleichspersonenkonzepts. Einer belästigten Person ist wenig dadurch geholfen, wenn auch alle anderen in ihrem Umfeld belästigt werden. Dennoch ist die Einordnung der Belästigung und der sexuellen Belästigung in den Regelungsbereich des AGG aus zweierlei Gründen systemgerecht. Erstens handelt es sich hierbei um einen „Kunstgriff“ des Gesetzgebers, Belästigungen in dasselbe Anspruchsregime zu integrieren.[617] Zweitens folgt dieser Ansatz der kontinentaleuropäischen Tradition des Anknüpfungskonzepts.[618]

---

613 BAG, Urt. v. 21.04.2016 - 8 AZR 402/14, juris Rn. 16; Schlachter, in: ErfK, AGG § 7 Rn. 1; *Däubler*, in: Däubler/Bertzbach, AGG, § 7 Rn. 8; *Treber*, in: KR, 11. Aufl. 2016, § 7 Rn. 6; *Sievers*, in: Herberger/Martinek/Rüßmann, jurisPK-BGB, 8. Aufl. 2017, § 7 AGG Rn. 11.

614 *Däubler*, in: Däubler/Bertzbach, AGG, § 7 Rn. 9.

615 BAG, Urt. v. 21.07.2009, 9 AZR 431/08, NZA 2009, 1087 (1090); BAG, Urt. v. 21.11.1998, 8 AZR 365/97, NZA 1999, 371.

616 Strittig war lediglich, ob hierbei der Bewerberstatus im Sinne von § 6 Abs. 1 Satz 2 AGG verneint wird oder solchen Scheinbewerbern der Einwand des Rechtsmissbrauchs nach § 242 BGB entgegenzuhalten ist, bis der EuGH den Rechtsmissbrauch bejaht hat, vgl. EuGH, 28.07.2016 - C-423/15, ZIP 2016, 1498; vgl. anschließend BAG, Beschluss v. 26.01.2017 - 8 AZR 848/13; vgl. zur Vorlagefrage BAG, Beschluss v. 18.06.2015 - 8 AZR 848/13, ZIP 2015, 1508; zuvor streitig, vgl. BAG, Urt. v. 16.02.2012 – 8 AZR 697/10, NZA 2012, 667 (669); Urt. v. 24.01.2013 – 8 AZR 429/11, NZA 2013, 498 (500); Urt. v. 14.11.2013 – 8 AZR 997/12, NZA 2014, 489 (490).

617 So *Bauer/Krieger*, AGG, § 3 Rn. 1.

618 Vgl. ausführlich § 4 B. V. 2.

Schließlich ist nach § 3 Abs. 5 S. 1 AGG auch die Anweisung zur Benachteiligung einer Person aus einem in § 1 AGG genannten Grund eine Benachteiligung. § 3 Abs. 5 S. 2 AGG stellt für den Bereich des Arbeitsrechts (§ 2 Abs. 1 Nr. 1 bis 4 AGG) klar, dass insbesondere die Bestimmung einer Person zu einem Verhalten, das einen Beschäftigten oder eine Beschäftigte wegen eines in § 1 AGG genannten Grundes benachteiligt oder benachteiligen kann, eine derartige Anweisung darstellt.[619]

2. Die geschützten Merkmale des § 1 AGG

§ 1 AGG benennt die Merkmale, die in den geschützten Bereich des AGG fallen sollen. Diese sind die Rasse, die ethnische Herkunft, das Geschlecht, die Religion, die Weltanschauung, eine Behinderung sowie das Alter. Damit hat § 1 AGG vollständig die geschützten Merkmale des Art. 19 AEUV (früher: Art. 13 EGV) übernommen.

Das Benachteiligungsverbot des AGG knüpft dabei an Merkmale an, die häufig Gegenstand von expliziten oder impliziten Vorurteilen und Stereotypen sind.[620] Hierbei neigt das Recht jedoch dazu, selbst abstrakte und allgemeine Begriffe zu verwenden, um den Schutz vor Diskriminierungen nicht unnötig zu verengen und der Vielfalt von Diskriminierungen gerecht zu werden.[621] Dieser Herangehensweise ist jedoch die Gefahr immanent, in der Rechtsanwendung selbst verallgemeinernde Stereotype der Auslegung von abstrakten Normen zugrunde zu legen.[622] Normen sind in ihrer Abstraktheit notwendigerweise unterkomplex und daher nicht fähig, die Verhaltensrealität abzubilden.[623] Demzufolge muss bei der Auslegung der einzelnen Merkmale des § 1 AGG stets die Gefahr im Hinterkopf behalten werden, dass der Rechtsanwender die Konkretisierung der Merkmale selbst durch vorurteilsgeprägte Annahmen vornimmt.[624]

---

619 *Bauer/Krieger*, AGG, § 3 Rn. 64. *Sievers*, in: Herberger/Martinek/Rüßmann, jurisPK-BGB, 8. Aufl. 2017, § 3 AGG Rn. 65.
620 *Watzenberg*, Der homo oeconomicus und seine Vorurteile, S. 132.
621 *Watzenberg*, Der homo oeconomicus und seine Vorurteile, S. 132.
622 *Watzenberg*, Der homo oeconomicus und seine Vorurteile, S. 132.
623 *Watzenberg*, Der homo oeconomicus und seine Vorurteile, S. 132.
624 *Watzenberg*, Der homo oeconomicus und seine Vorurteile, S. 132.

a) Rasse

Das AGG verwendet, ebenso wie die Richtlinie 2000/43/EG, Art. 19 AEUV (früher Art. 13 EGV) und Art. 3 Abs. 3 GG den Begriff der Rasse.[625] Dies führte im Vorfeld, sowohl bei der Erarbeitung der Richtlinie als auch bei den Beratungen zum AGG, zu intensiven Diskussionen.[626] Auf keinen Fall sollte der Eindruck erweckt werden, man gehe von der Existenz unterschiedlicher menschlicher Rassen aus.[627] Vielmehr haben die Mitgliedstaaten und die Europäische Kommission an diesem Begriff festgehalten, um eine Verbindung zum im allgemeinen Sprachgebrauch negativ belegten Begriff des Rassismus herzustellen und dessen Signalwirkung zu nutzen.[628] Demnach handele es sich bei dem Begriff der Rasse nicht um ein tatsächliches Merkmal, weswegen zur Klarstellung im AGG die Formulierung „aus Gründen der Rasse“ und nicht „wegen der Rasse“ verwendet wurde.[629] Das belgische Gleichbehandlungsgesetz ist terminologisch wesentlich klarer, indem es von „vorgeblicher“ Rasse („une race der prétendue“) spricht.[630]

---

625 Entwurf eines Gesetzes zur Umsetzung europäischer Richtlinien zur Verwirklichung des Grundsatzes der Gleichbehandlung, BT-Drs. 16/1780, S. 30; vgl. auch BAG, Urt. v. 22.06.2011 - 8 AZR 48/10, NJW 2012, 171 (174); *Falke*, in: Rust/Falke, AGG, § 1 Rn. 7.

626 Entwurf eines Gesetzes zur Umsetzung europäischer Richtlinien zur Verwirklichung des Grundsatzes der Gleichbehandlung, BT-Drs. 16/1780, S. 30f.

627 Entwurf eines Gesetzes zur Umsetzung europäischer Richtlinien zur Verwirklichung des Grundsatzes der Gleichbehandlung, BT-Drs. 16/1780, S. 31; vgl. auch Erwägungsgrund Nr. 6 der Richtlinie 2000/43/EG: *„Die Europäische Union weist Theorien, mit denen versucht wird, die Existenz verschiedener menschlicher Rassen zu belegen, zurück. Die Verwendung des Begriffs ‚Rasse‘ in dieser Richtlinie impliziert nicht die Akzeptanz solcher Theorien.“;* vgl. auch *Stein* in: Wendeling-Schröder/Stein, AGG, § 1 Rn. 9; *Ernst/Braunroth/Franke/Wascher*, AGG, § 1 Rn. 3; *Bauer/Krieger*, AGG, § 1 Rn. 16f; *Roloff*, in: Beck-OK ArbR, AGG, § 1 Rn. 1; *Weth/Y. Overkamp*, in: Herberger/Martinek/Rüßmann, jurisPK-BGB, 8. Aufl. 2017, § 1 AGG Rn. 8.

628 *Thüsing*, Europäisches Arbeitsrecht, § 3 Rn. 54.

629 Entwurf eines Gesetzes zur Umsetzung europäischer Richtlinien zur Verwirklichung des Grundsatzes der Gleichbehandlung, BT-Drs. 16/1780, S. 31; Thüsing kann hierbei zu recht keinen inhaltlichen Unterschied feststellen, vgl. *Thüsing*, Europäisches Arbeitsrecht, § 3 Rn. 54; auch Armbrüster hat seine Zweifel an der Stichhaltigkeit dieser Nuancierung, vgl. *Armbrüster*, in Rudolf/Mahlmann (Hrsg.), Gleichbehandlungsrecht, § 7 Rn. 20.

630 *Falke*, in: Rust/Falke, AGG, § 1 Rn. 10.

Aus biologischer Perspektive sind Rassen Gruppen von Lebewesen, die sich durch ihre gemeinsamen Erbanlagen von anderen Artangehörigen unterscheiden.[631] Es handelt sich also um Unterarten derselben Hauptkategorie.[632] Dieses Verständnis bezüglich unterschiedlicher menschlicher biologischer Rassen ist heute überkommen.[633] Handhabbarer ist heute der sozialwissenschaftliche Rassebegriff, wonach Rasse eine Menschengruppe meint, die auf der Grundlage bestimmter, als angeboren und unabänderlich empfundener Merkmale sich selbst als anders von anderen Gruppen versteht oder von anderen als anders wahrgenommen wird.[634] Demnach kommt es bei der Feststellung, ob eine Ungleichbehandlung aus Gründen der Rasse vorliegt, nicht darauf an, ob es Rassen tatsächlich gibt und ob die speziellen historischen Erfahrungen in Deutschland die Möglichkeit eines unbefangenen Umgangs mit dem Rassenbegriff unmöglich machen, sondern, ob sich das die Benachteiligung auslösende Merkmal als Teil einer Rassenzuschreibung darstellt.[635] Die Rassebedingtheit eines ablehnenden Verhaltens wird daher subjektiv aufgrund bestehender Vorurteile festgestellt.[636]

Äußerst fraglich ist allerdings, ob es einer Aufnahme dieses Merkmals in die Richtlinie 2004/43/EG bedurft hätte. Aufgrund der historischen Aufladung des Begriffs ist es nicht ganz einleuchtend, warum so beharrlich an diesem festgehalten wird. Der Begriff der Rasse erweitert den Umfang des ebenfalls geschützten Merkmals der ethnischen Herkunft nicht im Geringsten.[637] Vielmehr sorgt er für Missverständnisse und Irritationen beim Rechtsanwender und auch beim Gesetzgeber.[638] Selbst wenn man die Unterscheidung zwischen ethnischer Herkunft und Rasse danach trifft,

---

631 *Armbrüster*, in Rudolf/Mahlmann (Hrsg.), Gleichbehandlungsrecht, § 7 Rn. 19.

632 *Armbrüster*, in Rudolf/Mahlmann (Hrsg.), Gleichbehandlungsrecht, § 7 Rn. 19.

633 *Armbrüster*, in Rudolf/Mahlmann (Hrsg.), Gleichbehandlungsrecht, § 7 Rn. 19.

634 *Ring/Siebeck/Woitz*, in: Flohr/Ring, AGG, Rn. 57; vgl. auch Hepple, Equality, 36.

635 Entwurf eines Gesetzes zur Umsetzung europäischer Richtlinien zur Verwirklichung des Grundsatzes der Gleichbehandlung, BT-Drs. 16/1780, S. 31; *Stein*, in Wendeling-Schröder/Stein, AGG, § 1 Rn. 10; *Weth/Y. Overkamp*, in: Herberger/Martinek/Rüßmann, jurisPK-BGB, 8. Aufl. 2017, § 1 AGG Rn. 8.

636 *Stein*, in Wendeling-Schröder/Stein, AGG, § 1 Rn. 11; *Bauer/Krieger*, AGG, § 1 Rn. 16f; *Roloff*, in: Beck-OK ArbR, AGG, § 1 Rn. 1; *Weth/Y. Overkamp*, in: Herberger/Martinek/Rüßmann, jurisPK-BGB, 8. Aufl. 2017, § 1 AGG Rn. 8.

637 *Bauer/Krieger*, AGG, § 1 Rn. 16; a.A. *Däubler*, in: Däubler/Bertzbach, AGG, § 1 Rn. 29.

638 Vgl. hierzu den Vorschlag für eine Richtlinie des Rates zur Anwendung des Gleichbehandlungsgrundsatzes ohne Unterschied der Rasse oder der ethnischen

dass erstere eine Tatsachenaussage und letztere ein ideologisches Konstrukt ist, welches aus vielen Quellen gespeist wird, wird die Schutzdichte des AGG hierdurch nicht erhöht.[639] Alle rassebedingten Zuschreibungen als Anknüpfungspunkt einer Benachteiligung lassen sich mit dem Begriff der ethnischen Herkunft ebenfalls erfassen. Folglich könnte man das Merkmal „Rasse“ auch ersatzlos streichen, ohne den Schutzumfang des AGG einzuengen.[640]

b) Ethnische Herkunft

Der Begriff der „ethnischen Herkunft“ bildet den systematischen Oberbegriff zu demjenigen der „Rasse“.[641] Er entzieht sich ebenfalls einer präzisen inhaltlichen Konturierung.[642] Nach der Intention des Gesetzgebers soll hierdurch jeglicher Fremdenfeindlichkeit entgegengewirkt werden.[643] Hierbei wird auf das Internationale Übereinkommen zur Beseitigung jeder

---

Herkunft, KOM/99/0566 endg., 4: *„Diese "spezifischen beruflichen Anforderungen" sollen im engen Sinne verstanden werden, so dass sie nur solche beruflichen Anforderungen abdecken, die unbedingt notwendig sind zur Ausführung der betreffenden Tätigkeiten. Im Zusammenhang mit einer unterschiedlichen Behandlung aus Gründen der Rasse oder der ethnischen Herkunft werden entsprechende Fälle eine seltene Ausnahme sein. Hier wäre beispielsweise der Fall denkbar, daß aus Gründen der Authentizität ein Schauspieler benötigt wird, der einer bestimmten Rasse oder ethnischen Gruppe angehört, oder der Fall, daß im Rahmen einer Tätigkeit persönliche Dienstleistungen für Angehörige einer bestimmten ethnischen Gruppe zu erbringen sind und dies am effektivsten von einem Angehörigen dieser Gruppe geleistet werden kann.“* Laut Europäischer Kommission gehört der Schauspieler also einer bestimmten menschlichen Rasse an, obwohl es derlei Rassen nach eigenen Angaben nicht gibt.

639 *Stein*, in Wendeling-Schröder/Stein, AGG, § 1 Rn. 9; Schiek bezeichnet beide als ideologisches Konstrukt, vgl. *Schiek*, in: Schiek (Hrsg.), Allgemeines Gleichbehandlungsgesetz, § 1 Rn 13.

640 So im Ergebnis auch *Watzenberg*, Der homo oeconomicus und seine Vorurteile, S. 135f.

641 Entwurf eines Gesetzes zur Umsetzung europäischer Richtlinien zur Verwirklichung des Grundsatzes der Gleichbehandlung, BT-Drs. 16/1780, S. 31; *Adomeit/Mohr*, AGG, § 1 Rn. 49; *Weth/Y. Overkamp*, in: Herberger/Martinek/Rüßmann, jurisPK-BGB, 8. Aufl. 2017, § 1 AGG Rn. 9.

642 *Adomeit/Mohr*, AGG, § 1 Rn. 50.

643 Entwurf eines Gesetzes zur Umsetzung europäischer Richtlinien zur Verwirklichung des Grundsatzes der Gleichbehandlung, BT-Drs. 16/1780, S. 31.

Form von Rassendiskriminierung (CERD) Bezug genommen.[644] Maßgeblich für den Begriff der Ethnie ist die Wahrnehmung als „andere Gruppe“ in Gebräuchen, Herkunft, Erscheinung, Hautfarbe oder Sprache.[645] Hilfreich zur näheren Konturierung ist die britische Rechtsprechung in Ausdeutung des Race Relations Act (heute Teil des Equality Act 2010), wonach eine ethnische Herkunft definiert wird durch „*eine lange gemeinsame Geschichte, derer sich die Gruppe bewusst ist als ein Unterschied gegenüber anderen Gruppen; eine eigene kulturelle Tradition, einschließlich familiären und sozialen Gebräuchen und Sitten, oftmals aber nicht notwendig im Einklang mit religiösen Gebräuchen; eine gemeinsame Religion unterschiedlich von der benachbarter Gruppen oder der sie umgebenden Allgemeinheit.*“[646]

Fehlt es an der Möglichkeit der historischen Herleitung, ist es deutlich schwieriger zu bestimmen, ob eine gesellschaftliche Zuschreibung auf der ethnischen Herkunft basiert. Berühmtestes Beispiel in diesem Zusammenhang ist der Fall „Minus Ossi“ des Arbeitsgerichts Stuttgart, in welchem eine Bewerberin aufgrund ihrer Herkunft aus der früheren DDR abgelehnt wurde.[647] Die Bewerberin sah darin eine Ungleichbehandlung wegen ihrer ethnischen Herkunft.[648] Das Gericht führte aus, „*dass der Begriff der ethnischen Herkunft auf der manifestierbaren Unterschiedlichkeit der Menschen gründet*“.[649] Im Folgenden verneinte das Gericht eine Benachteiligung aufgrund der ethnischen Herkunft, weil eine solche Grenzziehung zwischen Westdeutschen und Ostdeutschen nicht möglich sei.

Folglich werden die Unterscheidungsmerkmale, im Sinne des Vergleichspersonenkonzepts, in Relation zu einer Vergleichsgruppe herauskristallisiert.[650] Dabei ist auch der Adressat des Diskriminierungsverbots zu berücksichtigen, weil seine Sichtweise die Zugehörigkeit zur eigenen,

---

644 Entwurf eines Gesetzes zur Umsetzung europäischer Richtlinien zur Verwirklichung des Grundsatzes der Gleichbehandlung, BT-Drs. 16/1780, S. 31.

645 *Schleusener,* in: Schleusener/Suckow/Voigt, AGG, § 1 Rn. 42; *Schlachter*, in: ErfK, AGG, § 1 Rn. 4a; *Ernst/Braunroth/Franke/Wascher*, AGG, § 1 Rn. 4.

646 *Thüsing*, Europäisches Arbeitsrecht, § 3 Rn. 56, m.w.N.

647 ArbG Stuttgart, Urt. v. 15.04.2010 - 17 Ca 8907/09, NZA-RR 2010, 344.

648 ArbG Stuttgart, Urt. v. 15.04.2010 - 17 Ca 8907/09, NZA-RR 2010, 344 (345).

649 ArbG Stuttgart, Urt. v. 15.04.2010 - 17 Ca 8907/09, NZA-RR 2010, 344 (345).

650 Vgl. *Grünberger*, Personale Gleichheit, S. 565.

sowie die des Betroffenen zu einer anderen Gruppe mitkonstruiert.[651] Erst durch sein Anknüpfen an das Merkmal auf Anknüpfungsebene verwirklicht sich die Gefahr der *„andauernden Dichotomisierung zwischen Mitgliedern und Außenseitern“*.[652] Demnach kommt es nicht darauf an, zu ergründen, welche kulturellen oder historischen Gemeinsamkeiten eine Gruppe aufweist, sondern vielmehr, wo die soziale Grenzziehung nach außen verläuft.[653]

Eine weitere viel diskutierte Frage ist die Abgrenzung der ethnischen Herkunft gegenüber der Staatsangehörigkeit bzw. Nationalität. Die Richtlinie 2000/43/EG sieht in Art. 3 Abs. 2 eine Ausnahme vom angeordneten Diskriminierungsverbot vor:

Diese Richtlinie betrifft nicht unterschiedliche Behandlungen aus Gründen der Staatsangehörigkeit und berührt nicht die Vorschriften und Bedingungen für die Einreise von Staatsangehörigen dritter Staaten oder staatenlosen Personen in das Hoheitsgebiet der Mitgliedstaaten oder deren Aufenthalt in diesem Hoheitsgebiet sowie eine Behandlung, die sich aus der Rechtsstellung von Staatsangehörigen dritter Staaten oder staatenlosen Personen ergibt.[654]

Um den Anwendungsbereich des AGG zu eröffnen, muss man zwischen zwei Konstellationen unterscheiden. Einerseits kann die Staatsangehörigkeit tatsächlich das relevante Anknüpfungskriterium bilden. Dies ist vorstellbar, wenn es beispielsweise um eine Arbeitserlaubnis geht.[655] In solchen Fällen liegt schon tatbestandlich keine Ungleichbehandlung im Sinne des AGG vor.[656] Andererseits kann die Staatsangehörigkeit auch le-

---

651 *Grünberger*, Personale Gleichheit, S. 565; a.A. *Adomeit/Mohr*, AGG, § 1 Rn. 51, die Frage, ob eine Ethnie vorliegt objektiv sei nach der Verkehrsauffassung und nicht subjektiv zu bestimmen.

652 *Barth*, in Barth (Hrsg.), Ethnic Groups and Bounadries, 9 (14); zitiert nach *Grünberger*, Personale Gleichheit, 565.

653 *Grünberger*, Personale Gleichheit, S. 566.

654 Der Wortlaut macht keinen Unterschied zwischen hoheitlichen und privaten Entscheidungsträgern. Die Einbeziehung privater Entscheidungsträger ist wegen der fehlenden Nennung der Staatsangehörigkeit in Art. 19 AEUV auch gar nicht möglich, vgl. *Stork*, Das Anti-Diskriminierungsrecht der Europäischen Union, S. 90.

655 *Grünberger*, Personale Gleichheit, S. 567; *Stork*, Das Anti-Diskriminierungsrecht der Europäischen Union, S. 90.

656 Weswegen auch eine diesbezügliche Frage im Vorstellungsgespräch erlaubt wäre, vgl. *Däubler*, in: Däubler/Bertzbach, AGG, § 1 Rn. 33; *Adomeit/Mohr*, AGG, § 1 Rn. 63.

diglich als Stellvertretermerkmal für die ethnische Herkunft einer Person fungieren.[657] Hier liegt eine unmittelbare Benachteiligung im Sinne des § 3 Abs. 1 AGG und im Sinne der Richtlinie 2000/43/EG vor.[658]

c) Geschlecht

Wie bereits in der historischen Entwicklung des europäischen Diskriminierungsschutzes angedeutet, ist das Geschlecht das Merkmal mit der längsten Historie im nationalen und europäischen Recht.[659] In den europäischen Richtlinien findet sich keine Definition des Begriffs.[660] Im deutschen Recht entspricht der Begriff des Geschlechts dem biologischen Wortsinn.[661] Hiernach wird die Erscheinungsform menschlicher Organismen als männlich oder weiblich bezeichnet, wie sie durch die Geschlechtschromosomen bestimmt wird.[662]

Es wird demnach zu Recht nicht der Lehre vom sogenannten Gender-Mainstreaming gefolgt, wonach es auf das soziokulturelle Geschlecht ankommen solle.[663] Nach der Rechtsprechung des EuGH ist auch die Transsexualität vom Schutzbereich umfasst, und zwar unabhängig davon, ob eine etwaige Geschlechtsumwandlung im jeweiligen Mitgliedstaat gesetzlich als solche anerkannt wird.[664] Der EuGH stellt die Ungleichbehandlung aufgrund eines Wechsels des Geschlechts mit einer solchen aufgrund der Zugehörigkeit zu einem bestimmten Geschlecht gleich.[665] Liegt der Schwerpunkt der Anknüpfung einer Ungleichbehandlung auf der Wahl der

---

657 *Grünberger*, Personale Gleichheit, S. 567.

658 A.A. *Däubler*, in: Däubler/Bertzbach, AGG, § 1 Rn. 34; *Schiek*, in: Schiek (Hrsg.), Allgemeines Gleichbehandlungsgesetz, § 1 Rn. 18, welche hier eine mittelbare Benachteiligung annehmen.

659 *Däubler*, in: Däubler/Bertzbach, AGG, § 1 Rn. 45.

660 *Watzenberg*, Der homo oeconomicus und seine Vorurteile, S. 139.

661 *Thüsing*, in: MüKo, AGG, § 1 Rn. 56; *Armbrüster*, in: Erman, AGG, § 1 Rn. 7; *Bauer/Krieger*, AGG, § 1 Rn. 25; *Preis*, in. ZESAR 2007, 308 (311); *Falke*, in: Rust/Falke, AGG, § 1 Rn. 36; *Schlachter*, in: ErfK, AGG, § 1 Rn. 6.

662 *Thüsing*, in: MüKo, AGG, § 1 Rn. 56.

663 Vgl. hierzu *Adomeit/Mohr*, AGG, § 1 Rn. 73ff.; *Zinsmeister*, Mehrdimensionale Diskriminierung, S. 59ff m.w.N.; *Baer*, Würde oder Gleichheit?, S. 234.

664 EuGH, Urt. v. 07.01.2004 - C-117/01 K, Slg. 2004, I-541.

665 EuGH, Urt. v. 30.04.1996, C-13/94, NJW 1996, 2421.

Sexualpartner oder findet diese vor der Geschlechtsumwandlung statt, geht die sexuelle Identität als spezielleres Merkmal vor. [666]

d) Sexuelle Identität

Mit dem Merkmal *Sexuelle Identität* wird das Verbot der Benachteiligung wegen der sexuellen Ausrichtung der Richtlinie 2000/78/EG umgesetzt.[667] Zwischen beiden Begriffen soll kein inhaltlicher Unterschied bestehen.[668] Dies ist zwar einerseits nicht zutreffend, da der Begriff der „Identität" gegenüber dem der „Ausrichtung" ein stärkeres interpersonelles Element enthält.[669] Andererseits ist dieser unterschiedliche Bedeutungsgehalt im Licht einer europarechtlichen Konformität unproblematisch, weil der nationale Begriff weiter ist als der europäische und somit diesen mit umfasst.[670] Das Merkmal zielt primär auf den Schutz von homosexuellen oder bisexuellen Menschen ab.[671] Umfasst ist jedoch auch die Heterosexualität.[672]

---

666 *Adomeit/Mohr*, AGG, § 1 Rn. 76, die hiervon abweichende Rechtsprechung des EuGH ist ergangen, bevor es das geschützte Merkmal der sexuellen Identität gab.

667 *Thüsing*, Arbeitsrechtlicher Diskriminierungsschutz, Rn. 213; *Thüsing*, in: MüKo, AGG, § 1 Rn. 88; *Schleusener*, in: Schleusener/Suckow/Voigt, AGG, § 1 Rn. 73; *Weth/Y. Overkamp*, in: Herberger/Martinek/Rüßmann, jurisPK-BGB, 8. Aufl. 2017, § 1 AGG Rn. 31.

668 Entwurf eines Gesetzes zur Umsetzung europäischer Richtlinien zur Verwirklichung des Grundsatzes der Gleichbehandlung, BT-Drs. 16/1780, S. 30; der Begriff der sexuellen Identität wurde bereits zur Umsetzung der Richtlinie 2000/78/EG in § 75 BetrVG verwendet.

669 Es lässt sich also beispielsweise zwischen homosexuell sein und homosexuell leben unterscheiden, vgl. *Watzenberg*, Der homo oeconomicus und seine Vorurteile, S. 140; vgl. auch *Grünberger*, Personale Gleichheit, S. 583f.

670 *Armbrüster*, in: Rudolf/Mahlmann, Gleichbehandlungsrecht, § 7 Rn. 29.

671 *Armbrüster*, in: Rudolf/Mahlmann, Gleichbehandlungsrecht, § 7 Rn. 29.

672 Entwurf eines Gesetzes zur Umsetzung europäischer Richtlinien zur Verwirklichung des Grundsatzes der Gleichbehandlung, BT-Drs. 16/1780, S. 31; *Armbrüster*, in: Rudolf/Mahlmann, Gleichbehandlungsrecht, § 7 Rn. 29; *Weth/Y. Overkamp*, in: Herberger/Martinek/Rüßmann, jurisPK-BGB, 8. Aufl. 2017, § 1 AGG Rn. 31.

e) Religion und Weltanschauung

Sowohl das Merkmal *Religion*, als auch das Merkmal *Weltanschauung* sind in der Richtlinie 2000/78/EG und im Gesetzgebungsverfahren zum AGG undefiniert geblieben.[673] Dem liegt der Gedanke zugrunde, dass sich ihre Bedeutung ohne zusätzliche Erläuterung erschließen müsste.[674] Dies kann ohne Weiteres bejaht werden, wenn an typische Bekenntnisformen, Gepflogenheiten oder Bräuche der traditionellen Weltreligionen angeknüpft wird.[675] So würde eine Ungleichbehandlung wegen der sichtbaren oder geäußerten Zugehörigkeit zum Katholizismus, Protestantismus, zum Islam (Burka, Tschador) oder zum (orthodoxen) Judentum ohne jeden Zweifel in den Schutzbereich des AGG fallen.[676]

Problematisch in diesem Zusammenhang war seit jeher die Behandlung von Sekten, am berühmtesten die Frage um den Status von Scientology.[677] In Folge der Rechtsprechung des EGMR werden neben international traditionell bestehenden Religionsgemeinschaften auch unbekannte und neugegründete religiöse Gruppierungen sowie der bekennende Atheismus geschützt.[678] Dieses weite Verständnis ist dem Umstand geschuldet, dass die Mitgliedstaaten als Adressaten des Diskriminierungsverbots des Art. 9 EMRK nicht gleichzeitig dessen Schutzumfang bewerten können.[679] Um Missbrauch vorzubeugen, kann nur ein nach außen tretendes Bekenntnis

673 Entwurf eines Gesetzes zur Umsetzung europäischer Richtlinien zur Verwirklichung des Grundsatzes der Gleichbehandlung, BT-Drs. 16/1780, S. 26.

674 Entwurf eines Gesetzes zur Umsetzung europäischer Richtlinien zur Verwirklichung des Grundsatzes der Gleichbehandlung, BT-Drs. 16/1780, S. 26.

675 *Stein*, in Wendeling-Schröder/Stein, AGG, § 1 Rn. 29.

676 *Stein*, in Wendeling-Schröder/Stein, AGG, § 1 Rn. 29.

677 Ob es sich bei der Scientology Church um eine Religion handelt ist nicht abschließend geklärt. Es lässt sich jedoch eine Tendenz zur Ablehnung der Religionseigenschaft ausmachen, vgl. BVerwG, Urt. v. 06.11.1997 – 1 C 18/95, BVerwGE 105, 313; BAG, Urt. v. 26.09.2002 – 5 AZB 19/01, BAGE 103, 20; OVG Münster, Urt. v. 12.02.2008, Az. 5 A 130/05; Bayrischer Verwaltungsgerichtshof, Urt. v. 02.11.2005 – 4 B 99.2582, NVwZ-RR 2006, 297; vgl. hierzu *Thüsing*, Arbeitsrechtlicher Diskriminierungsschutz, Rn. 184, mit weiteren internationalen Entscheidungen zu dieser Frage.

678 EGMR, Urt. v. 31.07.1008, App. No. 40825/98, NVwZ 2009, 509 - *Religionsgemeinschaft der Zeugen Jehovas u.a. v. Österreich*; EGMR, Urt. v. 03.11.2009, App. No. 30814/06, DÖV 2010, 144 – *Lautsi v. Italien*; aufgehoben durch: EGMR, Urt. v. 18.03.2011, App.No. 30814/06, NVwZ 2011, 737 – *Lautsi v. Italien II*,; siehe zum ganzen *Grünberger*, Personale Gleichheit, S. 577f. m.w.N.

679 *Grünberger*, Personale Gleichheit, S. 578.

der inneren Überzeugung vom Schutzbereich umfasst sein. Es würde die Rechte des Entscheidungsträgers im Bewerbungsverfahren vollständig außer Acht lassen, könnte sich beispielsweise ein Arbeitnehmer unter einem simplen Hinweis auf innere Vorgaben seines Glaubens dessen Weisungen entziehen.[680]

Darüber hinaus ist auch die *Weltanschauung* geschützt. Hierunter ist laut Rechtsausschuss des Bundestages die mit der Person des Menschen verbundene und auf innerweltliche Bezüge beschränkte Gewissheit über bestimmte Aussagen zum Weltganzen sowie zur Herkunft und zum Ziel menschlichen Lebens zu verstehen.[681] Damit wird die Transzendenz zum Abgrenzungskriterium gemacht. Religion bezieht sich auf die Transzendenz, während die Weltanschauung ein rein diesseitig ausgerichtetes Phänomen darstellt.[682]

f) Behinderung

Das Merkmal *Behinderung* wurde auf europäischer Ebene nicht definiert.[683] Nach dem ausdrücklichen Willen des Gesetzgebers des AGG gilt die in § 2 Abs. 1 S. 1 SGB IX und § 3 BGG enthaltene Legaldefinition.

Danach sind Menschen behindert, *„wenn ihre körperliche Funktion, geistige Fähigkeit oder seelische Gesundheit mit hoher Wahrscheinlichkeit länger als sechs Monate von dem für das Lebensalter typischen Zustand abweichen und daher ihre Teilhabe am Leben in der Gesellschaft beeinträchtigt ist.“*[684] Diese Begriffsbestimmung orientiert sich an internationalen Definitionen, insbesondere an derjenigen der WHO (ICIDH und

---

680 so auch *Stein*, in Wendeling-Schröder/Stein, AGG, § 1 Rn. 29; Schleusener würde in einem solchen Fall ohnehin die Tatbestände des § 3 Abs. 1 und § 3 Abs. 2 AGG verneinen, vgl. *Schleusener*, in: Schleusener/Suckow/Voigt, AGG, § 1 Rn. 55.

681 Beschlussempfehlung und Bericht des Rechtsausschusses des Bundestags, BT-Drs. 16/2022, S. 13.

682 BVerfG, Urt. v. 19.10.1971, 1 BvR 387/65, BVerfGE 32, 98 (107); BVerwG, Urt. v. 27.03.1992, 7 C 21/90, BVerwGE 90, 112 (115); BAG, Urt. v. 22.03.1995, 5 AZB 21/94, EzA Art. 140 GG Nr. 26; vgl. auch *Thüsing*, Arbeitsrechtlicher Diskriminierungsschutz, Rn. 195.

683 *Armbrüster*, in: Rudolf/Mahlmann, Gleichbehandlungsrecht, § 7 Rn. 27.

684 Entwurf eines Gesetzes zur Umsetzung europäischer Richtlinien zur Verwirklichung des Grundsatzes der Gleichbehandlung, BT-Drs. 16/1780, S. 31.

ICIDH-2 – *„International Classification of Impairments, Disabilities and Handicaps"*).[685] Folglich umfasst der Begriff der Behinderung zwei verschiedene Elemente: die konstitutionelle Abweichung und die darauf beruhende Beeinträchtigung der Teilhabe am Gemeinschaftsleben.[686] Auf den Grad der Behinderung kommt es hingegen nicht an.[687] Der Schutzbereich des AGG ist nicht auf das Vorliegen einer Schwerbehinderung im Sinne des § 2 Abs. 2 SGB IX beschränkt.[688]

Trotz der fehlenden europarechtlichen Definition hat der EuGH Leitlinien zur Begriffsbestimmung ausgegeben. Der Begriff sei autonom gemeinschaftsrechtlich und einheitlich im Sinne der Richtlinie 2000/78/EG auszulegen.[689] Im Folgenden grenzt der EuGH die Behinderung von einer Krankheit anhand der Dauerhaftigkeit ab. Hierbei geht er davon aus, dass der Schutzbereich der Richtlinie bei Krankheiten jedweder Art nicht eröffnet sei, also auch bei solchen deren Verlauf sich über mehr als sechs Monate erstrecke.[690] Zudem traf der EuGH eine Unterscheidung zwischen einer *„physischen, geistigen und psychischen Beeinträchtigung, welche „ein Hindernis für die Teilhabe am Berufsleben"* darstelle und dem Alternativszenario, dass ein Arbeitnehmer krankheitsbedingt nicht *„kompetent, fähig oder verfügbar"* sei, um die arbeitsvertraglichen Pflichten zu erfüllen.[691] Nur erstere Variante sei vom Schutzbereich der Richtlinie 2000/78/EG umfasst, wohingegen letztere diesen Schutz nicht genieße.[692] Vergleichsmaßstab für die Abweichung ist der für das Lebensalter übliche

685 *Schiek*, in: NZA 2004, 873 (881); *Ring/Siebeck/Woitz*, in: Flohr/Ring, AGG, Rn. 65.

686 *Armbrüster*, in: Rudolf/Mahlmann, Gleichbehandlungsrecht, § 7 Rn. 27.

687 BAG, Urt. v. 14.01.2015 - 7 AZR 880/13, juris Rn. 42; BAG, Urt. v. 26.06.2014 - 8 AZR 547/13, juris Rn. 25; BAG, Urt. v. 19.12.2013 - 6 AZR 190/12, NZA 2014, 372 (379); *Schlachter*, in: ErfK, AGG, § 1 Rn. 11; *Ernst/Braunroth/Franke/Wascher*, AGG, § 1 Rn. 7; *Weth/Y. Overkamp*, in: Herberger/Martinek/Rüßmann, jurisPK-BGB, 8. Aufl. 2017, § 1 AGG Rn. 24.

688 *Adomeit/Mohr*, AGG, § 1 Rn. 95; *Bauer/Krieger*, AGG, § 1 Rn. 52; *Armbrüster*, in: Rudolf/Mahlmann, Gleichbehandlungsrecht, § 7 Rn. 27.

689 EuGH, Urt. v. 11.07.2006, Rs. C-13/05, NZA 2006, 839 (840), Rn. 42 - *Chacón Navas*.

690 EuGH, Urt. v. 11.07.2006, Rs. C-13/05, NZA 2006, 839 (840), Rn. 46 - *Chacón Navas*.

691 EuGH, Urt. v. 11.07.2006, Rs. C-13/05, NZA 2006, 839 (840), Rn. 49 - *Chacón Navas*.

692 EuGH, Urt. v. 11.07.2006, Rs. C-13/05, NZA 2006, 839 (840), Rn. 49 - *Chacón Navas*.

Zustand, weswegen normale Alterserscheinungen keine Behinderung darstellen.[693] Ein „*Hindernis für die Teilhabe am Berufsleben*" stellen weder ein überdurchschnittliches Übergewicht allein[694], noch eine HIV-Infektion dar.[695] Gleichzeitig verdeutlicht die Voraussetzung einer Mindestdauer von sechs Monaten, dass europäische und nationale Begriffsbestimmung übereinstimmen und es daher kein Problem bei der Richtlinienkonformität gibt.[696]

g) Alter

Das *Alter*[697] als geschütztes Merkmal weicht in vielen Punkten von den anderen Merkmalen des § 1 AGG ab. Wie bereits bei den (impliziten) Altersvorurteilen dargestellt, hat dieses Merkmal enorme Praxisrelevanz.[698] Größte Besonderheit ist der dynamische Charakter dieses Merkmals. Jeder Mensch durchläuft dieselben Stufen des Alterungsprozesses, weswegen sich jeder im Lauf der Zeit auf beiden Seiten der jeweils bevorzugten und benachteiligten Gruppe wiederfinden kann.[699]

---

693 Entwurf eines Gesetzes zur Umsetzung europäischer Richtlinien zur Verwirklichung des Grundsatzes der Gleichbehandlung, BT-Drs. 16/1780, S. 31; *Weth/Y. Overkamp*, in: Herberger/Martinek/Rüßmann, jurisPK-BGB, 8. Aufl. 2017, § 1 AGG Rn. 22.

694 *Schleusener*, in: Schleusener/Suckow/Voigt, AGG, § 1 Rn. 62, m.w.N.

695 *Adomeit/Mohr*, AGG, § 1 Rn. 135; *Preis*, in: ErfK § 611 BGB Rn. 283; *Schleusener*, in: Schleusener/Suckow/Voigt, AGG, § 1 Rn. 62; a.A. *Bauer/Krieger*, AGG, § 1 Rn. 40; *Däubler*, in: Däubler/Bertzbach, AGG, § 1 Rn. 81; *Watzenberg*, Der homo oeconomicus und seine Vorurteile, S. 146, welche auf das eingeschränkte Sexualleben abstellt, um eine Behinderung zu bejahen. Diese Einschränkung der Gesundheit ist jedoch für den Arbeitsmarkt ohne Belang.

696 *Armbrüster*, in: Rudolf/Mahlmann, Gleichbehandlungsrecht, § 7 Rn. 28.

697 Der Begriff meint das Lebensalter, vgl. Entwurf eines Gesetzes zur Umsetzung europäischer Richtlinien zur Verwirklichung des Grundsatzes der Gleichbehandlung BT-Drs. 16/1780, S. 31; *Weth/Y. Overkamp*, in: Herberger/Martinek/Rüßmann, jurisPK-BGB, 8. Aufl. 2017, § 1 AGG Rn. 26; *Schlachter*, in: ErfK, AGG, § 1 Rn. 12.

698 Siehe oben § 2 B. IV. 2. c).

699 Siehe deshalb hierzu die Irritation bei Pöschl, Gleichheit vor dem Gesetz, S. 495: *„Anders als die verpönten Differenzierungsmerkmale ist auch das Alter kein unveränderliches Merkmal, im Gegenteil, es ist permanent im Fluß. Deshalb gleichen sich Differenzierungen nach dem Alter auf der Zeitachse auch regelmäßig aus. Rechte, die erst ab einem bestimmten Alter zuerkannt werden, kommen über*

Es gibt hier demnach keine Grenzziehung zwischen „*uns*" und den „*Anderen*", vielmehr trifft es jeden irgendwann.[700] Obwohl der Kernbereich auf den Schutz älterer Menschen abzielt, sind auch junge Menschen geschützt.[701] Hauptgrund für eine mögliche Ablehnung älterer Menschen ist aus psychologischer Sicht die eigene Angst vor dem Älterwerden und aus ökonomischer Sicht die Funktion als Stellvertretermerkmal für vielfältige Entscheidungsanknüpfungen, um die Transaktionskosten niedrig zu halten. Das Alter ist daher das meist verbreitete Beispiel einer statistischen Diskriminierung.[702] Im Arbeitsrecht wird das Lebensalter zum einen als Stellvertretermerkmal für sinkende Leistungsfähigkeit, zum anderen in Tarifverträgen für höher zu entlohnende Berufserfahrung verwendet.[703]

Im letzten Jahrzehnt war dieses Merkmal Anlass mehrerer berühmter Gerichtsentscheidungen auf europäischer Ebene. In *Mangold* hat der EuGH das Diskriminierungsverbot wegen des Alters zum allgemeinen Rechtsgrundsatz des Gemeinschaftsrechts erhoben.[704] Dies hat nicht unerhebliche dogmatische und kompetenzrechtliche Zweifel nach sich gezogen.[705] Das Hauptaugenmerk lag auf einer möglichen Kompetenzüberschreitung des EuGH durch die Einstufung des Verbots der Altersdiskriminierung als Primärrecht unter Umgehung der beschränkten Wirkung von Richtlinien unter Privaten und darauf aufbauender Umgehung der beschränkten Kompetenz zur gerichtlichen Kontrolle nach Art. 19 Abs. 1 EUV.[706] Das BVerfG hat die Linie des EuGH jedoch anschließend mitgetragen.[707]

---

kurz oder lang eben doch jedem zu; und auch Rechte, die ab einem bestimmten Alter aberkannt werden, hatte bis zu diesem Zeitpunkt jeder.".

700 *Grünberger*, Personale Gleichheit, S. 589; *Weth/Y. Overkamp*, in: Herberger/Martinek/Rüßmann, jurisPK-BGB, 8. Aufl. 2017, § 1 AGG Rn. 26; *Schlachter*, in: ErfK, AGG, § 1 Rn. 12.

701 *Armbrüster*, in: Rudolf/Mahlmann, Gleichbehandlungsrecht, § 7 Rn. 28; *Weth/Y. Overkamp*, in: Herberger/Martinek/Rüßmann, jurisPK-BGB, 8. Aufl. 2017, § 1 AGG Rn. 26; *Schlachter*, in: ErfK, AGG, § 1 Rn. 12.

702 *Grünberger*, Personale Gleichheit, S. 590.

703 *Grünberger*, Personale Gleichheit, S. 590.

704 EuGH, Rs. C-144/04, Slg. 2005, I-9981 – *Mangold.*

705 Vgl. *Watzenberg*, Der homo oeconomicus und seine Vorurteile, S. 147, m.w.N.

706 *Preis/Temming*, in: NZA 2010, 185 (189).

707 BVerfG, Beschluss v. 06.07.2010, Az. 2 BvR 2661/06, NJW 2010, 3422, eine Ultra-vires Kontrolle käme nur in Betracht, „*wenn ein Kompetenzverstoß der europäischen Organe hinreichend qualifiziert ist. Das setzt voraus, dass das kompetenzwidrige Handeln der Unionsgewalt offensichtlich ist und der angegriffene*

III. Rechtsfolgen des § 15 AGG im Überblick

§ 15 AGG stellt die zentrale Regelung der Rechtsfolgen eines Verstoßes gegen das Benachteiligungsverbot dar.[708] Gemäß § 15 Abs. 1 AGG ist der Arbeitgeber bei einem Verstoß gegen das Benachteiligungsverbot verpflichtet, den hierdurch entstandenen Schaden zu ersetzen. Dies gilt nicht, wenn der Arbeitgeber die Pflichtverletzung nicht zu vertreten hat. Wegen eines Schadens der Nichtvermögensschaden ist, kann der Beschäftigte nach § 15 Abs. 2 AGG eine angemessene Entschädigung in Geld verlangen. Die Entschädigung darf bei einer Nichteinstellung drei Monatsgehälter nicht überschreiten, wenn der Beschäftigte auch bei benachteiligungsfreier Auswahl nicht eingestellt worden wäre. Gemäß § 15 Abs. 6 AGG begründet ein Verstoß gegen das Benachteiligungsverbot keinen Anspruch auf Begründung eines Beschäftigungsverhältnisses, Berufsausbildungsverhältnisses oder einen beruflichen Aufstieg, es sei denn, ein solcher ergibt sich aus einem anderen Rechtsgrund. Nach der Konzeption des deutschen Gesetzgebers regelt § 15 Abs. 1 AGG den Ersatz materieller Schäden, wohingegen § 15 Abs. 2 AGG die Entschädigung für immaterielle Schäden regelt.

E. Der vorurteilsgeprägte Entscheidungsprozess im Tatbestand der unmittelbaren Benachteiligung

I. Einführung

Unter Berücksichtigung der dargestellten Grundlagen soll nun der Frage nachgegangen werden, ob eine aufgrund impliziter Vorurteile erfolgte Vertragsversagung den Tatbestand der unmittelbaren Benachteiligung gemäß § 3 Abs. 1 AGG erfüllt.

Hierzu wird der Tatbestand des § 3 Abs. 1 AGG anhand des vorgestellten Modells des Entscheidungsprozesses des benachteiligenden Arbeitge-

---

Akt im Kompetenzgefüge zu einer strukturell bedeutsamen Verschiebung zulasten der Mitgliedstaaten führt.“.

708 *Stein*, in Wendeling-Schröder/Stein, AGG, § 15 Rn. 1. *Weth*, in: Herberger/Martinek/Rüßmann, jurisPK-BGB, 8. Aufl. 2017, § 15 AGG Rn. 1; *Schlachter*, in: ErfK, AGG, § 15 Rn. 1.

bers untergliedert. Es gilt herauszuarbeiten, welche Anforderungen an den subjektiven Entscheidungsprozess auf Benachteiligendenseite gestellt werden und inwiefern Motivebene sowie Anknüpfungsebene im Tatbestand Berücksichtigung finden. Gleichzeitig lässt sich damit der Frage nachgehen, ob eine durch implizite Vorurteile verursachte Vertragsversagung den Tatbestand der unmittelbaren Benachteiligung gemäß § 3 Abs. 1 AGG erfüllt.

Zur Erinnerung: Die Motivebene gibt Aufschluss darüber, *warum* der Arbeitgeber anhand bestimmter Merkmale differenziert. Diese Motive können rational sein, im Sinne des ökonomischen Standardmodells des *Homo Oeconomicus*.[709] Sie können aber auch die verschiedenen, aus der Verhaltensökonomik bekannten Verzerrungen menschlichen Verhaltens widerspiegeln.[710]

Beispiel: Wird die Haarfarbe zum Entscheidungskriterium gemacht, kann das auf die Vorlieben des Arbeitgebers für blonde Frauen zurückzuführen sein, oder aber darauf, dass für auf blonde Haare spezialisiertes Haarshampoo ein Werbeträger gesucht wird.

Auf der Anknüpfungsebene selektiert der Arbeitgeber zwischen den Bewerbern anhand bestimmter, für ihn entscheidungserheblicher Merkmale. Die Anknüpfungsebene ist damit zentraler und unumgänglicher Bestandteil eines jeden Auswahlprozesses. Gibt es mehr Bewerber als zu besetzende Stellen, muss eine Auswahl getroffen werden. Die Bewerber müssen anhand mindestens eines Kriteriums unterschieden werden. Zu denken ist an Abschlussnoten, absolvierte Praktika, Berufserfahrung, Auslandserfahrung, Zusatzabschlüsse, soziales Engagement, Auftreten im Bewerbungsgespräch, Soft Skills, persönliche Sympathie, Haarfarbe, Körpergröße, Attraktivität, Brustumfang, Musikgeschmack, Geschlecht, Alter, Religion etc.

Möglich ist also jedes Kriterium, das Menschen in tatsächlicher Hinsicht unterscheidet. Im Grundsatz sind alle Anknüpfungsmerkmale schützenswerter Ausdruck der privatautonomen Entscheidungsgewalt.[711] Mögen Dritte die Unterscheidung anhand der Haarfarbe nicht nachvollziehen

709 Vgl. zum ökonomischen Verhaltensmodell, *Kirchgässner*, Homo Oeconomicus, S. 12ff.

710 Siehe eine Übersicht der Verhaltensanomalien in der Verhaltensökonomik bei *Schmolke*, Grenzen der Selbstbindung im Privatrecht, S. 178ff.

711 Vgl. *Flume,* Allgemeiner Teil des Bürgerlichen Rechts, Band II, S. 1, 6; *Canaris*, Die Vertrauenshaftung im deutschen Privatrecht, S. 413; *Brehmer*, Wille und Er-

können, so ist ein Anknüpfen hieran dennoch Ausdruck geschützter privater Willkür.[712] Erst die normative Beschränkung der Willkürfreiheit legt fest, dass Kriterien, die Menschen in tatsächlicher Hinsicht unterscheiden, nicht ihrer rechtlichen Unterscheidung dienen dürfen. Durch arbeitsrechtlichen Diskriminierungsschutz bringt der Gesetzgeber zum Ausdruck, welche Merkmale nicht (mehr) Teil einer legitimen Unterscheidung sind.[713]

Motivebene und Anknüpfungsebene sind strikt zu trennen. Vom Anknüpfen allein lässt sich nicht auf das zugrunde liegende Motiv schließen. Ausgangspunkt der nachfolgenden Untersuchung ist der Begriff „*wegen*" im Tatbestand des § 3 Abs. 1 AGG. „*Wegen*" kann im Sinne der Motivebene als Motiv der Unterscheidung oder im Sinne der Anknüpfungsebene als Kausalität der Merkmale des § 1 AGG verstanden werden.

II. Der Wortlaut des § 3 Abs. 1 AGG

Jede Normanalyse hat ihren Ausgang bei einer grammatischen Auslegung des Wortlauts zu nehmen. Dies gilt in erhöhtem Maße, wenn der Wortlaut seinerseits europäischen Ursprungs ist und somit etwaige Ambivalenzen möglicherweise durch einen Vergleich unterschiedlicher Sprachfassungen aufgelöst werden können.

§ 3 Abs. 1 AGG liest sich folgendermaßen:

„Eine unmittelbare Benachteiligung liegt vor, wenn eine Person wegen eines in § 1 genannten Grundes eine weniger günstige Behandlung erfährt, als eine andere Person in einer vergleichbaren Situation erfährt, erfahren hat oder erfahren würde. Eine unmittelbare Benachteiligung wegen des Geschlechts liegt in Bezug auf § 2 Abs. 1 Nr. 1 bis 4 auch im Falle

---

klärung, S. 129; *Singer*, Selbstbestimmung und Verkehrsschutz im Recht der Willenserklärungen, S. 6; *Lobinger*, in: Isensee (Hrsg.), Vertragsfreiheit und Diskriminierung, S. 99, 102; *Cziupka*, Dispositives Vertragsrecht, S. 81. *Isensee,* in: Isensee/Kirchhof (Hrsg.), Handbuch des Staatsrechts, § 150 Rn. 12; *Lieder*, Die rechtsgeschäftliche Sukzession, S. 84; *Picker*, in: JZ 2003, 540 (543); *Mankowski,* in: AcP 2011, 154.

712 Vgl. *Jestaedt*, in: Enders et al. (Hrsg.), Der Sozialstaat in Deutschland und Europa, S. 298 (333); *Ruffert*, Vorrang der Verfassung und Eigenständigkeit des Privatrechts, S. 175 m.w.N.

713 Entwurf eines Gesetzes zur Umsetzung europäischer Richtlinien zur Verwirklichung des Grundsatzes der Gleichbehandlung, BT-Drs. 16/1780, S. 30ff.

einer ungünstigeren Behandlung einer Frau wegen Schwangerschaft oder Mutterschaft vor.“

§ 3 Abs. 1 AGG setzt hierbei Artikel 2 Abs. 2 lit. a der Richtlinien 2000/43/EG, 2000/78/EG sowie 2006/54/EG um.[714] Hierbei ist augenfälligster Unterschied, dass das Unionsrecht den Begriff der Diskriminierung, das deutsche Recht hingegen denjenigen der Benachteiligung verwendet.[715] Dies dient der sprachlichen Präzisierung, da nach deutschem Verständnis nur die nicht gerechtfertigte Ungleichbehandlung eine Diskriminierung darstellt.[716]

In § 3 Abs. 1 S. 1 AGG findet sich der europäischen Vorgabe folgend eine Kombination aus Vergleichspersonenkonzept und Anknüpfungskonzept. Sowohl das Vergleichspersonenkonzept („... als eine andere Person ...“), als auch das Anknüpfungskonzept („... wegen eines in § 1 genannten Grundes ...“) sind Bestandteil des Wortlauts geworden. Zudem modifizieren die europäischen Richtlinien und die Umsetzung im AGG das Vergleichspersonenkonzept hinsichtlich der Ermöglichung eines hypothetischen Vergleichs („... erfahren würde ...“). Während das Vergleichspersonenkonzept das Entscheidungsergebnis im Blick hat, geht es beim Anknüpfungskonzept um den Entscheidungsprozess. Es handelt sich um zwei chronologisch aufeinander folgende Prüfungspunkte, die nicht zu vermischen sind. Erstens muss für das Vorliegen einer unmittelbaren Benachteiligung eines der verpönten Merkmale während des Entscheidungsprozesses Berücksichtigung gefunden haben. Zweitens ist das Entscheidungsergebnis mit dem einer (fiktiven) Vergleichsperson zu vergleichen.

Das Wort „wegen“ als Teil des Anknüpfungskonzepts dient als Ausgangspunkt der weiteren Auslegung.[717] Ist unter *„wegen eines in § 1 ge-*

---

714 Artikel 2 Abs. 2 lit. a der Richtlinien definieren unmittelbare Benachteiligung in der englischen Sprachfassung wie folgt: *direct discrimination shall be taken to occur where one person is treated less favourably than another is, has been or would be treated in a comparable situation on grounds of racial or ethnic origin (Directive 2000/43), religion or belief, disability, age or sexual orientation (Directive 2000/78) or sex (Directive 2006/54).*

715 Entwurf eines Gesetzes zur Umsetzung europäischer Richtlinien zur Verwirklichung des Grundsatzes der Gleichbehandlung, BT-Drs. 16/1780, S. 30.

716 *Adomeit/Mohr*, in: AGG. § 3 Rn. 2.

717 Das Wort „wegen“ wird zudem in Art. 3 Abs. 3 GG und Art. 2 Abs. 2 der Richtlinie 2000/78/EG verwendet, während die Richtlinien 76/207/EWG und 2000/43/EG das Wort „aufgrund“ verwenden; vgl. auch *von Medem*, Kündigungsschutz und Allgemeines Gleichbehandlungsgesetz, S. 46.

nannten Grundes" eine subjektive Motivation auf Motivebene oder objektive/subjektive Kausalität auf Anknüpfungsebene zu verstehen? Ist gar Benachteiligungsabsicht auf zumindest einer Ebene gemeint, welche final auf eine Herabwürdigung oder zumindest Aussortierung des Benachteiligten abzielt? Die Heranziehung des englischen Wortlauts der Richtlinien „on grounds of" hilft bei der Eingrenzung möglicher Auslegungsansätze nicht weiter. Auch hier ist sowohl ein Verständnis als Motivation oder als Kausalzusammenhang möglich. Im Ausgangspunkt kann man sich deshalb folgender Feststellung anschließen: Das Wort „wegen" *„ist eine „der wichtigsten Einbruchstellen in das strikte Verbot jeder Anknüpfung an die verpönten Merkmale", indem es „Raum für eine ganze Palette unterschiedlicher Anforderungen bietet",*[718] *die, „für sich genommen zu vordergründig"*[719] *sind.*"[720]

III. Die Motivebene: Die Relevanz der Motive des Benachteiligenden im Regelungsregime des AGG

Die Frage, ob die Entscheidungsmotive im Tatbestand der Benachteiligung Berücksichtigung finden sollten, ist eine Frage der intendierten Weite des Anwendungsbereichs des Diskriminierungsschutzes. Wäre lediglich die selbstzweckhafte Benachteiligung von Merkmalsträgern aus rassistischen oder frauenfeindlichen Gründen als tatbestandsmäßige Benachteiligung im Sinne des AGG anzusehen, würde der Tatbestand nur einen Ausschnitt aller denkbaren Benachteiligungsmotive abdecken. Umgekehrt sanktioniert eine vollständige Emanzipation des Tatbestandes von der Motivebene auch nachvollziehbares, wenn nicht gar wünschenswertes Verhalten.[721] Verboten wäre dann auch eine Differenzierung nach der Ethnie, die gerade der Integration der Minderheit dienen soll oder eine Differenzierung nach dem Geschlecht, die den Frauenanteil in traditionell männerdominierten Berufen erhöhen soll.

---

718 *Sachs*, in: Isensee/Kirchhof, Handbuch des Staatsrechts der Bundesrepublik Deutschland, Band VII, § 182 Rn. 68 (zu Art. 3 Abs. 1 GG).

719 *Osterloh*, in: Sachs, GG, Art. 3 Rn. 252.

720 *Grünberger*, Personale Gleichheit, S. 652.

721 Vgl. *Broy*, in: Herberger/Martinek/Rüßmann, jurisPK-BGB, 8. Aufl. 2017, § 3 Rn. 8.

1. Extrempositionen in der Literatur

a) Absichtserfordernis

Teile der Literatur sehen diskriminierende Motive als immanente Voraussetzung einer Benachteiligung an und vertreten dementsprechend ein Vorsatz- oder Absichtserfordernis.[722] Das Erfordernis der bewussten und gewollten Zurücksetzung eines Menschen entspreche erst dem starken Vorwurf, der im Begriff „Diskriminierung" liege, und erkläre die Dynamik und „*selbstgerechte Entschiedenheit*" der Antidiskriminierungsbewegung.[723] Der Schwerpunkt eines Diskriminierungsdelikts müsse schon deshalb im Subjektiven liegen, weil der objektive Befund einer jeden Personalauswahl mit einem gelandeten Treffer und vielen gezogenen Nieten ganz und gar „*sozialadäquat*" sei[724] und der legitimen Ausübung der Vertragsabschlussfreiheit entspreche.[725] Um eine Pflichtverletzung annehmen zu können, müsse ein Element der Abwertung, also eine materielle (nicht nur formale) Persönlichkeitsverletzung hinzukommen.[726]

Das AGG fordere dazu heraus, Diskriminierungen auch juristisch als Delikte in böser Absicht zu qualifizieren.[727] Ein „*dolus malus*" sei zwar früher zu § 611a BGB nur vereinzelt gefordert worden[728], jedoch sei diese Ansicht vom Gesetzeszweck her und nach systematischer Auslegung nun unabweisbar.[729] Dies verdeutliche insbesondere die Beweislastklausel des § 22 AGG. Diese fordere „Indizien …, die eine Benachteiligung wegen eines in § 1 AGG genannten Grundes vermuten lassen", was wiederum nur auf zu vermutende subjektive Merkmale sinnvoll anzuwenden sei, da der objektive Tatbestand der getroffenen Auswahl offen liege.[730] Auch die vom EuGH wiederholt betonte notwendige Abschreckungswirkung zu

---

722 *Adomeit/Mohr*, in: NZA 2007, 179 (180); *Maier-Reimer*, in: NJW 2006, 2577 (2579).
723 *Adomeit/Mohr*, in: NZA 2007, 179 (180).
724 *Mohr*, in: SAE 2006, 26 (27).
725 Vgl. *Säcker*, in: ZRP 2002, 286 (290).
726 *Adomeit/Mohr*, in: NZA 2007, 179 (180).
727 Vgl. *Wiedemann*, Die Gleichbehandlungsgebote im ArbeitsR, 2001, S. 90.
728 *Herrmann*, in: ZfA 1996, 19.
729 *Adomeit/Mohr*, in: NZA 2007, 179 (181).
730 Vgl. hierzu auch BAG, Urt. v. 05.02.2004 - 8 AZR 112/03, NZA 2004, 540, m. Anm. Mohr.

verhängender Entschädigungen („punitive damages")[731] spreche für ein striktes Vorsatzerfordernis. „Abgeschreckt" werden könnten Personen nur von vorsätzlichen Verhaltensweisen, und sie dürften nur abgeschreckt werden, wenn ein solches Verhalten verwerflich sei.[732] Dogmatisch fehle es bei nur objektiven Tatbestandsmerkmalen an einer „*Kausalität der Pflichtwidrigkeit*", denn der Arbeitgeber verfüge stets über ein rechtmäßiges Alternativverhalten: Er könne die Einstellung schlicht unterlassen.[733] Insofern stehe die mit Schadensersatzpflichten sanktionierte ungerechtfertigte Benachteiligung trotz ihrer Verortung im vorvertraglichen Bereich der vorsätzlichen sittenwidrigen Schädigung nach § 826 BGB nahe.[734] Es genüge danach für eine Verletzung des § 7 AGG nicht, wenn ein abgewiesener Bewerber anders als der angenommene Bewerber einem der geschützten Personenkreise angehöre. Diese Zurücksetzung müsse gerade durch das entsprechende Merkmal motiviert (gewesen) sein und abwertenden Charakter haben.[735]

b) Folgenorientierung

Am entgegengesetzten Ende des Meinungsspektrums findet sich der Ansatz einer reinen Folgenorientierung des arbeitsrechtlichen Diskriminierungsschutzes. Dem Recht bleibe es nicht nur verschlossen, welche Motive ein Entscheidungsträger im Entscheidungsprozess habe, es sei für das Recht auch uninteressant.[736] Motivsuche sei seine Sache nicht.[737] Von Interesse sei ausschließlich, was getan und bewirkt werde. Geregelt werde keine Tugend, sondern Gerechtigkeit.[738] Entsprechend verbiete die Rechtsordnung auch nicht Gedanken oder Meinungen, sondern Taten, eventuell auch verbales Tun, wenn es tatsächlich verletzende Folgen zeitige.[739] Bei der Bekämpfung von Diskriminierungen seien nicht Einstellun-

---

731 EuGH, Urt. v. 22.04.1997 – Rs. C-180/95, NZA 1997, 645, - *Draehmpaehl*.

732 *Adomeit/Mohr*, in: NZA 2007, 179 (181).

733 *Adomeit/Mohr*, in: NZA 2007, 179 (181), mit Verweis auf den Dissertationstitel Hanaus aus dem Jahr 1971.

734 *Adomeit/Mohr*, in: NZA 2007, 179 (181); so schon *Adomeit*, DB 1980, 2388.

735 *Adomeit/Mohr*, in: NZA 2007, 179 (182).

736 *Baer*, in: ZRP 2002, 290 (293).

737 *Baer*, in: ZRP 2002, 290 (293).

738 *Baer*, in: ZRP 2002, 290 (293).

739 *Baer*, in: ZRP 2002, 290 (293f).

gen und Motive, nicht Vorsatz, Intention oder spezifische Diskriminierungsmotivation des Diskriminierenden von Belang, sondern die *objektiv messbaren Folgen* tatsächlichen Handelns oder Unterlassens.[740] Dies entmoralisiere die Diskussion, weil der Vorwurf der Schuld aus dem Fokus gerückt werde.[741] Und es sei grundrechtsdogmatisch konsequent, da im Rahmen der Eingriffstatbestände subjektive Motivationen generell keine Rolle spielen würden.[742]

Wer mit Moral und Tugend argumentiere, verkenne die Regelung grundlegend, denn arbeitsrechtlicher Diskriminierungsschutz interessiere sich nicht für Motive, sondern für Ausgrenzung und Nachteile.[743] Diskriminierung liege vor, wenn Menschen im öffentlichen Leben folgeträchtig ausgegrenzt würden.[744] Um Ausgrenzung handele es sich nur dann nicht, wenn die Benachteiligung kompensiert werde oder keine (hypothetisch) vergleichbare Situation bestehe. Antidiskriminierungsrecht beinhalte die Regel, dass Ethnie, Glaube, Geschlecht und sexuelle Identität, Alter oder Behinderung für die Rechtsordnung nur ausnahmsweise Bedeutung erlangen, wenn sonst ungerechte Folgen bewirkt oder Ungerechtigkeiten zementiert würden.[745]

2. Die Rechtfertigungslösung im AGG: Emanzipation des Tatbestandes von den Motiven der Benachteiligung

Der Gesetzgeber ist keiner Extremposition gefolgt. Er hat einen differenzierteren Weg gewählt, um den unterschiedlichen Motiven einer Differenzierung zumindest zu einem gewissen Grad Rechnung zu tragen. Interessanterweise verfolgt er sogar mehrere unterschiedliche Ansätze innerhalb desselben Gesetzes. Die Motivebene wird systematisch an verschiedenen Stellen relevant, je nachdem, ob eine unmittelbare Benachteiligung nach § 3 Abs. 1 AGG oder eine mittelbare Benachteiligung nach § 3 Abs. 2 AGG vorliegt.

---

740 *Baer*, in: ZRP 2001, 500 (502).
741 *Baer*, in: ZRP 2001, 500 (502).
742 *Baer*, in: ZRP 2001, 500 (502).
743 *Baer*, in: ZRP 2002, 290 (293f).
744 *Baer*, in: ZRP 2002, 290 (293f).
745 *Baer*, in: ZRP 2002, 290 (293f.).

Bei der unmittelbaren Benachteiligung nach § 3 Abs. 1 AGG sieht die Konzeption des AGG eine vollständige Emanzipation des Tatbestandes von der Motivebene vor.[746] Eine merkmalsfeindliche Absicht ist ausdrücklich nicht zur Tatbestandsverwirklichung notwendig.[747] Ein enger Diskriminierungsbegriff, wie er bereits als Fallgruppe des § 826 BGB außerhalb des § 611a BGB a.F. existierte, erfüllt nicht den umfassenden Ansatz, den der Gesetzgeber dem AGG zuschreibt.[748] Ein benachteiligendes Motiv des Arbeitgebers ist auf Tatbestandsebene irrelevant; der Tatbestand ist auch dann erfüllt, wenn der Arbeitgeber in erster Linie andere Ziele verfolgt.[749] Für das Vorliegen einer Benachteiligung kommt es nicht darauf an, ob eine Behandlung aus einer feindseligen oder abwertenden Haltung heraus erfolgte.[750]

Dies bedeutet zum einen, dass sich ein Arbeitgeber der seine Auswahlentscheidung in rassistischer Weise anhand der Ethnie der Bewerber trifft,

---

746 Vgl. BAG, Urt. v. 20.01.2016, 8 AZR 194/14, NZA 2016, 681 (684); BAG, Urt. v. 22.10.2015, 8 AZR 384/14, NZA 2016, 625; BAG, Urt. v. 26.06.2014, 8 AZR 547/13, NZA 2015, 896; *Lenz*, in: Nomos-BR, AGG, § 3 Rn. 2; *Thüsing*, in: MüKo-BGB, AGG, § 3 Rn. 8 unter Verweis auf BAG, Urt. v. 28.04.2011 - 8 AZR 515/10, NJW 2011, 2458; *Rolfs*, in: Staudinger, AGG, § 3 Rn. 3; *Broy*, in: Herberger/Martinek/Rüßmann, jurisPK-BGB, 8. Aufl. 2017, § 3 AGG Rn. 8.

747 Vgl. BAG, Urt. v. 20.01.2016, 8 AZR 194/14, NZA 2016, 681 (684); BAG, Urt. v. 22.10.2015, 8 AZR 384/14, NZA 2016, 625; BAG, Urt. v. 26.06.2014, 8 AZR 547/13, NZA 2015, 896; BAG, Urt. v. 24.01.2013 - 8 AZR 429/11, NZA 2013, 498; *Lenz*, in: Nomos-BR, AGG, § 3 Rn. 2; *Thüsing*, in: MüKo-BGB, AGG, § 3 Rn. 8 unter Verweis auf BAG, Urt. v. 28.04.2011 - 8 AZR 515/10, NJW 2011, 2458; *Rolfs*, in: Staudinger, AGG, § 3 Rn. 3; *Broy*, in: Herberger/Martinek/Rüßmann, jurisPK-BGB, 8. Aufl. 2017, § 3 AGG Rn. 8; *Schrader/Schubert*, in: Däubler/Bertzbach, AGG, § 3 Rn. 38; *Bauer/Krieger*, AGG, § 3 Rn. 10; vgl. auch *Ellis/Watson*, EU Anti-Discrimination Law, S. 163f.

748 Vgl. Entwurf eines Gesetzes zur Umsetzung europäischer Richtlinien zur Verwirklichung des Grundsatzes der Gleichbehandlung vom 08.06.2006, BT-Drs. 16/1780, S. 20f; a.A. *Adomeit/Mohr*, in: NZA 2007, 179 (181).

749 BAG, Urt. v. 20.01.2016, 8 AZR 194/14, NZA 2016, 681 (684); BAG, Urt. v. 22.10.2015, 8 AZR 384/14, NZA 2016, 625; BAG, Urt. v. 26.06.2014, 8 AZR 547/13, NZA 2015, 896; BAG, Urt. v. 24.01.2013 - 8 AZR 429/11, NZA 2013, 498; *Lenz*, in: Nomos-BR, AGG, § 3 Rn. 2; *Thüsing*, in: MüKo-BGB, AGG, § 3 Rn. 8 unter Verweis auf BAG, Urt. v. 28.04.2011 - 8 AZR 515/10, NJW 2011, 2458; *Rolfs*, in: Staudinger, AGG, § 3 Rn. 3; *Broy*, in: Herberger/Martinek/Rüßmann, jurisPK-BGB, 8. Aufl. 2017, § 3 AGG Rn. 8; *Schrader/Schubert*, in: Däubler/Bertzbach, AGG, § 3 Rn. 38; *Bauer/Krieger*, AGG, § 3 Rn. 10; *Grünberger*, Personale Gleichheit, S. 653.

750 Handbuch Diskriminierungsschutz der Diskriminierungsstelle des Bundes, S. 52.

nicht durch den Hinweis entlasten kann, er verfolge mit dieser Differenzierung keine rassistische, sondern eine sachlich begründbare Agenda. Es bedeutet zum anderen aber auch, dass selbst ökonomisch oder persönlich nachvollziehbare Motive den Tatbestand der unmittelbaren Benachteiligung nicht ausschließen können.

In gefestigter Rechtsprechung führt das BAG aus:

> *„Das Benachteiligungsverbot des § 7 Abs. 1 AGG erfasst nicht jede Ungleichbehandlung, sondern nur eine Ungleichbehandlung „wegen" eines in § 1 AGG genannten Grundes. Zwischen der benachteiligenden Behandlung und einem in § 1 AGG genannten Grund muss demnach ein Kausalzusammenhang bestehen. Dafür ist es nicht erforderlich, dass der betreffende Grund iSv. § 1 AGG das ausschließliche oder auch nur ein wesentliches Motiv für das Handeln des Benachteiligenden ist; er muss nicht - gewissermaßen als vorherrschender Beweggrund, Hauptmotiv oder „Triebfeder" des Verhaltens - handlungsleitend oder bewusstseinsdominant gewesen sein; vielmehr ist der Kausalzusammenhang bereits dann gegeben, wenn die Benachteiligung an einen Grund iSv. § 1 AGG anknüpft oder durch diesen motiviert ist, wobei bloße Mitursächlichkeit genügt."*[751]
>
> *„Ein schuldhaftes Handeln oder gar eine Benachteiligungsabsicht ist nicht erforderlich"*.[752]

Auch wenn hier die Unterscheidung zwischen Motivebene und Anknüpfungsebene nicht hundertprozentig auskonturiert ist, macht das BAG deutlich, dass es zur Tatbestandsverwirklichung nicht auf die Motivlage des Benachteiligenden ankommen soll. Der Tatbestand ist vollständig auf die Anknüpfungsebene verlagert.

Zur Abfederung möglicher Härten hat sich der Gesetzgeber für ein System unterschiedlicher Rechtfertigungsgründe bei tatbestandsmäßiger Benachteiligung entschieden. Entgegen der Ansicht *Baers*[753] ist die Möglichkeit der Rechtfertigung einer Ungleichbehandlung im Privatrecht auch zwingend notwendig. Es wäre mit der dargestellten Privatrechtsordnung nicht vereinbar, absolute Unterscheidungsverbote zu verhängen, da dies

---

751 BAG, Urt. v. 20.01.2016, 8 AZR 194/14, NZA 2016, 681 (684); BAG, Urt. v. 22.10.2015, 8 AZR 384/14, NZA 2016, 625; BAG, Urt. v. 26.06.2014, 8 AZR 547/13, NZA 2015, 896; BAG, Urt. v. 24.01.2013 - 8 AZR 429/11, NZA 2013, 498.

752 BAG, Urt. v. 17.08.2010 - 9 AZR 839/08, NZA 2011, 153 (156).

753 *Baer*, in: ZRP 2002, 290 (293).

einer vollständigen Aushöhlung des privatrechtlichen Grundsatzes *stat pro ratione voluntas* gleichkäme.[754]

Die Rechtfertigungsmöglichkeiten bilden daher einen „*zentralen und notwendigen Baustein im Recht der Antidiskriminierung.*“[755] Im Interesse des Arbeitgebers, von Drittparteien oder gar der geschützten Merkmalsträgern selbst, kann es notwendig werden, eine Differenzierung aufgrund der Merkmale des § 1 AGG vorzunehmen.[756] Dem umfassenden Diskriminierungsschutzgedanken des AGG wird dadurch Rechnung getragen, dass an die Rechtfertigung Anforderungen gestellt werden, die über die sachlichen Gründe im Sinne des allgemeinen Gleichbehandlungsgebots hinausgehen.[757] Der Arbeitgeber kann die hinter der Anknüpfung an ein Merkmal des § 1 AGG stehende Motivation nur unter den Voraussetzungen der §§ 8 bis 10 und § 5 AGG mit haftungsbefreiender Wirkung vorbringen.

a) Die Rechtfertigungsgründe als Sachlichkeitsgebot im Entscheidungsprozess

aa) § 8 AGG

§ 8 AGG setzt Art. 4 Abs. 1 der Richtlinien 2000/43/EG, 2000/78/EG und Art. 14 Abs. 2 der Richtlinie 2006/54/RG um.[758] Die Regelung stellt klar, dass und unter welchen Voraussetzungen berufliche Anforderungen eine unmittelbare Benachteiligung rechtfertigen können.[759] § 8 Abs. 1 AGG be-

754 Vgl. erneut *Isensee,* in: Isensee/Kirchhof (Hrsg.), Handbuch des Staatsrechts, § 150 Rn. 12; *Lieder*, Die rechtsgeschäftliche Sukzession, S. 84; *Picker*, in: JZ 2003, 540 (543); *Mankowski,* in: AcP 2011, 154; *Flume,* Allgemeiner Teil des Bürgerlichen Rechts, Band II, S. 1, 6; *Canaris*, Die Vertrauenshaftung im deutschen Privatrecht, S. 413; *Brehmer*, Wille und Erklärung, S. 129; *Singer*, Selbstbestimmung und Verkehrsschutz im Recht der Willenserklärungen, S. 6; *Lobinger*, in: Isensee (Hrsg.), Vertragsfreiheit und Diskriminierung, S. 99, 102; *Cziupka*, Dispositives Vertragsrecht, S. 81.

755 *Thüsing*, Arbeitsrechtlicher Diskriminierungsschutz, Rn. 314.

756 *Thüsing*, Arbeitsrechtlicher Diskriminierungsschutz, Rn. 314.

757 *Thüsing*, Arbeitsrechtlicher Diskriminierungsschutz, Rn. 314.

758 *Güttler*, in: Herberger/Martinek/Rüßmann, jurisPK-BGB, 8. Aufl. 2017, § 8 AGG Rn. 1; *Schlachter*, in: ErfK, AGG, § 8 Rn. 1; *Brors*, in: Däubler/Bertzbach, AGG, § 8 Rn. 1; vgl. ausführlich *Hwang*, Die Rechtfertigung von Benachteiligungen nach § 8 AGG.

759 *Brors*, in: Däubler/Bertzbach, AGG, § 8 Rn. 1.

stimmt einheitlich für alle Merkmale des § 1 AGG, dass eine Benachteiligung zulässig ist, wenn der Grund wegen der Art der auszuübenden Tätigkeit oder der Bedingungen ihrer Ausübung eine wesentliche und entscheidende berufliche Anforderung darstellt, sofern der Zweck rechtmäßig und die Anforderung angemessen ist. Es geht also im Kern um den Abgleich zwischen den unternehmerischen Zielsetzungen und dem Schutz vor Benachteiligungen.

Der auf einem Merkmal des § 1 AGG basierende Grund für eine Ungleichbehandlung muss eine berufliche Anforderung für die in Rede stehende Tätigkeit sein.[760] Entscheidend sind die konkreten Inhalte der geschuldeten Leistungen („Art der auszuübenden Tätigkeit") und die genauen Umstände der Leistungserbringung („Bedingungen ihrer Ausübung").[761] Folglich können sowohl Gesichtspunkte der betrieblichen Organisation als auch fachliche Qualifikationen eine Rolle spielen.[762] Die unternehmerische Entscheidungsfreiheit umfasst den jeweiligen Aufgabenzuschnitt und das daraus folgende Anforderungsprofil der zu besetzenden Stelle.[763]

Mit dem Merkmal „Wesentlichkeit" wird versucht, zumindest offensichtlich unsachliche Anknüpfungen an ein Merkmal des § 1 AGG von der Rechtfertigungsmöglichkeit auszunehmen. Wesentlich ist eine berufliche Anforderung, wenn sie einen zentralen Bestandteil des Anforderungsprofils für den jeweiligen Arbeitsplatz bildet; mit anderen Worten, wenn sie für die Tätigkeit auf der jeweiligen Stelle prägend ist.[764] Hierbei ist ein objektiver Maßstab nach den üblichen Anschauungen des Arbeitsmarktes zu

---

760 EuGH, Urt. v. 12.01.2010 – Rs. C-341/08, Slg. 2010, I-47 - *Petersen*; EuGH, Urt. v. 13.09.2011 – Rs. C-447/09, NJW 2011, 3209; *Falke*, in: Rust/Falke, AGG, § 8 Rn. 10. *Schlachter*, in: ErfK, AGG, § 8 Rn. 1.

761 *Mansel,* in: Jauernig, BGB, § 8 AGG Rn. 2; *Güttler*, in: Herberger/Martinek/Rüßmann, jurisPK-BGB, 8. Aufl. 2017, § 8 AGG Rn. 8; *Falke*, in: Rust/Falke, AGG, § 8 Rn. 10.

762 *Falke*, in: Rust/Falke, AGG, § 8 Rn. 10.

763 BAG, Urt. v. 18.03.2010 - 8 AZR 77/09, NZA 2010, 872; BAG, Urt. v. 28.05.2009 - 8 AZR 536/08, BAGE 131, 86; *Schlachter*, in: ErfK, AGG, § 8 Rn. 4; *Bauer/Krieger*, AGG, § 8 Rn. 16; *Schleusener*, in: Schleusener/Suckow/Voigt, AGG, § 8 AGG Rn. 7; *Güttler*, in: Herberger/Martinek/Rüßmann, jurisPK-BGB, 8. Aufl. 2017, § 8 AGG Rn. 8.

764 BAG, Urt. v. 28.05.2009 - 8 AZR 536/08, NZA 2009, 1016 (1019); ArbG Köln, Urt. v. 06.08.2008 - 9 Ca 7687/07; *Bauer/Krieger*, AGG, § 8 Rn. 21; *Meinel/Heyn/Herms*, AGG, § 8 Rn. 7; *Thüsing*, Arbeitsrechtlicher Diskriminierungsschutz, Rn. 326.; *Schleusener*, in: Schleusener/Suckow/Voigt, AGG, § 8 AGG,

bilden.[765] Es geht also gerade nicht um die Frage, welcher Bewerber die besten Qualifikationen aufweist, sondern ob Träger eines der Merkmale des § 1 AGG aufgrund dieses Merkmals von vornherein als Kandidaten für die Stelle ausscheiden dürfen.[766]

Eine berufliche Anforderung gilt darüber hinaus als „entscheidend“, wenn sie Bestandteil der entgoltenen Leistung und nicht lediglich erwünschter Nebeneffekt ist.[767] Das BAG legt dem Begriff der wesentlichen und entscheidenden beruflichen Anforderungen dieselbe Bedeutung bei wie dem Begriff der unverzichtbaren Voraussetzung in § 611a BGB a.F..[768] Danach liegt eine wesentliche und entscheidende berufliche Anforderung vor, *„wenn die Tätigkeit ohne dieses Merkmal bzw. ohne Fehlen dieses Merkmals entweder gar nicht oder nicht ordnungsgemäß durchgeführt werden kann.“*[769]

Eine Rechtfertigung nach § 8 Abs. 1 AGG setzt des Weiteren voraus, dass der nach einem der Merkmale des § 1 AGG differenzierende Zweck seinerseits rechtmäßig und angemessen ist. Mit dem Kriterium des rechtmäßigen Zwecks sollen rechtswidrige und rechtsmissbräuchliche Anforderungen zur Rechtfertigung einer Ungleichbehandlung ausgeschieden werden.[770] Hierbei geht es hauptsächlich um unsachliche, unvernünftige, willkürliche oder gar gesetzlich verbotene Anforderungen an die zu besetzende Stelle.[771] Das Merkmal der Angemessenheit der Anforderung verlangt,

---

Rn. 14; *Güttler*, in: Herberger/Martinek/Rüßmann, jurisPK-BGB, 8. Aufl. 2017, § 8 AGG Rn. 10.

765 BAG, Urt. v. 28.05.2009 - 8 AZR 536/08, NZA 2009, 1016 (1019); *Adomeit/Mohr*, AGG, § 8 Rn. 23; *Bauer/Krieger*, AGG, § 8 Rn. 22.

766 Beispielsweise ein Moslem als Erzieher in einem katholischen Kindergarten.

767 *Roesner*, Das Allgemeine Gleichbehandlungsgesetz, S. 115; Im US-amerikanischen Recht ist auch von „essence of the business“ die Rede, vgl. *Falke*, in: Rust/Falke, AGG, § 8 Rn. 12; häufigstes Beispiel ist die Attraktivität von Frauen, zum Beispiel als Stewardessen oder Kellnerinnen.

768 BAG, Urt. v. 28.05.2009 - 8 AZR 536/08, NZA 2009, 1016.

769 BAG, Urt. v. 28.05.2009 - 8 AZR 536/08, NZA 2009, 1016 (1019); vgl. auch *Schleusener*, in: Schleusener/Suckow/Voigt, AGG, § 8 Rn. 12.

770 *Falke*, in: Rust/Falke, AGG, § 8 Rn. 13.

771 *Schleusener*, in: Schleusener/Suckow/Voigt, AGG, § 8 Rn. 17; *Falke*, in: Rust/Falke, AGG, § 8 Rn. 13; laut BAG geht es hierbei ausschließlich um den Ausschluss von Zwecken, die gegen ein Verbotsgesetz verstoßen, vgl. BAG, Urt. v. 28.05.2009 - 8 AZR 536/08, NZA 2009, 1016.

dass eine Verhältnismäßigkeitsprüfung vorzunehmen ist.[772] Diese hat sich dabei auf den unternehmerischen Zweck einerseits und den Nachteil für den Beschäftigten andererseits zu beziehen.[773] Insoweit ist eine Abwägung unter Berücksichtigung aller Umstände des Einzelfalls sowie der betroffenen Grundrechte und des europäischen Primärrechts vorzunehmen.[774]

bb) §§ 9 und 10 AGG

§ 9 AGG ergänzt den Regelungsgehalt von § 8 AGG bei Anknüpfungen an die Religion oder Weltanschauung.[775] Die Vorschrift konkretisiert für diesen Bereich die gerechtfertigten beruflichen Anforderungen und lässt in Abweichung vom allgemeinen Benachteiligungsverbot des § 7 AGG eine unterschiedliche Behandlung der Bewerber ausdrücklich zu, wenn diese durch die Religion oder Weltanschauung begründet ist.[776]

§ 10 AGG enthält besondere Rechtfertigungsgründe bei Benachteiligungen wegen des Alters. Der deutsche Gesetzgeber setzt hiermit die europäischen Vorgaben des Art. 6 der Richtlinie 2000/78/EG um.[777] Die Anforderungen an eine Rechtfertigung sind in § 10 AGG weniger streng als in § 8 AGG. Während in § 8 AGG nur „wesentliche und entscheidende berufliche Anforderungen" eine Benachteiligung zulassen, genügt bezüg-

---

772 BAG, Urt. v. 28.05.2009 - 8 AZR 536/08, NZA 2009, 1016; *Adomeit/Mohr*, AGG, § 8 Rn. 25; *Falke*, in: Rust/Falke, AGG, § 8 Rn. 14; *Husmann*, in: ZESAR 2005, 167 (170).

773 Entwurf eines Gesetzes zur Umsetzung europäischer Richtlinien zur Verwirklichung des Grundsatzes der Gleichbehandlung, BT-Drs. 16/1780, S. 35; BAG, Urt. v. 28.05.2009 - 8 AZR 536/08, NZA 2009, 1016 (1021); BVerwG, Urt. v. 20.02.2012 - 2 B 136/11 - juris Rn. 9; *Bauer/Krieger*, AGG, § 8 Rn. 20; *Schleusener*, in: Schleusener/Suckow/Voigt, AGG, § 8 AGG Rn. 20; *Schlachter*, in: ErfK, AGG, § 8 Rn. 7; *Wendeling-Schröder*, in: Wendeling-Schröder/Stein, AGG, § 8 AGG Rn. 12; *Adomeit/Mohr*, in: AGG. § 8 Rn. 24; *Güttler*, in: Herberger/Martinek/Rüßmann, jurisPK-BGB, 8. Aufl. 2017, § 8 AGG Rn. 18.

774 BAG, Urt. v. 28.05.2009 - 8 AZR 536/08, NZA 2009, 1016.

775 *Voigt*, in: Schleusener/Suckow/Voigt, AGG, § 9 Rn. 6; *Kalb*, in: Herberger/Martinek/Rüßmann, jurisPK-BGB, 8. Aufl. 2017, § 9 AGG Rn. 1.

776 *Brors*, in Däubler/Bertzbach, AGG, § 9 Rn. 1.

777 *Sievers*, in: Herberger/Martinek/Rüßmann, jurisPK-BGB, 8. Aufl. 2017, § 10 AGG Rn. 1; allerdings in äußerst missglückter Weise, vgl. *Brors*, in Däubler/Bertzbach, AGG, § 10 Rn. 4f.

lich des Alters ein „legitimes Ziel".[778] Diese Formulierung ist aus dem Richtlinientext übernommen und wirft die Frage auf, ob „legitim" gleichbedeutend mit „rechtmäßig" im Sinne des § 3 Abs. 2 AGG zu verstehen ist.[779] In diesem Fall hätte § 10 AGG bei der mittelbaren Benachteiligung keinen zusätzlichen Regelungsgehalt. Der EuGH hat daher auf die Systematik aus Tatbestand und Rechtfertigung abgestellt, indem er erklärte, dass die Anwendungsbereiche von Art. 2 Abs. 2 (§ 3 Abs. 2 AGG) und Art. 6 (§ 10 AGG) der Richtlinie 2000/78/EG nicht deckungsgleich sind. Eine bereits auf Tatbestandsebene nach Art. 2 Abs. 2 (§ 3 Abs. 2 AGG) gerechtfertigte mittelbare Benachteiligung sei nicht noch an Art. 6 (§ 10 AGG) zu überprüfen.[780] Hinsichtlich tatbestandsmäßiger unmittelbarer Benachteiligungen wegen des Alters eröffnet § 10 AGG dem Arbeitgeber von § 8 AGG abweichende Rechtfertigungsmöglichkeiten.

cc) § 5 AGG

Das Unionsrecht hat den Mitgliedstaaten in Art. 5 der Richtlinie 2000/43/EG, Art. 7 der Richtlinie 2000/78/EG und Art. 3 2006/54/EG die Möglichkeit eingeräumt Ausnahmen vom Gleichbehandlungsgrundsatz zuzulassen, wenn eine reale Benachteiligungssituation vorgefunden wird.[781] § 5 AGG regelt die Zulässigkeit von „positiven Maßnahmen" zur Verhinderung oder zum Ausgleich bestehender Nachteile wegen eines oder mehrerer Merkmale des § 1 AGG. Es handelt sich um einen speziellen Rechtfertigungsgrund[782], der eine Auffangfunktion im Verhältnis zu §§ 8 bis 10 AGG erfüllt.[783] Das bedeutet, dass es auf die Zulässigkeit be-

---

778 Voigt, in: Schleusener/Suckow/Voigt, AGG, § 10 Rn. 3. *Sievers*, in: Herberger/Martinek/Rüßmann, jurisPK-BGB, 8. Aufl. 2017, § 10 AGG Rn. 4.

779 *Voigt*, in: Schleusener/Suckow/Voigt, AGG, § 10 Rn. 14.

780 EuGH, Urt. v. 05.03.2009. Rs. C-388/07, NZA 2009, 305.

781 Entwurf eines Gesetzes zur Umsetzung europäischer Richtlinien zur Verwirklichung des Grundsatzes der Gleichbehandlung, BT-Drs. 16/1780, S. 33; *Colling*, in: Herberger/Martinek/Rüßmann, jurisPK-BGB, 8. Aufl. 2017, § 5 AGG Rn. 3.

782 Entwurf eines Gesetzes zur Umsetzung europäischer Richtlinien zur Verwirklichung des Grundsatzes der Gleichbehandlung, BT-Drs. 16/1780, S. 33; *Wank*, in: FS Wißmann, S. 599 (613); *Bauer/Krieger*, AGG, § 5 Rn. 4; *Adomeit/Mohr*, AGG, § 5 Rn. 1; aA *Armbrüster*, in: Rudolf/Mahlmann, Gleichbehandlungsrecht, § 7 Rn. 159; *Raasch*, in: Rust/Falke, AGG, § 5 Rn. 11; offen gelassen *Hinrichs/Zimmer*, in: Däubler/Bertzbach, AGG, § 5 Rn. 5.

783 *Hinrichs/Zimmer*, in: Däubler/Bertzbach, AGG, § 5 Rn. 10.

günstigender Maßnahmen nach § 5 AGG nur dann ankommt, wenn die Benachteiligung nicht bereits nach den §§ 8 bis 10 AGG gerechtfertigt ist.

§ 5 AGG ist das Einfallstor der Motivebene des Entscheidungsprozesses in das Benachteiligungsverbot und dient dabei dem Ausgleich zweier Problemlagen. Auf der einen Seite wird eine nicht merkmalsfeindliche Motivation haftungsbefreiend berücksichtigt, auf der anderen Seite wird der Erkenntnis Rechnung getragen, dass oftmals die formale Gleichstellung von Merkmalsträgern nicht ausreicht, um bestehende Ungleichheit zu beheben. Die Vorschrift ermöglicht es, gezielt an ein Merkmal des § 1 AGG anzuknüpfen, um die reale Situation von Merkmalsträgern zu verbessern. [784] Häufigstes Beispiel ist die gezielte Aufstockung des Frauenanteils in stereotyp „männerlastigen" Berufen. Nachteile im Sinne des § 5 AGG sind alle Umstände, die dazu führen, dass Personen in der Bewerbungssituation schlechtere Chancen haben als die jeweiligen Vergleichspersonen. Diese Umstände können entweder in den Personen selbst liegen (Schwangerschaft, Behinderung) oder Ausdruck überkommener gesellschaftlicher Strukturen sein.[785] Im letztgenannten Fall soll § 5 AGG der Bekämpfung von Verallgemeinerungen, Vorurteilen und Ressentiments dienen.[786]

Problematisch kann die Feststellung sein, wann ein Nachteil tatsächlich besteht oder (möglicherweise ebenfalls vorurteilsbedingt) nur angenommen wird.[787] Aussagekräftigstes Indiz soll die Unterrepräsentation einer Personengruppe in bestimmten Bereichen im Verhältnis zu ihrer sonstigen Größe sein.[788] Seien zum Beispiel Männer in bestimmten Positionen deutlich überdurchschnittlich vertreten, wäre davon auszugehen, dass Frauen bei der Besetzung dieser Positionen Nachteile haben.[789] In Wahrheit handelt es sich um ein schwaches Indiz. Die Annahme einer Diskriminierung

---

784 Vgl. zur Rechtfertigung von Frauenquoten nach § 5 AGG, *Olbrich/Krois*, in: NZA 2015, 1288 (1292).

785 *Hinrichs/Zimmer*, in: Däubler/Bertzbach, AGG, § 5 Rn. 21.

786 *Hinrichs/Zimmer*, in: Däubler/Bertzbach, AGG, § 5 Rn. 21.

787 *Colling*, in: Herberger/Martinek/Rüßmann, jurisPK-BGB, 8. Aufl. 2017, § 5 AGG Rn. 7.

788 Entwurf eines Gesetzes zur Umsetzung europäischer Richtlinien zur Verwirklichung des Grundsatzes der Gleichbehandlung, BT-Drs. 16/1780, S. 23ff.; *Hinrichs/Zimmer*, in: *Däubler/Bertzbach*, AGG, § 5 Rn. 23; *Schlachter*, in: ErfK, Art. 157 AEUV Rn. 31.

789 *Sacksofsky*, in: ZESAR 2004, 208; BAG, Urt. v. 22.07.2010, 8 AZR 1012/08, NZA 2011, 93; BAG, Urt. v. 22.06.1993, 1 AZR 590/92, NZA 1994, 77.

bei Unterrepräsentation ist in dieser Allgemeingültigkeit schlicht falsch, weil die Bezugsgrößen nicht stimmen. Eine Benachteiligung von Frauen könnte allenfalls dann angenommen werden, wenn eine vergleichbare Anzahl an Bewerbern und Bewerberinnen für bestimmte Positionen vorgelegen hätte und dennoch ein deutlich höherer Teil der Stellen durch Männer besetzt würde. Entscheidend ist jedoch nicht das Verhältnis von Männern und Frauen im Allgemeinen, sondern das Verhältnis von männlichen und weiblichen Bewerbern auf einen bestimmten Stellentyp. In Fällen bloßer Unterrepräsentation wäre die Bevorzugung von Frauen im Entscheidungsprozess unter Berufung auf § 5 AGG eine umgekehrte Diskriminierung männlicher Bewerber. Die damit einhergehende Problematik einer umgekehrten Diskriminierung („*reverse discrimination*“) der bislang privilegierten Gruppe kann hier nur angedeutet werden.[790]

b) Vorurteile als Rechtfertigung?

aa) Partielle Motivberücksichtigung ist faktisch ein Sachlichkeitsgebot im Entscheidungsprozess

Die dargestellte Systematik des AGG hat zur Folge, dass das Motiv der Ungleichbehandlung für die Verwirklichung des Tatbestandes der unmittelbaren Benachteiligung irrelevant ist. Der Tatbestand interessiert sich nicht dafür, ob das Unterscheidungsmotiv paternalistisch, ökonomisch oder vorurteilsgeprägt ist. Der Gesetzgeber hat sich dafür entschieden, nur eine limitierte Anzahl an Benachteiligungsmotiven (§§ 8 bis 10, § 5 AGG) haftungsbefreiend wirken zu lassen. Die Möglichkeit der Rechtfertigung bei bestimmten Motiven auf Motivebene dient dem Ausgleich der Interessen von Unternehmerseite und geschütztem Merkmalsträger. Dies verringert die Eingriffsintensität in die Vertragsabschlussfreiheit der Arbeitgeberseite, ändert aber nichts daran, dass durch die nur partielle Berücksichtigung der Motivebene faktisch ein Sachlichkeitsgebot Eingang in den privatautonomen Entscheidungsprozess gefunden hat.[791] Arbeitgeber unter-

---

790 Siehe bereits oben § 4 C. II. 3. ; ausführlich *Burg*, Positive Maßnahmen zwischen Unternehmerfreiheit und Gleichbehandlung; siehe zudem den Überblick bei *Barnard*, EU Employment Law, S. 375.

791 So auch *Isensee*, in: Isensee (Hrsg.), Vertragsfreiheit und Diskriminierung, S. 239 (271).

liegen bei erbrachtem Indizienbeweis einer Benachteiligung (§ 22 AGG) einer Rechtfertigungspflicht, die in Wahrheit zu einer umfassenden Begründungspflicht des eigenen Entscheidungsprozesses werden kann.[792] Der Arbeitgeber muss entweder den Anschein einer Benachteiligung oder, sofern das Gericht den Indizienbeweis als erbracht ansieht, die Benachteiligung selbst widerlegen.[793] Dies kann nur rechtssicher gelingen, wenn der Entscheidungsprozess ausschließlich an belegbaren Fakten orientiert war. Der private Entscheidungsprozess nähert sich damit zumindest partiell dem Besteignungsgebot nach Art. 33 Abs. 2 GG unmittelbar grundrechtsgebundener öffentlich-rechtlicher Arbeitgeber an.[794]

Dies ist von gesetzgeberischer Seite durchaus so gewünscht.[795] Die Merkmale des § 1 AGG sind im Entscheidungsprozess nur valide Anknüpfungskriterien, wenn auf Motivebene ein Ausnahmefall der §§ 8 bis 10, § 5 AGG vorliegt. Sobald ein Merkmalsträger des § 1 AGG als Bewerber im Entscheidungsprozess zu berücksichtigen ist (was bei den Merkmalen Geschlecht und Alter stets der Fall ist), wird es dem Arbeitgeber unmöglich gemacht, unreflektiert den eigenen Präferenzen zu folgen.[796] Faktisch ist er gezwungen, ein Motiv parat zu haben, das den Voraussetzungen der Rechtfertigungsgründe entspricht.[797] Die Rechtsprechung hat das Sachlichkeitsgebot lediglich insoweit entschärft, als dass die bloße Verweigerung einer Ablehnungsbegründung noch kein hinreichendes Indiz einer

---

792 Vgl. *Thüsing*, in: MüKo-BGB, § 22 AGG Rn. 20; *Overkamp*, in: Herberger/Martinek/Rüßmann, jurisPK-BGB, 8. Aufl. 2017, § 22 AGG Rn. 16.

793 Vgl. *Thüsing*, in: MüKo-BGB, § 22 AGG Rn. 20; *Overkamp*, in: Herberger/Martinek/Rüßmann, jurisPK-BGB, 8. Aufl. 2017, § 22 AGG Rn. 16.

794 *Isensee*, in: Isensee (Hrsg.), Vertragsfreiheit und Diskriminierung, S. 239 (271).

795 Entwurf eines Gesetzes zur Umsetzung europäischer Richtlinien zur Verwirklichung des Grundsatzes der Gleichbehandlung, BT-Drs. 16/1780, S. 35.

796 Vgl. zu den Verteidigungsmöglichkeiten des beklagten Arbeitgebers, *Thüsing*, in: MüKo-BGB, § 22 AGG Rn. 20; *Overkamp*, in: Herberger/Martinek/Rüßmann, jurisPK-BGB, 8. Aufl. 2017, § 22 AGG Rn. 16; *Schlachter*, in: ErfK § 22 AGG Rn. 9; *Adomeit/Mohr*, AGG, § 22 Rn. 48.

797 *Isensee*, in: Isensee (Hrsg.), Vertragsfreiheit und Diskriminierung, S. 239 (271). Faktisch besteht entgegen der Rechtsprechung ein Gebot zur Bestenauslese, vgl. hierzu BAG, Urt. v. 7.4.2011 – 8 AZR 679/09, NZA 2011, 1184; BAG, Urt. 24.01.2013 - 8 AZR 429/11, NZA 2013, 498; vgl. auch *Schmidt*, Von "Mangold" bis " Maruko", S. 12.

Benachteiligung darstellt.[798] Liegt jedoch ein Indizienbeweis vor, können subjektive Präferenzen allein das Entscheidungsergebnis nicht in legaler Weise tragen.[799] Auch eine gezielte Steigerung der Diversität ist nur unter den Voraussetzungen des § 5 AGG möglich. Sollen also zum Beispiel gezielt türkischstämmige Bewerber eingestellt werden, um die spezifischen Kundenwünsche der türkischstämmigen Minderheit besser bedienen zu können, könnte dieses betriebswirtschaftliche Motiv den Entscheidungsprozess nicht legal tragen. Der Arbeitgeber müsste stattdessen auf die Unterpräsenz türkischer Angestellter abstellen, was freilich mit dem wahren Motiv nichts zu tun hat.

Damit ist auch die Frage beantwortet, ob implizite Vorurteile auf Motivebene vom Verbot der Ungleichbehandlung des AGG umfasst sind. Zur Tatbestandsverwirklichung ist die Motivebene nicht relevant und auf Rechtfertigungsebene wirken implizite Vorurteile nicht rechtfertigend, weil deren Auftreten nicht die Voraussetzungen von §§ 8 bis 10 bzw. § 5 AGG erfüllt. Die Kehrseite des Sachlichkeitsgebots ist ein Verbot von Vorurteilen als Motiv im Entscheidungsprozess.

bb) (Implizite) Vorurteile der Kundschaft als wesentliche und entscheidende berufliche Anforderung?

Diskussionswürdig ist die Frage, ob (implizite) Vorurteile der Kundschaft eine wesentliche und entscheidende berufliche Anforderung im Sinne des § 8 AGG darstellen können.[800]

Dreht man das obige Beispiel um, könnte sich ein Arbeitgeber aufgrund einschlägiger vorurteilsbedingter Kundenwünsche dazu veranlasst sehen,

---

798 EuGH, Urt. v. 21.07.2011 - C-104/10 – *Kelly*; EuGH, Urt. v. 19.04.2012 - C-415/10, NJW 2012, 2497 – *Meister*; BAG, Urt. v, 25.04.2013, 8 AZR 287/08, NZA 2014, 224.

799 *Isensee*, in: Isensee (Hrsg.), Vertragsfreiheit und Diskriminierung, S. 239 (271); vgl. auch BAG, Urt. v. 21.07.2009 - 9 AZR 431/08, NJW 2009, 3319 (3322); LArbG Köln, Urt. v. 23.12.2011 - 4 Sa 1008/11 - juris Rn. 40; *Wendtland*, in: BeckOK-BGB, Stand 01.08.2016, § 22 AGG Rn. 5; *Windel*, in: RdA 2011, 193 (198); *Stein*, in: Wendeling-Schröder/Stein, AGG, 2008, § 22 Rn. 32; *Bertzbach*, in: Däubler/Bertzbach, AGG, § 22 Rn. 58; *Overkamp*, in: Herberger/Martinek/Rüßmann, jurisPK-BGB, 8. Aufl. 2017, § 22 AGG Rn. 16.

800 Vgl. zur Berücksichtigung von Kundenwünschen grundlegend BAG, Urt. v. 28.05.2009 - 8 AZR 536/08, BAGE 131, 86. .

keine türkischstämmigen Bewerber einzustellen. Grundsätzlich gilt, dass es nach der Zweckrichtung des AGG, das gerade darauf zielt, vorurteilsbedingte Benachteiligungen bestimmter Merkmalsträger zu verhindern, unbeachtlich ist, wenn die merkmalsfeindliche Motivation statt vom Arbeitgeber von Dritten ausgeht.[801] Ansonsten würde auch die Vorschrift des § 12 Abs. 1 AGG leerlaufen, welche dem Arbeitgeber eine Schutzpflicht für seine Arbeitnehmer gegenüber Kunden auferlegt.[802] Andererseits kann schon gesetzessystematisch die grundrechtlich geschützte Unternehmerfreiheit nicht durch eine einfachgesetzliche Vorschrift in einer Weise eingeschränkt werden, dass diese den Bestand oder die Aufrechterhaltung seines Geschäftsbetriebs gefährdet.[803]

Demzufolge können Kundenwünsche durchaus wesentlich und entscheidend bei der Aufstellung des Anforderungsprofils sein. Die Verfolgung unternehmerischer Zwecke kann nicht losgelöst vom Absatzmarkt und damit von Kundenwünschen betrachtet werden.[804] Je nach Bedeutung des Kunden oder dem prozentualen Anteil am Gesamtumsatz, kann dessen Wunsch eine wesentliche und erforderliche Anforderung an die Tätigkeit darstellen.[805]

Basieren die Kundenwünsche jedoch ausschließlich auf Vorurteilen im Sinne des gewählten Beispiels, ist dem Persönlichkeitsschutz der betroffenen Merkmalsträger Vorrang zu geben. Ablehnung aus Fremdenhass ist ein nicht hinzunehmender Angriff auf die Menschenwürde.[806] Das Benachteiligungsverbot des AGG entspricht insoweit dem verfassungsrecht-

---

801 *Thüsing*, Arbeitsrechtlicher Diskriminierungsschutz, Rn. 336; *Schleusener*, in: Schleusener/Suckow/Voigt, AGG, § 8 Rn. 16; *Falke*, in: Rust/Falke, AGG, § 8 Rn. 20.

802 *Schleusener*, in: Schleusener/Suckow/Voigt, AGG, § 8 Rn. 16.

803 *Schleusener*, in: Schleusener/Suckow/Voigt, AGG, § 8 Rn. 16.

804 BAG, Urt. v. 28.05.2009 - 8 AZR 536/08, BAGE 131, 86.

805 *Annuß*, in: BB 2006, 1629 (1633).

806 *von Medem*, Kündigungsschutz und Allgemeines Gleichbehandlungsgesetz, S. 59; siehe auch allgemein zum Diskriminierungsbegriff *Alexander*, in: U. Pa. L. Rev. 141 (1992), 149 (151): "*And indeed, there can be no doubt that this kind of behaviour is not tolerable in a modern society. When a person is assessed to be of inferior moral worth and is treated correspondingly, that treatment is morally wrong notwithstanding of the material or immaterial consequences. It represents a failure to show the moral respect due to a whole group of people in society, a failure which is by itself sufficient to be assessed immoral. And exactly for such a kind of revelation of disregard of standards a modern society developed a prohibition is the right response.*".

lichen Gebot aus Art. 1 Abs. 1 S. 2 GG.[807] Besonders schwierig, aber im Ergebnis gleich zu bewerten, ist die Berücksichtigung impliziter Vorurteile. Wie oben festgestellt, existieren diese beinahe flächendeckend.[808] Bei der Abwägung steht man vor der schwierigen Frage, ob es sich auswirken darf, wenn beispielsweise statistische Daten vorliegen, wonach Deutsche implizite Vorurteile gegenüber Flüchtlingen aus dem Balkan haben und deutlich weniger geneigt sind, mit diesen in geschäftlichen Kontakt zu treten. Einerseits soll das Benachteiligungsverbot gerade den Integrationsprozess von Minderheiten stärken und kann derlei Einwände nicht als Rechtfertigungsgrund akzeptieren. Andererseits können auch Unternehmer vor dem Hintergrund der unternehmerischen Freiheit[809] nur bis zu einem gewissen Grad dazu angehalten werden, sehenden Auges ihr Geschäft zu schädigen. Zumindest in extremen Fällen steht daher die Möglichkeit einer Rechtfertigung aufgrund impliziter Vorurteile der Kundschaft offen.

cc) Exkurs: Die mittelbare Benachteiligung, § 3 Abs. 2 AGG: Sachliche Gründe als negatives Tatbestandsmerkmal

Bei der mittelbaren Benachteiligung nach § 3 Abs. 2 AGG hat der Gesetzgeber einen anderen Ansatz gewählt. Der Tatbestand ist nicht vollständig von der Motivebene emanzipiert, da zumindest ein „rechtmäßiges Ziel“ die Tatbestandsverwirklichung ausschließen kann, sofern die Mittel zur Erreichung des Ziels „angemessen und erforderlich“ sind. Gesetzestechnisch ist ein negatives Tatbestandsmerkmal in Deutschland ungewöhnlich, dem europäischen Recht aber nicht fremd.[810] Der Tatbestand wird durch die teilweise Berücksichtigung der Motivebene deutlich begrenzt.[811] Diese Begrenzung ist aufgrund der praktisch unbegrenzten Anzahl an „dem An-

---

807 Entwurf eines Gesetzes zur Umsetzung europäischer Richtlinien zur Verwirklichung des Grundsatzes der Gleichbehandlung, BT- Drs. 16/1780, S. 1; *von Medem*, Kündigungsschutz und Allgemeines Gleichbehandlungsgesetz, S. 59.

808 Vgl. *Mitchell/Tetlock*, in: Hofstra Law Rev. 37 (2009), 760.

809 Vgl. ausführlich *Lieske*, Diskriminierungsschutz und unternehmerische Freiheit, S. 41ff.

810 Vgl. die Cassis-Rechtsprechung des EuGH, Urt. v. 20.02.1979, Rs. 120/78, NJW 1979, 1766.

811 *Schrader/Schubert*, in: Däubler/Bertzbach, AGG, § 3 Rn. 52; *Wendeling-Schröder*, in: Wendeling-Schröder/Stein, AGG, § 3 Rn. 18.

schein nach neutrale[n] Vorschriften, Kriterien oder Verfahren“ auch dringend geboten. Droht ansonsten doch der Tatbestand zu weit und konturlos zu werden.

Findet demnach die Motivebene bei der mittelbaren Benachteiligung in deutlich höherem Maße Berücksichtigung, ändert dies nichts am Eingriffscharakter in den vorurteilsgeprägten Entscheidungsprozess. Ausgeschlossen wird die Tatbestandsverwirklichung bei Motiven, die billigenswert sind, mithin auf vernünftigen einleuchtenden Erwägungen beruhen und die gegen keine verfassungsrechtlichen oder sonstigen übergeordneten Wertentscheidungen verstoßen.[812] Billigenswert bedeutet mehr als die bloße Einhaltung der Willkürgrenze.[813] Das Sachlichkeitsgebot findet sich demnach bei der mittelbaren Benachteiligung auf Tatbestandsebene wieder. Der Verweis des Arbeitgebers auf die eigenen (vorurteilsgeprägten) Präferenzen wird kein Gehör finden. Die Vertragsabschlussfreiheit ist auch hier im Kernbereich betroffen. Die Motivebene ist im Falle des (impliziten) Vorurteils als Motiv im Entscheidungsprozess vom Diskriminierungsverbot des AGG umfasst.

3. Ergebnis: Das AGG als Verbot merkmalsbezogener impliziter Vorurteile auf Motivebene

Auf Motivebene ist das AGG demnach klar in seiner Aussage. Es sieht eine vollständige Irrelevanz der Entscheidungsmotive auf Tatbestandsebene vor. Das *Warum* der Berücksichtigung eines Merkmals des § 1 AGG spielt für die Tatbestandsverwirklichung der unmittelbaren Benachteiligung mithin keine Rolle. Der Gesetzgeber schafft damit einen möglichst weiten Anwendungsbereich.[814] Selbst grundsätzlich billigenswerte Motive lassen eine Berücksichtigung der verpönten Merkmale im Entscheidungsprozess nicht zu. Dies bedeutet gleichzeitig, dass auch die Frage, ob implizite Vorurteile auf Motivebene vom Verbot der Ungleichbehandlung umfasst sind, mit einem klaren Ja beantwortet werden kann.

---

812 BAG, Urt. v. 28.01.2010, 2 AZR 764/08, BAGE 133, 141; BAG, Urt. v. 18.05.2006, 6 AZR 631/05, NZA 2007, 103ff.

813 *Broy*, in: Herberger/Martinek/Rüßmann, jurisPK-BGB, 8. Aufl. 2017, § 3 AGG Rn. 32.

814 *Broy*, in: Herberger/Martinek/Rüßmann, jurisPK-BGB, 8. Aufl. 2017, § 3 AGG Rn. 8.

Lediglich auf Rechtfertigungsebene kann die Arbeitgeberseite einen eng umgrenzten Bereich möglicher Motive vorbringen, die, um rechtfertigend zu wirken, die hohen objektiven Voraussetzungen der §§ 8 bis 10 bzw. § 5 AGG erfüllen müssen. Dies ist ein Eingriff in die Vertragsabschlussfreiheit des Arbeitgebers. Diesem ist es nur unter Eingehung des Risikos eines Rechtsverstoßes möglich, den gewünschten Vertragspartner nach eigenen Präferenzen oder unreflektiert auszuwählen - zumindest, sofern die Präferenzen gleichzeitig ein Merkmal des § 1 AGG betreffen. Das AGG zwingt den Arbeitgeber zu einem gewissen Maß an Sachlichkeit und Selbstreflexion bei der Personalauswahl.

Da (implizite) Vorurteile ebenfalls Ausdruck der persönlichen subjektiven Präferenzen des Entscheidungsträgers sind, ist der vorurteilsgeprägte Entscheidungsprozess mitumfasst.[815] Er muss sich bei der Auswahlentscheidung selbst über den Grund bzw. das Motiv seiner Entscheidung klar werden, um im Streitfall eine sachliche Begründung parat zu haben, die obendrein den Voraussetzungen der Rechtfertigungsgründe genügt. Sollte ein abgelehnter Bewerber den Klageweg beschreiten, kann ein Arbeitgeber seiner Beweislast nach § 22 AGG nur bei Vorhaltung einer den Rechtfertigungsgründen des AGG genügenden Begründung nachkommen. Faktisch findet auf diese Weise ein Zwang zur Sachlichkeit – ein Sachlichkeitsgebot – den Weg ins Privatrecht, der den privatautonomen Grundsätzen fremd ist.[816] Die Vertragsabschlussfreiheit wird um den Faktor der persönlichen Willkür beraubt.[817]

Ergänzend ist festzuhalten, dass auch die vorurteilsgeprägten Präferenzen Dritter – namentlich der Kunden – im Regelfall keine rechtfertigende Wirkung entfalten können, weil dies in direktem Widerspruch zur persönlichkeitsschützenden Zielsetzung des AGG stehen würde. Wegen der besonderen Relevanz der Kundenwünsche in einem am Markt auftretenden Unternehmen ist die Eingriffsintensität eines Verbots ihrer Berücksichtigung als besonders hoch einzustufen.

Die tatbestandliche Irrelevanz der Motivebene, verbunden mit nur partieller Rechtfertigungsfähigkeit bestimmter Motive, bedeutet auch, dass die

815 *Greenwald/Banaji*, in: Psychol. Rev. 102 (1995), 4 (8).

816 *Säcker*, in: ZRP 2002, 286 (290).

817 Vgl. *Isensee*, in: Isensee, Vertragsfreiheit und Diskriminierung, S. 7; *Schmidt*, Von "Mangold" bis " Maruko", S. 12.

heftigen Kritiken[818] am europäischen Antidiskriminierungskonzept nicht vollständig unbegründet sind. Reaktionen auf die Antidiskriminierungsrichtlinien wiesen früh auf die Unverträglichkeit einer Verpflichtung auf Willensbildungsmoral, einer Sanktionierung von Gesinnungsunrecht sowie eines Verbots böser Gedanken bei einer grundsätzlich erlaubten Ablehnungsentscheidung mit dem Privatrecht hin.[819] Aufgrund der faktischen Obliegenheit zur Darlegung der jeweiligen Entscheidungsmotive auf Rechtfertigungsebene, ist eine Verletzung des grundrechtlich geschützten *forum internum* nicht vollkommen von der Hand zu weisen.[820] *Baers* Ansicht, wonach der Gesetzgeber sich nicht für die Motivebene interessiere[821], sondern ausschließlich für die diskriminierende Wirkung des Entscheidungsergebnisses, ist zum einen ungenau und zum anderen entlarvend einseitig. Die Moralkontrolle findet nicht auf Tatbestandsebene statt, sondern durch die limitierte Motivberücksichtigung auf Rechtfertigungsebene.

IV. Die Anknüpfungsebene im Tatbestand der unmittelbaren Benachteiligung

1. Erfordernis eines subjektiven Elements im Anknüpfungstatbestand?

Wird die Motivebene aufgrund der Emanzipation des Tatbestandes von der Frage des *Warum* der Berücksichtigung eines Merkmals des § 1 AGG weitgehend ausgeblendet, so entscheidet sich auf Anknüpfungsebene, ob eine tatbestandsmäßige unmittelbare Benachteiligung im Sinne des § 3 Abs. 1 AGG vorliegt. Hier ist zu beurteilen, *ob* ein Merkmal des § 1 AGG für das Entscheidungsergebnis erheblich war. Unklar bleibt allerdings,

---

818 Vgl. *Picker*, Karlsruher Forum 2004, Haftung wegen Diskriminierung nach derzeitigem und zukünftigem Recht, S. 7 (60); *Adomeit*, in: NJW 2002, 1622 (1623); *Däubler*, in Däubler/Bertzbach, AGG, Einleitung Rn. 69; *Braun*, in JuS 2002, 424ff.; *Jestaedt*, in: Der Sozialstaat in Deutschland und Europa, S. 298 (350); *Repgen*, in: Isensee (Hrsg.), Vertragsfreiheit und Diskriminierung, S. 11ff.; *Schmelz*, in: ZRP 2003, 67 (67); *Säcker*, in: ZRP 2002, 286ff.

819 Vgl. *Schramm*, Ungewisse und diffuse Diskriminierung, S. 18; *Isensee*, in: Isensee (Hrsg.), Vertragsfreiheit und Diskriminierung, S. 239 (273f.); *Repgen*, in: Isensee (Hrsg.), Vertragsfreiheit und Diskriminierung, S. 11 (79).

820 *Derleder*, in: NZM 2007, 625 (627).

821 *Baer*, in: ZRP 2002, 290 (293).

welches Verhalten auf Diskriminierendenseite von diesem Verbot umfasst ist. Geht es um objektives Anknüpfen im Sinne objektiver Kausalität oder ist darüber hinaus ein subjektives Element zu fordern? Da implizite Vorurteile die Kenntnis hinsichtlich des kausalen Zusammenhangs zwischen Merkmal des § 1 AGG und Vertragsversagung verschleiern, ist in Anbetracht der hiesigen Untersuchungsfrage insbesondere zu klären, ob eben jene Kenntnis zur Tatbestandsverwirklichung vorausgesetzt wird.

Angemerkt sei noch, dass die in Literatur und Rechtsprechung verwendeten Termini meist nicht der hier vertretenen Trennung von Motivebene und Anknüpfungsebene folgen. Dies liegt in dem Umstand begründet, dass die subjektive Tatbestandsseite regelmäßig nicht im Detail aufgeschlüsselt wird. Sprechen manche Autoren vom *Motiv* des Benachteiligenden, ist in Wahrheit das subjektive Anknüpfen gemeint. Es geht um das *Ob* der Berücksichtigung eines Merkmals des § 1 AGG und nicht um das *Warum*. Oftmals sind auch beide Ebenen auf einmal angesprochen. Um möglicher Verwirrung vorzubeugen, wird an den betreffenden Stellen auf die Einordnung des Verfassers hingewiesen.

2. Ausgangspunkt: Die Rechtsprechung des EuGH

Unter dem Schlagwort der Irrelevanz des Verschuldens wird häufig auf die Rechtsprechung des EuGH in den Rechtssachen *Dekker* und *Draehmpaehl* verwiesen.[822] Zur Erinnerung: Der EuGH hatte in der Rechtssache *Dekker* in Bezug auf die Schadensersatzansprüche nach erfolgter Diskriminierung festgestellt, dass die Richtlinie 76/207/EWG die Haftung des diskriminierenden Arbeitgebers nicht vom *Nachweis* eines Verschuldens abhängig macht.[823] Es ging also um eine Frage der Beweislast und nicht etwa um das Verschuldenserfordernis an sich.[824] Dessen ungeachtet verwies der EuGH in der später entschiedenen Rechtssache *Draehmpaehl* bezüglich der Frage des Verschuldens auf seine Rechtsprechung in der Rechtssache *Dekker* und verkannte hierbei seine eigene zuvor vorgenommene juristi-

---

822 EuGH, Urt. v. 22.04.1997 – Rs. C-180/95 = NZA 1997, 645 - *Draehmpaehl*; EuGH, Urt. v. 08.11.1990 – Rs. C-177/88 = NZA 1991, 171 – *Dekker.*

823 EuGH, Urt. v. 08.11.1990 – Rs. C-177/88 = NZA 1991, 171 (172) – *Dekker* .

824 *Bader*, Arbeitsrechtlicher Diskriminierungsschutz als Privatrecht, S. 68ff. m.w.N.

sche Verortung des Problems als Problem der Beweislast und nicht als Problem des Tatbestandes.[825]

3. Die Verschuldensunabhängigkeit des Tatbestands

Die Einschätzung der Richtlinienwidrigkeit eines verschuldensabhängigen Benachteiligungstatbestandes zog trotz nicht vorhandener Begründung und haarsträubender juristischer Methodik weite Kreise. Sie bestimmt bis heute die vorherrschende Meinung in der Literatur[826], die höchstrichterliche nationale Rechtsprechung[827] sowie die Gesetzesbegründung des AGG.[828] Ein finales Verständnis des Anknüpfungstatbestandes, nach welchem § 3 Abs. 1 AGG ein Verbot vorsätzlicher Diskriminierung ist, konnte

825 EuGH, Urt. v. 22.04.1997 – Rs. C-180/95 = NZA 1997, 645 (646) - *Draehmpaehl*: *„Insoweit hat der Gerichtshof bereits im Urteil vom 8.11.1990 [...] dargelegt, dass die Richtlinie die Haftung des Urhebers einer Diskriminierung keineswegs vom Nachweis eines Verschuldens oder vom Fehlen eines Rechtfertigungsgrundes abhängig macht. Der Gerichtshof hat im vorerwähnten Urteil Dekker [...] außerdem folgendes ausgeführt: Entscheidet sich ein Mitgliedstaat für eine Sanktion, die sich in den Rahmen einer Regelung über die zivilrechtliche Haftung des Arbeitgebers einfügt, so muss der Verstoß gegen das Diskriminierungsverbot für sich genommen ausreichen, um die volle Haftung seines Urhebers auszulösen, ohne dass die im nationalen Recht vorgesehenen Rechtfertigungsgründe berücksichtigt werden können. Somit ist festzustellen, dass die Richtlinie einer innerstaatlichen gesetzlichen Regelung entgegensteht, die wie § 611a Absätze 1 und 2 BGB für einen Anspruch auf Schadensersatz wegen Diskriminierung aufgrund des Geschlechts bei der Einstellung die Voraussetzung des Verschuldens aufstellt."*.

826 *Roloff*, in: BeckOK ArbR, § 3 Rn. 12; *Schlachter*, in: ErfK § 3 AGG Rn. 2; *Rust*, in: Rust/Falke, AGG, § 3 Rn. 20, *„Vorsatz ist nicht erforderlich. Vielmehr ist das Ergebnis entscheidend."*; *Rolfs*, in: Staudinger, AGG, § 3 Rn. 3; *Lenz*, in: Nomos-BR, AGG, § 3 Rn. 2; *Thüsing*, in: MüKo-BGB, AGG, § 3 Rn. 8; *Broy*, in: Herberger/Martinek/Rüßmann, jurisPK-BGB, 8. Aufl. 2017, § 3 AGG Rn. 7; *Baer*, in: ZRP 2002, 290 (293f.); *Baer*, in: ZRP 2001, 500 (502).

827 BAG, Urt. v. 22.10.2015, 8 AZR 384/14, Rn. 16, NZA 2016, 625; BAG, Urt. v. 18.11.2014, 8 AZR 759/13, Rn. 26, DB 2015, 384; BAG, Urt. v. 26.06.2014, 8 AZR 547/13, Rn. 24, DB 2014, 1440; BAG, Urt. v. 16.02.2012, 8 AZR 697/10, Rn. 30, NZA 2012, 667; BAG, Urt. v. 17.08.2010, 9 AZR 839/08, Rn. 25, NZA 2011, 153; BAG, Urt. v. 16.09.2008, 9 AZR 791/07, Rn. 33, BAGE 127, 367; BVerwG, Urt. v. 03.03.2011, 5 C 16.10, Rn. 14, BVerwGE 139, 135.

828 Entwurf eines Gesetzes zur Umsetzung europäischer Richtlinien zur Verwirklichung des Grundsatzes der Gleichbehandlung, BT-Drs. 16/1780, S. 38.

sich nicht durchsetzen.[829] Auch subjektive Kausalitätsansätze, nach denen ein Merkmal des § 1 AGG zentraler Beweggrund der Entscheidung sein müsse, werden mehrheitlich abgelehnt.[830]

Die herrschende Meinung verfolgt ein striktes Anknüpfungsverbot.[831] Die Merkmale des § 1 AGG dürfen grundsätzlich nicht als Unterscheidungskriterium herangezogen werden.[832] Schon in der zu § 611a BGB a.F. vorherrschenden Meinung wurde zwar auf „Absicht" verzichtet, aber Kausalität zwischen einem bestimmten Geschlecht und der negativen Entscheidung des Arbeitgebers gefordert.[833] Aus der Vorgabe des EuGH von der Irrelevanz des Verschuldens[834] wird die Irrelevanz von Gründen des Benachteiligenden schlechthin abgeleitet. *„Sanktioniert sei der objektive Verstoß des Arbeitgebers gegen das Diskriminierungsverbot. [...] auf ein Verschulden [kommt es] nicht an".*[835] Subjektive Voraussetzungen des Tatbestandes werden daher auch nicht weiter untersucht, sondern in einem Zug mit dem Verschuldenserfordernis als europarechtswidrig abgetan.[836] Eine Abwägung mit der Vertragsabschlussfreiheit unterbleibt.

---

829 *Mohr*, in: Adomeit/Mohr, AGG, § 3 Rn. 50ff.; *Adomeit/Mohr*, in: NZA 2007, 179 (180ff.); *Maier-Reimer*, in: NJW 2006, 2577 (2579).

830 *Rebhahn/Kietaibl*, in: Rechtswissenschaft 2010, 373 (378f.); siehe auch *Dammann*, Grenzen zulässiger Diskriminierung, S. 207ff.

831 Entwurf eines Gesetzes zur Umsetzung europäischer Richtlinien zur Verwirklichung des Grundsatzes der Gleichbehandlung, BT-Drs. 16/1780, S. 32; BAG, Urt. v. 24.01.2013 - 8 AZR 429/11, NJW 2013, 205; *Schiek*, in: Schiek (Hrsg.), Allgemeines Gleichbehandlungsgesetz, § 3 Rn. 16; *Broy*, in: Herberger/Martinek/Rüßmann, jurisPK-BGB, 8. Aufl. 2017, § 3 AGG Rn. 7; *Stork*, Anti-Diskriminierungsrecht, S. 278; *Rupp*, in: Henssler/Willemsen/Kalb, ArbR, § 3 AGG Rn. 3; *Roloff*, in: BeckOK ArbR, § 3 Rn. 12; *Rupp*, in: RdA 2009, 307ff.

832 Zustimmend *Grünberger*, Personale Gleichheit, S. 653.

833 *Schlachter*, in: ErfK, 6. Aufl. (2006), § 611a BGB Rn. 6; siehe auch *Schreier*, Schutz vor willkürlichen und diskriminierenden Entlassungen, S. 281.

834 *Baer*, in: ZRP 2001, 500 und *Schiek*, in: Schiek (Hrsg.), Allgemeines Gleichbehandlungsgesetz sprechen von der *„Unerheblichkeit der Motive."*.

835 BAG, Urt. v. 16.09.2008, 9 AZR 791/07, Rn. 33, BAGE 127, 367; bestätigt durch BAG, Urt. v. 22.10.2015, 8 AZR 384/14, Rn. 16, NZA 2016, 625; BAG, Urt. v. 18.11.2014, 8 AZR 759/13, Rn. 26, DB 2015, 384; BAG, Urt. v. 26.06.2014, 8 AZR 547/13, Rn. 24, DB 2014, 1440; BAG, Urt. v. 16.02.2012, 8 AZR 697/10, Rn. 30, NZA 2012, 667; BAG, Urt. v. 17.08.2010, 9 AZR 839/08, Rn. 25, NZA 2011, 153, BAGE 127, 367; siehe auch BVerwG, Urt. v. 03.03.2011, 5 C 16.10, Rn. 14, BVerwGE 139, 135.

836 Ebenso kritisch *Schramm*, Ungewisse und diffuse Diskriminierung, S. 82; mit Hinweis auf *Ehmann/Emmert*, in: SAE 1997, 253 (258).

Stattdessen geben die meisten Kommentierungen ohne weitere Begründung das von der herrschenden Meinung vertretene Ergebnis wieder. Eine „*irgendwie geartete Absicht*“ sei nicht erforderlich, der Benachteiligende müsse sich der Benachteiligung wegen des Merkmals nicht einmal bewusst sein, auch ein Benachteiligungsvorsatz sei nicht erforderlich.[837]

4. Verwirrung um die subjektive Komponente im Tatbestand

a) Vermischung von Motivebene und Anknüpfungsebene

Unklar bleibt bei diesen Ausführungen, was man unter einem objektiven verschuldensunabhängigen Tatbestand zu verstehen hat. Es entsteht der Eindruck, dass objektive Kausalität zwischen Merkmal und Benachteiligung zur Tatbestandsverwirklichung ausreicht. Der subjektive Entscheidungsprozess des Arbeitgebers wäre auf Anknüpfungsebene vollständig ausgeblendet.

Ein derartiges Verständnis ist jedoch nicht überzeugend und von der Mehrheit der Autoren wohl auch nicht so gemeint. Wenn von einem verschuldensunabhängigen Tatbestand gesprochen wird, beruht dies letztlich weniger auf der Überzeugung von einer vollständigen Irrelevanz einer subjektiven Komponente auf Benachteiligendenseite, sondern einerseits auf der pauschalen Verweisung auf einen „objektiven Tatbestand“ und andererseits auf der Vermischung von Motivebene und Anknüpfungsebene. Wenn die herrschende Meinung ein Verschuldenserfordernis ablehnt, ist in den allermeisten Fällen die Motivebene angesprochen. Gemeint ist, dass hinter der Benachteiligung kein benachteiligendes Motiv stehen muss. So spricht auch der EuGH bei der „Irrelevanz des Verschuldens“ nicht von einer völligen Bedeutungslosigkeit subjektiver Komponenten, sondern schließt lediglich eine innere Restriktion des Tatbestandes durch das Erfordernis diskriminierender Motive aus. Es geht um die dargestellte Eman-

837 *Schrader/Schubert*, in: Däubler/Bertzbach, AGG, § 3 Rn. 38; *Bauer/Krieger*, AGG, § 3 Rn. 10; *Roloff*, in: BeckOK ArbR, § 3 Rn. 12; *Schlachter*, in: ErfK § 3 AGG Rn. 2; *Rust*, in: Rust/Falke, AGG, § 3 Rn. 20, *„Vorsatz ist nicht erforderlich. Vielmehr ist das Ergebnis entscheidend.“*; *Rolfs*, in: Staudinger, AGG, § 3 Rn. 3; *Lenz*, in: Nomos-BR, AGG, § 3 Rn. 2; *Thüsing*, in: MüKo-BGB, AGG, § 3 Rn. 8; *Broy*, in: Herberger/Martinek/Rüßmann, jurisPK-BGB, 8. Aufl. 2017, § 3 AGG Rn. 7; ebenso *Thüsing*, Arbeitsrechtlicher Diskriminierungsschutz, S. 100.

zipation des Tatbestandes der Benachteiligung von den Motiven. In der Rechtssache *Dekker* erteilte der EuGH beispielsweise den vom Arbeitgeber vorgebrachten ökonomischen Motiven eine Absage.[838]

Leider wird diese Unterscheidung meist nicht klar herausgearbeitet. Versehentlich wird häufig auch die subjektive Komponente der Anknüpfung weggewischt. Der Tatbestand verschwimmt auf diese Weise. Ein deutliches Zeichen für die Konfusion von Motivebene und Anknüpfungsebene ist die Formel des BAG, wonach für den Kausalzusammenhang zwischen Merkmal des § 1 AGG und Entscheidungsergebnis „Mitursächlichkeit" des „Motivs im Motivbündel" genüge.[839] Es sei nicht erforderlich, dass der betreffende Grund im Sinne von § 1 AGG das ausschließliche oder auch nur ein wesentliches Motiv für das Handeln des Benachteiligenden ist; er müsse nicht – gewissermaßen als vorherrschender Beweggrund, Hauptmotiv oder Triebfeder des Verhaltens – handlungsleitend oder bewusstseinsdominant gewesen sein.[840] Es genüge, wenn vom Arbeitgeber unterlassene Maßnahmen objektiv geeignet sind, Merkmalsträgern keine oder schlechtere Chancen einzuräumen.

Gemeint ist, dass neben den Merkmalen des § 1 AGG auch andere, nicht verbotene Merkmale im Entscheidungsprozess eine Rolle gespielt haben mögen. Laut Rechtsprechung darf im „Motivbündel" der betreffende Grund weder als negatives, noch der fehlende Grund als positives Kriterium im Entscheidungsprozess enthalten sein.[841] Der Arbeitgeber müsse demnach Tatsachen vortragen und gegebenenfalls beweisen, aus denen sich ergibt, dass ausschließlich andere als die in § 1 AGG genannten Gründe zu einer ungünstigeren Behandlung geführt haben.[842]

Damit legt das BAG gleichzeitig offen, warum der Begriff „*Motivbündel*" unglücklich gewählt ist. Es geht hier nicht um die Motive des Benachteiligenden, sondern um die Anknüpfungskriterien auf Anknüpfungsebene. Das BAG fragt nicht, warum an ein Merkmal des § 1 AGG ange-

---

838 EuGH, Urt. v. 08.11.1990 – Rs. C-177/88 = NZA 1991, 171 (172) – *Dekker* .

839 BAG, Urt. v. 05.02.2004 - 8 AZR 112/03, BAGE 109, 265; BAG, Urt. v. 21.07.2009 - 9 AZR 431/08, NZA 2009, 1087 (1090); BAG, Urt. v. 24.01.2013 - 8 AZR 429/11, NZA 2013, 498 (501); BAG, Urt. v. 23.07.2015 - 6 AZR 457/14, BAGE 152, 134; vgl. auch *Schiefer*, in: ZfA 2008, 493 (498); *Richardi/ Fischinger*, in: Staudinger, BGB, Neubearbeitung 2016, § 611 Rn. 442.

840 Weil das BAG Motivebene und Anknüpfungsebene nicht trennt, wird an dieser Stelle erneut die bereits auf Motivebene zitierte Standardformel herangezogen.

841 BAG, Urt. v. 23.07.2015 - 6 AZR 457/14, BAGE 152, 134.

842 BAG, Urt. v. 23.07.2015 - 6 AZR 457/14, BAGE 152, 134.

knüpft wurde, sondern, ob überhaupt an ein Merkmal des § 1 AGG angeknüpft wurde. Das „Motivbündel“ ist in Wahrheit ein „Entscheidungskriterienbündel“. Damit stellt die Kausalformel klar, dass es den Benachteiligenden nicht entlastet, wenn er neben dem Geschlecht auch die Qualifikationen der Bewerber im Entscheidungsprozess berücksichtigt hat. Das Geschlecht darf schlicht überhaupt nicht berücksichtigt werden.

Diese Beispiele der Vermischung von Motivebene und Anknüpfungsebene liefern Hinweise, warum eine präzise Definition der subjektiven Komponente der Anknüpfung unterbleibt. Die Ausführungen bleiben gezwungenermaßen schwammig. Motive scheinen deckungsgleich mit Kriterien. Die subjektive Bezugnahme auf ein Merkmal des § 1 AGG scheint insgesamt kein Bestandteil des Tatbestandes zu sein.[843] Die pauschale Terminologie der „Verschuldensunabhängigkeit“ verdeckt die Frage nach den Anforderungen an das verbotene Verhalten der Benachteiligung. Oftmals bleibt unklar, dass auch von der herrschenden Meinung, abseits der theoretischen Konzeption eines rein objektiven Tatbestandes, flächendeckend – zumindest stillschweigend - vom Erfordernis einer subjektiven Komponente ausgegangen wird.[844]

Die Untersuchung impliziter Vorurteile im Tatbestand der unmittelbaren Benachteiligung ist davon indirekt betroffen, weil implizite Vorurteile auf Benachteiligendenseite (nur) den kausalen Zusammenhang zwischen Merkmal des § 1 AGG und Entscheidungsprozess verschleiern, nicht die Kenntnis der Merkmalträgerschaft an sich.

b) Kenntnis oder irrtümliche Annahme der Merkmalsträgerschaft als Tatbestandsvoraussetzung

Trotz dogmatischer Unterbestimmtheit und der These vom objektiven Benachteiligungstatbestand, gibt es eine subjektive Komponente im Tatbestand der unmittelbaren Benachteiligung nach § 3 Abs. 1 AGG. Der Entscheidungsträger muss Kenntnis haben, dass der jeweilige Bewerber Merkmalsträger ist oder zumindest irrtümlicherweise annehmen, dass eine Merkmalsträgerschaft vorliegt. Dies ergibt sich aus dem Wortlaut des § 7 Abs. 1 AGG und der Systematik des AGG, insbesondere aus dem Ver-

843 *Schramm*, Ungewisse und diffuse Diskriminierung, S. 30, 80.
844 *Schramm*, Ungewisse und diffuse Diskriminierung, S. 30.

ständnis der „Putativdiskriminierung“ nach § 7 Abs. 1 HS. 2 AGG und der Beweiserleichterung des § 22 AGG.

Der Wortlaut des § 7 Abs. 1 AGG sieht zwei Tatbestandsalternativen vor. In der einen Alternative ist der Tatbestand bei tatsächlicher Merkmalsträgerschaft des Bewerbers erfüllt, in der anderen *auch* dann, wenn der Benachteiligende die Merkmalsträgerschaft *nur* annimmt. Denklogisch sind damit die Kenntnis oder irrtümliche Annahme der Merkmalsträgerschaft durch den Entscheidungsträger Mindestvoraussetzungen der Tatbestandsverwirklichung. Dies hat folgenden Hintergrund: § 7 Abs. 1 AGG verbietet losgelöst vom konkreten Bewerberfeld die Berücksichtigung eines Merkmals des § 1 AGG im Entscheidungsprozess. Nach der „*Putativdiskriminierung*“[845] gemäß § 7 Abs. 1 HS. 2 AGG liegt eine verbotene Benachteiligung *auch* dann vor, wenn die Person, die die Benachteiligung begeht, das Vorliegen eines in § 1 AGG genannten Grundes bei der Benachteiligung nur annimmt.[846]

Der konkrete, abgelehnte Bewerber spielt daher in seiner Eigenschaft als Merkmalsträger für die Tatbestandsverwirklichung der unmittelbaren Benachteiligung nur eine indirekte Rolle. Dies erkennt man daran, dass es nicht darauf ankommt, ob der benachteiligte Bewerber auch tatsächlich Merkmalsträger ist.[847] Wird ein Bewerber wegen Homosexualität abgelehnt, ist es irrelevant, ob er auch tatsächlich homosexuell ist, ebenso wenn fälschlicherweise eine bestimmte Weltanschauung angenommen wird.[848] Es reicht aus, dass der (potenzielle) Arbeitgeber die sexuelle Orientierung oder die Weltanschauung zum entscheidungsrelevanten Kriterium gemacht hat. Bei vielen Merkmalen, wie Geschlecht oder Alter, werden Annahme und Realität in der Regel zusammenfallen. Praktisch relevant wird dieses Tatbestandsverständnis insbesondere bei nicht zwingend erkennbarer Merkmalsträgerschaft wie Religionszugehörigkeit, Behinderung oder sexuelle Orientierung.

---

845 Vgl. Entwurf eines Gesetzes zur Umsetzung europäischer Richtlinien zur Verwirklichung des Grundsatzes der Gleichbehandlung, BT-Drs. 16/1780, S. 34; BAG, Urt. v. 17.12.2009 - 8 AZR 670/08, NZA 2010, 383; *Sievers*, in: Herberger/Martinek/Rüßmann, jurisPK-BGB, 8. Aufl. 2017, § 7 AGG Rn. 13.

846 Vgl. hierzu EuGH, Urt. v. 17.07.2008 – Rs. C-303/06, Slg. 2008, I-5603 – *Coleman*.

847 EuGH, Urt. v. 17.07.2008 – Rs. C-303/06, Slg. 2008, I-5603 – *Coleman*.

848 BAG, Urt. v. 20.06.2013 - 8 AZR 482/12, NZA 2014, 21.

Das AGG verbietet die Verknüpfung von Entscheidungsprozess und Merkmalen des § 1 AGG. Es interessiert sich nicht nur für die objektiv kausale Verbindung von *tatsächlicher* Merkmalsträgerschaft und diskriminierungsbedingtem Nachteil, sondern auch für die Verknüpfung von angenommener Merkmalsträgerschaft und diskriminierungsbedingtem Nachteil. Es kennt nicht die Möglichkeit eines „straffreien untauglichen Versuchs".[849] In beiden Fällen dient der konkrete Bewerber nur als Anlass eines oder mehrere der Merkmale des § 1 AGG entscheidungserheblich werden zu lassen. Bei der vorurteilsbedingten Benachteiligung dienen Faktoren wie ein ausländisch klingender Name, ein weiblicher Name oder ein bestimmtes Lebensalter zur Aktivierung der mit negativer Valenz versehenen Einträge im menschlichen Gehirn.[850] Sie setzen die Vorurteile des Arbeitgebers frei.[851] Ob der konkrete Bewerber die mit negativer Valenz gespeicherten Kriterien[852] tatsächlich aufweist, ist für den Tatbestand des § 7 Abs. 1 HS. 2 AGG ohne Bedeutung.[853] Folglich handelt es sich beim Verbot der unmittelbaren Benachteiligung um eine im Hinblick auf das Bewerberfeld abstrakte Variante des Anknüpfungskonzepts.[854]

Inwiefern machen diese Erkenntnisse die Kenntnis oder irrtümliche Annahme der Merkmalsträgerschaft seitens des Benachteiligenden zur Mindestvoraussetzung der Tatbestandsverwirklichung?

Neben dem eindeutigen Wortlaut („dies gilt auch") sprechen die Systematik, der Sinn und Zweck des AGG sowie die verfassungsrechtlich gebotene Konturierung des Tatbestandes für ein solches Verständnis. Da es auf die tatsächliche Merkmalsträgerschaft nicht ankommt, ist der Tatbestand nur über ein subjektives Erfordernis aufseiten des Entscheidungsträgers

---

849 BAG, Urt. v. 17.12.2009 - 8 AZR 670/08, NZA 2010, 383; *Sievers*, in: Herberger/Martinek/Rüßmann, jurisPK-BGB, 8. Aufl. 2017, § 7 AGG Rn. 13.

850 Vgl. *Degner/Wentura*, in: Petersen/Six (Hrsg.), Stereotype, Vorurteile und soziale Diskriminierung, S. 150f.

851 Vgl. *Degner/Wentura*, in: Petersen/Six (Hrsg.), Stereotype, Vorurteile und soziale Diskriminierung, S. 150f.

852 Vgl. *Degner/Wentura*, in: Petersen/Six (Hrsg.), Stereotype, Vorurteile und soziale Diskriminierung, S. 150f.

853 EuGH, Urt. v. 17.07.2008 – Rs. C-303/06, Slg. 2008, I-5603 – *Coleman*; BAG, Urt. v. 17.12.2009 - 8 AZR 670/08, NZA 2010, 383; vgl. auch *Schmitz-Scholeman/Brune*, in: RdA 2011, 129 (133).

854 Vgl. hierzu *Schiek*, in: Schiek (Hrsg.), Allgemeines Gleichbehandlungsgesetz, § 3 Rn. 2; *von Medem*, Kündigungsschutz und Allgemeines Gleichbehandlungsgesetz, S. 46.

beschränkbar. In zahlreichen Fällen kann *ausschließlich* die Kenntnis oder irrtümliche Annahme des Entscheidungsträgers, dass es sich beim Bewerber um einen Merkmalsträger handelt, über die Abgrenzung zwischen legitimer Differenzierung und verbotener Benachteiligung entscheiden. Das ist genau die beschränkende Funktion des Anknüpfungskonzepts im Tatbestand der unmittelbaren Benachteiligung.

Würde man allein auf die benachteiligende Wirkung im Sinne des Vergleichspersonenkonzepts abstellen, hätte dies eine uferlose Ausdehnung möglicher Anspruchsberechtigter aus § 15 Abs. 2 AGG zur Folge.[855] Sobald ein Merkmal des § 1 AGG entscheidungserheblich war, wäre der Tatbestand der unmittelbaren Benachteiligung theoretisch gegenüber jedem abgelehnten Bewerber erfüllt, womit weder dem Persönlichkeitsschutz der Merkmalsträger noch der intendierten Umverteilung gedient wäre. Obendrein setzt die Sanktionskomponente des § 15 Abs. 2 AGG noch nicht einmal einen Schaden auf Benachteiligtenseite voraus.[856] Dementsprechend könnte selbst ein vollständig anonymisiertes Bewerbungsverfahren Sanktionszahlungen in Höhe von drei Monatsgehältern gegenüber praktisch allen nicht eingestellten Bewerbern nach sich ziehen. Dies widerspräche der unternehmerischen (Vertrags-)freiheit und verstieße gegen das Übermaßverbot.[857] Deshalb ist das Anknüpfen im Tatbestand der unmittelbaren Benachteiligung gemäß § 3 Abs. 1 AGG trotz des uneindeutigen Wortlauts nicht rein objektiv, sondern ergänzt um die subjektive Komponente einer zumindest erforderlichen Kenntnis oder irrtümlichen Annahme der Merkmalsträgerschaft zu verstehen.[858]

Bestätigt wird dies durch die Beweiserleichterung des § 22 AGG, konstatiert diese Vorschrift doch inhärente Beweisschwierigkeiten auf Diskriminiertenseite.[859] Es stellt sich deshalb die Frage, warum eine Benachteiligung schwierig zu beweisen sein soll, wenn nicht aufgrund der für Andere verborgenen subjektiven Seite des Entscheidungsprozesses des Arbeitge-

---

855 So auch *Schmitz-Scholeman/Brune*, in: RdA 2011, 129 (133).

856 Siehe ausführlich § 5 C. II. 3. b); vgl. auch *Honsell*, in: ZIP 2008, 621 (626). *Schmitz-Scholeman/Brune*, in: RdA 2011, 129 (133).

857 So *Adomeit/Mohr*, in: NZA 2007, 179 (181), die sogar einen Verstoß gegen Art. 103 Abs. 2 GG sehen; siehe auch *Lingscheid*, Antidiskriminierung im Arbeitsrecht, S. 48; *Bauer/Krieger*, AGG, § 3 Rn. 10.

858 So im Ergebnis auch *Overkamp*, in: Herberger/Martinek/Rüßmann, jurisPK-BGB, 8. Aufl. 2017, § 22 AGG Rn. 27.

859 *Bertzbach*, in: Däubler/Bertzbach, AGG, § 22 Rn. 4f.; *Prütting*, in: FS 50 Jahre Bundesarbeitsgericht, S. 1311 (1314); *Grobys*, in: NZA 2006, 898.

bers.[860] Die Standardaussage ist, dass die Beweislastregel des § 22 AGG die Grundregeln des deutschen Zivilprozessrechts modifiziert, um beweisrechtliche Schwierigkeiten zu entschärfen.[861] Prütting meint: *„Der Schutz vor Diskriminierungen steht und fällt mit der Beweislast“*.[862]

Die Vorschrift setzt die Vorgaben von Art. 4 der Beweislastrichtlinie 97/80/EG des Rates vom 15.12.1997 um. Vorgaben desselben Inhalts finden sich auch in Art. 8 der Richtlinie 2000/43/EG, Art. 10 der Richtlinie 2000/78/EG und Art. 10 der Richtlinie 2004/113/EG.[863] Danach müssen die Mitgliedstaaten durch geeignete Maßnahmen gewährleisten, dass im Fall der Glaubhaftmachung von Tatsachen nach denen eine Benachteiligung überwiegend wahrscheinlich erscheint, durch den Anspruchsteller gegenüber Gerichten oder anderen zuständigen Stellen, die jeweilige Gegenseite zu beweisen hat, dass keine Benachteiligung vorliegt.[864]

Zurück geht die Forderung nach Beweiserleichterungen bei Diskriminierungen auf den EuGH, der schon früh bei Darlegung von unterschiedlichen Auswirkungen auf die Arbeitnehmerseite die Beweislast auf den Arbeitgeber übergehen ließ, welcher dann darzulegen hatte, dass die unterschiedlichen Auswirkungen nicht auf einer Diskriminierung beruhen.[865] Der deutsche Gesetzgeber wollte zunächst den europäischen Begriff der Glaubhaftmachung aus den Richtlinien übernehmen.[866] Im Laufe des Gesetzgebungsverfahrens entschied er sich jedoch dazu, den Beweis von Indizien zu fordern, um zum einen die vorherige Rechtslage (§ 611a Abs. 1 Satz 3 BGB a.F.) zu übernehmen und zum anderen Missverständnisse im Hinblick auf § 294 ZPO zu vermeiden.[867]

---

860 So auch *Schramm*, Ungewisse und diffuse Diskriminierung, S. 31.

861 *Bertzbach*, in: Däubler/Bertzbach, AGG, § 22 Rn. 4.

862 *Prütting*, Gegenwartsprobleme der Beweislast, S. 335.

863 *Ernst/Braunroth/Wascher*, in: Nomos-BR, AGG, § 22 Rn. 1; *Thüsing*, in: MüKo-BGB, § 22 AGG Rn. 6; *Overkamp*, in: Herberger/Martinek/Rüßmann, jurisPK-BGB, 8. Aufl. 2017, § 22 AGG Rn. 27.

864 Erwägungsgrund 22 der Richtlinie 2004/113/EG; Erwägungsgrund 21 der Richtlinie 2000/43/EG; Erwägungsgrund 31 der Richtlinie 2000/78/EG; Erwägungsgrund 17 der Richtlinie 97/80/EG; *Overkamp*, in: Herberger/Martinek/Rüßmann, jurisPK-BGB, 8. Aufl. 2017, § 22 AGG Rn. 2; *Bauer/Krieger*, AGG, § 22 Rn. 2.

865 EuGH, Urt. v. 17.10.1989 – Rs. 109/88, Slg. 1989, 3199 – *Danfoss*.

866 *Boesche*, in: EuZW 2005, 264 (265); kritisch *Windel*, in: RdA 2007, 1 (2f.);.

867 Vgl. Beschlussempfehlung und Bericht des Rechtsausschusses, BT-Drs. 16/2022, S. 30; *Bauer/Krieger*, AGG, § 22 Rn. 4; *Repgen*, in: Isensee (Hrsg.), Vertragsfreiheit und Diskriminierung, S. 11 (38).

§ 22 AGG in der heute gültigen Fassung liest sich dann wie folgt: *„Wenn im Streitfall die eine Partei Indizien beweist, die eine Benachteiligung wegen eines in § 1 genannten Grundes vermuten lassen, trägt die andere Partei die Beweislast dafür, dass kein Verstoß gegen die Bestimmungen zum Schutz vor Benachteiligung vorgelegen hat.“*

Die Vorschrift ist vor dem Hintergrund der herrschenden Meinung über einen verschuldensunabhängigen Tatbestand als Bestätigung einer subjektiven Komponente auf Anknüpfungsebene zu verstehen. Dies hat folgenden Hintergrund:

Wie bereits herausgearbeitet wurde, spielt die Motivebene im Konzept des AGG keine Rolle für die Tatbestandsverwirklichung. Der Tatbestand ist vollkommen emanzipiert vom *Warum* der benachteiligenden Entscheidung. Dementsprechend muss ein Arbeitnehmer, der vorgibt, benachteiligt worden zu sein, keinerlei Anhaltspunkte eines diskriminierenden Motivs vortragen. Gehört ein Umstand nicht zum Tatbestand, muss er auch nach herkömmlichem Prozessrecht nicht bewiesen werden.

Deshalb ist die Diskussion verfehlt, ob die Beweiserleichterung auch für die objektive Benachteiligung oder nur für das diskriminierende Motiv gelten soll.[868] Auch ist es falsch, die beweisrechtlichen Schwierigkeiten bei Diskriminierungen auf die schwierig zu ergründenden Motive des Arbeitgebers im Entscheidungsprozess zu stützen.[869] *Wörl* führt aus, dass der Beweis der Kausalität zwischen Benachteiligung und Motiv im Normalfall für den Anspruchssteller unmöglich sei. Die Tatsachen aus denen sich die Motivation des Benachteiligenden ergäbe, seien regelmäßig ausschließlich in der Sphäre des Prozessgegners lokalisierbar. Ein Beweis der Absicht, der Motivation und der Beweggründe des Arbeitgebers könne daher nicht verlangt werden.[870]

Wer so argumentiert, müsste gleichzeitig merkmalsfeindlichen Motiven Relevanz für die Tatbestandsverwirklichung zusprechen. Ansonsten verzettelt sich die Argumentation in Widersprüchen. Entweder, ein diskriminierendes Motiv ist Tatbestandsmerkmal, dann können diesbezügliche Be-

868 *Windel*, in: RdA 2011, 193 (196); *Windel*, in: RdA 2007, 1 (2f.); *Riesenhuber*, Europäisches Arbeitsrecht, § 8 Rn. 50, 52; *Schlachter*, in: ErfK, § 22 AGG, Rn. 2; *Bauer/Krieger*, AGG, § 22 Rn. 6; vgl. auch EuGH, Urt. v. 19.04.2012 - C-415/10, NJW 2012, 2497 - *Meister*; BAG, Urt. v. 20. 5. 2010 – 8AZR 287/08, NZA 2010, 1006, Rn. 14ff.

869 *Grobys*, in: NZA 2006, 898.

870 *Wörl*, Die Beweislast nach dem Allgemeinen Gleichbehandlungsgesetz, S. 18.

weisschwierigkeiten als Begründung von § 22 AGG dienen, oder es ist kein diskriminierendes Motiv für die Tatbestandsverwirklichung erforderlich, dann besteht aber auch nicht das Problem, ein diskriminierendes Motiv nur schwer beweisen zu können. Die Widersprüchlichkeit, gleichzeitig ein merkmalsfeindliches Motiv für irrelevant zu erklären, aber dennoch im Rahmen des § 22 AGG auf die Schwierigkeiten des Beweises auf der Motivebene hinzuweisen, scheint nicht aufzufallen.[871] So wird auch in der Kommentarliteratur bei § 3 Abs. 1 AGG auf die Irrelevanz einer diskriminierenden Motivation hingewiesen, bei § 22 AGG aber ausführlich dargelegt, wie unmöglich es sei, eine diskriminierende Motivation nachzuweisen.[872]

Richtigerweise bleibt es deshalb bei dem Befund, dass die Motivebene aus dem Tatbestand der unmittelbaren Benachteiligung ausgeklammert ist. Die Beweiserleichterung des § 22 AGG dient vielmehr dazu, die Beweisschwierigkeiten bezüglich der subjektiven Anknüpfung an ein Merkmal des § 1 AGG abzumildern. Nur bei diesem Verständnis verfügt das AGG über eine in sich konsistente Systematik.

Es geht also in Wahrheit bei § 22 AGG nicht um unklare Motive des Arbeitgebers, sondern um die schwierige Beweisbarkeit einer subjektiven Berücksichtigung der Merkmale des § 1 AGG durch den Arbeitgeber im Entscheidungsprozess. Das Antidiskriminierungsrecht wäre in der Tat zahnlos, wenn der benachteiligte Arbeitnehmer den Vollbeweis der Kenntnis oder irrtümlichen Annahme der Merkmalsträgerschaft auf Benachteiligendenseite führen müsste. Legt der Arbeitgeber seine Entscheidungskriterien nicht offen, wäre es nur in den seltensten Fällen zu beweisen, dass ein Merkmal des § 1 AGG entscheidungserheblich war. In diesen Fällen muss § 22 AGG aushelfen.

Umgekehrt bedeutet dies aber auch, dass es kein Bedürfnis für eine Regelung wie § 22 AGG gäbe, wenn der Tatbestand der Benachteiligung vollständig objektiv ausgestaltet wäre. Ginge es lediglich um den Beweis einer Pflichtverletzung im Sinne einer objektiven Kausalität zwischen einem Merkmal des § 1 AGG und der Vertragsversagung, müsste der Arbeitnehmer, genau wie bei § 823 Abs. 1 BGB oder § 280 Abs. 1 BGB, die volle Beweislast für Pflichtverletzung, Schadensentstehung und den Ursa-

---

871 Vgl. Entwurf eines Gesetzes zur Umsetzung europäischer Richtlinien zur Verwirklichung des Grundsatzes der Gleichbehandlung, BT-Drs. 16/1780, S. 47.

872 Siehe beispielsweise *Däubler/Bertzbach*, AGG, § 3 Rn. 37f, § 22 Rn. 4ff.

chenzusammenhang zwischen Pflichtverletzung und Schaden tragen.[873] Es ist nicht ersichtlich, womit sich die Privilegierung eines im Sinne des AGG Benachteiligten durch § 22 AGG gegenüber einem Anspruchssteller nach allgemeinem Schadensersatzrecht begründen lassen sollte, wenn nicht mit der erhöhten Beweisnot bei einem subjektiven Anknüpfen als Tatbestandsmerkmal.

c) Kein Konflikt mit der Vorgabe eines verschuldensunabhängigen Tatbestandes

Die subjektive Komponente im Anknüpfungstatbestand gerät nicht in Konflikt mit der europäischen Vorgabe eines verschuldensunabhängigen Tatbestandes. Bezugspunkt des Benachteiligungsverschuldens wäre die Rechtswidrigkeit des Anknüpfens an ein Merkmal des § 1 AGG, die Verletzung des Benachteiligungsverbots, nicht die Annahme oder Kenntnis des Benachteiligenden von den Merkmalen.

Wie stets, betrifft das Verschulden die Frage der subjektiven Vorwerfbarkeit rechtswidrigen Verhaltens.[874] Das rechtswidrige Verhalten (die Pflichtverletzung) ist auf Anknüpfungsebene die kausale Verknüpfung von Entscheidungsprozess und Merkmal des § 1 AGG. Verschulden läge demzufolge bei zumindest fahrlässiger Verknüpfung von Entscheidungsprozess und Diskriminierungsmerkmal vor. Bloße Kenntnis oder irrtümliche Annahme der Merkmalsträgerschaft erfüllt noch nicht den Fahrlässigkeitsvorwurf. Auch wird der Rechtsschutz der Diskriminiertenseite nicht ausgehöhlt, weil Merkmalskenntnis deutlich leichter nachzuweisen ist, als subjektive Verknüpfung von Entscheidungsprozess und Merkmal des § 1 AGG. Schon die Einreichung üblicher Bewerbungsunterlagen verschafft der Arbeitgeberseite Kenntnis über die Merkmale Geschlecht, Alter und ethnische Herkunft/Rasse, manchmal auch über Religion und Behinderung.

---

873 Vgl. *Grüneberg,* in: Palandt, § 280 Rn. 34ff, lediglich das Vertretenmüssen wird bei § 280 Abs. 1 BGB vermutet.

874 BGH, Urt. v. 08.02.1965 - III ZR 170/63, NJW 1965, 962 (963).

5. Die implizit vorurteilsbedingte Vertragsversagung erfüllt den Tatbestand der unmittelbaren Benachteiligung

Mit dem Gesagten ist auch herausgearbeitet, dass ein aufgrund impliziter Vorurteile benachteiligender Arbeitgeber nach herrschender Meinung den Tatbestand der unmittelbaren Benachteiligung gemäß § 3 Abs. 1 AGG erfüllt. Implizite Vorurteile verschleiern nämlich genau jenen Kausalzusammenhang zwischen Merkmal und Benachteiligung, der Bezugspunkt eines Verschuldenserfordernisses wäre. Sie verschleiern nicht die Kenntnis von den Merkmalen. Damit schließt die subjektive Anknüpfungskomponente, die zumindest Kenntnis der Merkmalsträgerschaft verlangt, implizite Vorurteile nicht aus dem Tatbestand aus. Der Tatbestand der Benachteiligung ist richtigerweise in dem Sinne auszulegen, dass der Arbeitgeber *nur* dann benachteiligt, wenn er *zumindest* annimmt, der jeweilige Bewerber sei Merkmalsträger.

Durch das Zusammenspiel von Irrelevanz benachteiligender Motive auf Motivebene und Verschuldensunabhängigkeit der Anknüpfungsebene erfasst das Benachteiligungsverbot des AGG die Benachteiligung aufgrund impliziter Vorurteile. Da implizite Vorurteile Teil der Vertragsabschlussfreiheit des Arbeitgebers sind, handelt es sich bei dieser Gestaltung des Benachteiligungstatbestandes um einen rechtfertigungsbedürftigen Eingriff.

§ 5 Implizite Vorurteile und § 15 Abs. 2 AGG: Ein verhältnismäßiger Eingriff in die Vertragsabschlussfreiheit?

A. Einführung

Bis hierhin wurde herausgearbeitet, dass das Verbot der unmittelbaren Benachteiligung gemäß § 7 Abs. 1 i.V.m § 3 Abs. 1 AGG den implizit vorurteilsgeprägten Entscheidungsprozess umfasst. Implizite Vorurteile sind als Teil der unternehmerischen Vertragsabschlussfreiheit im Grundsatz schützenswert, weswegen das Benachteiligungsverbot als Eingriff in die unternehmerische Vertragsabschlussfreiheit dem Grundsatz der Verhältnismäßigkeit genügen muss. Die Berücksichtigung impliziter Vorurteile fügt der Abwägung zwischen Vertragsabschlussfreiheit und vorvertraglichem Diskriminierungsschutz neue Aspekte hinzu, die insbesondere vor dem Hintergrund der verschuldensunabhängigen Entschädigung nach § 15 Abs. 2 AGG Fragen der Verhältnismäßigkeit der Beschränkung der Vertragsabschlussfreiheit aufwerfen.

Dreh- und Angelpunkt der Diskussion sind daher die Rechtsfolgenregelungen des § 15 AGG, insbesondere der Entschädigungsanspruch gemäß § 15 Abs. 2 AGG. Diese dienen der Umsetzung der Vorgaben des EuGH, der zur Bekämpfung von Diskriminierungen „*wirksame, abschreckende und verhältnismäßige*" Sanktionen fordert.[875] Die herrschende Meinung geht bei § 15 Abs. 2 AGG von einem verschuldensunabhängigen Tatbestand aus. Sanktionen sind jedoch – gleichgültig ob sie präventiv oder repressiv eingesetzt werden – nur bei beeinflussbarem Verhalten eine geeignete Rechtsfolge zur Erreichung der Zielsetzungen[876] des AGG. Zudem setzen Haftungsansprüche, die nicht ausschließlich der Kompensation erlittener Schäden dienen, sondern darüber hinaus am Schädigerverhalten anknüpfen, ein gewisses Maß an subjektiver Vorwerfbarkeit auf Schädigerseite voraus. Dies gilt unabhängig von der Frage, ob man den Sanktionsgedanken (mittlerweile) im Privatrecht verortet sieht oder nicht.[877] Bei-

---

875 EuGH, Urt. v. 10.04.1984 – Rs. 14/83 = NJW 1984, 1021 Rn. 23 - *Colson/ Kamann.*

876 Persönlichkeitsschutz und Umverteilung.

877 Vgl. *Bohn*, Der Sanktionsgedanke im Bürgerlichen Recht, S. 25.

des, die Vorwerfbarkeit und die Beeinflussbarkeit, könnten bei impliziten Vorurteilen zweifelhaft sein. Abmildern ließe sich dieser Aspekt, wenn man die Ansicht vertritt, dass die Ansprüche des § 15 AGG in Wahrheit ausschließlich der Kompensation verursachter Schäden dienen würden und gerade nicht der Sanktionierung des Diskriminierendenverhaltens.

Im Folgenden soll in drei Schritten die Verhältnismäßigkeit des Eingriffs in die Vertragsabschlussfreiheit durch § 15 Abs. 2 AGG unter Berücksichtigung impliziter Vorurteile untersucht werden. Zunächst werden sanktionierende Elemente des Entschädigungsanspruchs herausgearbeitet. Anschließend stellt sich die Frage, wie das Spannungsverhältnis von Sanktion und Verschuldensunabhängigkeit des § 15 Abs. 2 AGG aufgelöst werden kann. Hierzu wird zunächst untersucht, ob bzw. unter welchen Umständen bei der implizit vorurteilsbedingten Vertragsversagung von einem Verschulden des Entscheidungsträgers ausgegangen werden kann. Läge nämlich ohnehin Verschulden vor, wäre das Spannungsverhältnis von Sanktion und Verschuldensunabhängigkeit in diesen Fällen aufgelöst. Liegt demgegenüber kein Verschulden bei der vorurteilsbedingten Vertragsversagung vor, ist auf die Vereinbarkeit einer verschuldensunabhängigen Sanktion mit dem Verschuldensprinzip des deutschen Privatrechts einzugehen. Eine Ausnahme vom Verschuldensgrundsatz ist rechtfertigungsbedürftig. Daher ist die Vorschrift des § 15 Abs. 2 AGG nur bei Vorliegen einer höher zu gewichtenden Funktion verhältnismäßig. Eine solche könnte die verhaltenssteuernde Prävention sein.

B. Die Rechtsfolgen des § 15 AGG: Restitution mit pönalen Elementen

I. Europarechtliche Anforderungen an die Rechtsfolgen einer Benachteiligung

Die genannten Zielsetzungen Persönlichkeitsschutz und Umverteilung sollen durch die Rechtsfolgen des AGG verwirklicht werden. Deren Rechtsnatur entstammt den europarechtlichen Vorgaben. Nach Art. 288 Abs. 3 AEUV steht die konkrete gesetzgeberische Umsetzung der Richtlinienvorgaben zwar dem nationalen Gesetzgeber zu.[878] Dessen ungeachtet hat der EuGH im Antidiskriminierungsrecht frühzeitig hinsichtlich gewisser Min-

878 Vgl. hierzu *Lüttringhaus*, Grenzüberschreitender Diskriminierungsschutz, S. 57f.

destvorgaben Stellung bezogen. In der Rechtssache *Dekker* hat er hervorgehoben, dass „[...] *jeder Verstoß gegen das Diskriminierungsverbot für sich genommen ausreichen muss, um die volle Haftung seines Urhebers auszulösen*".[879] Daraus entwickelte sich der mittlerweile in ständiger Rechtsprechung des EuGH und in den Richtlinien etablierte Dreiklang der *wirksamen*, *abschreckenden* und *verhältnismäßigen* Sanktionen.[880]

Auf den ersten Blick weniger eindeutig ist die gemeinschaftsrechtliche Notwendigkeit von Schadensersatzansprüchen.[881] Sieht man jedoch genauer hin, wurde auch der Restitutionsgedanke Teil der Richtlinien. Dort heißt es, dass der durch eine Diskriminierung entstandene Schaden *„tatsächlich und wirksam"* ausgeglichen oder ersetzt werden soll und dies *„auf abschreckende und dem erlittenen Schaden angemessene Art und Weise"* zu geschehen habe.[882] Generalanwalt *Colomer* stellte mit Blick auf die Abschreckungsfunktion fest: *„Die Vorschrift führt in die nationalen Rechtsordnungen, insbesondere in ihr Arbeits- und ihr Schadensersatzrecht, ein Element von offenkundig gemeinschaftlicher Tragweite ein"*.[883] Somit sind letztlich auch privatrechtliche Ersatzansprüche ein notwendiges Element des europäischen Antidiskriminierungsrechts.[884]

---

879 EuGH, Urt. v. 08.11.1990 – Rs. C-177/88 = NZA 1991, 171 – *Dekker*.

880 Art. 8 d der Richtlinie 76/207/EWG, eingefügt durch Ziff. 7 der Richtlinie 2002/73, Art. 25 der Richtlinie 2006/54/EG, Art. 15 der Richtlinie 2000/43/EG, Art. 17 der Richtlinie 2000/78/EG, zitiert nach: Stein, in Wendeling-Schröder/Stein, AGG, § 15 Rn. 1.

881 *Lüttringhaus*, Grenzüberschreitender Diskriminierungsschutz, S. 58.

882 Art. 6 der Richtlinie 76/207/EWG in der Fassung der Richtlinie 2002/73, Art. 18 der Richtlinie 2006/54/EG, zitiert nach: *Stein*, in Wendeling-Schröder/Stein, AGG, § 15 Rn. 1.

883 GA *Colomer*, Schlussanträge vom 04.09.2008 – Rs. C-396/07, Slg. 2008, I-8883, Rn. 53f. – *Juuri*.

884 *Lüttringhaus*, Grenzüberschreitender Diskriminierungsschutz, S. 58.

II. Nationale Umsetzung

1. Grundstruktur des § 15 AGG

§ 15 AGG stellt die zentrale Regelung der Rechtsfolgen eines Verstoßes gegen das Benachteiligungsverbot dar.[885] Die Vorschrift unterscheidet deutlicher zwischen materiellen und immateriellen Schäden, entspricht ansonsten jedoch in ihrem inhaltlich maßgeblichen Teil den nur für Benachteiligungen wegen des Geschlechts oder wegen einer Schwerbehinderung vormals gültigen § 611a BGB bzw. § 81 Abs. 2 SGB IX.[886] Gemäß § 15 Abs. 1 S. 1 AGG ist der Arbeitgeber bei einem Verstoß gegen das Benachteiligungsverbot verpflichtet, den hierdurch entstandenen Schaden zu ersetzen. Dies gilt gemäß § 15 Abs. 1 S. 2 AGG nicht, wenn der Arbeitgeber die Pflichtverletzung nicht zu vertreten hat. Wegen eines Schadens, der Nichtvermögensschaden ist, kann der Beschäftigte nach § 15 Abs. 2 AGG eine angemessene Entschädigung in Geld verlangen. Die Entschädigung darf gemäß § 15 Abs. 2 S. 2 AGG bei einer Nichteinstellung drei Monatsgehälter nicht überschreiten, wenn der Beschäftigte auch bei benachteiligungsfreier Auswahl nicht eingestellt worden wäre. Gemäß § 15 Abs. 6 AGG begründet ein Verstoß gegen das Benachteiligungsverbot keinen Anspruch auf Begründung eines Beschäftigungsverhältnisses, Berufsausbildungsverhältnisses oder einen beruflichen Aufstieg, es sei denn, ein solcher ergibt sich aus einem anderen Rechtsgrund. Nach der Konzeption des deutschen Gesetzgebers regelt § 15 Abs. 1 AGG den Ersatz materieller Schäden, wohingegen § 15 Abs. 2 AGG die Entschädigung für immaterielle Schäden regelt. Hierbei wurde nach herrschender Meinung § 15 Abs. 1 AGG verschuldensabhängig und § 15 Abs. 2 AGG verschuldensunabhängig gestaltet, um der europäischen Forderung nach einer verschuldensunabhängigen Haftung nachzukommen.[887]

---

885 *Stein*, in Wendeling-Schröder/Stein, AGG, § 15 Rn. 1; Schlachter, in: ErfK, § 15 Rn. 1; *Weth*, in: Herberger/Martinek/Rüßmann u.a., jurisPK-BGB, 8. Aufl. 2017, § 15 AGG Rn. 1.

886 Entwurf eines Gesetzes zur Umsetzung europäischer Richtlinien zur Verwirklichung des Grundsatzes der Gleichbehandlung, BT-Drs. 16/1780, S. 38; *Stein*, in Wendeling-Schröder/Stein, AGG, § 15 Rn. 1; *Weth*, in: Herberger/Martinek/Rüßmann u.a., jurisPK-BGB, 8. Aufl. 2017, § 15 AGG Rn. 2.

887 *„Der Anspruch auf Entschädigung erfüllt die Forderungen der Richtlinien sowie der Rechtsprechung des Europäischen Gerichtshofes nach einer wirksamen und verschuldensunabhängig ausgestalteten Sanktion bei Verletzung des Benachteili-*

2. Rechtsnatur der Ansprüche aus § 15 AGG: Überblick

Für den hiesigen Zweck ist der höchst umstrittene[888] Umfang beider Schadensersatzpflichten nur nachrangig von Belang.[889] Viel wichtiger ist die Rechtsnatur der Ansprüche. Die Zielsetzungen des AGG (Persönlichkeitsschutz und Umverteilung) wurden bereits dargestellt. An dieser Stelle ist zu klären, mit welcher Rechtstechnik der Gesetzgeber die Zielsetzungen zu erreichen gedenkt.

Um bei den vielen in die Diskussion geworfenen Termini nicht den Überblick zu verlieren, ist zunächst etwas Ordnung herzustellen:

Es gibt zwei Möglichkeiten, die Rechtsnatur des § 15 AGG zu sehen.[890] Diese schließen sich jedoch nicht gegenseitig aus, sondern können auch in kombinierter Form verstanden werden.[891] Sie bilden lediglich die Pole auf einer Skala möglicher Kombinationen. Auf der einen Seite steht ein Verständnis des § 15 AGG als Schutzrecht des Persönlichkeitsrechts des Arbeitnehmers[892], während die andere Extremposition darin ein rechtskreiserweiterndes Teilhaberecht sieht.[893] Ein Schutzrecht dient dem Schutz der Unverletzlichkeit der eigenen Rechtsposition und - sollte diese dennoch

---

gungsverbotes durch den Arbeitgeber", vgl. Entwurf eines Gesetzes zur Umsetzung europäischer Richtlinien zur Verwirklichung des Grundsatzes der Gleichbehandlung, BT-Drs. 16/1780, 38.

888 Siehe hierzu *Schlachter*, in: ErfK, § 15 AGG, Rn. 3; *Deinert*, in: Däubler/Bertzbach, AGG, § 15 Rn. 39; *Roloff*, in: BeckOK, § 15 AGG, Rn. 4; *Meinel/Heyn/Herms*, AGG, § 15 Rn. 41ff.; *Heyn/Meinel*, in: NZA 2009, 20; *Stoffels*, in: RdA 2009, 204; *Willemsen/Schweibert*, in: NJW 2006, 2583; *Wagner*, in: AcP 206 (2006), 352.

889 Einzig der jeweilige prozentuale Anteil von Restitutions- und Sanktionskomponente spielt für die hiesige Auslegung eine Rolle, siehe unten § 5 B. II. 3.

890 *Weth*, in: Herberger/Martinek/Rüßmann u.a., jurisPK-BGB, 8. Aufl. 2017, § 15 AGG Rn. 4.

891 Im Ergebnis ebenso *Bader*, Arbeitsrechtlicher Diskriminierungsschutz als Privatrecht, S. 182; *Busche*, in: Leible/Schlachter (Hrsg.), Diskriminierungsschutz durch Privatrecht, S. 159 (176), die jedoch einen Vorrang des Integritätsschutzes sehen. Die teilhaberechtliche Komponente sei lediglich ein Rechtsreflex.

892 Vgl. *Franzen*, Privatrechtsangleichung durch die europäische Gemeinschaft, S. 437; *Herrmann*, in: ZfA 1996, 19 (51); *Kandler*, Sanktionsregelungen für Verstöße gegen die EG-Gleichbehandlungsrichtlinie, S. 149; vgl. auch *Weth*, in: Herberger/Martinek/Rüßmann u.a., jurisPK-BGB, 8. Aufl. 2017, § 15 AGG Rn. 4.

893 BAG, Urt. v. 21.06.2012 - 8 AZR 364/11, NZA 2012, 1345, (1350); *Mohr*, Schutz vor Diskriminierungen im Europäischen Arbeitsrecht, S. 110; *Franzen*, Privatrechtsangleichung durch die europäische Gemeinschaft, S. 437; *Weth*, in:

verletzt werden - der Restitution oder Kompensation.[894] Es geht also um die Erhaltung bereits bestehender Rechtskreise.[895] Ein Teilhaberecht zielt demgegenüber auf eine Erweiterung des eigenen Rechtskreises durch Verhaltenssteuerung des potenziellen Vertragspartners ab.[896] Es spricht einem Privatrechtssubjekt zusätzliche Rechte zu, also Rechte, die außerhalb des originär zustehenden Rechtskreises liegen.[897]

Je nach Sichtweise steht § 15 AGG also bildlich gesprochen schützend vor dem Diskriminierten, um dessen Persönlichkeitsrecht vor Schaden zu bewahren (Schutzrecht) oder es geht dem Diskriminierten voran, um diesem Türen zu öffnen (Teilhaberecht). Im ersten Fall fügt sich die Norm in die „Trias der Schutzrechte“ nach allgemeinen privatrechtlichen Prinzipien ein.[898] Im zweiten Fall wirkt § 15 AGG rechtskreiserweiternd, was dem außervertraglichen Privatrecht grundsätzlich fremd ist.[899] Auf die (vorurteilsbedingt) diskriminierende Vertragsversagung bezogen bedeutet dies, dass der schutzrechtliche Teil des § 15 AGG dazu dient, das Persönlichkeitsrecht des abgelehnten Bewerbers vor Verletzungen zu schützen, während der teilhaberechtliche Teil eine Umverteilung von Vertragsschlüssen bewirken soll.

Die verhaltenssteuernde Wirkung eines Schutz- oder Teilhaberechts lässt sich theoretisch durch restituierende oder sanktionierende Ansprüche erreichen. Im Falle der Restitution geht es um den *Ausgleich* eines Schadens infolge einer Rechtsgutsverletzung. Der Bezugspunkt liegt also beim Diskriminierten. Dessen Rechtskreis muss widerrechtlich beansprucht, im Diskriminierungsfall das Persönlichkeitsrecht widerrechtlich verletzt worden sein (Restitutionsgedanke). Die Sanktion hat demgegenüber den Dis-

---

Herberger/Martinek/Rüßmann u.a., jurisPK-BGB, 8. Aufl. 2017, § 15 AGG Rn. 4.

894 *Picker*, in: JZ 2010, 541 (546).

895 *Picker*, in: JZ 2010, 541 (546); *Lobinger*, in: RdA 2011, 76 (82); *Bader*, Arbeitsrechtlicher Diskriminierungsschutz als Privatrecht, S. 38; siehe ausführlich oben § 3 C. 2.

896 *Weth*, in: Herberger/Martinek/Rüßmann u.a., jurisPK-BGB, 8. Aufl. 2017, § 15 AGG Rn. 4.

897 *Mohr*, Schutz vor Diskriminierungen im Europäischen Arbeitsrecht, S. 110.

898 *Picker*, in: JZ 2010, 541 (546).

899 *Mohr*, Schutz vor Diskriminierungen im Europäischen Arbeitsrecht, S. 110; *Franzen*, Privatrechtsangleichung durch die europäische Gemeinschaft, S. 437; *Rixecker*, in: MüKo-BGB, Band 1/1, 5. Auflage 2006, Anhang zu § 12 BGB Rn. 130f. *Picker*, in: JZ 2010, 541 (546). *Bader*, Arbeitsrechtlicher Diskriminierungsschutz als Privatrecht, S. 180.

kriminierenden im Blick. Es geht nicht um Ausgleich, sondern um *Abschreckung, Vergeltung und Prävention* (Sanktionsgedanke).[900] Ein Schaden auf Diskriminiertenseite ist nicht oder zumindest nicht in Höhe des Anspruchs notwendig.[901] Restitution dient damit der Herstellung des Zustandes, der ohne das schädigende Ereignis bestehen würde, während die Sanktion den Komponenten Genugtuung und Prävention dient.[902] Zur Erreichung der Sanktionszwecke ist es unerlässlich dem Diskriminierenden ein Übel zuzufügen.[903] *„Die Strafe soll eine Wunde schlagen, der Schadensersatz eine andere heilen, wenn möglich ohne eine zweite zu verursachen"*.[904]

Im Folgenden werden die Ansprüche des § 15 AGG auf ihre exakte Einordung als Schutz- bzw. Teilhaberecht mit restitutionalen oder pönalen Elementen untersucht werden. Insbesondere die Ausprägungen des Restitutions- und Sanktionselements werden direkten Einfluss auf die Verhältnismäßigkeit des Eingriffs in die Vertragsabschlussfreiheit haben.

3. § 15 Abs. 2 AGG als Schutzrecht des Persönlichkeitsrechts

a) Der Restitutionsgedanke: Ist die Vertragsversagung eine Persönlichkeitsrechtsverletzung?

aa) Persönlichkeitsrechtsverletzung und Schaden

Begreift man § 15 AGG als Schutzrecht und als privatrechtliche Schadensersatznorm, ist eine Rechtsposition der Benachteiligten zu benennen, die im Falle einer Vertragsversagung verletzt wäre, und die darüber hinaus

---

900 *Wieling*, Interesse und Privatstrafe vom Mittelalter bis zum Bürgerlichen Gesetzbuch, S. 238; *Schramm*, Haftung für Tötung, S. 237.

901 Die Trennung von Strafe und Schadensersatz geht auf *Binding* zurück: *„Erleidet [der Täter] das Übel, worin es auch besteht, gesetzlich bloss aus dem Grunde, weil er Unrecht gethan, so ist es juristisch Strafe. Wird nun die Größe dieser Strafe nach der Größe des angerichteten Schadens bemessen, und einfach auf den Ersatz desselben beschränkt, so besteht sie in Schadensersatz"*, *Binding*, Die Normen und ihre Übertretung, S. 441.

902 Vgl. *Bohn*, Der Sanktionsgedanke im Bürgerlichen Recht, S. 37.

903 Vgl. *Welke*, Die Repersonalisierung des Rechtskonflikts, S. 110.

904 *Binding*, Die Normen und ihre Übertretung, S. 288.

einen ersatzfähigen Schaden beim Verletzten zur Folge hätte.[905] Bei Ersatz des materiellen Schadens nach § 15 Abs. 1 AGG sind dies unter anderem die Bewerbungskosten und der entgangene Lohn. Beim immateriellen Schadensersatz nach § 15 Abs. 2 AGG ist nur eine Verletzung des Persönlichkeitsrechts denkbar. Andernfalls wäre § 15 Abs. 2 AGG (mangels vorliegenden Schadens) keine Schadensersatznorm, sondern eine reine Sanktionsnorm.[906]

Für die vorliegende Frage einer subjektiven Komponente im Tatbestand soll genau an dieser Stelle eingehakt werden. Geht es bei § 15 Abs. 2 AGG um die Restitution bzw. Kompensation einer Persönlichkeitsrechtsverletzung oder um die Sanktionierung des Diskriminierenden?

Dass ein Schadensersatzanspruch zunächst einen Schaden voraussetzt, ist keine bemerkenswerte Erkenntnis.[907] Gerade bei Persönlichkeitsrechtsverletzungen ist die Bestimmung des Schadens jedoch mit erheblichen Schwierigkeiten verbunden. Zudem kommt bei psychischen Verletzungen im Gegensatz zu physischen Verletzungen erschwerend hinzu, dass selbst die Rechtsgutsverletzung in der Regel nicht eindeutig feststellbar ist.[908] Traditionell plagen die privatrechtlichen Ausgleichsbemühungen bei Persönlichkeitsrechtsverletzung drei Erkenntnis- und Beweisschwierigkeiten[909]: Liegt wirklich eine Überschreitung der Grenze des Erlaubten und somit eine Rechtsgutsverletzung vor? Wenn ja, welcher immaterielle Schaden resultiert dann aus der Rechtsgutsverletzung? Und schließlich, wie lässt sich dieser Schaden in Geld quantifizieren?[910] Wegen dieser Schwierigkeiten sprechen sich manche für die Irrelevanz eines Schadens bzw. für eine unwiderlegliche Vermutung eines Schadens bei Persönlich-

---

905 *Thüsing*, in: MüKo-BGB, § 15 AGG Rn. 8f; *Bauer/Thüsing/Schunder*, in: NZA 2005, 32 (35).

906 Nach heute vorherrschendem Verständnis setzt auch der immaterielle Schadensersatz einen Schaden voraus, vgl. zur Entwicklung des Schmerzensgeldes *Bohn*, Der Sanktionsgedanke im Bürgerlichen Recht, S. 59ff. m.w.N.

907 Für eine Gleichsetzung von Rechtsgutsverletzung und Schaden setzen sich *Brüggemeier*, Haftungsrecht, S. 561, 577f. und *von Bar*, Deliktsrecht in Europa, Band II, Rn. 22 ein.

908 *Bader*, Arbeitsrechtlicher Diskriminierungsschutz als Privatrecht, S. 224.

909 Vgl. *Bader*, Arbeitsrechtlicher Diskriminierungsschutz als Privatrecht, S. 101.

910 Vgl. *Lorenz*, Immaterieller Schaden und "billige Entschädigung in Geld", S. 34; *Kern*, in: AcP 191 (1991), 247 (248).

keitsrechtsverletzung aus.[911] In Wahrheit handelt es sich bei § 15 Abs. 2 AGG um eine widerlegliche Vermutung eines immateriellen Schadens bei Verstoß gegen das Benachteiligungsverbot gemäß § 7 Abs. 1 AGG.[912]

Insbesondere die Frage der Rechtsgutsverletzung ist beim vorurteilsbedingt diskriminierenden Entscheidungsprozess von größter Bedeutung. Berechtigter Haupteinwand gegen ein Verständnis der Benachteiligung als Persönlichkeitsrechtsverletzung ist nämlich, dass eine bloße Vertragsversagung nicht in den Rechtskreis des Bewerbers eingreifen könne.[913] Der Bewerber habe zu keinem Zeitpunkt einen Anspruch auf Vertragsschluss gehabt.[914] Die Rechtsprechung setze eine Persönlichkeitsrechtsverletzung mit einer Persönlichkeitsrechtsberührung gleich.[915] Dann wäre aber eine Persönlichkeitsrechtsverletzung der Vertragsversagung immanent.[916] Allenfalls eine bewusste Herabsetzung des Bewerbers aufgrund eines Merkmals des § 1 AGG könne den Unrechtsgehalt einer Persönlichkeitsrechtsverletzung in sich tragen und in das Substanzrecht des Benachteiligten eingreifen.[917] Ein verschuldensunabhängiger Anspruch wie § 15 Abs. 2 AGG wäre dann kein adäquates Instrument zur Restitution immaterieller Schäden am Persönlichkeitsrecht.

---

911 LAG München, Urt. v. 19.11.2008, 5 Sa 556/08, juris, Rn. 33; *Bauer/Krieger*, AGG, § 15 Rn. 36; *Deinert*, in: Däubler/Bertzbach, AGG, § 15 Rn. 50; *Schrader/ Schubert*, Das neue AGG, Rn. 485; *Bauer/Evers*, in: NZA 2006, 893 (896).

912 Entwurf eines Gesetzes zur Umsetzung europäischer Richtlinien zur Verwirklichung des Grundsatzes der Gleichbehandlung, BT-Drs. 16/1780, S. 38; BAG, Urt. v. 19.08.2010 - 8 AZR 530/09, NZA 2010, 1412; BAG, Urt. v. 15.03.2012 - 8 AZR 160/11, NZA 2012, 910; *Jacobs*, in: RdA 2009, 193 ff; *Schlachter*, in: ErfK § 15 Rn. 8; *Rupp*, in: Henssler/Willemsen/Kalb Arbeitsrecht Kommentar, § 15 Rn. 6; *Weth*, in: Herberger/Martinek/Rüßmann u.a., jurisPK-BGB, 8. Aufl. 2017, § 15 AGG Rn. 40; *Kern*, Professionelle Diskriminierungskläger im Arbeitsrecht, S. 141f; *Bader*, Arbeitsrechtlicher Diskriminierungsschutz als Privatrecht, S. 226.

913 *Neuner*, in: Leible/Schlachter (Hrsg.), Diskriminierungsschutz durch Privatrecht S. 73 (78).

914 Gedanke des rechtmäßigen Alternativverhaltens, vgl. *Schlachter*, in: ErfK § 15 Rn. 5.

915 *Herrmann*, in: ZfA 1996, 19ff.

916 Vgl. zum ganzen Streitstand *Bader*, Arbeitsrechtlicher Diskriminierungsschutz als Privatrecht, S. 133ff.

917 *Herrmann*, in: ZfA 1996, 19 (49); noch weiter *Volmer*, in: BB 1997, 1582 (1583).

bb) Die Haftung bei Persönlichkeitsrechtsverletzung nach § 823 Abs. 1 BGB i.V.m. Art. 2 Abs. 1, Art. 1 Abs. 1 GG

In der Tat spricht nach herkömmlicher privatrechtlicher Haftung bei Persönlichkeitsrechtsverletzung gemäß § 823 Abs. 1 BGB i.V.m. Art. 2 Abs. 1, Art. 1 Abs. 1 GG viel gegen die Verhältnismäßigkeit einer verschuldensunabhängigen Haftung. Schon früh hat diesbezüglich der BGH erkannt, dass der Tatbestand auszuufern droht und deshalb eine Verletzung des Persönlichkeitsrechts nicht bei bloßem Erfolgsunrecht vorliegen kann, sondern dass darüber hinaus auch ein Handlungsunrecht auf Schädigerseite vorliegen muss.[918] Die Tatbestandsmäßigkeit indiziert nicht die Rechtswidrigkeit.[919] Gerade das Motiv, der Anlass oder der Beweggrund des Schädigers sei für die Anspruchsbegründung ausschlaggebend und im Rahmen der notwendigen Güterabwägung zu berücksichtigen.[920] Handlungs- und Erfolgsunrecht vermischen sich bei einer Verletzung des Persönlichkeitsrechts *„untrennbar miteinander"*.[921] Demnach käme eine Geldzahlung nur bei *„erheblicher"* Verletzung des Persönlichkeitsrechts sowie bei einem *„schweren Verschulden"* des Schädigers in Betracht.[922]

Darüber hinaus spielt der Gedanke der „Genugtuung" in der Rechtsprechung des BGH bei immateriellen Schäden nach Persönlichkeitsrechtsverletzung eine bedeutende Rolle. Die „Genugtuungsfunktion"[923] wurde vom BGH zunächst konstruiert und anschließend als gleichwertige Vorausset-

---

918 Vgl. zur Abgrenzung von Handlungs- und Erfolgsunrecht: *Teichmann*, in: Jauernig, BGB, § 823 Rn. 50; *Wagner*, in: MüKo BGB § 823 Rn. 26f. m.w.N.

919 Vgl. BGH, Urt. v. 17.12.2013 – VI ZR 211/12, BGHZ 199, 237 Rn. 22; BGH, Urt. v. 15.09.2015 – VI ZR 175/14, VersR 2015, 1437 Rn. 20; BGH, Urt. v. 28.07.2015 – VI ZR 340/14, AfP 2015, 425 Rn. 29; BGH, Urt. v. 13.01.2015 – VI ZR 386/13, VersR 2015, 336 Rn. 13; BGH, Urt. v. 30.09.2014 – VI ZR 490/12, AfP 2014, 534, (536); BGH, Urt. v. 29.04.2014 – VI ZR 137/13, AfP 2014, 325 Rn. 8; vgl. auch *Sprau*, in: Palandt, § 823 Rn. 95ff.

920 St. Rspr. vgl. BGH, Urt. v. 24.05.2016 - VI ZR 496/15, NJW-RR 2016, 1136; BAG, Urt. v. 19.02.2015 - 8 AZR 1007/13, NJW 2015, 2749; BGH, Urt. v. 24.06.2014 - VI ZR 560/1, DB 2014, 1802; BGH, Urt. v. 17.12.2013 - VI ZR 211/12, NJW 2014, 2029.

921 *Wagner*, in: MüKo BGB, § 823 Rn. 179.

922 st. Rspr., vgl. BGH, Urt. v. 24.05.2016 - VI ZR 496/15, NJW-RR 2016, 1136; BGH, Urt. v. 01.03.2016 - VI ZR 34/15, ZIP 2016, 869 m.w.N.

923 BGH, Urt. v. 06.07.1955 - GSZ 1/55, NJW 1955, 1675.

zung neben das Ausgleichsprinzip gestellt.[924] Die Genugtuung stellt eine personalisierte Sanktion dar, die das Rechtsgefühl des Verletzten wegen erlittener Schmerzen und Kränkung besänftigen soll.[925] *„Die Genugtuungsfunktion bringt eine gewisse durch den Schadensfall hervorgerufene persönliche Beziehung zwischen Schädiger und Geschädigten zum Ausdruck, die aus der Natur der Sache heraus bei der Bestimmung der Leistung die Berücksichtigung aller Umstände des Falles gebietet*".[926] Demnach steht das Verhältnis von Schädiger und Geschädigtem im Mittelpunkt dieser Einschränkung des Tatbestandes, auch wenn der BGH im Sinne der „Untrennbarkeitsthese" von einer untrennbaren Verbindung zum Ausgleichsprinzip ausgeht.[927] Die Genugtuung basiert auf zwei Komponenten: der Zufügung eines spürbaren Übels beim Schädiger und der dadurch erreichten Besänftigung des gekränkten Rechtsgefühls beim Geschädigten.[928] Demzufolge wohnt der Haftung wegen Persönlichkeitsrechtsverletzung zumindest im allgemeinen Deliktsrecht ein pönales Wesen inne.[929] Das Verhalten des Schädigers bleibt nicht unberücksichtigt, sondern stellt einen zentralen Bestandteil des Tatbestandes dar.

Die Rechtsprechung des BGH ist also durch eine Gesamtschau gekennzeichnet. Eine Rechtsgutsverletzung auf Geschädigtenseite ist nicht feststellbar, ohne gleichzeitig ein vorwerfbares subjektives Element auf Schä-

---

924 *Schiemann*, in: Staudinger (2017), BGB § 253 Rn. 29; siehe auch *Hirsch*, in: FS Engisch, S. 304 ff; kritisch zur am Ausgleichsgedanken orientierten *„ersatzweise Verschaffung von Lebensfreude*" durch die Genugtuungsfunktion, *Schubert*, Die Wiedergutmachung immaterieller Schäden im Privatrecht, S. 152.

925 *Welke*, Die Repersonalisierung des Rechtskonflikts, S. 112; im Ergebnis auch *Harke*, Allgemeines Schuldrecht, Rn. 328ff; *Ebert*, Pönale Elemente im deutschen Privatrecht, S. 446; a.A. *Schiemann*, in: Staudinger (2017), BGB § 253 Rn. 30.

926 BGH, Urt. v. 06.07.1955 - GSZ 1/55, NJW 1955, 1675 (1676).

927 BGH, Urt. v. 04.06.1992 - IX ZR 149/91, BGHZ 118, 312 (339); siehe auch *Schäfer*, in: AcP 202 (2002), 397 (419f.); *Welke*, Die Repersonalisierung des Rechtskonflikts, S. 112.

928 *Welke*, Die Repersonalisierung des Rechtskonflikts, S. 112; *Pecher*, in: AcP 171 (1971), 44 (62).

929 *Welke*, Die Repersonalisierung des Rechtskonflikts, S. 112; im Ergebnis auch *Harke*, Allgemeines Schuldrecht, Rn. 328ff; *Ebert*, Pönale Elemente im deutschen Privatrecht, S. 446; a.A. *Schiemann*, in: Staudinger (2017), BGB § 253 Rn. 30.

digerseite festzustellen.[930] Die Vertragsversagung könnte demnach für sich genommen niemals den herkömmlichen Tatbestand einer Persönlichkeitsrechtsverletzung nach § 823 Abs. 1 BGB i.V.m. Art. 2 Abs. 1, Art. 1 Abs. 1 GG erfüllen. Die Ablehnung an sich verwirklicht kein Handlungsunrecht, weil sie alternativlose Konsequenz eines jeden Auswahlprozesses ist.[931] Würde man den Fall der vorurteilsbedingten Vertragsversagung ohne das AGG beurteilen, könnte nur eine herabwürdigende Ablehnung eine Persönlichkeitsrechtsverletzung, verbunden mit einem immateriellen Schaden, verursachen.[932] Ein Arbeitgeber verließe die eigene geschützte Rechtssphäre der Vertragsfreiheit nur dann, wenn er über den Nichtabschluss des Vertrages hinaus durch eine Herabsetzung der anderen Person in deren Rechtssphäre eindränge.[933] Eine derartige Beschränkung der Abschlussfreiheit besteht seit jeher im Privatrecht, da es zu den privatautonomen Grundpfeilern zählt, dass die eigene Freiheit endet, sobald die Rechtssphäre eines anderen Individuums tangiert wird.[934] Die bloße objektive Kausalität eines Merkmals reicht nicht aus, um einen „besonderen Vorwurf" - über die Ablehnung hinaus - an den Arbeitgeber zu richten.

cc) Haftungsmodifikation durch § 7 Abs. 1 AGG

Fraglich ist aber, ob die strengen Voraussetzungen des allgemeinen Deliktsrechts auch unter dem AGG ihre Gültigkeit behalten oder ob nicht das AGG den Haftungsmaßstab entscheidend verschiebt.

Das BAG war bereits 1989 bezüglich des § 611a BGB a.F. der Ansicht, dass das allgemeine Persönlichkeitsrecht im Bewerbungsverfahren durch § 611a Abs. 1 BGB konkretisiert werde und die Ablehnung, durch die Her-

930 st. Rspr. vgl. BGH, Urt. v. 24.05.2016 - VI ZR 496/15, NJW-RR 2016, 1136; BAG, Urt. v. 19.02.2015 - 8 AZR 1007/13, NJW 2015, 2749; BGH, Urt. v. 24.06.2014 - VI ZR 560/1, DB 2014, 1802; BGH, Urt. v. 17.12.2013 - VI ZR 211/12, NJW 2014, 2029; *Hager*, in: Staudinger (2017), BGB § 823 Rn. C 17.

931 *Neuner*, in: Leible/Schlachter (Hrsg.), Diskriminierungsschutz durch Privatrecht S. 73 (78).

932 *Wagner*, in: MüKo BGB, § 823 Rn. 179.

933 *Adomeit/Mohr*, AGG, § 15 Rn. 39.

934 Vgl. *Lobinger*, in: RdA 2011, 76 (77).

abwürdigung der beruflichen Fähigkeiten der ausgeschlossenen Bewerber, eine Verletzung ihrer Würde als Person bedeuten könne.[935]

Diesen Gedanken nimmt das AGG auf. Es modifiziert die Haftung in zweierlei Weise, nämlich hinsichtlich der Persönlichkeitsrechtsverletzung und hinsichtlich des Schadens. Während nach herkömmlichem Deliktsrecht eine Vertragsversagung aufgrund des Alters oder des Geschlechts per se keine Persönlichkeitsrechtsverletzung darstellt[936], ist nach dem AGG eine ungerechtfertigte Ablehnung aufgrund eines der Merkmale des § 1 AGG unwiderlegbar eine Persönlichkeitsrechtsverletzung.[937] Es ist eine politische Entscheidung, den Persönlichkeitsschutz an dieser Stelle höher zu gewichten als die unternehmerische Vertragsabschlussfreiheit.[938] Das Persönlichkeitsrecht besteht nicht im Sinne eines Naturrechts, sondern ist außerhalb des Menschenwürdekerns in höchstem Maße normgeprägt.[939] Der Gesetzgeber hat seinen Gestaltungsspielraum wahrgenommen und mit dem Verbot des § 7 Abs. 1 AGG eine Konkretisierung und Verschärfung des Persönlichkeitsrechts im beruflichen Bereich vorgenommen.[940] Ähnlich der inhaltlichen Ausgestaltung des Substanzrechts Eigentum, kann der Gesetzgeber im Rahmen seiner weiten Einschätzungsprärogative neue Persönlichkeitsrechte schaffen oder bereits anerkannte Rechte ausweiten.[941] Der Gesetzgeber verbietet an dieser Stelle ein konkretes Verhalten – die nicht gerechtfertigte Benachteiligung aufgrund eines der in § 1 AGG genannten Merkmale und präzisiert damit die Grenze zwischen Vertragsabschlussfreiheit des Arbeitgebers und geschütztem Rechtskreis des benachteiligten Arbeitnehmers in Richtung des letztgenannten.[942] Das

---

935 BAG, Urt. v. 14.03.1989, BAGE 61, 209ff, 212ff.; bestätigt durch BAG, Urt. v. 14.11.1991, 8 AZR 145/91 (nicht veröffentlicht); vgl. hierzu auch *Ebert,* Pönale Elemente im deutschen Privatrecht, S. 338ff; *Lorenz*, in: FS Wiese, S. 261 (271).

936 *Neuner*, in: Leible/Schlachter (Hrsg.), Diskriminierungsschutz durch Privatrecht S. 73 (78).

937 *Deinert*, in: Däubler/Bertzbach, AGG, § 15 Rn. 50; *Jacobs*, in: RdA 2009, 193 (195); *Bader*, Arbeitsrechtlicher Diskriminierungsschutz als Privatrecht, S. 225.

938 *Bader*, Arbeitsrechtlicher Diskriminierungsschutz als Privatrecht, S. 143.

939 *Bader*, Arbeitsrechtlicher Diskriminierungsschutz als Privatrecht, S. 136ff.

940 *Bader*, Arbeitsrechtlicher Diskriminierungsschutz als Privatrecht, S. 137.

941 *Bader*, Arbeitsrechtlicher Diskriminierungsschutz als Privatrecht, S. 137.

942 *Bader*, Arbeitsrechtlicher Diskriminierungsschutz als Privatrecht, S. 186.

AGG wirkt hierbei konkretisierend in Bezug auf den Rechtskreis und verschärfend in Bezug auf die Haftungsvoraussetzungen.[943]

Das Vorliegen eines immateriellen Schadens wird demgegenüber widerleglich vermutet.[944] Der Entschädigungsanspruch des § 15 Abs. 2 AGG bezweckt den Ausgleich eines konkreten immateriellen Schadens, soweit ein solcher vorliegt.[945] Die widerlegliche Vermutung des immateriellen Schadens lässt sich zwar dem Wortlaut nicht entnehmen, der sich insoweit nicht von § 253 BGB unterscheidet.[946] Auch die dargestellte Modifikation der Persönlichkeitsrechtsverletzung, die im Gegensatz zum herkömmlichen Deliktsrecht kein schweres Verschulden des Schädigers erfordert, führt nicht zwingend zur widerleglichen Vermutung eines immateriellen Schadens.[947] Ausschlaggebend ist vielmehr die in den europäischen Richtlinien niedergelegte Rechtsprechung des EuGH, die eine *„tatsächliche, wirksame und abschreckende"* Sanktion fordert.[948] Im Hinblick auf das Effektivitätsgebot gemäß Art. 4 Abs. 3 EUV und Art. 288 Abs. 3 AEUV lässt sich diese Forderung, zumindest zum Teil, über die widerlegliche Vermutung eines vollständig auszugleichenden immateriellen Schadens erreichen.[949]

---

943 *Bader*, Arbeitsrechtlicher Diskriminierungsschutz als Privatrecht, S. 186.

944 Entwurf eines Gesetzes zur Umsetzung europäischer Richtlinien zur Verwirklichung des Grundsatzes der Gleichbehandlung, BT-Drs. 16/1780, S. 38; BAG, Urt. v. 19.08.2010 - 8 AZR 530/09, NZA 2010, 1412; BAG, Urt. v. 15.03.2012 - 8 AZR 160/11, NZA 2012, 910; *Jacobs*, in: RdA 2009, 193 ff; *Schlachter*, in: ErfK § 15 Rn. 8; *Rupp*, in: Henssler/Willemsen/Kalb Arbeitsrecht Kommentar, § 15 Rn. 6; *Weth*, in: Herberger/Martinek/Rüßmann u.a., jurisPK-BGB, 8. Aufl. 2017, § 15 AGG Rn. 40; *Kern*, Professionelle Diskriminierungskläger im Arbeitsrecht, S. 141 f; *Bader*, Arbeitsrechtlicher Diskriminierungsschutz als Privatrecht, S. 226; *Schubert*, Die Wiedergutmachung immaterieller Schäden im Privatrecht, S. 166.

945 *Thüsing*, in: MüKo-BGB, § 15 AGG Rn. 14; *Deinert*, in: DB 2007, 398.

946 *Schubert*, Die Wiedergutmachung immaterieller Schäden im Privatrecht, S. 165.

947 *Deinert*, in: Däubler/Bertzbach, AGG, § 15 Rn. 50; *Jacobs*, in: RdA 2009, 193 (195); *Bader*, Arbeitsrechtlicher Diskriminierungsschutz als Privatrecht, S. 225.

948 *Schubert*, Die Wiedergutmachung immaterieller Schäden im Privatrecht, S. 166.

949 EuGH, Urt. v. 10.04.1984 – Rs. 14/83 = NJW 1984, 1021ff., - *Colson/Kamann*; EuGH, Urt. v. 10.04.1984 – Rs. 79/83 = NZA 1984, 157 – *Hartz*.

dd) Zwischenfazit

§ 15 Abs. 2 AGG modifiziert in Kombination mit den übrigen Regelungen des AGG die Haftung bei Persönlichkeitsrechtsverletzungen und begründet daher zumindest auch einen Restitutionsanspruch. Den dahinter stehenden Mechanismus muss man sich folgendermaßen vorstellen: Die Regelungen des AGG wirken zweistufig. Zunächst findet eine Rechtskreiskonkretisierung durch den Katalog der verpönten Merkmale des § 1 AGG statt. In einem zweiten Schritt bietet das Verbot des § 7 AGG mit den Rechtsfolgen des § 15 AGG den Integritätsschutz des im ersten Schritt erweiterten Persönlichkeitsrechts. Die Merkmale des § 1 AGG konkretisieren das Persönlichkeitsrecht in einer Weise, dass ihre Berücksichtigung im Entscheidungsprozess ohne Rechtfertigungsgrund automatisch eine Verletzung des Rechts bedeutet.[950] Bildlich gesprochen rückt der Rechtskreis des Arbeitnehmers näher an den des Arbeitgebers heran.[951] Bei Vertragsversagung liegt unter deutlich erleichterten Voraussetzungen eine haftungsbegründende Pflichtverletzung vor. Wo zuvor Handlungsunrecht mit „*schwerem Verschulden*" notwendig gewesen wäre, reicht unter Geltung des AGG die bloße Heranziehung eines Merkmals des § 1 AGG als entscheidungserhebliches Merkmal im Entscheidungsprozess aus, um die Haftung zu begründen. Der Diskriminierungsschutz des AGG stellt folglich eine Mischform aus Rechtskreiskonkretisierung und Integritätsschutz dar. Er senkt die Voraussetzungen einer Pflichtverletzung (Anspruchsbegründung) und eines ersatzfähigen Schadens (Anspruchsausfüllung) herab. Eine *erhebliche* Verletzung des Persönlichkeitsrechts des Bewerbers ist nicht Voraussetzung für das Bestehen des Entschädigungsanspruchs.[952]

---

950 Vgl. *Bauer/Krieger*, AGG, § 15 Rn. 34; *Deinert*, in: Däubler/Bertzbach, AGG, § 15 Rn. 50; *Jacobs*, in: RdA 2009, 193 (195); *Bader*, Arbeitsrechtlicher Diskriminierungsschutz als Privatrecht, S. 225.

951 *Schreier* bezeichnet dies als „*Umverteilung der Freiheitssphären zu Gunsten der Diskriminierungsopfer*", *Schreier*, in: KJ 2007, 278 (286).

952 LAG Niedersachsen, Urt. v. 15.09.2008 - 14 Sa 1769/07, NZA-RR 2009, 126.

b) Der Sanktionsgedanke: Keine Beschränkung des § 15 Abs. 2 AGG auf Restitution nach Persönlichkeitsrechtsverletzung

aa) Hinweise auf ein Sanktionselement

Ist die Analyse damit eindeutig und § 15 Abs. 2 AGG seiner Rechtsnatur nach als Restitutionsanspruchsnorm infolge einer Persönlichkeitsrechtsverletzung ausgestaltet? Zu einem gewissen Teil ja, zu einem anderen Teil nein. Nicht zuletzt aufgrund der genannten europarechtlichen Vorgaben ist der Anspruchsumfang des § 15 Abs. 2 AGG in zahlreichen Fällen nicht allein mit Restitution eines immateriellen Schadens begründbar. Auch wird der angebliche Fokus auf die diskriminierenden *Auswirkungen* einer Entscheidung nicht durchgehalten, weil ein gewisser Teil der Anspruchsausfüllung eben doch an einen individuellen Vorwurf an die Arbeitgeberseite - damit an die *Ursachen* der Entscheidung - anknüpft.

Beim oben nachgezeichneten Tauziehen zwischen EuGH und dem nationalen Gesetzgeber bei der Entwicklung des § 611a BGB, der schließlich in § 15 AGG aufging, machte der EuGH überdeutlich, dass reine Kompensation oftmals nicht *abschreckend* genug sei.[953] Kernvorwurf hinsichtlich aller Umsetzungsversuche im früheren § 611a BGB vor 1998 war gerade der ungenügende Sanktionscharakter und die unzureichende Abschreckungswirkung der Vorschrift.[954] Dem EuGH fehlte die eingeforderte Pönalität der Richtlinienumsetzung in Deutschland.[955] Zwar ging es dabei um den Ausgleich des negativen Interesses und nicht um immateriellen Schadensersatz nach Persönlichkeitsrechtsverletzung; dies ändert aber nichts daran, dass der EuGH die Bereitschaft einforderte, im Bedarfsfall Ansprüche über die reine Restitution hinaus aufzustocken, wenn dies der abschreckenden Wirkung zuträglich ist. Die Neufassung des § 611a BGB von 1998 diente der Umsetzung der Rechtsprechung des EuGH (der seiner Ansicht wenige Monate zuvor nochmals in der Rechtssache *Draehmpaehl* Nachdruck verlieh) in Bezug auf die Richtlinie 76/207/EWG.[956] Nach den

---

953 EuGH, Urt. v. 10.04.1984 – Rs. 14/83 = NJW 1984, 1021ff. - *Colson/Kamann*; EuGH, Urt. v. 10.04.1984 – Rs. 79/83 = NZA 1984, 157 – *Hartz*.

954 Vgl. *Bohn*, Der Sanktionsgedanke im Bürgerlichen Recht, S. 127f.; *Möller*, Das Präventionsprinzip des Schadensrechts, S. 220.

955 EuGH, Urt. v. 10.04.1984 – Rs. 14/83 = NJW 1984, 1021ff., - *Colson/Kamann*; EuGH, Urt. v. 10.04.1984 – Rs. 79/83 = NZA 1984, 157 – *Hartz*.

956 EuGH, Urt. v. 22.04.1997 – Rs. C-180/95 = NZA 1997, 645, - *Draehmpaehl*.

Forderungen des EuGH muss „*der Verstoß gegen das Verbot der Ungleichbehandlung für sich genommen ausreichen, um die volle Haftung seines Urhebers auszulösen*".[957]

Spätestens ab diesem Zeitpunkt wurde der Widerstand gegen pönale Elemente im BGB aufgegeben. „*Mit der „angemessenen Entschädigung" für geschlechtsbezogene Benachteiligungen im Berufsleben nach § 611a BGB fand [...] die erste eindeutig und unumstritten pönale Entschädigungsregelung, die zum Teil sogar als reine Privatstrafe ausgestaltet wurde, Aufnahme in das BGB*".[958] Folgsam betont auch die Regierungsbegründung zum AGG, dass Diskriminierungen immer wirksam, verhältnismäßig und insbesondere abschreckend geahndet werden müssen.[959] Auch das BAG nimmt bis heute Bezug auf die Rechtsprechung in der Rechtssache *Draehmpaehl*: „*Die Höhe der Entschädigung muss geeignet sein, den Arbeitgeber zukünftig zur ordnungsgemäßen Erfüllung seiner Pflichten nach dem AGG anzuhalten (spezialpräventive Funktion) und Dritte von ähnlichen Verstößen abzuhalten (generalpräventive Funktion).*"[960]

Zudem wird eine Terminologie verwendet, die nicht dem Haftungsrecht, sondern dem Strafrecht entstammt.[961] So wird der Schädiger als „Täter"[962], die Geschädigten als „Opfer"[963] bezeichnet, bei der Rechtsfolge des § 15 Abs. 2 AGG wird über die Bestimmung eines „Strafmaßes" diskutiert[964] und bei § 7 Abs. 1 S. 2 AGG ist vom „Versuch am untauglichen Objekt" die Rede.[965]

---

957 EuGH, Urt. v. 22.04.1997 – Rs. C-180/95 = NZA 1997, 645, - *Draehmpaehl.*

958 *Ebert*, Pönale Elemente im deutschen Privatrecht, 335; a.A. *Schiemann*, in: Staudinger (2017), BGB § 253 Rn. 30.

959 Entwurf eines Gesetzes zur Umsetzung europäischer Richtlinien zur Verwirklichung des Grundsatzes der Gleichbehandlung, BT-Drs. 16/1780. S. 38.

960 BAG, Urt. v. 21.06.2012 - 8 AZR 364/11, BAGE 142, 158, Rn. 57.

961 *Bader*, Arbeitsrechtlicher Diskriminierungsschutz als Privatrecht, S. 214f.

962 LAG Berlin-Brandenburg, Urt. v. 26.11.2008 – 15 Sa 517/08, DB 2008, 2707.

963 BAG, Urt. v. 24.09.2009 – 8 AZR 636/08, NJW 2010, 554.

964 ArbG Düsseldorf, Urt. v. 10.06.2008 – 11 Ca 754/08, NZA-RR 2008, 511 (514); vgl. hierzu *Bader*, Arbeitsrechtlicher Diskriminierungsschutz als Privatrecht, S. 214.

965 BAG, Urt. v. 17.12.2009 – 8 AZR 670/08, NZA 2010, 383 (384).

bb) Die Rechtsprechung des BAG: Faktische Aufgabe des Erfordernisses einer Rechtsgutsverletzung

Stellt die Wortwahl „Sanktion und Abschreckung“ nur ein Indiz eines Sanktionselements dar, wird durch die Rechtsprechung des BAG deutlich, dass der Anspruch aus § 15 Abs. 2 AGG auch bei Widerlegung einer Persönlichkeitsrechtsverletzung und damit einhergehender Widerlegung eines immateriellen Schadens nicht vollständig entfällt[966], mithin die Sanktionierung des Diskriminierenden als einzig taugliche Begründung des Anspruchs übrig bleibt.

Befürworter eines Verständnisses des § 15 Abs. 2 AGG als Persönlichkeitsschutzgesetz blickten bereits „*verblüfft*“[967] auf eine grundlegende Entscheidung des BAG, in der festgestellt wurde:

> *„Voraussetzung für einen Entschädigungsanspruch nach § 15 Absatz 2 AGG ist nicht, dass der Arbeitnehmer in seinem allgemeinen Persönlichkeitsrecht verletzt worden ist. Bei einem Verstoß des Arbeitgebers gegen das Benachteiligungsverbot des § 7 i.V.m. § 1 AGG ist grundsätzlich das Entstehen eines immateriellen Schadens beim Arbeitnehmer anzunehmen, der zu einem Entschädigungsanspruch führt“.*[968]

Das BAG konstruiert also einen vermuteten immateriellen Schaden ohne Rechtsgutsverletzung. Der vermutete immaterielle Schaden soll wiederum die Höhe des Anspruchs des Diskriminierten begrenzen.[969] Der Sanktionszweck des Schadensersatzes sei durch den Schadensausgleichsgesichtspunkt begrenzt.[970] Entscheidend sei, dass der immaterielle Schaden kompensiert werde.[971] Verwiesen wird dabei auf die Rechtsprechung des EuGH, der vorgibt, dass die Sanktionen so bemessen sein müssen, dass sie

---

966 BAG, Urt. v. 18.03.2010 - 8 AZR 1044/08, NZA 2010, 1129 (1131f.); BAG, Urt. v. 22.01.2009 - 8 AZR 906/07, NZA 2009, 945; so auch LAG Niedersachsen, Urt. v. 15.09.2008, 14 Sa 1769/07, NZA-RR 2009, 126 (128); *Bauer/Evers*, in: NZA 2006, 893 (896); *Deinert*, in: Däubler/Bertzbach, AGG, § 15 Rn. 5, 14, 50; *Diller*, in: NZA 2007, 649 (650); *Jacobs*, in: RdA 2009, 193 (195); *Voigt*, in: Schleusener/Suckow/Voigt, AGG, § 15 Rn. 29; *Schubert*, Die Wiedergutmachung immaterieller Schäden im Privatrecht, S. 141.

967 *Bader*, Arbeitsrechtlicher Diskriminierungsschutz als Privatrecht, S. 127.

968 BAG, Urt. v. 18.03.2010 - 8 AZR 1044/08, NZA 2010, 1129 (1131f.); BAG, Urt. v. 22.01.2009 - 8 AZR 906/07, NZA 2009, 945.

969 BAG, Urt. v. 21.06.2012 - 8 AZR 364/11, BAGE 142, 158, Rn. 57.

970 BAG, Urt. v. 21.06.2012 - 8 AZR 364/11, BAGE 142, 158, Rn. 57.

971 BAG, Urt. v. 21.06.2012 - 8 AZR 364/11, BAGE 142, 158, Rn. 57; so auch *Deinert*, in: Däubler/Bertzbach, AGG, § 15 Rn. 14; *Adomeit/Mohr*, AGG, § 15

nicht zu einer ungerechtfertigten Bereicherung des Anspruchsberechtigten führen.[972]

cc) Die Sanktion wird im Schaden „versteckt"

Indem der tatsächliche Schaden als Begrenzung der Sanktionshöhe ausgegeben wird, soll offenbar die Diskussion über die Konformität einer Sanktionsvorschrift im Privatrecht vermieden werden.[973] In Wahrheit erweist sich die Begrenzung der Sanktionshöhe durch den tatsächlich vorliegenden Schaden als konzeptionelle These, die einer genaueren Betrachtung nicht standhalten kann. Richtig ist, dass der EuGH keine vom Schadensausgleichsgedanken losgelöste Bestrafung des Arbeitgebers fordert.[974] Es findet keine Entkoppelung von Sanktion und Kompensation statt.[975] Richtig ist aber auch, dass sich die Rechtsprechung längst von einem quantitativen Schadensverständnis verabschiedet hat und zunehmend qualitative Aspekte, wie Sanktion und Prävention, eine Rolle spielen.[976]

Es kommt einem Taschenspielertrick[977] gleich, auf der einen Seite eine strikte Obergrenze der Sanktionshöhe bei der Schadenshöhe ziehen zu wollen, auf der anderen Seite keine Rechtsgutsverletzung zu fordern, einen immateriellen Schaden dennoch zu vermuten und obendrein den Anspruchsumfang vom Verhalten und der wirtschaftlichen Leistungsfähigkeit[978] des Schädigers abhängig zu machen.

Erstens ist schon die schadensbegründende Wirkung des Diskriminierendenverhaltens in vielen Fällen zweifelhaft.[979] Dies betrifft insbesondere die „Putativdiskriminierung", wenn der abgelehnte Bewerber überhaupt

---

Rn. 73; *Meinel/Heyn/Herms*, AGG, § 15 Rn. 62f.; *Stoffels*, in: RdA 2009, 204 (205f.).

972 EuGH, Urt. v. 20.09.2001 – Rs. C-453/99, Slg. 2001, I-6297 – *Courage*.

973 Vgl. *Volmer*, in: BB 1997, 1584f.; *Adomeit*, in: NJW 1997, 2295; *Hermann*, in: ZfA 1996, 34; *Ebert*, Pönale Elemente im deutschen Privatrecht, S. 354.

974 *Treber*, in: KR, § 15 AGG Rn. 7; *Wagner*, in: AcP 206 (2006), 398.

975 *Treber*, in: KR, § 15 AGG Rn. 7.

976 So auch *Müller*, Punitive Damages und deutsches Schadensersatzrecht, S. 93.

977 *Müller* spricht von der „*Mogelpackung*" des normativen Schadensbegriffs, *Müller*, Punitive Damages und deutsches Schadensersatzrecht, S. 93.

978 BAG, Urt. v. 21.06.2012 - 8 AZR 364/11, BAGE 142, 158, Rn. 57.

979 Vgl. *Schubert*, Die Wiedergutmachung immaterieller Schäden im Privatrecht, S. 168.

kein Merkmalsträger ist und deshalb wenig bis keine Kränkung durch das Anknüpfen an ein Merkmal des § 1 AGG im Entscheidungsprozess erleidet.

Die Ansicht[980], dass scheinbare Merkmalsträger in gleichem Maße oder sogar stärker von der Ablehnung betroffen sein können, überzeugt nicht. Zwar ist es richtig, dass auch scheinbare Merkmalsträger gekränkt sein können, wenn ihnen aufgrund bestimmter Verhaltensweisen oder Äußerlichkeiten ein Merkmal zugesprochen wird und sie daraufhin abgelehnt werden. Ein immaterieller Schaden folgt hieraus jedoch in den allermeisten Fällen nicht. § 7 Abs. 1 HS. 2 AGG verdeutlicht lediglich, dass es im AGG, unabhängig von der tatsächlichen Merkmalsträgerschaft des jeweiligen Bewerbers, um ein Verbot der Berücksichtigung der Merkmale des § 1 AGG auf Anknüpfungsebene geht. Selbst wenn man die unwiderlegliche (!) Vermutung einer Persönlichkeitsrechtsverletzung auch bei Fällen der „Putativdiskriminierung" nach § 7 Abs. 1 HS. 2 AGG annimmt, wird die widerlegliche Vermutung eines immateriellen Schadens in der Regel widerlegt sein. Ansonsten findet eine Überdehnung der Anspruchsberechtigten auf praktisch alle Bewerber statt.

Auch die Ansicht, dass die immaterielle Einbuße des abgelehnten Bewerbers darin liege, nicht gleichberechtigt am Bewerbungsverfahren teilgenommen zu haben[981], kann nicht überzeugen. Der Ersatz immaterieller Schäden umfasst nicht den Ersatz verpasster Chancen. Hierfür streiten § 252 und § 253 Abs. 1 BGB.[982]

Zweitens ist eine auf die wirtschaftliche Leistungsfähigkeit abstellende Rechtsprechung nicht schlüssig, wenn es um den Ausgleich von Schäden beim Diskriminierten gehen soll. Diese müssten völlig losgelöst von der Leistungsfähigkeit des Arbeitgebers durch Zusprechung eines Anspruchs in Schadenshöhe kompensiert werden. Nur Bestandteile einer Entschädigung, die nicht der Restitution dienen, können sich an der wirtschaftlichen Leistungsfähigkeit des Schädigers orientieren. Ansonsten würde der Schutzgrad bei widerrechtlichen Eingriffen in Substanzrechte von der Bonität der Beteiligten abhängen. Je ärmer der schädigende Akteur, desto schlechter der privatrechtliche Schutz des Geschädigten. Dies widersprä-

---

980 *Bader*, Arbeitsrechtlicher Diskriminierungsschutz als Privatrecht, S. 215.

981 *Schubert*, Die Wiedergutmachung immaterieller Schäden im Privatrecht, S. 170ff, 706.

982 Siehe ausführlich unten § 5 B. II. 4. a).

che dem Grundsatz der Totalreparation[983] im deutschen Privatrecht, was angesichts der nicht vergleichbaren Interessenlage mit den übrigen Ausnahmen hiervon (wie z.B. der beschränkten Arbeitnehmerhaftung), nicht beabsichtigt sein kann.

Dogmatisch schlüssig wäre es demgegenüber, die Rechtsgutsverletzung bei einem Verstoß gegen § 7 Abs. 1 AGG zu vermuten, den Anspruch aber in Fällen, in denen kein immaterieller Schaden besteht, entfallen zu lassen. Beim Ansatz der Rechtsprechung wird demgegenüber die Sanktionswirkung im Schaden „versteckt" - der Schaden also fingiert. Statt jedoch von einer Fingierung des Schadens oder einer Aufstockung über den eigentlich vorliegenden Schaden hinaus zu sprechen, wird einfach der immaterielle Schaden beim Diskriminierten erhöht, bis er abschreckend genug ist. Wohlgemerkt selbst dann, wenn die Vermutung einer Persönlichkeitsrechtsverletzung aufgrund eines Verstoßes gegen § 7 Abs. 1 AGG besteht, jedoch kein immaterieller Schaden vorliegt. Die Anspruchsbegründung ist also nicht abhängig von einer Rechtsgutsverletzung und damit in Wahrheit auch nicht abhängig von einem immateriellen Schaden.[984] Liegen diese vor, wirkt sich dies im Rahmen der Haftungsausfüllung zulasten des Arbeitgebers aus. In der Sache bestätigt dies den klar pönalen Charakter des § 15 Abs. 2 AGG.

Hierfür spricht zudem § 15 Abs. 2 S. 2 AGG. Diese Vorschrift wäre bei rein restitutionalem Verständnis wegen eines Verstoßes gegen Art. 3 Abs. 1 GG verfassungswidrig, weil sie dazu führt, dass für die Verletzung des Persönlichkeitsrechts eines Bewerbers, der sich auf eine gering vergütete Stelle beworben hat, die Anspruchshöhe niedriger ausfällt, als bei

983 Vgl. hierzu BGH, Urt. v. 29.09.1952, III ZR 376/51, NJW 1952, 1377; BGH, Urt. v. 06.07.1955, GSZ 1/55, BGHZ 18, 149; BGH, Urt. v. 29.11.1994, VI ZR 93/94, BGHZ 128, 117; *Gisawi*, Der Grundsatz der Totalreparation; *Coester-Waltjen*, in: Jura 2001, 133 (135); *Müller*, in: VersR 2006, 1289 (1292); *Knöpfel*, in: AcP 155 (1956), 135 (142); *Köndgen*, Haftpflichtfunktionen und Immaterialschaden, S. 74ff., 78; *Schubert*, Die Wiedergutmachung immaterieller Schäden im Privatrecht, S. 150.

984 So im Ergebnis auch *Schubert*, Die Wiedergutmachung immaterieller Schäden im Privatrecht, S. 141, 167; *Bauer/Evers*, in: NZA 2006, 893 (896); *Deinert*, in: Däubler/Bertzbach, AGG, § 15 Rn. 5, 14, 50; *Diller*, in: NZA 2007, 649 (650); *Jacobs*, in: RdA 2009, 193 (195); *Voigt*, in: Schleusener/Suckow/Voigt, AGG, § 15 Rn. 29 a.A. *Hey*, AGG, § 15 Rn. 75; *Thüsing*, in: MüKo-BGB, § 15 AGG Rn. 9.

einem Bewerber um eine höher vergütete Stelle.[985] Das erzielbare Monatseinkommen ist jedoch ein vollkommen sachfremdes Bemessungskriterium, wenn es um die finanzielle Kompensation einer Persönlichkeitsrechtsverletzung geht.[986] § 15 Abs. 2 S. 2 AGG ist demzufolge verfassungskonform als Sanktionsvorschrift auszulegen.

§ 15 Abs. 2 AGG ist also keine reine Schadensersatznorm. Sie dient darüber hinaus der Sanktionierung sozial unerwünschter Benachteiligungen und hat dadurch neben der Restitution auch eine verhaltenssteuernde Funktion.[987] Hierbei wird trotz der Verschuldensunabhängigkeit der Anspruchsbegründung bei der Bemessung der Anspruchshöhe durchaus die Verantwortlichkeit des Arbeitgebers berücksichtigt, insbesondere, bei Bestimmung der angemessenen Höhe der Entschädigung, die Schwere des Verstoßes.[988] Die Höhe der Entschädigung hängt also unter anderem davon ab, inwiefern dem Arbeitgeber kein Verschulden, leichte Fahrlässigkeit, einfache Fahrlässigkeit, grobe Fahrlässigkeit, bedingter Vorsatz, direkter Vorsatz oder gar Absicht vorzuwerfen ist.[989] Dies bedeutet, dass das Verhalten des Arbeitgebers bei der Haftungsausfüllung in vielen Fällen sogar in zweifacher Hinsicht berücksichtigt wird. Zum einen bei der Bestimmung der Schadenshöhe, zum anderen, sollte die Anspruchshöhe nicht abschreckend genug sein, bei der sanktionierenden Aufstockung des Anspruchs.

c) Zwischenfazit

Damit lässt sich folgendes Zwischenfazit festhalten: § 15 Abs. 2 AGG folgt in seiner schutzrechtlichen Rechtsnatur nicht einem strikten Dogma. Weder handelt es sich um einen reinen Restitutionsanspruch, noch geht es ausschließlich um die Sanktionierung eines diskriminierenden Arbeitge-

---

985 *Richardi/Fischinger*, in: Staudinger, BGB, Neubearbeitung 2016, § 611 Rn. 489.

986 *Richardi/Fischinger*, in: Staudinger, BGB, Neubearbeitung 2016, § 611 Rn. 489; vgl. auch *Fischinger*, Haftungsbeschränkung im Bürgerlichen Recht, 89 ff.

987 *Lüttringhaus*, Grenzüberschreitender Diskriminierungsschutz, S. 61; *Honsell*, in: ZIP 2008, 621 (626); *Honsell*, in: FS Westermann, S. 315 (329f.); *Stoffels*, in: RdA 2009, 204 (205ff.); *Wagner*, in: AcP 206 (2006), 352 (398ff.); *Wagner*, in: Lorenz (Hrsg.), Karlsruher Forum 2004, Haftung wegen Diskriminierung, S. 159 (161); *Wagner/Potsch*, in: JZ 2006, 1085 (1088).

988 BAG, Urt. v. 12. 9. 2006 - 9 AZR 807/05, NZA 2007, 507 (510).

989 *Bauer/Krieger*, AGG, § 15 Rn. 36; *Deinert*, in: AiB 2006, 741 (743).

bers. Die Anspruchsausfüllung setzt sich vielmehr aus beiden Elementen zusammen. Deren prozentuales Verhältnis zueinander hängt wiederum von der tatsächlichen Schadenshöhe ab. Ein immaterieller Schaden wird in seiner vollen Höhe restituiert. Wenn dies aber nicht ausreichen sollte, um eine abschreckende Wirkung im europarechtlichen Sinne zu entfalten, wird der Anspruch über den vorliegenden Schaden hinaus aufgestockt. Dieser aufstockende Anteil am Gesamtanspruch dient der Sanktionierung des Arbeitgebers. Dasselbe gilt, wenn kein immaterieller Schaden entstanden ist.

Folglich gibt es auch zwei Bezugspunkte der Anspruchshöhe. Herangezogen wird sowohl der immaterielle Schaden, als auch das Ausmaß der Sanktionswürdigkeit des Arbeitgeberverhaltens. Die Sanktionswürdigkeit der Vertragsversagung hängt letztlich vom Verschuldensgrad ab, sodass der Anspruch aus § 15 Abs. 2 AGG im Rahmen der Anspruchsausfüllung Verschulden im Sinne einer persönlichen Vorwerfbarkeit berücksichtigt, obwohl die Anspruchsbegründung nach herrschender Meinung verschuldensunabhängig ist. Fraglich und sogleich[990] zu klären ist, welcher Grad an subjektiver Vorwerfbarkeit bei einem von impliziten Vorurteilen geprägten Entscheidungsprozess vorliegt. Hier macht eine Sanktion nur Sinn, falls der Arbeitgeber Möglichkeiten hat, im Entscheidungsprozess anders zu handeln. Diese Frage ist umso drängender, wenn man sich klarmacht, dass die teilhaberechtliche Rechtsnatur des § 15 AGG den Sanktionscharakter der Rechtsfolgen noch verstärkt.

4. § 15 Abs. 2 AGG als Teilhaberecht

Neben der schutzrechtlichen Dimension verfügt § 15 AGG auch über eine teilhaberechtliche Dimension. Diese dient der Zielsetzung, kollektive Gerechtigkeit durch Umverteilung von Vertragsschlüssen zu bewirken. Konkreter gesprochen fördert das AGG die von § 1 AGG geschützten Gruppen *„durch Zuweisung spezifischer Rechte unter partieller Aufhebung privatautonomer Regelungsspielräume“*.[991] Um den Integrationsprozess benachteiligter Gruppen zu fördern, findet eine Verschiebung von Rechten und Pflichten zwischen Privaten statt.[992] Während die schutzrechtliche Dimen-

990 Siehe § 5 C. II. und III.
991 *Kainer*, Der Gleichbehandlungsgrundsatz im Zivilrecht, S. 715.
992 *Kainer*, Der Gleichbehandlungsgrundsatz im Zivilrecht, S. 715.

sion das Persönlichkeitsrecht des Benachteiligten schützt, geht es bei der teilhaberechtlichen Dimension um die benachteiligungsfreie Teilnahme am Bewerbungsverfahren im Sinne der Chancengleichheit.[993]

a) Der Restitutionsgedanke: Verletzung des Rechts auf Chancengleichheit?

Manche gehen von einem bestehenden Recht auf Chancengleichheit aus[994] und würden die Restitution einer Verletzung dieses Rechts als Teil der schutzrechtlichen Dimension des § 15 Abs. 2 AGG ansehen. Dieser Logik folgend, wäre analog zur Persönlichkeitsrechtsverletzung bei einem Verstoß gegen § 7 Abs. 1 AGG, eine unwiderlegliche Vermutung der Verletzung des Rechts auf Chancengleichheit anzunehmen.[995] Der immaterielle Schaden ließe sich auf zwei Wegen begründen.[996] Einerseits könnte die Chancengleichheit den Schutzbereich des Persönlichkeitsrechts erweitern, sodass dieser neben dem Schutz der Selbstbestimmung auch den Schutz der Selbstentfaltung enthielte.[997] Hiernach wäre jeder Verstoß gegen § 7 Abs. 1 AGG eine Persönlichkeitsrechtsverletzung mit widerleglicher Vermutung eines immateriellen Schadens aufgrund der beeinträchtigten Teilnahme am Bewerbungsverfahren. Andererseits könnte man die Chancengleichheit als rechtlich geschütztes Interesse konstruieren, das im Anwendungsbereich des AGG durch ein sanktionsbewährtes Verbot geschützt ist.[998] Die Verletzung dieses rechtlich geschützten Interesses durch einen

993 *Schubert*, Die Wiedergutmachung immaterieller Schäden im Privatrecht, S. 171.

994 Entwurf eines Gesetzes zur Durchsetzung der Gleichberechtigung von Frauen und Männern, BT-Drs. 12/5468, S. 44; *Schubert*, Die Wiedergutmachung immaterieller Schäden im Privatrecht, S. 170ff.

995 *Schubert* nennt das Recht auf Chancengleichheit sogar *„das zentrale Schutzgut des AGG"*, vgl. *Schubert*, Die Wiedergutmachung immaterieller Schäden im Privatrecht, S. 170.

996 *Schubert*, Die Wiedergutmachung immaterieller Schäden im Privatrecht, S. 172.

997 Vgl. hierzu OLG Köln, Urt. v. 19.01.2010 - I-24 U 51/09, NJW 2010, 1676; OLG Stuttgart. Urt. v. 12.12.2011 - 10 U 106/11, NJW 2012, 1085 (1086f.); *Schubert*, Die Wiedergutmachung immaterieller Schäden im Privatrecht, S. 172.

998 *Pfeiffer*, in: KR. 8. Aufl. 2007, AGG. Rn. 149; *Schubert*, Die Wiedergutmachung immaterieller Schäden im Privatrecht, S. 173.

Verstoß gegen § 7 Abs. 1 AGG zöge einen immateriellen Schaden nach sich.[999]

Beide Ansätze sind abzulehnen. Zunächst stellt es einen dogmatischen Zirkelschluss dar, ein Gesetz zum Schutz eines Rechts einzuführen, welches ohne dieses Gesetz überhaupt nicht bestehen würde. Das Privatrecht kennt kein Recht auf materielle Chancengleichheit und auch kein Recht auf Selbstentfaltung unter Inanspruchnahme anderer Privatrechtssubjekte.[1000] Ausdrücklich gegen ein Recht auf Kompensation einer entgangenen Chance streitet zudem § 252 BGB, der den Gedanken normiert, dass nur entgangener Gewinn, nicht entgangene Chancen ersatzfähig sind.[1001] Zweifellos ist es Zielsetzung des AGG, die Chancengleichheit der Merkmalsträger zu erhöhen.[1002] Dies sagt aber nichts darüber aus, welche Rechtsnatur die Normen zur Umsetzung dieses Ziels haben.

Ein Recht auf Chancengleichheit kann auch nicht aus Art. 3 GG abgeleitet werden.[1003] Zwar sehen Art. 3 Abs. 2 und Abs. 3 GG Schutzpflichten des Staates vor, gegen Ungleichbehandlungen vorzugehen; hieraus entsteht aber nicht ein originäres Recht auf Teilhabe und Selbstentfaltung zwischen Privaten. Wenn der Staat der Umverteilungszielsetzung des Art. 3 GG und der europäischen Antidiskriminierungsrichtlinie durch das AGG nachkommt, geschieht dies durch Schaffung eines privatrechtsfremden Teilhaberechts.

Damit stellt sich allenfalls die Frage, ob § 15 Abs. 2 AGG innerhalb der teilhaberechtlichen – und damit per se rechtfertigungsbedürftigen – Dimension der Restitution eines immateriellen Schadens dient. Dies ließe sich nur dann annehmen, wenn man wie das BAG die Möglichkeit eines immateriellen Schadens ohne Rechtsgutsverletzung in Betracht zieht. In diesem Sinne ließe sich auch § 15 Abs. 2 S. 2 AGG verstehen. Das Schmerzensgeld in Höhe von drei Monatsgehältern erhält der abgelehnte Bewerber nach § 15 Abs. 2 S. 2 AGG nämlich sogar dann, wenn er auch

---

999 *Schubert* setzt Rechtsgutsverletzung und Schaden in diesen Fällen gleich, siehe *Schubert*, Die Wiedergutmachung immaterieller Schäden im Privatrecht, S. 173.

1000 *Rixecker*, in: MüKo-BGB, Band 1/1, 5. Auflage 2006, Anhang zu § 12 BGB Rn. 130f.; letztlich auch *Lobinger*, in: RdA 2011, 76 (77); *Picker*, in: JZ 2010, 541 (546).

1001 Vgl. BGH, Urt. v. 23.09.1982. NJW 1983, 442 (443); Müller, in: VersR 2006. 1289 (1291).

1002 Entwurf eines Gesetzes zur Umsetzung europäischer Richtlinien zur Verwirklichung des Grundsatzes der Gleichbehandlung, BT-Drs. 16/1780, S. 21.

1003 Vgl. *Neuner*, in: JZ 2003, 57 (60).

bei diskriminierungsfreiem Entscheidungsprozess nicht eingestellt worden wäre.[1004] Bei Kausalität soll das Schmerzensgeld lediglich höher ausfallen dürfen.[1005] § 15 Abs. 2 S. 2 AGG scheint demnach einen restitutionsfähigen immateriellen Schaden unwiderleglich anzunehmen. Man könnte auch sagen, die Vorschrift fingiert einen Schaden in Höhe von bis zu drei Monatsgehältern.

Entgegen dem abweichenden Verständnis der Rechtsprechung ist dies jedoch kein Beleg eines Restitutionsanspruchs, sondern trägt pönale Züge. Würde § 15 Abs. 2 AGG der Restitution eines immateriellen Schadens infolge einer Verletzung der Chancengleichheit dienen, wäre es unverständlich, die Vereitelung einer Chance nicht zur zwingenden Anspruchsvoraussetzung zu machen. Primärer Bezugspunkt der Haftung ist vielmehr die Anknüpfung an ein Merkmal des § 1 AGG durch den Arbeitgeber im Entscheidungsprozess. Es geht also neben der Persönlichkeitsrechtsverletzung um ein zu sanktionierendes Fehlverhalten auf Arbeitgeberseite, und nicht um die Wiederherstellung des Substanzrechts Chancengleichheit nach Substanzrechtsverletzung aufseiten des Bewerbers. [1006]

Demzufolge verfügt die teilhaberechtliche Dimension nicht über restitutionale Elemente. Ratio ist vielmehr die Sanktionierung der unterbliebenen Öffnung des eigenen Rechtskreises, die im Folgenden untersucht wird.

b) Der Sanktionsgedanke: Distributive Inhaltskontrolle als Sanktionsinstrument

aa) Formen privatrechtlicher Inhaltskontrolle

Gesetzgeberisch wurden die Schadensersatz- und Entschädigungsansprüche des § 15 AGG als indirekte Form einer distributiven Inhaltskontrolle

---

1004 Vgl hierzu *Weth*, in: Herberger/Martinek/Rüßmann u.a., jurisPK-BGB, 8. Aufl. 2017, § 15 AGG Rn. 42; *Schlachter*, in: ErfK § 15 Rn. 11.

1005 *Treber*, in: KR, § 15 AGG Rn. 37; *Honsell*, in: ZIP 2008, 621 (626); *Richardi/ Fischinger*, in: Staudinger, BGB, Neubearbeitung 2016, § 611 Rn. 489.

1006 So im Ergebnis *Lüttringhaus*, Grenzüberschreitender Diskriminierungsschutz, S. 61; *Honsell*, in: ZIP 2008, 621 (626); *Honsell*, in: FS Westermann, S. 315 (329f.); *Stoffels*, in: RdA 2009, 204 (205ff.); *Wagner*, in: AcP 206 (2006), 352 (398ff.); *Wagner*, in: Lorenz (Hrsg.), Karlsruher Forum 2004, Haftung wegen Diskriminierung, S. 159 (161); *Wagner/Potsch*, in: JZ 2006, 1085 (1088).

ausgestaltet. Dies erklärt sich folgendermaßen: Wie bereits ausgeführt kommt dem Gesetzgeber beim Güteraustausch zwischen Privaten lediglich die Rolle des ordnenden Wächters, insbesondere im Falle eines Marktversagens, zu.[1007] Zwar ist der Vertrag das einzige legitime Mittel zur Güterverschiebung zwischen Privatpersonen[1008]; dessen Zustandekommen und Inhalt kann jedoch in bestimmten Fällen einer heteronomen Kontrolle unterworfen und damit das Selbstbestimmungsrecht Privater beschränkt sein. Auch diese Beschränkungen bedürfen der Rechtfertigung durch einen legitimen Schutzzweck, sollen in der vorliegenden Arbeit aber nur im Hinblick auf die Unterschiede zum vorvertraglichen Diskriminierungsschutz des AGG angerissen werden. Analysiert man nämlich diese Beschränkungen etwas genauer, wird deutlich, warum das Diskriminierungsverbot des AGG im Falle der vorurteilsbedingten Vertragsversagung *nicht* hierunter fällt. Diese Erkenntnis ist wichtig, um den Ausnahmecharakter der Regelungen des AGG zu unterstreichen.

Es lassen sich drei Formen der privatrechtlichen Inhaltskontrolle unterscheiden: kommutative Inhaltskontrolle, institutionelle Inhaltskontrolle und distributive Inhaltskontrolle.[1009] Die kommutative Inhaltskontrolle dient dem Schutz der Äquivalenz privater Verträge, falls und soweit eine Partei den Vertrag nicht selbstbestimmt abgeschlossen hat.[1010] Ist das Äquivalenzinteresse aufgrund unlauterer einseitiger Vertragsbedingungen (§§ 305ff. BGB)[1011] oder eines auffälligen Missverhältnisses von Leistung und Gegenleistung (§ 138 Abs. 2 BGB) gestört[1012], ist der Vertrag ganz oder teilweise nichtig. Dem liegt ein materiales Verständnis der Privatau-

---

1007 *Mankowski*, in: AcP 2011, 154 (155).

1008 BGH, Urt. v. 24.02.1994 - IX ZR 93/93, BGHZ 125, 206; BGH, Urt. v. 30.10.2003 - III ZR 380/02, NJW-RR 2004, 100 (101); BGH, Urt. v. 23.03.2004 - XI ZR 114/03, NJW 2004, 924; *Lobinger*, in: RdA 2011, 76 (77); *Mankowski*, in: AcP 2011, 154;; *Flume*, in: FS zum 100jährigen Bestehen des Deutschen Juristentages, Band I, S. 135; *Paulus/Zenker*, in: JuS 2001, 1; *Lobinger*, in: Isensee (Hrsg.), Vertragsfreiheit und Diskriminierung, S. 99, 102; *Hofer*, Freiheit ohne Grenzen?, S. 9.

1009 *Kainer*, Der Gleichbehandlungsgrundsatz im Zivilrecht, S. 150ff.

1010 *Kainer*, Der Gleichbehandlungsgrundsatz im Zivilrecht, S. 151.

1011 *Kainer*, Der Gleichbehandlungsgrundsatz im Zivilrecht, S. 151.

1012 Grundlegend BVerfG, Beschluss v. 19.10.1993 - 1 BvR 567/89, 1 BvR 1044/89, BVerfGE 89, 214, seitdem st. Rspr.; vgl. etwa BGH, Urt. v. 18.09.1997 - IX ZR 283/96, BGHZ 136, 347 (349ff.); BGH, Urt. v. 18.12.1997 - IX ZR 271/96, BGHZ 137, 329 (332ff.); BGH, Urt. v. 14.11.2000 - XI ZR 248/99, BGHZ 146, 37 (41ff.); BGH, Urt. v. 14.05.2002 - XI ZR 50/01, BGHZ 151, 34, (36ff.);

tonomie im Sinne tatsächlicher Entscheidungsfreiheit zugrunde.[1013] Zur Gewährleistung der tatsächlichen Entscheidungsfreiheit ist in derartigen Fällen rechtlicher Schutz vor (scheinbar) freiverantwortlicher Selbstschädigung notwendig.[1014] Die institutionelle Inhaltskontrolle soll die Funktionsfähigkeit eines Rechtsinstituts schützen. Zu denken ist hierbei an einen funktionierenden Wettbewerb oder auch an das Eigentum als subjektives Recht.[1015] So werden beispielsweise Privatrechtssubjekte daran gehindert Knebelverträge zu schließen, die eine die (zukünftige) Wettbewerbsfreiheit beschränkende, ungewöhnlich lange Laufzeit haben.[1016]

Beide Formen der Inhaltskontrolle lassen sich dem Rechtspaternalismus zuordnen, weil letztlich die dem Vertragsschluss zustimmende Partei vor sich selbst geschützt wird.[1017] Obwohl kein Fall der §§ 104ff. BGB vorliegt, wird die Bindungskraft der Willenserklärung der als benachteiligt empfundenen Partei nicht anerkannt. Sowohl die kommutative, als auch die institutionelle Inhaltskontrolle bilden Ausnahmen vom Grundsatz *pacta sunt servanda*. Sie dienen der Lösung der benachteiligten Vertragspartei aus einer für unbillig empfundenen vertraglichen Bindung oder der inhaltlichen Umgestaltung des Vertragsinhalts.[1018]

Diese Formen der Inhaltskontrolle fügen sich unproblematisch in das dargestellte Schema der Schutzrechte in der Privatrechtsordnung ein.[1019] Es droht bei Vertragsdurchführung eine unrechtmäßige Substanzrechtsverschiebung, die entweder im Vorhinein zu verhindern oder im Nachhinein rückabzuwickeln ist. Private sollen über Verträge selbstbestimmt den freien Güteraustausch vornehmen, benötigen bei Beeinträchtigung der freien

---

BGH, Urt. v. 04.12.2001 - XI ZR 56/01, NJW 2002, 744; BGH, Urt. v. 14.05.2002 - XI ZR 81/01, NJW 2002, 2230.

1013 BVerfG, Beschluss v. 19.10.1993 - 1 BvR 567/89, 1 BvR 1044/89, BVerfGE 89, 214 (231); *Canaris*, in AcP 200, 273 (294); eine Übersicht zur Bürgschaftsentscheidung des BVerfG findet sich bei *Auer*, Materialisierung, Flexibilisierung, Richterfreiheit, S. 7ff. m.w.N.

1014 *Schmolke*, Grenzen der Selbstbindung im Privatrecht, S. 42ff.

1015 *Kainer*, Der Gleichbehandlungsgrundsatz im Zivilrecht, S. 19f.

1016 BGH, Urt. v. 07.10.1970 - VIII ZR 202/68, NJW 1970, 2243; BGH, Urt. v. 27.02.1985 - VIII ZR 85/84, NJW 1985, 2693 (2695); BGH, Urt. v. 08.04.1992 - VIII ZR 94/91, NJW 1992, 2145; *Heinrichs*, in: Palandt. § 138 Rn. 39; *Mayer-Maly*, in: AcP 194 (1994), 105 (167ff.).

1017 Vgl. zum Paternalismusbegriff *Schmolke*, Grenzen der Selbstbindung im Privatrecht, S. 10ff.

1018 Vgl. *Canaris*, in: AcP 2000, 273 (279).

1019 Die „*Trias der Schutzrechte*“, vgl. *Picker*, in JZ 2010, 541 (546).

Willensbildung (man denke auch an §§ 119ff. BGB) jedoch ein Mindestmaß an staatlichen Schutzmechanismen.[1020] Eine auf Irrtum, Täuschung oder fehlender Information basierende Einigung wurde zwar formal frei eingegangen, es mangelte aber an der notwendigen Freiheit im materialen Sinn.[1021] Gemeinsam ist diesen rechtlichen Kontrollmechanismen, dass sie das Fehlen tatsächlicher Entscheidungsfreiheit durch Einschränkungen der Vertragsfreiheit bzw. Vertragsbindung, jedoch ohne *direkten* Eingriff in das vertragliche Austauschverhältnis zu kompensieren suchen.[1022]

bb) Umverteilung durch Sanktionierung der unterbliebenen Öffnung des eigenen Rechtskreises

Die distributive Inhaltskontrolle hat einen anderen teleologischen Hintergrund. Hier geht es dem Gesetzgeber darum, durch das Vorschreiben oder das Verbot bestimmter Vertragsinhalte in das Äquivalenzinteresse einzugreifen, um eine Umverteilung zu bewirken. Es geht also nicht um das Aufbrechen material unfreier Bindungen unter Aushebelung des Grundsatzes *pacta sunt servanda*, sondern um Integration durch Vertragsermöglichung für bestimmte benachteiligte Gruppen.[1023] Augenscheinlichster Unterschied zur kommutativen Inhaltskontrolle ist demnach der auf Verteilung oder Ausgleich gerichtete Normzweck.[1024]

Wird bei kommutativer und institutioneller Inhaltskontrolle der Rechtskreis der benachteiligten Person vor Beeinträchtigung durch andere Privatrechtssubjekte bewahrt, zielt die distributive Inhaltskontrolle auf Rechtskreiserweiterung unter Inanspruchnahme fremder Rechtskreise ab. Die direkte Form einer heteronom vorgenommen Rechtskreiserweiterung wäre ein Kontrahierungszwang.[1025] Da das AGG gemäß § 15 Abs. 6 keinen

---

1020 Vgl. *Auer*, Materialisierung, Flexibilisierung, Richterfreiheit, S. 18f.

1021 *Canaris*, in: AcP 2000, 273 (281).

1022 *Auer*, Materialisierung, Flexibilisierung, Richterfreiheit, S. 29.

1023 Vgl. *Schiek*, Differenzierte Gerechtigkeit, S. 38f.; *Raab*, in: DStR 1999, 854 (857); *Schlobach*, Das Präventionsprinzip im Recht des Schadensersatzes, S. 135f.

1024 *Kainer*, Der Gleichbehandlungsgrundsatz im Zivilrecht, S. 40.

1025 Siehe hierzu *Sprafke*, Diskriminierungsschutz durch Kontrahierungszwang; *Hanau*, in: Gegen den Strich, FS Adomeit, S. 237ff.; zum allg. Zivilrecht *Friedl*, Der Kontrahierungszwang im Wohnraummietrecht bei unzulässigen Benachteiligungen, S. 160ff; Hanau, in: FS Adomeit, 237ff.

Kontrahierungszwang vorsieht, sondern die Rechtsfolgen eines Verstoßes gegen das Benachteiligungsgebot auf die Sekundärebene des Schadensersatzes verlagert, handelt es sich um eine indirekte Form der distributiven Inhaltskontrolle. Direkte Rechtsfolge ist also nicht der intendierte Zweck einer Umverteilung von Arbeitsvertragsschlüssen, sondern ein Schadensersatzanspruch bei verbotener Benachteiligung - offenbar verbunden mit der Hoffnung, dass Arbeitgeber, um diesen Schadensersatzanspruch zu vermeiden, den Vertragsschluss vornehmen (*Herrmann* spricht deshalb auch von einer indirekten Form des Kontrahierungszwangs[1026]).

Den einzigen Ausnahmefall einer direkten distributiven Inhaltskontrolle im AGG bildet in faktischer Hinsicht das Verbot der Benachteiligung Schwangerer nach § 3 Abs. 1 S. 2 AGG. Wegen der oftmals nicht sichtbaren Merkmalsträgereigenschaft und dem mittlerweile statuierten „Recht zur Lüge" im Bewerbungsgespräch[1027], inklusive dem anschließend fehlenden Recht zur Anfechtung nach § 123 BGB oder zur ordentlichen Kündigung aufgrund des MuSchG, besteht die faktische Rechtsfolge dieses Diskriminierungsverbots nicht im sekundärrechtlichen Schadensersatz, sondern in der arbeitsvertraglichen Bindung. Man könnte es auch als einen Kontrahierungszwang „durch die Hintertür" bezeichnen.

Damit ist auch angesprochen, warum die distributive Inhaltskontrolle in jedem Fall einen Eingriff in die Privatautonomie bedeutet und der hergebrachten Struktur des Privatrechts nicht immanent ist. Sanktioniert wird durch das AGG nämlich ein Verhalten in einem Kernbereich des privatautonomen Handelns – der negativen Vertragsabschlussfreiheit. Bei den übrigen Formen der Inhaltskontrolle geht es darum, die unbillige Inanspruchnahme fremder Rechtskreise, verursacht durch Irrtum, Täuschung etc., zu verhindern.

Die Sanktionierung einer vorurteilsbedingten Vertragsversagung hat demgegenüber eine vollständig andere Eingriffsqualität und -intensität. Der Arbeitgeber will in dieser Konstellation den abgelehnten Bewerber gerade nicht zu einem Vertragsschluss bewegen. Er will mit dem fremden Rechtskreis nichts zu tun haben. Er verfolgt daher auch nicht das Ziel

---

1026 *Herrmann*, in: ZfA 1996, 19 (30ff.) in Bezug auf § 611a BGB.

1027 Vgl. zur Frage nach der Schwangerschaft zuletzt LAG Köln, Urt. v. 11.10.2012 - 6 Sa 641/12, NZA-RR 2013, 232; BAG, Urt. v. 06.02.2003 - 2 AZR 621/01, NZA 2003, 848; EuGH, Urt. v. 04.10.2001 - C-109/00, NJW 2002, 123; offengelassen in Bezug auf die Schwerbehinderung, BAG, Urt. v. 07.07.2011 - 2AZR 396/10, NZA 2012, 34.

einer unbilligen Güterverschiebung oder fremden Rechtskreisbeanspruchung. Der abgelehnte Bewerber gibt auch nicht infolge eines Informationsdefizits Teile seines eigenen Rechtskreises preis. Die Vertragsversagung verhindert denklogisch eine Störung im vertraglichen Äquivalenzverhältnis. Wie oben dargestellt, bewirkt die unwiderlegliche Vermutung einer Persönlichkeitsrechtsverletzung nach § 7 Abs. 1 AGG zwar eine Rechtskreisverletzung bei Vertragsversagung, der Anspruch aus § 15 Abs. 2 AGG ist aber in Fällen eines fehlenden immateriellen Schadens nicht ohne Sanktionszweck begründbar.

In seiner Funktion als Teilhaberecht sanktioniert § 15 Abs. 2 AGG die unterbliebene Öffnung des eigenen Rechtskreises für Mitglieder benachteiligter Gruppen. Trotz der Irrelevanz der Motivebene auf Tatbestandsseite, ist es auf Rechtsfolgenseite die Vermutung eines fehlenden Integrationswillens bzw. die Vermutung zur fehlenden Bereitschaft der Aufgabe vorurteilsgeprägter Präferenzen des Diskriminierenden, die zum Anknüpfungspunkt der sanktionierenden Aufstockung der Anspruchshöhe gemacht wird. Allein dieser Umstand verschafft dem AGG einen weitgehenden Sonderstatus im deutschen Privatrecht.[1028] Verstärkt wird diese Sichtweise, wenn man das hier vertretene Verständnis der originären staatlichen Zuweisung von Rechtspositionen mit anschließender rein privater Güterverschiebung über Verträge zugrunde legt.[1029] Das AGG wirkt nicht auf der ersten Stufe der Güterzuteilung, sondern es versucht, Private auf der zweiten Stufe der Güterverschiebung zu gesellschaftlich erwünschten Vertragsschlüssen zu bewegen. Die teilhaberechtliche Dimension ergänzt hierdurch die schutzrechtliche Dimension um einen Eingriff in das vertragliche Äquivalenzverhältnis. Da dieses zuvor bei einer Vertragsversagung überhaupt nicht gestört war, verfügt die teilhaberechtliche Dimension über keinerlei Restitutionselement. Das Sanktionselement ist als gewähltes Mittel zur Umverteilung einzig bestimmend.

1028 Ähnlich gelagerte teilhabrechtliche Regelungen, zur Verfolgung eines sozialpolitischen Zwecks, gibt es allenfalls im Wohnraummietrecht seit der Mietrechtsreform 2001, vgl. hierzu *Emmerich*, in: JuS 2000, 1051ff.

1029 *Lobinger*, in: RdA 2011, 76 (77).

c) Zwischenfazit

Die teilhaberechtliche Komponente des § 15 AGG versucht, durch eine Sanktionierung der unterbliebenen Öffnung des Rechtskreises des Arbeitgebers eine Umverteilung von Vertragsschlüssen zu bewirken. Anknüpfungspunkt ist hierbei die Vermutung eines fehlenden Integrationswillens. Hierbei hat der Gesetzgeber nicht den direkten Weg eines Kontrahierungszwangs, sondern den weniger eingriffsintensiven Ansatz einer Sanktionierung durch überkompensatorische Entschädigung gewählt.[1030] In Ergänzung zu den bisherigen Erkenntnissen verstärkt dies den Befund pönaler Elemente in den Rechtsfolgeregelungen des AGG.

III. Fazit

Fasst man das bisher zu Tatbestand und Rechtsfolge Gesagte zusammen, half das Modell des Entscheidungsprozesses des Arbeitgebers dabei, der Struktur des Benachteiligungsverbots im AGG auf den Grund zu gehen. Im Zuge der systematischen Auslegung wurden bei der Rechtsfolgenregelung des § 15 Abs. 2 AGG Restitutions- und Sanktionselemente herausgearbeitet und damit der etwas verworrenen Zielsetzungsvermischung aus Persönlichkeitsschutz und Umverteilung eine dazu passende dogmatische Struktur gegeben. Damit ließen sich präzise Tatbestandsvoraussetzungen ermitteln.

Der Tatbestand des Benachteiligungsverbots gemäß § 7 i.V.m. § 3 Abs. 1 AGG ist erfüllt, wenn der Arbeitgeber auf Anknüpfungsebene ein Merkmal des § 1 AGG zum entscheidungserheblichen Merkmal gemacht hat, weil er zumindest davon ausging, dass der Bewerber Merkmalsträger ist und der Bewerber hierdurch im Vergleich zu einem anderen Bewerber benachteiligt wurde.

Sowohl die Motive hierfür, als auch die tatsächliche Merkmalsträgereigenschaft des Bewerbers sind keine Tatbestandsvoraussetzungen. Ein Verschulden des Diskriminierenden ist ebenfalls nicht erforderlich. Das AGG lässt es aufgrund einer Haftungsverschärfung bei Persönlichkeitsrechtsver-

---

1030 Entwurf eines Gesetzes zur Umsetzung europäischer Richtlinien zur Verwirklichung des Grundsatzes der Gleichbehandlung, BT-Drs. 16/1780, S. 38; *Stein*, in Wendeling-Schröder/Stein, AGG, § 15 Rn. 1; *Weth*, in: Herberger/Martinek/Rüßmann u.a., jurisPK-BGB, 8. Aufl. 2017, § 15 AGG Rn. 2.

letzungen ausreichen, dass der Diskriminierende von der Merkmalsträgerschaft ausging und diese Annahme kausal für die nachteilige Behandlung war.

Als Rechtsfolge ist der Ersatz materieller Schäden nach § 15 Abs. 1 AGG und immaterieller Schäden nach § 15 Abs. 2 AGG vorgesehen. Während § 15 Abs. 1 AGG ohnehin Verschulden voraussetzt, ist die Bestimmung der Relevanz des Diskriminierendenverhaltens bei § 15 Abs. 2 AGG diffiziler. In § 15 Abs. 2 AGG wird eine Kombination aus Schutzrecht und Teilhaberecht eingesetzt. Zur Anspruchsausfüllung wird teilweise an das subjektive Verhalten des Diskriminierenden angeknüpft. Das Verhalten des Diskriminierenden wird in Form einer subjektiven Vorwerfbarkeit an zwei unterschiedlichen Stellen zur Anspruchsausfüllung herangezogen. Einmal zur Bestimmung des Umfangs der Persönlichkeitsrechtsverletzung des Bewerbers und nochmals bei der Bestimmung des Umfangs der Sanktionswürdigkeit der Vertragsversagung. Die Höhe des Anspruchs richtet sich damit einerseits nach der Höhe des immateriellen Schadens, der durch die Persönlichkeitsrechtsverletzung verursacht wurde, die ihrerseits vom Verhalten des Diskriminierenden abhängt. Andererseits wird der Anspruch über den tatsächlich vorliegenden Schaden hinaus aufgestockt, wenn ansonsten noch keine ausreichend abschreckende Wirkung erzielt werden kann. Hierzu wird wiederum das Verhalten des Diskriminierenden betrachtet, um die angemessene Höhe der Sanktion zu bestimmen. Sanktioniert wird dabei auch die fehlende Bereitschaft, an der von gesetzgeberischer Seite gewünschten Integration benachteiligter Gruppen mitzuwirken – die unterbliebene Öffnung des eigenen Rechtskreises. Das Verhalten des diskriminierenden Arbeitgebers wird mithin sowohl zur Ausfüllung des Schadensanteils, als auch zur Bestimmung der angemessenen sanktionierenden Aufstockung der Anspruchshöhe herangezogen.

Um die von europäischer Seite gewünschte Abschreckungswirkung zu entfalten, setzt sich die schutzrechtliche Seite des Anspruchs aus Restitutions- und Sanktionsanteilen zusammen. Deren prozentuales Verhältnis zueinander hängt wiederum von der tatsächlichen Schadenshöhe und der Vorwerfbarkeit des Arbeitgeberverhaltens ab. Der festgestellte immaterielle Schaden wird in voller Höhe restituiert; sollte dies zur Abschreckung aber nicht ausreichen, wird der Anspruch über den vorliegenden Schaden hinaus aufgestockt. Dieser aufstockende Anteil am Gesamtanspruch dient der Sanktionierung des Arbeitgebers. Folglich gibt es auch zwei Bezugspunkte der Anspruchshöhe. Herangezogen wird sowohl der immaterielle Schaden, als auch das Ausmaß der Sanktionswürdigkeit des Arbeitgeberverhaltens. Die Sanktionswürdigkeit bestimmt sich wiederum anhand des subjektiven Tatbestands auf Anknüpfungsebene. Je vorwerfbarer ein Verhalten ist, desto mehr ist der Restitutionsanspruch um einen Sanktionsanteil aufzustocken.

Auch die teilhaberechtliche Komponente des § 15 AGG knüpft am subjektiven Verhalten des Diskriminierenden an. Hier wird versucht, durch eine Sanktionierung der unterbliebenen Öffnung des Rechtskreises des Arbeitgebers eine Umverteilung von Vertragsschlüssen zu bewirken. Hierbei hat der Gesetzgeber nicht den direkten Weg eines Kontrahierungszwangs, sondern den weniger eingriffsintensiven Ansatz einer Sanktionierung durch Schadensersatzansprüche gewählt. Da eine Öffnung des eigenen Rechtskreises ohne hierauf gerichtete Willenserklärung dem deutschen Privatrecht fremd ist, wird hierdurch das Ergebnis untermauert, dass der haftungsausfüllende Tatbestand der unmittelbaren Benachteiligung pönalen Charakter hat. Die fehlende Öffnung des eigenen Rechtskreises ist auch unter Geltung des AGG nur dann sanktionswürdig, wenn sie auf dem subjektiven Anknüpfen an die Merkmale des § 1 AGG basiert.

C. § 15 Abs. 2 AGG vor dem Hintergrund des Verschuldensprinzips im Privatrecht

Im deutschen Privatrecht folgen selbst reine Restitutionsansprüche in der Regel dem verfassungsrechtlich garantierten Verschuldensprinzip.[1031] Gefährdungshaftungstatbestände sind die Ausnahme geblieben. Deren Verschuldensunabhängigkeit ist das Ergebnis gebotener Abwandlung der Risikozuweisung in bestimmten Bereichen des Rechtsverkehrs.[1032] Kommen Sanktionen hinzu, spricht dies aufgrund des Verschuldensprinzips erst recht dafür, vom Erfordernis eines Verschuldens auszugehen und jede Abweichung hiervon als rechtfertigungsbedürftig anzusehen.

Verstärkt wird diese Einschätzung durch das Ausgleichprinzip. Dieses setzt sich aus dem Grundsatz der Totalreparation und dem Bereicherungs-

---

1031 Vgl. *Jacoby/von Hinden*, BGB, § 276 Rn. 1ff.; vgl. *Emmerich*, Schuldrecht BT, § 27 Rn. 1; Verschuldensprinzip als *„Fundamentalsatz des Schadensersatzrechts"*, *Lobinger*, Die Grenzen rechtsgeschäftlicher Leistungspflichten, S. 298; vgl. auch *Schäfer*, in: AcP 202 (2002), 397 (412).

1032 *Looschelders*, Schuldrecht BT, S. 496, Rn. 1441.

verbot zusammen.[1033] Beide ergänzen sich, indem sie einerseits die volle Kompensation des Schadens verlangen (Totalreparation), andererseits keine überkompensatorische Entschädigung zulassen (Bereicherungsverbot).[1034] Der Schaden ist demnach im Privatrecht die Unter- und Obergrenze jedes Schadensersatzanspruchs. Dies entspricht der dritten Gruppe der „*Trias der Schutzrechte*".[1035]

Eine überkompensatorische Entschädigung im Sinne des § 15 Abs. 2 AGG ist demnach schon aufgrund des Ausgleichsprinzips rechtfertigungsbedürftig. Das gilt erst recht, sofern sie nicht vollständig an ein Verschulden des Diskriminierenden gekoppelt wird. Wird ein Arbeitgeber sanktioniert, obwohl ihm im Moment des rechtswidrigen Verhaltens kein individueller Vorwurf gemacht werden kann, begegnet dies Bedenken, die im Folgenden untersucht werden sollen.

I. Verschulden als Voraussetzung der Anspruchsbegründung

1. Das Verschuldensprinzip gilt bei Restitutions- und Sanktionsnormen

Der historische Gesetzgeber war vor die Wahl gestellt, ob das deutsche Haftungsrecht einem Verschuldens- oder einem Veranlassungsprinzip folgen soll.[1036] Er entschied sich für ersteres, weil er die hemmenden Wirkungen eines Veranlasserprinzips auf individuelle Bewegungsfreiheit und Verantwortungsfreude, insbesondere in Industrie und Mittelstand, erkannte.[1037] Diese wirtschaftsliberale Grundtendenz des Privatrechts wurde zwar in den darauf folgenden Jahrzehnten beschnitten[1038], bis heute gilt

---

1033 *Möller*, Das Präventionsprinzip des Schadensrechts, S. 264; vgl. auch BGH, Urt. v. 29.09.1952, III ZR 376/51, NJW 1952, 1377; BGH, Urt. v. 06.07.1955, GSZ 1/55, BGHZ 18, 149; BGH, Urt. v. 29.11.1994, VI ZR 93/94, BGHZ 128, 117; *Gisawi*, Der Grundsatz der Totalreparation; *Coester-Waltjen*, in: Jura 2001, 133 (135); *Müller*, in: VersR 2006, 1289 (1292); *Knöpfel*, in: AcP 155 (1956), 135 (142); *Köndgen*, Haftpflichtfunktionen und Immaterialschaden, S. 74ff., 78; *Schubert*, Die Wiedergutmachung immaterieller Schäden im Privatrecht, S. 150.

1034 *Möller*, Das Präventionsprinzip des Schadensrechts, S. 264.

1035 Vgl. *Picker*, in JZ 2010, 541 (546).

1036 Siehe hierzu *Laufs*, in: FS Gernhuber, S. 245 (255).

1037 Protokolle der Kommission für die zweite Lesung des Entwurfs des Bürgerlichen Gesetzbuchs, Band 2, S. 569.

1038 *Bohn*, Der Sanktionsgedanke im Bürgerlichen Recht, S. 193f.

aber mehrheitlich, dass haftungsrechtliche Verantwortung individuelles Verschulden voraussetzt.

Dies gilt unabhängig davon, ob die Haftung eine restituierende oder sanktionierende Zielsetzung hat. Bei Restitutionsansprüchen resultiert die Anspruchshöhe, aufgrund des Grundsatzes der Totalreparation, aus der Schadenshöhe.[1039] Das Verschulden des Schädigers spielt mithin ausschließlich bei der Anspruchsbegründung eine Rolle. Besteht die Ersatzpflicht einmal, ist nach §§ 249ff. BGB grundsätzlich der gesamte entstandene Schaden unabhängig vom Verschulden zu ersetzen.[1040] Eine Abstufung der Ersatzpflicht nach Verschuldensgrad hat der historische Gesetzgeber ausdrücklich abgelehnt.[1041]

Dies ist bei Sanktionsansprüchen anders. Sanktionen haben keine vordefinierte Höchstgrenze. Sie waren zwar dem Privatrecht ursprünglich fremd, haben aber mittlerweile an zahlreichen Stellen Eingang gefunden.[1042] Da der Sanktion keine Ausgleichsfunktion zukommt, der Anspruch also in weit höherem Maße am Schädigerverhalten orientiert ist, muss der Verschuldensgrundsatz zur Anspruchsbegründung erst recht gelten. Im Gegensatz zu Restitutionsansprüchen ist die Anspruchshöhe bei Sanktionsansprüchen aber nicht durch einen Schaden vorgegeben. Der Anspruchsausfüllung auf Rechtsfolgenseite kommt daher eine weit größere Bedeutung zu. Unbedenklich wäre es, wenn eine sanktionierende Haftung aus einem verschuldensabhängigen Tatbestand resultiert. Höchst problematisch wäre es demgegenüber, wenn bei einer Sanktion die Anspruchsbegründung verschuldensunabhängig erfolgte und auch die Anspruchsausfüllung nicht an Verschulden gekoppelt wäre.

Das Veranlasserprinzip wiederum hat im heutigen Recht in vereinzelten Gefährdungshaftungstatbeständen Niederschlag gefunden. Diese wiederum dienen ausnahmslos nicht der Sanktionierung eines individuellen vorwerfbaren Verhaltens, sondern der als billig empfundenen Zuteilung von Risikosphären.[1043]

1039 BGH, Urt. v. 04.06.1992 - IX ZR 149/91, BGHZ 118, 312 (338).

1040 *Schäfer*, in: AcP 202 (2002), 397 (414).

1041 Motive zu dem Entwurfe eines Bürgerlichen Gesetzbuches für das Deutsche Reich, Band 2, S. 17ff.; *Schäfer*, in: AcP 202 (2002), 397 (415).

1042 Siehe hierzu *Schäfer*, in: AcP 202 (2002), 397; *Bohn*, Der Sanktionsgedanke im Bürgerlichen Recht; *Ebert*, Pönale Elemente im deutschen Privatrecht.

1043 Vgl. *Larenz/Canaris*, Schuldrecht II/2, § 84 I 2 a.

Der Zusammenhang von individueller Vorwerfbarkeit und Haftungsbegründung durchzieht das gesamte Privatrecht und ist in Bezug auf Restitutionsansprüche wie §§ 823; 280; 989,990; 818 Abs. 4, 819 Abs. 1; 292 i.V.m. 989,990; sowie 346 Abs. 4 i.V.m. 280 BGB und § 15 Abs. 1 AGG hinlänglich bekannt.

Auch sanktionierende Vorschriften setzen in aller Regel Verschulden des Verursachers voraus. Beispielhaft sollen § 817 S. 2 BGB, § 241a BGB und § 288 BGB herausgegriffen werden.

§ 817 S. 2 BGB ist eine der ältesten klar sanktionierenden Vorschriften im BGB.[1044] Der Leistende verliert seinen Rückforderungsanspruch, wenn er vorsätzlich verbots- oder sittenwidrig gehandelt hat.[1045] Es steht einem vorsätzlichen Handeln gleich, wenn sich der Leistende der Einsicht in die Gesetzes- bzw. Sittenwidrigkeit leichtfertig verschließt.[1046] Es wird nur derjenige mit dem Verlust seines Bereicherungsanspruchs bestraft, dem wegen seiner positiven Kenntnis ein besonderes Verschulden vorzuwerfen ist.[1047]

§ 241a BGB sanktioniert unlauteres Wettbewerbsgebaren durch einen Ausschluss aller Herausgabeansprüche bei der Zusendung unbestellter Waren.[1048] Ungewöhnlich offen bekennt sich der Gesetzgeber bei dieser

---

1044 *Schäfer*, in: AcP 202 (2002), 397 (406ff.); BGH, Urt. v. 05.05.1992 - X ZR 134/90, BGHZ 118, 182 (193); BGH, Urt. v. 30.04.1992 - III ZR 151/91, BGHZ 118, 142 (150); BGH, Urt. v. 31.05.1990 - VII ZR 336/89, BGHZ 111, 308 (312); BGH, Urt. v. 08.11.1979 - VII ZR 337/78, BGHZ 75, 299 (305); RG, Urt. v. 30.06.1939 - GSZ 4/38, RGZ 161, 52 (55f.); vgl. zum Streit über die Zielrichtungen des § 817 S. 2 BGB, *Schmidt-Recla*, in: JZ 2008, 60 (62ff.); *Armgardt*, in: NJW 2006, 2070 (2073); *Canaris*, in: FS Steindorff, S. 519 (523f.); *Medicus*, Bürgerliches Recht, Rn. 697; *Wendehorst*, in: Bamberger/Roth, BGB, 2003, § 817 Rn. 20; *Bohn*, Der Sanktionsgedanke im Bürgerlichen Recht, S. 138ff.; Reuter/Martinek, Ungerechtfertigte Bereicherung, S. 206; *Honsell*, Die Rückabwicklung sittenwidriger oder verbotener Geschäfte, S. 23.

1045 BGH, Urt. v. 29.04.1968 - VII ZR 9/66, BGHZ 50, 90 (92); *Sprau*, in: Palandt, § 817 Rn. 17; *Canaris*, in: FS Steindorff, S. 519 (525f.).

1046 BGH, Urt. v. 23.02.2005 - VIII ZR 129/04, BGH NJW 2005, 1490; BGH, Urt. v. 02.12.1982 - III ZR 90/81, BGH NJW 1983, 1420 (1423); *Sprau*, in: Palandt, § 817 Rn. 17.

1047 *Bohn*, Der Sanktionsgedanke im Bürgerlichen Recht, S. 150; Motive zu dem Entwurfe eines Bürgerlichen Gesetzbuches für das Deutsche Reich, Band 2, S. 849.

1048 Vgl. zur Kritik an der Norm *Flume*, in: ZIP 2000, 1427 (1428f.); *Hensen*, in: ZIP 2000, 1151; *Casper*, in: ZIP 2000, 1602 (1606); *Berger*, in: JuS 2001, 649 (651).

Vorschrift zur pönalen Ausrichtung und zur beabsichtigten Verhaltenssteuerung durch abschreckend wirkende Sanktionen im Privatrecht.[1049] Auch diese Sanktionsnorm setzt nach § 241a Abs. 2 BGB ein Verschulden voraus.[1050] Der Versender behält seine Ansprüche, wenn die Leistung nicht für den Empfänger bestimmt war oder in der irrigen Annahme einer Bestellung erfolgte.

§ 288 BGB sanktioniert die verschuldete (§ 286 Abs. 4 BGB) unrechtmäßige Verzögerung der (Geld-)Leistung mit einer pauschalen Abgeltung des regelmäßig entstehenden Zinsschadens.[1051] Wegen der fehlenden Möglichkeit des Gegenbeweises eines geringeren Schadens handelt es sich bei dieser Vorschrift nicht um einen pauschalierten Schadensersatzanspruch, sondern um eine Sanktion.[1052]

2. Ausnahme: Die objektive Haftung

Ausnahmen zum Verschuldensprinzip auf Ebene der Anspruchsbegründung finden sich bei der Billigkeitshaftung, dem negatorischen Beseitigungsanspruch, dem nachbarrechtlichen Ausgleichsanspruch und den Gefährdungshaftungstatbeständen. Gemeinsam könnte man sie als Tatbestände der objektiven Haftung bezeichnen.[1053] Allen ist gemein, dass sie zwar nicht dem Verschuldensprinzip folgen, dies aber aufgrund der rein restituierenden Zielsetzungen weit unproblematischer ist als bei § 15 Abs. 2 i.V.m § 7 Abs. 1 AGG.

1049 Entwurf eines Gesetzes über Fernabsatzverträge und andere Fragen des Verbraucherrechts sowie zur Umstellung von Vorschriften auf Euro, BT-Drs. 14/3195, S. 32; siehe auch Entwurf eines Gesetzes über Fernabsatzverträge und andere Fragen des Verbraucherrechts sowie zur Umstellung von Vorschriften auf Euro, BT-Drs. 14/2658, S. 46.

1050 *Schäfer*, in: AcP 202 (2002), 397 (428f.).

1051 *Bohn*, Der Sanktionsgedanke im Bürgerlichen Recht, S. 134.

1052 *Schäfer*, in: AcP 202 (2002), 397 (413); a.A. *Klumpp*, Die Privatstrafe, S. 69.

1053 *Kolb*, Auf der Suche nach dem Verschuldensgrundsatz, S. 128.

a) Die Billigkeitshaftung gemäß § 829 BGB

Die Billigkeitshaftung des § 829 BGB enthält eine Ausnahme vom Verschuldensgrundsatz.[1054] Danach hat der deliktsunfähige Schadensverursacher dem Geschädigten einen Schaden, dessen Ersatz nicht von einem aufsichtspflichtigen Dritten erlangt werden kann, insoweit zu ersetzen, als die Billigkeit dies erfordert. Dies sei insbesondere bei einer wesentlichen Vermögensschieflage zwischen Schädiger und Geschädigtem anzunehmen.[1055] Da mithin das Vermögen des Schädigers ein zentrales Element im Anwendungsbereich dieser Vorschrift darstellt, könnte man auf den ersten Blick von einer sanktionierenden Zielsetzung ausgehen.

In Wahrheit handelt es sich um eine Kompensation möglicher Härten, die aus der Durchbrechung des Verschuldensgrundsatzes in §§ 827, 828 BGB resultieren können.[1056] Der Rückausnahmecharakter der Vorschrift macht deutlich, dass es keinesfalls um eine Sanktionierung des Schädigers geht. Dieser wird ja gerade in §§ 827, 828 BGB privilegiert und verliert lediglich in Härtefällen das Haftungsprivileg.[1057]

b) Der negatorische Beseitigungsanspruch gemäß § 1004 Abs. 1 S. 1 BGB

Der negatorische Beseitigungsanspruch gemäß § 1004 Abs. 1 S. 1 BGB wandelt sich immer mehr in einen verschuldensunabhängigen Schadensersatzanspruch.[1058] Insbesondere die Kontaminations-Rechtsprechung des BGH ersetzt Schäden verschuldensunabhängig, wenn ansonsten die Beseitigung der ursprünglichen Störungsquelle nicht möglich wäre.[1059] Der BGH argumentiert dabei mit Billigkeitserwägungen, will demnach ein als ungerecht empfundenes Ergebnis vermeiden.[1060] Schäden, in diesem Fall als endgültige Einbußen am Rechtsgut Eigentum verstanden, werden immer dann nach § 1004 Abs. 1 S. 1 BGB ersetzt, wenn eine Beseitigung der

---

1054 Vgl. Sprau, in: Palandt, § 829 Rn. 1; von Bar, in: FS Lange, S. 384; *Kolb*, Auf der Suche nach dem Verschuldensgrundsatz, S. 128.

1055 *Kolb*, Auf der Suche nach dem Verschuldensgrundsatz, S. 128.

1056 *Oechsler*, in: Staudinger (2014), BGB, § 829 Rn. 17.

1057 *Oechsler*, in: Staudinger (2014), BGB, § 829 Rn. 17.

1058 *Kolb*, Auf der Suche nach dem Verschuldensgrundsatz, S. 155ff.

1059 BGH, Urt. 18.04.1997 - V ZR 28/96, BGHZ 135, 235; BGH, Urt. v. 14.11.2003 - V ZR 102/03, BGHZ 157, 33.

1060 *Kolb*, Auf der Suche nach dem Verschuldensgrundsatz, S. 163.

endgültigen Störung ohne deren Ersatz ausscheiden müsste.[1061] Dies will man dem Geschädigten nicht zumuten. Auch hier geht es demnach ausschließlich um die Restitution erlittener Schäden, nicht um eine Sanktionierung des schuldlosen Schädigers.

c) Der nachbarrechtliche Ausgleichsanspruch gemäß § 906 Abs. 2 S. 2 BGB

Ebenso wie der negatorische Beseitigungsanspruch gemäß § 1004 Abs. 1 S. 1 BGB wird auch der Anwendungsbereich des verschuldensunabhängigen nachbarrechtlichen Ausgleichsanspruchs gemäß § 906 Abs. 2 S. 2 BGB immer weiter ausgedehnt.[1062] Insbesondere die Ausdehnung auf faktische Duldungspflichten führt dazu, dass die Verschuldenshaftung, z.B. nach § 823 I BGB, bei Eigentumsschäden im nachbarlichen Verhältnis einen Großteil ihrer praktischen Relevanz verloren hat.[1063] Jedoch orientiert sich die Rechtsprechung nicht an den Rechtsfolgen des Schadensersatzes, §§ 249ff. BGB, sondern bemisst den Anspruch an den Grundsätzen der Enteignungsentschädigung.[1064] Die in diesem Rahmen gewährte angemessene Entschädigung bleibt oftmals sogar hinter der Totalreparation zurück[1065], verfügt also keinesfalls über sanktionierende Elemente.

d) Gefährdungshaftungstatbestände

Das BGB geht mit Ausnahme der Luxustierhalterhaftung nach § 833 S. 1 BGB vom Verschuldensprinzip aus.[1066] Außerhalb des BGB wird demgegenüber in einzelnen Vorschriften eine verschuldensunabhängige Gefähr-

---

1061 *Kolb*, Auf der Suche nach dem Verschuldensgrundsatz, S. 163.

1062 *Kolb*, Auf der Suche nach dem Verschuldensgrundsatz, S. 164ff.

1063 Vgl. BGH, Urt. v. 26.11.1982 - V ZR 314/81, BGHZ 85, 375 (384); BGH, Urt. v. 18.11.1994 - V ZR 98/93, DB 1995, 773; BGH, Urt. v. 17.09.2004 - V ZR 230/03, BGHZ 160, 232; BGH, Urt. v. 12.12.2003 - V ZR 180/03, BGHZ 157, 188; BGH, Urt. v. 23.02.2001 - V ZR 389/99, BGHZ 147, 45.

1064 Vgl. BGH, Urt. v. 18.11.1994 - V ZR 98/93, DB 1995, 773; OLG Düsseldorf, Urt. v. 07.05.2003 - I-15 U 152/02, NJW-RR 2003, 1521.

1065 OLG Düsseldorf, Urt. v. 07.05.2003 - I-15 U 152/02, NJW-RR 2003, 1521.

1066 Vgl. *Emmerich*, Schuldrecht BT, § 27 Rn. 1.

dungshaftung statuiert.[1067] Gefährdungshaftung knüpft nicht an verbotenem bzw. rechtswidrigem, sondern an rechtmäßigem Verhalten an.[1068] Anknüpfungspunkt ist eine abstrakte Gefahr, die als Ergebnis eines Abwägungsprozesses von der Gesellschaft aufgrund ihrer höher gewichteten Nützlichkeit akzeptiert wird.[1069]

Ihr Grundgedanke liegt in der Zuweisung von Risikosphären bei Gefahrveranlassung und Gefahrbeherrschung.[1070] Sie ist Ausfluss des Gedankens der ausgleichenden Gerechtigkeit, wonach derjenige, der eine Gefahrenquelle schafft oder beherrscht und daraus einen wirtschaftlichen Nutzen zieht, für die damit verbundenen Schäden aufzukommen hat.[1071] Das Risiko darf, auch wegen der erleichterten Versicherbarkeit auf Veranlasserseite, nicht auf den Einzelnen, zufällig betroffenen Geschädigten abgewälzt werden.[1072]

Aufgrund ihrer Ausnahmestellung vom Verschuldensprinzip gilt für die Gefährdungshaftung das sogenannte Enumerationsprinzip.[1073] Dies bedeutet, dass jeder Gefährdungshaftungstatbestand einer gesetzlichen Grundlage bedarf; eine Rechtsfortbildung im Wege der Analogie ausscheidet.[1074]

Zentrales haftungsbegründendes und haftungsbegrenzendes Element der Gefährdungshaftung ist der Gefährdungs- und Zurechnungszusammenhang, wonach sich im Schaden gerade diejenige Gefahr verwirklicht

---

1067 *Looschelders*, Schuldrecht BT, S. 495, Rn. 1438; vgl. ausführlich *Bürge*, in: FS Canaris, Band 1, S. 59ff.

1068 BGH, Urt. v. 04.03.1957 - GSZ 1/56, BGHZ 24, 21 (26); BGH, Urt. v. 14.03.1961 - VI ZR 189/59, BGHZ 34, 355 (361); BGH, Urt. v. 05.07.1988 - VI ZR 346/87, BGHZ 105, 65 (68); *Emmerich*, Schuldrecht BT, § 27 Rn. 3; *Larenz/Canaris*, Schuldrecht II/2, § 84 I 3 a; *Deutsch/Ahrens*, Deliktsrecht, Rn. 362; *Bauer*, in: FS Ballerstedt, S. 305 (316f.); *Deutsch*, in: JuS 1981, 317 (318).

1069 *Looschelders*, Schuldrecht BT, S. 496, Rn. 1441.

1070 Vgl. *Larenz/Canaris*, Schuldrecht II/2, § 84 I 2 a.

1071 *Brox/Walker*, Schuldrecht BT, § 46 Rn. 1.

1072 *Looschelders*, Schuldrecht BT, S. 496, Rn. 1440; *Larenz/Canaris*, Schuldrecht II/2, § 84 I 2 a; *Medicus*, in: Jura 1996, 561 (563).

1073 BGH, Urt. v. 25.01.1971 - III ZR 208/68, BGHZ 55, 229 (234); *Röthel*, in: Jura 2012, 444; *Looschelders*, Schuldrecht BT, S. 496, Rn. 1442; *Larenz/Canaris*, Schuldrecht II/2, § 84 II 1 b.

1074 BGH, Urt. v. 25.01.1971 - III ZR 208/68, BGHZ 55, 229 (234); BGH, Urt. v. 07.11.1974 - III ZR 107/72, BGHZ 63, 234 (237); auch schon RG, Urt. v. 11.01.1912 – VI 86/11, RGZ 78, 171 (172); RG, Urt. v. 11.04.1935, VI 540/34, RGZ 147, 353 (355f.); *Looschelders*, Schuldrecht BT, S. 497, Rn. 1443; *Larenz/Canaris*, Schuldrecht II/2, § 84 I 1 b.

haben muss, die Schutzziel des Tatbestandes ist.[1075] Dies basiert auf dem Gedanken, dass der Haftende nur für solche Schäden einstehen muss, die aus der von ihm geschaffenen besonderen Gefahr resultieren.[1076]

Für den hiesigen Zusammenhang ist insbesondere von Bedeutung, dass Gefährdungshaftungstatbestände keine Sanktionierungen des Schädigers darstellen. Sie dienen in erster Linie einer pauschalen Zuteilung von Risikosphären, die den *Schadensausgleich* im Einzelfall erleichtern soll. Das individuelle Verhalten des Schädigers wird nicht betrachtet, weil es nicht um die Feststellung eines unerwünschten Verhaltens geht.

Die Haftungsgründe variieren je nach geregeltem Lebenssachverhalt. Greift man die Fahrzeughalterhaftung nach § 7 Abs. 1 StVG als typisches Beispiel heraus, steht die Schaffung der Gefahrenquelle durch den Halter eines Kraftfahrzeugs im Mittelpunkt. Bei der Produzentenhaftung nach § 1 ProdHaftG soll der Geschädigtenseite die Hürde des Verschuldensnachweiseses genommen werden, weil diese ansonsten in zahlreichen Fällen keinen Ausgleich ihres Schadens erlangen würde.[1077] Der Geschädigte soll nicht das Risiko einer scheiternden Anspruchsbegründung tragen. Die Anspruchshöhe beträgt maximal den Schaden, sie ist oftmals gar auf Höchstbeträge begrenzt (§§ 12ff. StVG). Seit Streichung des § 847 BGB sind auch immaterielle Schäden nach § 253 Abs. 2 BGB im Rahmen der Gefährdungshaftung ersatzfähig.[1078] Die dadurch entstehende Frage einer Berücksichtigung des Verschuldens auf Ebene der Anspruchsausfüllung wird sogleich ausführlich behandelt.

3. Fazit

Im Privatrecht gilt bei Anspruchsbegründung grundsätzlich das Verschuldensprinzip. Dies gilt insbesondere bei Vorschriften mit Sanktionscharakter. Auch Restitutionsansprüche sind im Grundsatz verschuldensabhängig. Die dargestellten Ausnahmen hiervon sind entweder der gewünschten Risikoverteilung bei erlaubtem Handeln (Gefährdungstatbestände) oder Billigkeitserwägungen (§ 829 BGB, § 1004 Abs. 1 S. 1 BGB, § 906 Abs. 2

1075 *Emmerich*, Schuldrecht BT, § 27 Rn. 3.

1076 *Emmerich*, Schuldrecht BT, § 27 Rn. 3; *Looschelders*, Schuldrecht BT, S. 497, Rn. 1444.

1077 Vgl. hierzu *Kolb*, Auf der Suche nach dem Verschuldensgrundsatz, S. 140.

1078 *Kolb*, Auf der Suche nach dem Verschuldensgrundsatz, S. 151.

S. 2 BGB) geschuldet. Die Rechtsfolgenseite folgt bei Restitutionsansprüchen dem Grundsatz der Totalreparation und zwar unabhängig vom Verschuldensgrad des Schädigers. Ein über den Schaden hinausgehender Anspruch widerspricht den dargestellten Grundsätzen der Privatrechtsordnung.[1079] Einzig bei immateriellen Schäden wird die Anspruchshöhe vom Verschuldensgrad abhängig gemacht. Diese Sonderkonstruktion von § 253 Abs. 2 BGB und § 15 Abs. 2 AGG wird im Folgenden näher betrachtet.

II. Immaterieller Schadensersatz: Verschulden bei der Anspruchsausfüllung

Der Ersatz immaterieller Schäden nimmt eine Sonderstellung ein. Es ist die einzige Haftung, die ein etwaiges Verschulden auf Rechtsfolgenseite zur Anspruchsausfüllung prüft.[1080] So ist die Anspruchsbegründung bei § 15 Abs. 2 AGG nach herrschender Meinung verschuldensunabhängig, zur Anspruchsausfüllung wird ein etwaiges Verschulden jedoch durchaus berücksichtigt. Hinsichtlich letzterem ist die Vorschrift eng mit dem Ersatz immaterieller Schäden nach § 253 Abs. 2 BGB verwandt – mit dem Unterschied, dass dieser Vorschrift zur Anspruchsbegründung ein verschuldensabhängiger Anspruch (§ 280 BGB; § 823 BGB etc.) oder ein Gefährdungshaftungstatbestand vorausgehen kann.[1081] Die umfassende Verweisungstechnik des AGG sorgt demgegenüber dafür, dass der Verstoß gegen das Verbot der unmittelbaren Benachteiligung gemäß § 7 Abs. 1 i.V.m. § 3 Abs. 1 AGG kein Verschulden voraussetzt und daher auch der Anspruch des § 15 Abs. 2 AGG in jedem Fall verschuldensunabhängig begründet wird.

Trotz dieses praktisch bedeutsamen Unterschieds sind beide Vorschriften gleichlaufende Ausnahmen vom verschuldensunabhängigen Grundsatz der Totalreparation auf Rechtsfolgenseite. Beide verfolgen den Ansatz, die Anspruchshöhe vom tatsächlichen Schaden abweichend in Abhängigkeit vom Schädigerverhalten zu variieren. Dies ist einerseits auf die schwierige

---

1079 Die „*Trias der Schutzrechte*", vgl. *Picker*, in JZ 2010, 541 (546).

1080 Vgl. zum Analogieverbot *Schiemann*, in: Staudinger (2017), BGB § 253 Rn. 3.

1081 Zu den Fällen der Gewährung eines immateriellen Schadensersatzes gemäß § 253 Abs. 2 BGB nach Erfüllung eines Gefährdungshaftungstatbestandes siehe sogleich die Diskussion bei der Genugtuungsfunktion; vgl. zudem *Schiemann*, in: Staudinger (2017), BGB § 253 Rn. 3, 29.

Quantifizierbarkeit immaterieller Schäden, andererseits auf die gemeinsamen zugrundeliegenden Wertungen zurückzuführen. Insofern gilt für § 253 Abs. 2 BGB nichts anderes als das bereits zu § 15 Abs. 2 AGG herausgearbeitete. Der Ersatz immaterieller Schäden ist eine Kombination aus Restitutions- und Sanktionselementen. Da eine Naturalrestitution regelmäßig ausscheidet[1082], besteht die Zielsetzung nicht in der Wiederherstellung des vorherigen Zustandes, sondern orientiert sich insbesondere an drei Funktionen: Genugtuung, Kompensation und Prävention.

§ 253 Abs. 2 BGB und § 15 Abs. 2 AGG sind keine Ausnahmen vom Verschuldensprinzip, sondern verlagern die Verschuldensfrage zu einem gewissen Grad auf die Ebene der Anspruchsausfüllung.[1083] Von einer vollständigen Verlagerung kann nicht die Rede sein, weil dann im Falle eines unverschuldeten Handelns der Anspruch auf null sinken müsste. Dies ist aber nicht der Fall. Bei § 15 Abs. 2 AGG *„muss [...] ein Mindestmaß an abschreckender Wirkung gewährleistet sein.“*[1084] Die Geringfügigkeitsgrenze der Rechtsprechung bei immateriellem Schadensersatz betrifft lediglich den Schaden auf Verletztenseite. Ein Schmerzensgeldanspruch kann hiernach vollständig entfallen, wenn das Wohlbefinden des Verletzten nur kurzfristig und unerheblich beeinträchtigt ist[1085] - mit anderen Worten: wenn kein Schaden vorliegt. Der Anspruch entfällt nicht, wenn lediglich das Verhalten des Schädigers nicht vorwerfbar ist.

Dies bestätigt, dass das sanktionierende Element aufstockend wirkt. Bei den Bemessungsgrundlagen stehen die Umstände im Vordergrund, die den Verletzten betreffen[1086], was auch ohne Weiteres mit der Kompensationsfunktion der Vorschriften in Einklang steht. Selbst ein Mitverschulden des Geschädigten (§ 254 BGB) wird nur nachrangig berücksichtigt.[1087] Im Vordergrund stehen die Verursachungsbeiträge beider Parteien, nicht das Verschulden.[1088] Zwischen Gefährdungshaftung und Verschuldenshaftung

---

1082 So auch *Grüneberg*, in: Palandt, § 253, Rn. 3.

1083 *Schiemann*, in: Staudinger (2017), BGB § 253 Rn. 29.

1084 *Voigt*, in: Schleusener/Suckow/Voigt, AGG, § 15 Rn. 55.

1085 BGH, Urt. v. 27.05.1993 - III ZR 59/92, BGHZ 122, 363; BGH, Urt. v. 14.01.1992 - VI ZR 120/91, NJW 1992, 1043; ein Teil der Instanzgerichte bestreitet dies. Es gehe um Bestrafung des Täters, weswegen der Anspruch nicht von einem Schaden auf Geschädigtenseite abhänge, vgl. hierzu *Grüneberg*, in: Palandt, § 253, Rn. 14.

1086 *Grüneberg*, in: Palandt, § 253, Rn. 15.

1087 *Schiemann*, in: Staudinger (2017), BGB § 253 Rn. 26.

1088 *Grüneberg*, in: Palandt, § 253, Rn. 20.

wird an dieser Stelle kein Unterschied gemacht.[1089] Soweit lediglich die Kompensation erlittener Schäden erstrebt wird, ist dies nicht weiter problematisch. Da Genugtuungsfunktion und Präventionsfunktion aber auch das Verhalten des Schädigers im Blick haben, ist eine Haftung über den Schaden hinaus bei fehlendem Verschulden rechtfertigungsbedürftig. Dies gilt unabhängig davon, ob man schadensüberkompensierende Haftungsansprüche als Schadensersatzrechtskonform oder als Privatstrafe einordnet.[1090]

D. *Die Verhältnismäßigkeit einer verschuldensunabhängigen Sanktion*

Die Abgrenzung von verschuldensabhängiger und verschuldensunabhängiger Haftung besitzt für die hiesige Untersuchung besondere Relevanz, weil die Benachteiligung aufgrund impliziter Vorurteile einen Grenzfall darstellt. Der Gesetzgeber hatte bei Schaffung des Antidiskriminierungsrechts erkennbar nicht den unbewusst diskriminierenden Arbeitgeber vor Augen. Auch die vom EuGH und den Antidiskriminierungsrichtlinien geforderten, „*wirksamen, abschreckenden und verhältnismäßigen Sanktionen*" [1091]atmen die Denkweise eines zumindest vermuteten Verschuldens auf Arbeitgeberseite.[1092] Probleme werden eher beim Nachweis des Verschuldens gesehen, weniger bei der Verhältnismäßigkeit einer schuldlosen Entschädigungsverpflichtung.[1093] Dementsprechend sieht man auch vor dem Hintergrund des Verschuldensprinzips[1094] keine Schwierigkeiten darin, eine schadensüberkompensierende Sanktion auf einen verschuldensunabhängigen Tatbestand folgen zu lassen. Selbst der verschuldensabhän-

1089 *Grüneberg*, in: Palandt, § 253, Rn. 20; a.A. *Schiemann*, in: Staudinger (2017), BGB § 253 Rn. 26.

1090 Vgl. *Schubert*, Die Wiedergutmachung immaterieller Schäden im Privatrecht, S. 704f.

1091 EuGH, Urt. v. 10.04.1984 – Rs. 14/83 = NJW 1984, 1021 Rn. 23 - *Colson/ Kamann.*

1092 So auch *Ebert*, Pönale Elemente im deutschen Privatrecht, S. 351.

1093 Entwurf eines Gesetzes zur Umsetzung europäischer Richtlinien zur Verwirklichung des Grundsatzes der Gleichbehandlung, BT-Drs. 16/1780, S. 47.

1094 Vgl. *Schäfer*, in: AcP 202 (2002), 397 (412); ausführlich zum Verschuldensprinzip unten § 5 C. II.

gige Anspruch gemäß § 15 Abs. 1 AGG geht in § 15 Abs. 1 S. 2 von einem vermuteten Verschulden aus.[1095]

Fraglich ist, ob die Verschuldensvermutung auch auf die Fälle impliziter Vorurteile zutrifft. Im Folgenden soll deshalb der Frage nachgegangen werden, ob ein unbewusst benachteiligender Arbeitgeber schuldhaft handelt, ihm also der vorurteilsgeprägte Entscheidungsprozess subjektiv vorwerfbar ist. Und wenn ja, worin genau der Vorwurf besteht. Nimmt man ein Verschulden an, bestehen vor dem Hintergrund des Verschuldensprinzips keine Bedenken, ihn hierfür im Sinne des § 15 Abs. 2 AGG zu sanktionieren. Das ohnehin in allen Benachteiligungstatbeständen vermutete Verschulden träfe dann auch im Falle der implizit vorurteilsgeprägten Vertragsversagung zu. Lehnt man ein Verschulden ab, ist eine Sanktionierung unverhältnismäßig, sofern sie nicht mit anderen, höher gewichteten Zielsetzungen gerechtfertigt werden kann.

I. Die Vorwerfbarkeit impliziter Vorurteile

1. Implizite Vorurteile und der Fahrlässigkeitsbegriff

Rekapituliert man die wichtigsten Erkenntnisse über implizite Vorurteile, lassen sich diese wie folgt zusammenfassen: Implizite Vorurteile operieren auf der unbewussten Bewusstseinsebene und können diskriminierendes Verhalten hervorrufen. Sie werden unfreiwillig, ohne Bewusstsein oder intentionale Kontrolle des Individuums aktiviert, weswegen sie einer Selbstwahrnehmung nicht zugänglich sind.[1096] Tief im Unterbewusstsein angesiedelt lassen sie, im Gegensatz zu expliziten Vorurteilen, keinen Raum für Unterdrückung oder Zurückhaltung aus Gründen der Diskriminierungsvermeidung.

Fraglich ist, ob dem Arbeitgeber ein impliziter Verstoß gegen das Benachteiligungsverbot subjektiv im Sinne eines Verschuldens vorwerfbar ist. Verschulden ist das objektiv pflicht- bzw. normwidrige und subjektiv

---

1095 *Thüsing*, in: MüKo-BGB, § 15 AGG Rn. 24; *Bauer/Krieger*, AGG, § 15 Rn. 22; *Weth*, in: Herberger/Martinek/Rüßmann u.a., jurisPK-BGB, 8. Aufl. 2017, § 15 AGG Rn. 17.

1096 *Kang/Bennett/Carbado/Dasgupta/Faigman/Godsil/Greenwald/Levinson/Mnookin*, in: UCLA Law Rev. 59 (2012), 1124; *Blair*, in: Pers. Soc. Psychol. Rev. 6 (2002), 242; *Beattie*, Our Racist Heart?, S. 4.

vorwerfbare Verhalten eines Zurechnungsfähigen.[1097] Objektiv normwidriges Verhalten liegt bei einer Rechtsgüterverletzung fremder Rechte vor.[1098] Subjektive Vorwerfbarkeit besteht bei vorsätzlicher oder fahrlässiger Begehung des normwidrigen Verhaltens.[1099] Vorsätzliches Handeln scheidet bei impliziten Vorurteilen aus, weswegen der Fokus der weiteren Diskussion auf die Fahrlässigkeit gelegt wird.

Fahrlässig handelt nach § 276 Abs. 2 BGB, wer die im Verkehr erforderliche Sorgfalt außer Acht lässt. Diese Definition gilt nach herrschender Meinung für das gesamte Privatrecht.[1100] Die im Verkehr erforderliche Sorgfalt ist Ausdruck einer Objektivierung des Fährlässigkeitsbegriffs, die bis zu den Ursprüngen des Privatrechts zurückreicht.[1101] Bereits die römische Rechtsordnung beurteilte die Fahrlässigkeit nicht nach der subjektiven Einsichtsfähigkeit des Schädigers, sondern nach einem objektiven Maßstab typischer Kenntnisse und Fähigkeiten.[1102] Bei den Beratungen zum BGB war zunächst angedacht, zur Bestimmung der Fahrlässigkeit auf die Sorgfalt eines „ordentlichen Hausvaters" (*pater familias*) abzustellen.[1103] Über die „im Verkehr übliche Sorgfalt" gelangte man schließlich zur „im Verkehr erforderlichen Sorgfalt".[1104] Anders als das Strafrecht sieht das Privatrecht demnach keinen persönlichen Schuldvorwurf vor, sondern orientiert sich an einem objektiven Verschuldensmaßstab.[1105] Es kommt nicht darauf an, was der Einzelne zu leisten vermag, sondern auf

1097 *Grüneberg*, in: Palandt, § 276, Rn. 5; *Jacoby/von Hinden*, Studienkommentar BGB, § 276 Rn. 2; *Medicus/Lorenz*, Schuldrecht I, Rn. 359.

1098 *Sprau*, in: Palandt, § 823, Rn. 40.

1099 *Sprau*, in: Palandt, § 823, Rn. 40; *Caspers*, in: Staudinger (2014), BGB, § 276 Rn. 13.

1100 *Schulze*, in: HK-BGB. § 276 Rn. 1; *Kolb*, Auf der Suche nach dem Verschuldensgrundsatz, S. 17.

1101 *Kolb*, Auf der Suche nach dem Verschuldensgrundsatz, S. 17.

1102 *Hausmaniger/Selb*, Römisches Privatrecht, S. 360.

1103 Motive zu dem Entwurfe eines Bürgerlichen Gesetzbuches für das Deutsche Reich, Band 1, S. 279f; siehe auch Mugdan. Band I, S. 507.

1104 *Kolb*, Auf der Suche nach dem Verschuldensgrundsatz, S. 17.

1105 BGH, Urt. v. 04.03.1957 - GSZ 1/56, BGHZ 24, 21 (27); BGH, Urt. v. 31.05.1994 - VI ZR 233/93, NJW 1994, 2232 (2233); *Grundmann*, in: MüKo BGB, § 276 Rn. 55; *Caspers*, in: Staudinger (2014), BGB, § 276 Rn. 29ff; *Jacoby/von Hinden*, Studienkommentar BGB, § 276 Rn. 4; *Medicus/Lorenz*, Schuldrecht I, Rn. 368; *Looschelders*, Schuldrecht AT, Rn. 476.

die durchschnittlich von einer Person seines Verkehrskreises (sog. typisierte Individualität) zu fordernde Sorgfalt.[1106]

Ausgangspunkt für die Bestimmung der erforderlichen Sorgfalt ist der Integritätsanspruch des Schutzgutes.[1107] Dabei sind der Grad der Bedrohung, das Können des Handelnden, die Erkenntnismöglichkeiten, die soziale Nützlichkeit des Verhaltens sowie die Gefahr- und Sicherheitserwartungen des Verkehrs zu berücksichtigen.[1108] Da es sich um eine normative Größe handelt, stimmt die erforderliche Sorgfalt nicht zwingend mit der üblicherweise angewandten überein.[1109] Diese „*objektiv-typisierte Sorgfaltsgestaltung*“[1110] stellt einen „*unausgesprochenen Kompromiss*“[1111] zwischen objektivem Sorgfaltsmaßstab und subjektiver Vorwerfbarkeit dar.[1112] Der Sorgfaltsmaßstab hat zweigliedrig Eingang in den privatrechtlichen Fahrlässigkeitsbegriff gefunden.[1113] Hiernach bedeutet Fahrlässigkeit die Außerachtlassung der äußeren und inneren Sorgfalt.[1114] Die äuße-

---

1106 RG, Urt. v. 15.02.1919, I 207/18, RGZ 95, 16 (17); RG, Urt. v. 04.03.1930, VII 397/29, RGZ 127, 313 (315); BGH, Urt. v. 04.03.1957, GSZ 1/56, BGHZ 24, 21 (27); BGH, Urt. v. 31.05.1994, VI ZR 233/93, NJW 1994, 2232 (2233); BGH, Urt. v. 13.02.2001, VI ZR 34/00, NJW 2001, 1786 (1787); BGH, Urt. v. 27.03.2003, IX ZR 399/99, NJW 2003, 2022 (2024); *Deutsch*, in: AcP 202 (2002), 889 (903f); *Grundmann*, in: MüKo-BGB, § 276 Rn 55f; *Grüneberg*, in: Palandt, § 276, Rn. 15; *Jacoby/von Hinden*, Studienkommentar BGB, § 276 Rn. 4; *Looschelders*, Schuldrecht AT, Rn. 476; *Caspers*, in: Staudinger (2014), BGB, § 276 Rn. 29.

1107 *Kolb*, Auf der Suche nach dem Verschuldensgrundsatz, S. 18.

1108 *Schulze*, in: HK-BGB. § 276 Rn. 15; *Kolb*, Auf der Suche nach dem Verschuldensgrundsatz, S. 18.

1109 BGH, Urt. v. 27. 11. 1952 - VI ZR 25/52, NJW 1953, 257; BGH, Urt. v. 02.10.1985 - IV a ZR 18/84, NJW 1986, 1100.

1110 *Kolb*, Auf der Suche nach dem Verschuldensgrundsatz, S. 17.

1111 *Haberstroh*, in: VersR 2000, 806 (807).

1112 *Caspers*, in: Staudinger (2014), BGB, § 276 Rn. 29. Nebenbei demonstriert die Typisierung des Sorgfaltsmaßstabs die Systemwidrigkeit von Sanktionen im Privatrecht. Der privatrechtliche Fahrlässigkeitsbegriff ist am schützenswerten Vertrauen des Rechtsverkehrs orientiert und deshalb typisiert. Es geht nicht um einen individuellen Vorwurf wie bei der strafrechtlichen Schuld.

1113 *Kolb*, Auf der Suche nach dem Verschuldensgrundsatz, S. 19.

1114 *Deutsch*, in: AcP 202 (2002), 889 (903); *Deutsch*, Allgemeines Haftungsrecht, Rn. 388. *Stathopoulus*, in: FS Larenz, S. 631 (634ff); *Caspers*, in: Staudinger (2014), BGB, § 276 Rn. 50.

re Sorgfalt bezieht sich auf die Vermeidbarkeit des Erfolgs, während die innere Sorgfalt die Vorhersehbarkeit des Erfolgs betrifft. [1115]

Vermeidbarkeit bedeutet, dass der Entscheidungsträger die äußere Sorgfalt missachtet, wenn er den Eintritt des schädigenden Erfolges vermeiden *konnte und musste*.[1116] Er ist grundsätzlich gehalten, jede vorhersehbare Verwirklichung eines Haftungstatbestandes zu verhindern.[1117] Dies gilt auch, wenn erforderliche Sicherheitsvorkehrungen mit „*Unbequemlichkeit, Zeitverlust oder finanziellen Opfern verbunden sind*".[1118]

Die Vorhersehbarkeit bezieht sich auf den Haftungstatbestand, nicht auf die weitere Schadensentwicklung.[1119] Ausreichend ist die allgemeine Vorhersehbarkeit eines schädigenden Erfolges, der konkrete Ablauf muss in seinen Einzelheiten nicht vorhersehbar sein.[1120] Der Schuldner muss für mögliche Störungen die notwendige Vorsorge treffen.[1121] Hierbei gilt kein subjektiv-individueller Maßstab mehr, sondern ebenfalls ein objektiv-typisierter.[1122] Vermeidbarkeit und Vorhersehbarkeit sind nicht nur rein tatsächlich festzustellen, sondern setzen darüber hinaus eine normative Feststellung voraus, dass eine Pflicht bestand, die für die Kenntniserlangung und Vermeidung notwendigen Maßnahmen zu treffen.[1123]

Wie herausgearbeitet wurde, verwirklicht ein aufgrund impliziter Vorurteile benachteiligender Arbeitgeber den Tatbestand des Benachteiligungsverbots des § 7 Abs. 1 i.V.m. § 3 Abs. 1 AGG. Er handelt folglich objektiv pflichtwidrig. Zu klären bleibt, ob er den Verstoß gegen das Benachteiligungsverbot vorhersehen und vermeiden konnte und musste. Der objektiv-typisierte Vorwurf der Sorgfaltswidrigkeit setzt stets eine Handlungsalternative voraus.[1124] Der handelnde Arbeitgeber müsste die Möglichkeit ge-

---

1115 BGH, Urt. v. 21.05.1963 - VI ZR 254/62, BGHZ 39, 281; *Grundmann*, in: MüKo-BGB, § 276 Rn. 53; *Looschelders*, Schuldrecht AT, Rn. 474.

1116 BGH, Urt. v. 21.05.1963 - VI ZR 254/62, BGHZ 39, 281; BGH, Urt. v. 31.10.2006 - VI ZR 223/05, NJW 2007, 762.

1117 *Grüneberg*, in: Palandt, § 276, Rn. 20.

1118 BGH, Urt. v. 27. 11. 1952 - VI ZR 25/52, NJW 1953, 257.

1119 *Grüneberg*, in: Palandt, § 276, Rn. 20.

1120 BGH, Urt. v. 14.07.1971 - III ZR 181/69, BGHZ 57, 33; *Kolb*, Auf der Suche nach dem Verschuldensgrundsatz, S. 19.

1121 *Grüneberg*, in: Palandt, § 276, Rn. 20; *Ehmann*, in: NJW 1987, 401 (402).

1122 *Stathopoulus*, in: FS Larenz, S. 631 (635, 637); *Deutsch*, in: NJW 1993, 1506 (1508); *Kolb*, Auf der Suche nach dem Verschuldensgrundsatz, S. 19.

1123 *Looschelders*, Schuldrecht AT, Rn. 474.

1124 *Bohn*, Der Sanktionsgedanke im Bürgerlichen Recht, S. 36; *Kolb*, Auf der Suche nach dem Verschuldensgrundsatz, S. 19.

habt haben, im Sinne der Rechtsordnung zu handeln, mithin die Verwirklichung der Gefahr zu vermeiden.[1125] Die Freiheit des Andershandelnkönnens und die dennoch gezeigte Nichtachtung dieses Gebots sind die elementaren Bestandteile des Schuldvorwurfs.[1126]

Bezogen auf die vorliegende Untersuchung bedeutet dies, dass ein Arbeitgeber fahrlässig handelt, wenn eine Pflicht zur Durchführung eines vorurteilsfreien Auswahlverfahrens besteht und es ihm folglich vorwerfbar ist, den Einfluss impliziter Vorurteile auf den Entscheidungsprozess nicht in dem von der Rechtsordnung legitimerweise erwarteten Umfang beschränkt zu haben. Betrachtet man Anzahl und Verbreitungsgrad der veröffentlichten Studien über implizite Vorurteile, ist es für Personalverantwortliche nach einem objektiven Sorgfaltsmaßstab vorhersehbar, ein persönliches Auswahlverfahren nicht vorurteilsfrei gestalten zu können. Die Frage ist, welche Möglichkeiten ein Arbeitgeber hat, die eigenen impliziten Vorurteile abzubauen, zu unterdrücken bzw. den Entscheidungsprozess so weit wie möglich von den Auswirkungen impliziter Vorurteile zu befreien.[1127] Angesprochen ist die Vermeidbarkeit der Sorgfaltspflichtverletzung. Ein Arbeitgeber handelt schuldhaft, wenn er den implizit vorurteilsbedingten Verstoß gegen § 7 Abs. 1 AGG verhindern konnte und musste.

2. Die unterbliebene Objektivierung des Entscheidungsprozesses als sanktionswürdiger Vorwurf?

Um dem Handeln die äußere Sorgfalt zugrunde zu legen, wäre es am effektivsten, den Entscheidungsprozess durch eine Normierung der Entscheidungskriterien von der individuellen Einflussnahme des Arbeitgebers abzukoppeln. Hierzu könnte ein normierter Anforderungskatalog an die zu besetzende Stelle erstellt werden. Da implizite Vorurteile in erster Linie nicht normierte, mithin individuelle Entscheidungen betreffen, stellt sich die Frage, ob Arbeitgeber nicht dazu angehalten sein könnten, den Entscheidungsprozess mittels Normierung zu vereinheitlichen.

1125 *Looschelders*, Schuldrecht AT, Rn. 474.

1126 *Bohn,* Der Sanktionsgedanke im Bürgerlichen Recht, 36, unter Verweis auf *Larenz*, Schuldrecht I, § 20, I.

1127 Siehe eine Übersicht von zahlreichen Methoden zur Verhinderung von Diskriminierungen im Bewerbungsverfahren bei *Egger/Bauer/Künzi*, Möglichkeiten gegen Diskriminierung, S. 50ff.

Hierbei ist die Struktur des Benachteiligungstatbestandes des AGG als vom konkreten Bewerberfeld emanzipierter Tatbestand zu beachten. Es geht nicht nur darum, tatsächlich vorliegende Merkmale aus dem Entscheidungsprozess heraus zu halten, sondern die (implizite) Zuschreibung der Merkmale des § 1 AGG zu einem konkreten Bewerber zu unterdrücken. Kriterien, die geeignet sind, eine Merkmalsträgereigenschaft anzunehmen, wie beispielsweise ein ausländisch klingender Name, müssten daher möglichst aus dem Entscheidungsprozess entfernt werden.

Vorvertraglicher Diskriminierungsschutz im Lichte impliziter Vorurteile könnte folgendermaßen ansetzen: Der Arbeitgeber mag nur unter erhöhtem Zeit- und Ressourcenaufwand einen von impliziten Vorurteilen bereinigten Entscheidungsprozess durchlaufen können. Wenn er dies weiß, wäre ihm unter Umständen ein (Fahrlässigkeits-)vorwurf zu machen, sofern er nicht versucht hat, über Gegenmaßnahmen – wie beispielsweise die Vereinheitlichung des Auswahlverfahrens – vorurteilsbedingten Einflüssen entgegenzuwirken. Zur Verringerung des Einflusses impliziter Vorurteile wäre eine strikte Konzentration auf normierte Entscheidungskriterien (Noten, Auslandserfahrung, sonstige Qualifikationen etc.) hilfreich, was wiederum zu Ansätzen wie einem anonymisierten oder in anderer Hinsicht normierten Bewerbungsverfahren führt. Derartige Instrumente wurden bislang meist als Teil der Personalführung auf freiwilliger Basis diskutiert.[1128]

Diskutiert man nun über mögliche Verpflichtungen des Arbeitgebers, den Entscheidungsprozess möglichst vorurteilsfrei zu gestalten, könnte das AGG aus einem freiwilligen Instrument der Personalführung eine normative Pflicht machen. Denkbar ist der Einsatz normierter Verfahren zu bis zu zwei verschiedenen Zeitpunkten im Bewerbungsprozess. Sie ließen sich zum einen zur Vorauswahl der Bewerber einsetzen, um anschließend im Bewerbungsgespräch eine persönliche Auswahl treffen zu können („kleine Lösung"). Zum anderen könnten normierte Verfahren bis zum Entscheidungsergebnis ausgedehnt werden. Der Arbeitgeber würde dann den gesamten Entscheidungsprozess anhand normierter Fakten durchlaufen und im Falle der anonymisierten Bewerbung die Einstellungsentscheidung treffen, ohne den Bewerber persönlich kennengelernt zu haben („große Lösung").

1128 Vgl. *Krause/Rinne/Zimmermann*, in: IZA Journal of European Labor Studies 2012, 1:5; *Krause/Rinne/Zimmermann*, in: IZA Research Report 27 (2010); *Calme/Horstmeier*, in: Personalführung 2010, Heft 10, 42.

Das Bewerbungsverfahren wäre in dem Sinne „objektiviert", weil die Einstellungsentscheidung anhand belegbarer Fakten getroffen würde, nicht anhand subjektiver Eindrücke. Unterlässt der Arbeitgeber die Normierung des Verfahrens, würde der eine Sanktionierung rechtfertigende Vorwurf lauten, nicht ausreichend Vorkehrungen getroffen zu haben, den Einfluss der eigenen Vorurteile auf den Entscheidungsprozess zu minimieren.

Hierbei ist logische Konsequenz, dass die „große Lösung" am ehesten dazu geeignet wäre, den Einfluss impliziter Vorurteile auf den Entscheidungsprozess zu minimieren. Kennt der Arbeitgeber bis einschließlich der Einstellungsentscheidung nur die vorher festgelegten Kriterien, wird die Wahrscheinlichkeit deutlich verringert, dass mit negativer Valenz versehene Einträge im menschlichen Gehirn aktiviert werden.[1129] Wird demgegenüber das normierte Verfahren nur zur Vorauswahl eingesetzt („kleine Lösung"), ist zur Verringerung des Einflusses impliziter Vorurteile im Bewerbungsgespräch ein geringerer Beitrag geleistet. Aus dem Blickwinkel der Diskriminierungsbekämpfung wäre demnach die „große Lösung" klar vorzuziehen. Aus dem Blickwinkel der Vertragsabschlussfreiheit hingegen, könnte eine vollständige Normierung des Entscheidungsprozesses einen unverhältnismäßigen Eingriff darstellen.

Die Idee, die Auswirkungen von Vorurteilen mithilfe eines normierten Bewerbungsverfahrens zu reduzieren, ist nicht neu.[1130] Die zum anonymisierten Bewerbungsverfahren durchgeführten Pilotprojekte zeigen deren Potenzial auf.[1131] In Ländern wie Kanada, den USA, Frankreich, Großbritannien, Belgien oder der Schweiz sind sie gelebte Praxis.[1132] Bislang wird allerdings davon ausgegangen, dass keine rechtliche Verpflichtung zur Durchführung eines anonymisierten Bewerbungsverfahrens existiert.[1133] Deshalb soll an dieser Stelle die Möglichkeit diskutiert werden, ob eine derartige Verpflichtung durch das AGG bestehen könnte.

1129 *Degner/Wentura*, in: Petersen/Six (Hrsg.), Stereotype, Vorurteile und soziale Diskriminierung, S. 150f.; siehe ausführlich oben § 2 B. II.

1130 Vgl. *Husemann/Betzinger*, in: ZRP 2011, 15; *Döse*, in: NZA Online Aufsatz 2/2012, 1.

1131 Antidiskriminierungsstelle des Bundes, Pilotprojekt Anonymisierte Bewerbungsverfahren, Abschlussbericht 2011 [online]. Verfügbar unter: http://www.antidiskriminierungsstelle.de/SharedDocs/Downloads/DE/publikationen/AnoAnonymBewerb/Abschlussbericht-anonymisierte-bewerbungsverfahren-20120417.pdf?__blob=publicationFile. Zuletzt abgerufen am 20.09.2016.

1132 *Schmitz*, Interessenausgleich im Beschäftigtendatenschutz, S. 28.

1133 *Döse*, in: NZA Online Aufsatz 2/2012, 1 (5).

3. Die Vereinbarkeit einer Pflicht zur Durchführung eines normierten Bewerbungsverfahrens mit der Vertragsabschlussfreiheit

Zweifel sind angebracht, ob eine Pflicht zur Normierung des Entscheidungsprozesses mit der primärrechtlich und verfassungsrechtlich verbürgten Vertragsabschlussfreiheit des Arbeitgebers in Einklang zu bringen wäre. Angesprochen ist insbesondere die positive Vertragsabschlussfreiheit, die es dem Arbeitgeber überlässt, ob und mit wem er Arbeitsverträge schließen will und dadurch wesentliche Teile der liberal ökonomischen Freiheitssphäre des Arbeitgebers formt.[1134] Die sog. Partnerwahlfreiheit[1135] ist zudem konstituierender Gedanke des Vertragsrechts, zumal im Falle des Arbeitsvertrages. Eine immanent gebundene Vertragsabschlussfreiheit, im Sinne einer materialen Vertragsfreiheit im vorvertraglichen Bereich, wurde bereits abgelehnt.[1136]

a) Der Wesenskern der Vertragsabschlussfreiheit

Fraglich ist daher, ob eine Pflicht zur vollständigen Normierung des Entscheidungsprozesses nicht prägende Teile der Vertragsfreiheit außer Kraft setzt, mithin den Wesenskern der Vertragsfreiheit berührt und daher auch nicht durch ein legitimes Ziel gerechtfertigt werden kann.[1137] Ein Eingriff in den Wesenskern der Vertragsabschlussfreiheit liegt vor, wenn keine Wahl- oder Ausgestaltungsmöglichkeiten verbleiben.[1138]

Gerade die „große Lösung", die einen Vertragsschluss ohne vorherigen persönlichen Kontakt vorsieht, also praktisch ein Verbot des persönlich geführten Vorstellungsgesprächs enthält, könnte im Hinblick auf die weitgehend ausgehebelte Partnerwahlfreiheit in den Wesenskern der Vertragsabschlussfreiheit eingreifen. Dies wäre jedenfalls bei einem Kontrahie-

---

1134 Begriff stammt von *Canaris*, in: FS Lerche, S. 873.

1135 *Heinrich*, Formale Freiheit und materiale Gerechtigkeit, S. 55.

1136 Vgl. hierzu *Lauber*, Paritätische Vertragsfreiheit durch reflexiven Diskriminierungsschutz, S. 42ff; *Busche*, Privatautonomie und Kontrahierungszwang, S. 102ff; *Baer*, in: ZRP 2002, 290 (291ff); *von Medem*, Kündigungsschutz und AGG, S. 64; siehe auch schon *Wolf*, in: JZ 1976, 41ff; *Wolf*, Rechtsgeschäftliche Entscheidungsfreiheit und vertraglicher Interessenausgleich.

1137 Vgl. hierzu *Pieroth/Schlink/Kingreen/Poscher*, Grundrechte, S. 76ff.; *Epping/Hillgruber*, Beck'scher Online-Kommentar Grundgesetz, Art. 19 Rn. 30f.

1138 *Heinrich*, Formale Freiheit und materiale Gerechtigkeit, 101.

rungszwang mit dem bestqualifizierten Bewerber der Fall.[1139] Ein Kontrahierungszwang widerspräche der grundlegenden Wertentscheidung des demokratisch legitimierten Gesetzgebers, der einen Vertragsschluss ohne „*willenslegitimatorische Basis*“ auch im Arbeitsrecht grundsätzlich nicht anerkennt.[1140]

Im Gegensatz zu Austauschverträgen des täglichen Bedarfs hat ein Arbeitgeber bei Begründung eines Arbeitsverhältnisses ein begründetes und schützenswertes Interesse zu wissen, mit wem er einen Vertrag schließt. Arbeitgeber und Arbeitnehmer schließen nicht nur einen Vertrag über ein Dauerschuldverhältnis, sondern knüpfen ein besonderes „persönliches Band“.[1141] Beim Arbeitsvertrag kommt der Vertragsabschlussfreiheit auf beiden Seiten ein ausgenommen hoher Stellenwert zu, weil das begründete Arbeitsverhältnis in der Regel einen stark personalen Charakter hat. Müsste der Arbeitgeber allein aufgrund vorher festgelegter Eckdaten, die ihrerseits der gerichtlichen Überprüfung auf ihre Sachlichkeit unterlägen, die Einstellungsentscheidung fällen, bliebe von der Partnerwahlfreiheit nicht einmal die Grundsubstanz übrig.

Da gemäß § 15 Abs. 6 AGG[1142] jedoch kein Kontrahierungszwang, sondern die abgemilderte Rechtsfolge einer Schadensersatzpflicht vorgesehen ist, bliebe dem Arbeitgeber zumindest die Möglichkeit, keinen Vertrag zu schließen. Die positive Vertragsabschlussfreiheit wäre hinsichtlich des "Ob" des Vertragsschlusses selbst bei der „großen Lösung“ nicht vollständig aufgehoben. Es gibt auch kein anderweitiges Recht auf Arbeit, aus dem sich ein Kontrahierungszwang ergeben könnte.[1143] Der Arbeitgeber hätte auch bei der vollständigen Normierung Einfluss auf die Auswahlkriterien, was gleichzeitig bedeutet, dass er, falls kein Bewerber die gewünschten Kriterien erfüllt, vom Vertragsschluss absehen kann. Folglich

---

1139 So wohl auch *Zöllner/Loritz/Hergenröder*, Arbeitsrecht, § 14 Rn. 53.

1140 BAG, Urt. v. 20.10.2015, 9 AZR 743/14, BB 2016, 315 (316).

1141 *Heinrich*, Formale Freiheit und materiale Gerechtigkeit, S. 101; *Zöllner/Loritz/Hergenröder*, Arbeitsrecht, § 14 Rn. 41; siehe auch *Wiese*, in: ZfA 1996, 439 (445); *Otto*, Personale Freiheit und soziale Bindung, S. 131ff.

1142 Zur verfassungsrechtlichen Notwendigkeit des § 15 Abs. 6 AGG, vgl. Entwurf eines Gesetzes zur Umsetzung europäischer Richtlinien zur Verwirklichung des Grundsatzes der Gleichbehandlung, BT-Drs. 16/1780, S. 38; BAG, Urt. v. 20.10.2015, 9 AZR 743/14, BB 2016, 315; BAG, Urt. v. 21.7.2011 – 7 AZR 150/10, NZA 2012, 317.

1143 Vgl. *Richardi/Fischinger*, in: Staudinger, BGB, Neubearbeitung 2016, § 611 Rn. 415.

blieben wesentliche Teile der Vertragsfreiheit erhalten, der Wesenskern bleibt unangetastet.

Damit ist jedoch noch nichts über die Verhältnismäßigkeit der Normierungspflicht gesagt. Um dem Übermaßverbot zu genügen, müsste die Pflicht zur Durchführung eines normierten Verfahrens zur Erreichung des legitimen Ziels der Bekämpfung der Auswirkungen von Vorurteilen geeignet, erforderlich und angemessen sein.[1144] Hierbei ist zwischen der „großen Lösung" und der „kleinen Lösung" zu unterscheiden.

b) Verhältnismäßigkeit der „großen Lösung"

> Der „großen Lösung" wäre der Widerstand der freien Wirtschaft gewiss. *„Die beste intellektuelle Passung nützt nichts, wenn der Kandidat oder die Kandidatin nicht in die Firmenkultur und ins Team passt. Diesen Fit können sie nur im Gespräch erspüren. Ein Personalberater muss die Firma und ihre handelnden Personen sehr gut kennen und auf dieser Basis den Kandidaten empfehlen, der den Job mit an Sicherheit grenzender Wahrscheinlichkeit am besten machen wird. Dem Auftraggeber geht es nicht um Politcal Correctness, sondern um den bestmöglichen Neuzugang."*[1145]

Selbst die Antidiskriminierungsstelle des Bundes schreibt:

> *„Grundsätzlich gilt: Die Umstellung der Rekrutierungsmethode sollte aus eigener Überzeugung geschehen. Denn jedes Unternehmen und jede Organisation weiß selbst am besten, welche Rekrutierungsmethode sich eignet und welche nicht."*[1146]

Eine Pflicht zur vollständigen Normierung des Entscheidungsprozesses wäre daher unpopulär. Wäre eine solche aber unter Berücksichtigung von impliziten Vorurteilen zum Schutz des Persönlichkeitsrechts des Diskriminierten und zur Umverteilung von Arbeitsvertragsschlüssen geboten? Die Schranken der Vertragsfreiheit ergeben sich primär aus kollidierenden Grundrechtspositionen.[1147] Zudem beinhaltet die verfassungsmäßige Ordnung eine Orientierung am Sozialstaat und am Gemeinwohl.[1148] Der Staat

---

1144 Vgl. *Stürner*, Der Grundsatz der Verhältnismäßigkeit im Schuldvertragsrecht, S. 318f.

1145 Headhunter *Michael Oberwegner* im manager magazin, 10/2016, 99.

1146 Anonymisierte Bewerbungsverfahren, Leitfaden für Arbeitgeber der Antidiskriminierungsstelle des Bundes, S. 3.

1147 *Di Fabio*, in: Maunz/Dürig, Grundgesetz, Art. 2 Rn. 104.

1148 *Arnold*, Vertrag und Verteilung, S. 210.

ist in diesem Rahmen ermächtigt, der Vertragsabschlussfreiheit Grenzen zu setzen.[1149] Die Verhinderung oder zumindest Verringerung des Einflusses impliziter Vorurteile im Entscheidungsprozess kann vor dem Hintergrund der Antidiskriminierungsgesetzgebung als legitimes Ziel einer normativen Verpflichtung zur Durchführung eines vollständig normierten Bewerbungsverfahrens angesehen werden. Während hinsichtlich Geeignetheit und Erforderlichkeit keine Zweifel bestehen, ist die Angemessenheit bei der „großen Lösung" fraglich.

Der Schutz des Persönlichkeitsrechts und die Umverteilung von Arbeitsvertragsschlüssen streiten für eine möglichst umfassende Reduzierung impliziter Vorteile im Entscheidungsprozess. Jedoch könnte der Preis einer Pflicht zur vollständigen Normierung zu hoch sein. Dies liegt am weitreichenden Eingriff in die Vertragsfreiheit des Arbeitgebers, die im Falle des Arbeitsvertragsschlusses, wegen dessen personalen Charakters, besondere Ausprägungen aufweist. Zu Bedenken ist auch, dass eine vollständige Normierung des Entscheidungsträgers allen Bewerbern die Individualität nimmt, was einen Eingriff in deren Berufsfreiheit (Art. 12 GG, Art. 15 GRCh) darstellt. Die Nichtaktivierung impliziter Vorteile aufgrund der Unkenntnis von den Merkmalen des § 1 AGG geschieht auf Kosten der Individualität des Auswahlprozesses. Nicht belegbare Qualifikationen, wie Redegewandtheit, überzeugendes Auftreten, Charisma, Sympathie etc. verlieren, entgegen ihrer praktischen Bedeutung, ihren Einfluss auf die Stellenvergabe.

aa) Die Zielsetzungen des AGG als Rechtfertigung einer vollständigen Normierung des Entscheidungsprozesses?

Eine vollständige Normierung des Entscheidungsprozesses wäre geeignet und erforderlich zur Reduzierung des Einflusses impliziter Vorurteile auf den Entscheidungsprozesses. Jedoch wäre ein solches Modell keine angemessene Beschränkung der primärrechtlich und verfassungsrechtlich geschützten Vertragsabschlussfreiheit.

1149 *Arnold*, Vertrag und Verteilung, S. 210.

(1) Der Schutz des Persönlichkeitsrechts

Die implizit vorurteilsbedingte Vertragsversagung aufgrund eines Merkmals des § 1 AGG verstößt gegen das Benachteiligungsverbot gemäß § 7 Abs. 1 AGG und zieht damit die unwiderlegliche Vermutung einer Persönlichkeitsrechtsverletzung nach sich. Vorvertraglicher Diskriminierungsschutz entspricht an dieser Stelle den Vorgaben der europäischen Antidiskriminierungsrichtlinien und dem verfassungsrechtlichen Gebot aus Art. 1 Abs. 1 S. 2 GG.[1150] Würdeverletzend ist auch ein impliziter Entscheidungsprozess, da dem jeweiligen Bewerber keine Entfaltungsmöglichkeiten gelassen werden, der eigenen sozialen Gruppenzugehörigkeit zu entkommen.[1151] Statt der Berücksichtigung individueller Stärken und Schwächen, auf die es in einem Auswahlverfahren idealerweise ankommen sollte, findet eine unbewusste Generalisierung und Typisierung der Auswahlkandidaten statt, welche diesen die Authentizität nimmt und sie zur bloßen Chiffre degradiert.[1152] Das Individuum wird partiell nicht als solches anerkannt, sondern nach Aktivierung negativer Valenzen im Gehirn des Entscheidungsträgers in eine der vorgefertigten Gruppen verschiedener Merkmalsträger einsortiert. Die schematisierende Benachteiligung eines Bewerbers aufgrund eines verpönten Merkmals unter Missachtung seiner Individualität wird sanktioniert, weil dem Einzelnen unabhängig vom Motiv der Ungleichbehandlung ein besonderer Achtungsanspruch zusteht.[1153] Niemand soll wegen Eigenschaften, für die er nicht verantwortlich ist, gegenüber anderen benachteiligt werden.[1154]

1150 *von Medem*, Kündigungsschutz und Allgemeines Gleichbehandlungsgesetz, S. 59; siehe auch allgemein zum Diskriminierungsbegriff *Alexander*, in: U. Pa. L. Rev. 141 (1992), 149 (151): "*And indeed, there can be no doubt that this kind of behaviour is not tolerable in a modern society. When a person is assessed to be of inferior moral worth and is treated correspondingly, that treatment is morally wrong notwithstanding of the material or immaterial consequences. It represents a failure to show the moral respect due to a whole group of people in society, a failure which is by itself sufficient to be assessed immoral. And exactly for such a kind of revelation of disregard of standards a modern society developed a prohibition is the right response.*".

1151 *Däubler*, in Däubler/Bertzbach, AGG, Einl. Rn. 219.

1152 *Däubler*, in Däubler/Bertzbach, AGG, Einl. Rn. 219.

1153 Vgl. *Lauber*, Paritätische Vertragsfreiheit durch reflexiven Diskriminierungsschutz, S. 237.

1154 *Dworkin*, Sovereign Virtue – The theory and practice of Equality, S. 6.

Die vollständige Normierung des Entscheidungsprozesses würde die bewusste oder unbewusste Herabsetzung der Merkmalsträger des § 1 AGG verhindern. Der bei impliziten Vorurteilen verschleierte Kausalzusammenhang von Merkmalsberücksichtigung und Vertragsversagung wäre unterbrochen, da die Merkmalsberücksichtigung auf Anknüpfungsebene unmöglich wäre. Der Entscheidungsträger wäre gezwungen, die Einstellungsentscheidung auf Basis zuvor festgelegter Kriterien, die ihrerseits nicht im Zusammenhang mit den Merkmalen des § 1 AGG stehen, zu treffen.

(2) Die Umverteilung von Vertragsschlüssen

Die vollständige Normierung des Entscheidungsprozesses könnte auch einen Beitrag zur Erreichung der anderen Zielsetzung des vorvertraglichen Diskriminierungsschutzes leisten. Die Umverteilung von Vertragsschlüssen im Sinne des AGG ist darauf gerichtet, bestimmten in § 1 AGG festgelegten Merkmalsträgern Arbeitsvertragsschlüsse zu ermöglichen, zu denen sie ohne vorvertraglichen Diskriminierungsschutz keinen Zugang gehabt hätten. Der Diskriminierungsschutz des AGG zielt nicht darauf ab, einen möglichst objektiven Entscheidungsprozess herbeizuführen, sondern die Chancen bestimmter Merkmalsträger im Bewerbungsverfahren zu erhöhen. Vor diesem Hintergrund erscheint die vollständige Ausblendung aller Merkmale im Entscheidungsprozess auf den ersten Blick kontraproduktiv. Die Förderung bestimmter Gruppen ist nicht zwingend gewährleistet, wenn die Merkmale aller Bewerber im Entscheidungsprozess ausgeblendet werden. Zu denken ist insbesondere an Stellvertretermerkmale, wie Berufserfahrung, Teilzeitarbeit etc., die mittelbare Benachteiligungen aufgrund des Alters oder des Geschlechts darstellen können.[1155]

Jedoch lassen sich die unmittelbaren Benachteiligungen nach § 3 Abs. 1 AGG durch eine vollständige Normierung des Entscheidungsprozesses praktisch auf null reduzieren, was zumindest die Wahrscheinlichkeit einer Umverteilung von Vertragsschlüssen nach dem Leistungsprinzip erhöhen würde. Somit streitet, neben der Zielsetzung des Persönlichkeitsschutzes, auch die Umverteilung von Vertragsschlüssen für eine Ausblendung aller

---

1155 Vgl. BAG, Urt. v. 14.07.2015 - 3 AZR 594/13, juris Rn. 26; vgl. auch *Broy*, in: Herberger/Martinek/Rüßmann u.a., jurisPK-BGB, 8. Aufl. 2017, § 3 AGG Rn. 35.

Merkmale des § 1 AGG durch Normierung des Entscheidungsprozesses einschließlich der Vertragsschlussentscheidung.

bb) Das Sozialstaatsprinzip als Schranke der Vertragsfreiheit

Insbesondere die Umverteilung von Vertragsschlüssen entspringt der Verankerung des Sozialstaatsprinzips im europäischen Primärrecht und nationalen Verfassungsrecht als Ausdruck der Gerechtigkeitsidee im Vertragsrecht.[1156]

(1) Das Sozialstaatsprinzip im europäischen Primärrecht

Der dargestellten Entwicklung des Diskriminierungsschutzes auf europäischer Ebene entsprechend, haben sich im Laufe der Zeit neben dem ökonomischen Effizienzgebot sozialstaatliche Prinzipien im europäischen Primärrecht herausgebildet.[1157] Heute ist das Sozialstaatsprinzip unter anderem in Art. 3 Abs. 3 S. 2 EUV verankert, der von der „sozialen Marktwirtschaft" als Zielrichtung spricht.[1158] Gemäß Art. 3 Abs. 3 Unterabsatz 2 EUV fördert die Europäische Union außerdem soziale Gerechtigkeit und sozialen Schutz.[1159] Titel X des EUV widmet sich ausschließlich der Sozialpolitik, Titel IV der Grundrechte-Charta widmet sich sozialen Grundrechten und gemeinschaftlicher Solidarität.[1160] Zudem hat der EuGH Leitlinien europäischer Sozialpolitik entwickelt und vorangetrieben.[1161]

1156 Vgl. BVerfG, Urt. v. 09.02.2010 - 1 BvL 1/09, 1 BvL 3/09, 1 BvL 4/09, BVerfGE 125, 175; *Eichenhofer*, in: JZ 2005, 209 (212).

1157 Vgl. ausführlich *Eichenhofer*, Sozialrecht der Europäischen Union, S. 28ff.; siehe zudem *Arnold*, Vertrag und Verteilung, S. 212.

1158 *Arnold*, Vertrag und Verteilung, S. 212.

1159 *Arnold*, Vertrag und Verteilung, S. 212.

1160 *Arnold*, Vertrag und Verteilung, S. 212.

1161 Vgl. hierzu BVerfG, Urt. v. 30.06.2009 - 2 BvE 2/08, 2 BvE 5/08, 2 BvR 1010/08, 2 BvR 1022/08, 2 BvR 1259/08, 2 BvR 182/09, BVerfG 123, 267, (428ff); *Kahl*, in: FS Schmidt, S. 75 (84ff.).

(2) Das Sozialstaatsprinzip im Grundgesetz

Gemäß Art. 20 Abs. 1 GG ist die Bundesrepublik Deutschland ein demokratischer und sozialer Bundesstaat. Das hierin verankerte Sozialstaatsprinzip unterfällt damit der Ewigkeitsgarantie des Art. 79 Abs. 3 GG. Das Sozialstaatsprinzip sichert in Verbindung mit Art. 1 Abs. 1 GG jedem Hilfsbedürftigen die physische Existenz sowie ein Mindestmaß an Teilhabe am gesellschaftlichen, kulturellen und politischen Leben.[1162] Das Grundgesetz sieht dementsprechend im Bedarfsfall verteilungspolitische Maßnahmen vor.[1163] Deren Umfang und konkrete Umsetzung obliegen jedoch dem Gestaltungsspielraum des Gesetzgebers. Laut dem BVerfG verpflichtet das Sozialstaatsprinzip gemäß Art. 20 GG den Staat, für eine gerechte Sozialordnung zu sorgen. Angesichts der Weite und Unbestimmtheit dieses Prinzips lasse sich daraus jedoch kein Gebot entnehmen, soziale Leistungen in einem bestimmten Umfang zu gewähren. Wie der Gesetzgeber den Gestaltungsauftrag des verfassungsrechtlich nicht näher konkretisierten Sozialstaatsprinzips erfülle, sei seine Sache. Zwingend sei lediglich, dass der Staat die Mindestvoraussetzungen für ein menschenwürdiges Dasein seiner Bürger schaffe.[1164]

(3) Das Verhältnis von Sozialstaatsprinzip und Vertragsabschlussfreiheit

Vorvertraglicher Diskriminierungsschutz nach dem AGG ist demnach auch vom Sozialstaatsprinzip getragen. Die Vertragsabschlussfreiheit wird legitimerweise bei einem Verstoß gegen das Benachteiligungsverbot beschränkt. Der Gesetzgeber hat seinen Gestaltungsspielraum genutzt und private Willkür in Bezug auf die Merkmale des § 1 AGG eingeschränkt. Fraglich ist, ob auch eine vollständige Normierung des Entscheidungsprozesses vom Sozialstaatsprinzip gedeckt wäre. Die Umverteilung von Vertragsschlüssen durch Ausschaltung von impliziten Vorurteilen im Bewerbungsverfahren wäre grundsätzlich dazu imstande, einen Beitrag zur Herstellung sozialer Gerechtigkeit über das Privatrecht zu leisten. Grenze des

---

1162 Vgl. BVerfG, Urt. v. 09.02.2010 - 1 BvL 1/09, 1 BvL 3/09, 1 BvL 4/09, BVerfGE 125, 175; *Eichenhofer*, in: JZ 2005, 209 (212).

1163 Nach *Arnold* erzwingt das GG sogar sozialpolitische Maßnahmen, vgl. *Arnold*, Vertrag und Verteilung, S. 212.

1164 BVerfG, Beschluss v. 08.06.2004 - 2 BvL 5/00, BVerfGE 110, 412 (446).

Sozialstaatsprinzips ist jedoch wiederum die primärrechts- und verfassungsrechtsimmanente Schranke der Vertragsfreiheit der Arbeitgeberseite. Beide sind grundsätzlich gleichwertig, sodass im Rahmen einer Gesamtabwägung ein fairer Ausgleich beider Rechtsinstitute zu suchen ist. Dementsprechend wird im Folgenden dem Gedanken der Erreichung eines möglichst vorurteilsfreien Entscheidungsprozesses durch eine Pflicht zur vollständigen Normierung die Vertragsabschlussfreiheit in ihren besonderen Ausprägungen in der vorarbeitsvertraglichen Phase gegenübergestellt.

cc) Die Vertragsabschlussfreiheit in der Einstellungssituation

(1) Der personale Charakter des Arbeitsverhältnisses

Den Bewerber persönlich kennenzulernen, bevor die Einstellungsentscheidung getroffen wird, hat vor dem Hintergrund der Partnerwahlfreiheit beim Arbeitsverhältnis einen besonders hohen Stellenwert. Der potenzielle Vertragspartner ist nicht austauschbar, wie dies meist bei Zug-um-Zug Geschäften des täglichen Bedarfs der Fall ist. Auch ist im Gegensatz zu werkvertraglichen Vertragskonstruktionen nicht lediglich ein Erfolg geschuldet, bei dem es letztlich mehr oder weniger egal ist, wie und von wem er bewirkt wurde.[1165] Das Arbeitsverhältnis ist ein schuldrechtliches Austauschverhältnis, dessen Leistungsgegenstand eine persönliche zeitbestimmte Dienstleistung mit im Voraus nicht abgegrenzten Einzelleistungen ist.[1166] Zeitelement und persönliche Leistungspflicht geben dem Arbeitsverhältnis eine Sonderstellung unter den Schuldverhältnissen.[1167] Versprochene Dienstleistung und Person des Arbeitnehmers hängen untrennbar zusammen, weswegen auch von einem „*personalen Charakter*“ des Ar-

1165 Vgl. hierzu *Greiner*, in: NZA 2013, 697 (698 ff.); *Francken*, in: NZA 2013, 1192; *Maschmann*, in: NZA 2013, 1305 (1306).

1166 *Richardi/Fischinger*, in: Staudinger, BGB, Neubearbeitung 2016, § 611 Rn. 172; siehe abweichende Verständnisse des Arbeitsverhältnisses bei *Adomeit*, Gesellschaftsrechtliche Elemente im Arbeitsverhältnis; *Reuter*, in: RdA 1991, 193; *Reuter*, in: ZfA 1993, 221 (226 ff).

1167 *Richardi/Fischinger*, in: Staudinger, BGB, Neubearbeitung 2016, § 611 Rn. 172.

beitsverhältnisses gesprochen wird.[1168] Die Dienstleistung besteht nicht in einer von der Person des Arbeitnehmers abstrahierten Normalleistung.[1169]

Dementsprechend ist die Partnerwahlfreiheit als Teil der Vertragsabschlussfreiheit gerade beim Arbeitsverhältnis nicht in der Intensität der „großen Lösung" einschränkbar. Die Person des Bewerbers und ihre individuelle Leistungsfähigkeit *sind* die Vertragserfüllung.[1170] Auch bestehen grundsätzlich keine Gewährleistungsansprüche gegenüber „Low Performern"[1171], was die sorgfältige Auswahl im Vorhinein noch essenzieller macht.[1172] Dass Kenntnisse hinsichtlich der Merkmale des § 1 AGG für eine Kontrahierungsentscheidung in der Regel keine schützenswerte Relevanz besitzen, ist zwar im Grundsatz richtig, betrifft faktisch aber nur diejenigen Merkmale, die bei einem persönlichen Gespräch nicht zwingend erkennbar sind (Religion, sexuelle Orientierung etc.). Kenntnisse über das Geschlecht oder das Alter sind untrennbar verbunden mit dem schützenswerten persönlichen Kontakt vor der Einstellungsentscheidung. Dass ein solches „Recht auf persönliches Kennenlernen" beim sich anbahnenden Arbeitsverhältnis besteht, wird durch zwei zentrale Rechte der Arbeitgeberseite bestätigt: das Recht auf Festlegung eines Anforderungsprofils für die zu besetzende Stelle (2) und das Fragerecht des Arbeitgebers im Vorstellungsgespräch (3).

(2) Das Recht auf Festlegung eines Anforderungsprofils

Wie bereits dargelegt, ist die Vertragsfreiheit das Fundamentalprinzip des Zivil- und damit auch des Arbeitsrechts.[1173] Umfasst ist nicht nur die Freiheit, den Inhalt des Vertrags zu bestimmen, sondern auch, sich seinen Vertragspartner auszusuchen.[1174] Im Kontext des Arbeitsvertrages bedeutet dies, dass der Arbeitgeber das Anforderungsprofil seines potenziellen Ver-

1168 *Annuß*, in: ZfA 2004, 283 (306); *Wiese*, in: ZfA 1996, 439 (445).

1169 *Richardi/Fischinger*, in: Staudinger, BGB, Neubearbeitung 2016, § 611 Rn. 172; vgl. auch *Schur*, Leistung und Sorgfalt, S. 333.

1170 *Müller-Glöge*, in: MüKo-BGB, 7. Auflage 2016, § 611 Rn. 156; *Hueck*, in: Hueck/Nipperdey Arbeitsrecht, Band I, S. 818.

1171 *Müller-Glöge*, in: MüKo BGB, 7. Auflage 2016, § 611 Rn. 156.

1172 Vgl. *Schmitz*, Interessenausgleich im Beschäftigtendatenschutz, S. 29.

1173 Vgl. *Richardi/Fischinger*, in: Staudinger, BGB, Neubearbeitung 2016, § 611 Rn. 422.

1174 *Richardi/Fischinger*, in: Staudinger, BGB, Neubearbeitung 2016, § 611 Rn. 422.

tragspartners festlegen darf.[1175] Das BAG hat die alleinige Kompetenz des Arbeitgebers betont, festzulegen, welche Funktionen innerhalb des Betriebs der Inhaber einer bestimmten Stelle zu erfüllen hat und welche Anforderungen an den Inhaber einer bestimmten Stelle bzw. den Bewerber für eine bestimmte Stelle zu stellen sind.[1176]

Mit einem Anforderungsprofil legt der Arbeitgeber fest, welche objektiven Anforderungen ein Stelleninhaber in fachlicher, persönlicher oder sonstiger Weise erfüllen soll.[1177] Hierbei ist es im Grundsatz gleichgültig, ob die im Anforderungsprofil ausgewiesenen Anforderungen objektiv Voraussetzung dafür sind, dass die Aufgaben dieser Stelle erfüllt werden können oder ob sie darüber hinausgehen oder eventuell auch dahinter zurückbleiben.[1178] Die Gestaltung des Anforderungsprofils eines Arbeitsplatzes unterliegt der lediglich auf offenbare Unsachlichkeit zu überprüfenden Unternehmerdisposition des Arbeitgebers.[1179]

Das Anforderungsprofil ist zwar den Grenzen des AGG unterworfen[1180], es kann jedoch anderweitige legitime Kriterien enthalten, die einem anonymisierten Bewerberprofil nicht zu entnehmen sind. *Soft-Skills*, wie Freundlichkeit, Kommunikationsfähigkeit, Redegewandtheit, Sprechen und Auftreten etc., sind nur im persönlichen Gespräch zu prüfen. Je nach Einzelfall können diese Fertigkeiten wichtiger für die zu besetzende Stelle sein als formelle Qualifikationen. Auch ein gepflegtes Erscheinungsbild kann ein berechtigtes, billigenswertes und schutzwürdiges Interesse des Arbeitgebers sein.[1181] Alle Kriterien, die sich faktisch nur durch eine persönliche Begegnung der potenziellen Vertragsparteien feststellen

---

1175 Vgl. *Kaufmann*, in: BB 2013, 2997 (3001); vgl. auch LAG Köln, Urt. v. 23.1.2013 - 3 Sa 686/12, BeckRS 2013, 69379.

1176 BAG, Urt. v. 31.07.2014 - 2 AZR 422/13, BAGE 149, 18 ; BAG, Urt. v. 10.07.2008 - 2 AZR 1111/06, NZA 2009, 312; BAG, Urt. v. 07.07.2005 - 2 AZR 399/04, NZA 2006, 266; BAG, Urt. v. 24.06.2004 – 2 AZR 326/03, NZA 2004, 1268.

1177 BAG, Urt. v. 21.07.2009 - 9 AZR 431/08, NJW 2009, 3319; BVerwG, Urt. v. 03.03.2011 - 5 C 16.10, BVerwGE 139, 135; *Salomon-Hengst*, in: öAT 2015, 184 (185f.); *Buchner*, in: NZA 1991, 577 (579).

1178 Vgl. *Buchner*, in: NZA 1991, 577 (579).

1179 BAG, Urt. v. 10.07.2008 - 2 AZR 1111/06, NZA 2009, 312 (314).

1180 Die Merkmale des § 1 AGG dürfen grundsätzlich nicht Teil des Anforderungsprofils sein, es sei denn es liegt ein Rechtfertigungsgrund vor, vgl. die Rechtsprechungsübersicht zur Altersdiskriminierung bei *Jesgarzewski*, in: BB 2013, 2553.

1181 Vgl. *Duchstein*, in: BB 2011, 1717.

lassen und gleichzeitig Teil eines legitimen Anforderungsprofils sind, machen es vor dem Hintergrund der Vertragsabschlussfreiheit unumgänglich, dem Arbeitgeber ein Recht auf Durchführung eines Vorstellungsgesprächs zuzuerkennen.

(3) Das Fragerecht des Arbeitgebers

Gestützt wird der Stellenwert der Vertragsabschlussfreiheit zudem durch das ebenfalls in der Vertragsfreiheit verbürgte Fragerecht des Arbeitgebers.[1182] Hiernach dürfen Fragen nach beruflichen und fachlichen Fähigkeiten, Kenntnissen und Erfahrungen uneingeschränkt gestellt werden, sofern und soweit sie für die zu besetzende Stelle von Bedeutung sind.[1183] Einfachgesetzlich wurde das Fragerecht des Arbeitgebers in § 32 BDSG niedergelegt. Gemäß § 32 Abs. 1 S. 1 BDSG dürfen personenbezogene Daten eines Beschäftigten für Zwecke des Beschäftigungsverhältnisses erhoben, verarbeitet oder genutzt werden, wenn dies für die Entscheidung über die Begründung eines Beschäftigungsverhältnisses oder nach Begründung des Beschäftigungsverhältnisses für dessen Durchführung oder Beendigung erforderlich ist. Das Informationsinteresse des Arbeitgebers an personenbezogenen Daten in diesem Sinne verdeutlicht nochmals den „*personalen Charakter*“ des Arbeitsverhältnisses. Die Person des Arbeitnehmers und seine Leistungsfähigkeit sind die Vertragserfüllung. Getreu dem technischen Begriff des Humankapitals, darf sich der Arbeitgeber vor Vertragsschluss ein umfassendes Bild des „Investitionsobjekts“ machen.

Begrenzt wird das Fragerecht durch die Spezialverbürgung des Persönlichkeitsrechts in Form des Rechtes auf informationelle Selbstbestimmung des Bewerbers.[1184] Deshalb reicht das Fragerecht des Arbeitgebers nur soweit, als er ein berechtigtes, billigenswertes und schutzwürdiges Interesse an der Informationsgewinnung hat.[1185] Fragen bezüglich einer Schwanger-

---

1182 Vgl. hierzu BAG, Urt. v. 07.06.1984 - 2 AZR 270/83, NZA 1985, 57; *Ohlendorf/Schreier*, in: BB 2008, 2458 (2460ff.); *Thum/Szczesny*, in: BB 2007, 2405 (2406f.); *Thüsing/Lambrich*, in: BB 2002, 1146 m.w.N.

1183 Vgl. *Richardi/Fischinger*, in: Staudinger, BGB, Neubearbeitung 2016, § 611 Rn. 568.

1184 *Richardi/Fischinger*, in: Staudinger, BGB, Neubearbeitung 2016, § 611 Rn. 563; *Thüsing/Lambrich*, in: BB 2002, 1146ff.

1185 Wiederum grundlegend BAG, Urt. v. 07.06.1984 - 2 AZR 270/83, NZA 1985, 57; *Richardi/Fischinger*, in: Staudinger, BGB, Neubearbeitung 2016, § 611 schaft, Gewerkschaftsmitgliedschaft oder für den fraglichen Beruf nicht einschlägiger Delikte werden als unzulässig erachtet und können die Möglichkeit der Anfechtung nach unrichtiger Antwort einschränken.[1186] Den Sinn und Zweck des AGG zugrunde gelegt, sind auch alle Fragen, die direkt auf ein Merkmal des § 1 AGG abzielen, als unzulässig anzusehen.[1187] Fragen nach Religion, sexueller Orientierung, Weltanschauung etc. sind daher kein schützenswerter Teil der Partnerwahlfreiheit.

Jedoch hat der Arbeitgeber ein berechtigtes, billigenswertes und schutzwürdiges Interesse an allen zulässigerweise im Anforderungsprofil der zu besetzenden Stelle aufgestellten Kriterien. Wie bereits angesprochen, sind hiervon Kriterien umfasst, die nur im Rahmen eines persönlichen Gesprächs herauszufinden sind. Insbesondere kann das spontane Antwortverhalten im persönlichen Gespräch im Hinblick auf Wahrheitsgehalt der Antwort oder Schlagfertigkeit nach provokanter Frage aussagekräftiger sein, als dies durch vorgefertigte Fragebögen möglich wäre. Betroffen hiervon sind oftmals zulässige Ausschlusskriterien, die den Bewerber für die Position ungeeignet machen, für die ihn, als Kehrseite des Fragerechts, sogar eine Offenbarungspflicht trifft.[1188] Hierzu zählen gerechtfertigte Fragen nach dem Gesundheitszustand des Bewerbers, wenn beispielsweise die Ausübung der vorgesehenen Tätigkeit dauerhaft oder in periodisch wiederkehrenden Abständen nur eingeschränkt möglich ist.[1189] Auch die im begründeten Einzelfall anerkannte Zulässigkeit von Fragen nach den persönlichen Lebensverhältnissen verdeutlicht noch einmal den *„personalen Charakter"* des Arbeitsverhältnisses, der ein persönliches Zusammentreffen vor Vertragsschluss unumgänglich macht.[1190]

Rn. 562ff.; *Thum/Szczesny*, in: BB 2007, 2405 (2406f.); *Thüsing/Lambrich*, in: BB 2002, 1146f.;.

1186 BAG, Urt. v. 18.10.2000 - 2 AZR 380/99, BAGE 96, 123; BAG, Urt. v. 20.03.2014 - 2 AZR 1071/12, NJW 2014, 3680; BAG, Urt. v. 07.06.1984 - 2 AZR 270/83, NZA 1985, 57; EuGH, Urt. v. 03.02.2000, Rs. C-207/98, Slg. 2000, I-549 - *Mahlburg*; LAG Hessen, Urt. v. 07.11.2012 - 12 Sa 654/11, juris.

1187 *Wisskirchen/Bissels*, in: NZA 2007, 169 (170).

1188 BAG, Urt. v. 7. 2. 1964 - 1 AZR 251/63, BAGE 15, 261; *Thüsing*, in: MüKo-BGB, § 11 AGG, Rn. 24; *Richardi/Fischinger*, in: Staudinger, BGB, Neubearbeitung 2016, § 611 Rn. 601; *Wisskirchen/Bissels*, in: NZA 2007, 169 (171).

1189 BAG, Urt. v. 07.06.1984 - 2 AZR 270/83, NZA 1985, 57; *Richardi/Fischinger*, in: Staudinger, BGB, Neubearbeitung 2016, § 611 Rn. 572f.; vgl. hierzu ausführlich *Beckschulze*, in: BB 2014, 1013.

1190 Vgl. z.B. *Moritz*, in: NZA 1987, 329 (333).

dd) Die Berufsfreiheit der Bewerber, Art. 12 GG, Art. 15 GRCh

Zu bedenken ist auch, dass nicht jeder Bewerber ein Interesse an einem vollständig normierten Bewerbungsverfahren hat. Es stellt zumindest einen rechtfertigungsbedürftigen Eingriff in die Berufsfreiheit derjenigen Bewerber dar, die von einem „*herkömmlichen*“ Bewerbungsverfahren mit persönlichen Daten und Vorstellungsgespräch profitieren würden.[1191]

Der junge Mann mit deutschem Namen erleidet durch arbeitsrechtlichen Diskriminierungsschutz ohnehin faktisch einen individuellen Nachteil, der allerdings durch die Umverteilungszielsetzung des AGG gerechtfertigt ist.[1192] Bei einer Pflicht zur vollständigen Normierung verlieren jedoch *alle* Bewerber darüber hinaus die Möglichkeit, eine ungünstige Ausgangslage (z.B. aufgrund schlechter Zeugnisse) durch persönliche Darstellung auszugleichen. Es ist der Rechtsgedanke des § 82 Satz 2, 3 SGB IX, wonach Schwerbehinderten, außer bei offensichtlich fehlender fachlicher Eignung, die Möglichkeit eingeräumt werden soll, den Arbeitgeber im persönlichen Gespräch zu überzeugen.[1193] Die Regelung ist zwar aufgrund ihrer Förderungszielsetzung für Behinderte nicht auf andere Bewerber übertragbar, verdeutlicht aber, welchen Stellenwert der Gesetzgeber dem persönlichen Vorstellungsgespräch einräumt. Führte man ein normiertes Verfahren im Sinne der „großen Lösung“ durch, wird im Zweifel der Bewerber mit den besten belegbaren Qualifikationen den Zuschlag erhalten. Talente im persönlichen Umgang, Charisma, Redegewandtheit etc. werden vollständig bedeutungslos. Dieser Eingriff in die Berufsfreiheit der betroffenen Bewerber verstößt auch vor dem Hintergrund des Diskriminierungsschutzes gegen das Übermaßverbot, weil er weder mit Persönlichkeitsschutz noch, aufgrund des unklaren Personenkreises, mit Umverteilung gerechtfertigt werden kann.

1191 Vgl. hierzu *Zöllner/Loritz/Hergenröder*, Arbeitrecht, § 35 Rn. 28ff.

1192 Man könnte auch sagen, er verliert einen Vorteil. Zumindest bei positiven Maßnahmen im Sinne des § 5 AGG ist eine faktische Benachteiligung des „jungen weißen Mannes“ nicht zu leugnen.

1193 BAG, Urt. v. 21.07.2009, 9 AZR 431/08, BAGE 131, 232; siehe auch *Breitfeld/Strauß*, in: BB 2012, 2817 (2818); *Rolfs/Paschke*, in: BB 2002, 1260.

ee) Ergebnis

Eine Pflicht zur vollständigen Normierung des Entscheidungsprozesses bis einschließlich des Arbeitsvertragsschlusses wäre eine unverhältnismäßige Verletzung der Vertragsfreiheit des Arbeitgebers. Das Interesse auf Arbeitnehmerseite an einem vorurteilsfreien Entscheidungsprozess ist im AGG normativ verankert. Es in Form einer Pflicht zur vollständigen Normierung umzusetzen, wäre jedoch kein verhältnismäßiges Mittel. Auf Arbeitgeberseite würde die „große Lösung" dazu führen, dass die personale Komponente der Partnerwahlfreiheit vollständig aufgehoben wäre. Es bliebe die Kenntnis der fachlichen Qualifikationen und die Möglichkeit überhaupt keinen Vertrag zu schließen.

Dies ist wegen der persönlichen Leistungspflicht des Arbeitnehmers eine unverhältnismäßige Beschränkung des vorvertraglichen Informationsinteresses der Arbeitgeberseite, welches im Recht auf Erstellung eines Anforderungsprofils und dem Fragerecht im Vorstellungsgespräch geschützte Einzelverbürgungen erhalten hat. Gerade beim Arbeitsverhältnis, das oftmals von persönlicher Zusammenarbeit und immer von der persönlichen Leistungsfähigkeit des Arbeitnehmers abhängt, ist es mit der Vertragsabschlussfreiheit nicht vereinbar, keine Möglichkeit der persönlichen Kontaktaufnahme bis Vertragsschluss zu haben. Schriftlich einreichbare anonymisierbare Unterlagen gewähren keinen gleichwertigen Informationsgehalt, zumal bei nicht nachweisbaren „Soft-Skills". Diese können jedoch zentraler Bestandteil der zu besetzenden Stelle sein.

Folglich besteht keine rechtlich verankerte Pflicht zur vollständigen Normierung des Entscheidungsprozesses. Daher kann deren Nichtvornahme auch keinen Verschuldensvorwurf begründen. Ein Arbeitgeber, der die Bewerber zum Vorstellungsgespräch einlädt, handelt auch bei hoch wahrscheinlichem Einfluss impliziter Vorurteile auf das Entscheidungsergebnis nicht fahrlässig.

c) Verhältnismäßigkeit der „kleinen Lösung"

Die „kleine Lösung", also die Normierung des Vorauswahlverfahrens bis zur Einladung zum Vorstellungsgespräch, könnte demgegenüber mit der Vertragsfreiheit vereinbar sein. Beide Ansätze greifen in die Vertragsfreiheit der Arbeitgeberseite ein und sind damit rechtfertigungsbedürftig, jedoch liegt eine unterschiedliche Eingriffsintensität[1194] bei „großer Lösung“ und „kleiner Lösung“ vor. Bei der „kleinen Lösung“ ist die Arbeitgeberseite lediglich daran gehindert, im Vorauswahlverfahren Bewerber aufgrund bestimmter Eigenschaften auszusortieren. Ihr bleibt aber unbenommen, nach persönlichen Präferenzen im Vorstellungsgespräch zu entscheiden. Die Entscheidung über ein Angebot auf Abschluss eines Arbeitsvertrages müsste erst nach einem persönlichen Kontakt mit dem Bewerber gefällt werden. Der besonderen Relevanz des „personalen Charakters“ des Arbeitsverhältnisses wäre damit Genüge getan. An der grundsätzlichen Legitimität der gesetzgeberischen Zielsetzung, den Einfluss impliziter Vorurteile im Entscheidungsprozess zu verringern, bestünde kein Zweifel. Diskussionswürdig wären dennoch die Geeignetheit und Angemessenheit einer normativen Pflicht zur Durchführung eines normierten Vorauswahlverfahrens.

aa) Die Geeignetheit zur Reduzierung des Einflusses impliziter Vorurteile

Ein Mittel ist bereits dann im verfassungsrechtlichen Sinne geeignet, wenn mit seiner Hilfe der gewünschte Erfolg gefördert werden kann, wobei die Möglichkeit der Zweckerreichung ausreicht.[1195] Hinsichtlich der Eignung von Maßnahmen auf dem Gebiet der Wirtschafts-, Arbeitsmarkt- und Sozialpolitik hat das BVerfG dabei einen weiten Einschätzungs- und Prognosespielraum des Gesetzgebers anerkannt.[1196] Das bedeutet, dass die Argumentation, eine Norm sei zur Erreichung eines Zieles ungeeignet, klar belegen müsste, dass die Annahmen des Gesetzgebers unter keinem Gesichtspunkt vertretbar sind, weil entweder das normative Gebot objektiv zur Lösung eines Problems nicht geeignet sein kann oder das zu lösende Problem nicht existiert.[1197]

1194 Vgl. hierzu *Ulber*, in: NZA 2016, 619 (620).

1195 BVerfG, Beschluss v. 11.07.2006 - 1 BvL 4/00, BVerfGE 116, 202; BVerfG, Beschluss v. 03.04.2001 - 1 BvL 32/97, BVerfGE 103, 293 (307 ff.); BVerfG, Beschluss v. 20.06.1984 - 1 BvR 1494/78, BVerfGE 67, 157; BVerfG, Beschluss v. 27.01.1983 - 1 BvR 1008/79, 1 BvR 322/80, 1 BvR 1091/81, BVerfGE 63, 88 (115).

1196 BVerfG, Beschluss v. 23.10.2013 - 1 BvR 1842/11, 1 BvR 1843/11, BVerfGE 134, 204; BVerfG, Beschluss v. 11.07.2006 - 1 BvL 4/00, BVerfGE 116, 202; vgl. hierzu auch *Ulber*, in: NZA 2016, 619 (621).

1197 *Ulber*, in: NZA 2016, 619 (621).

Subsumiert man das Problem impliziter Vorurteile im Entscheidungsprozess hierunter, könnte man der „kleinen Lösung“ nur dann die Geeignetheit absprechen, wenn eine Normierung des Vorauswahlverfahrens keinerlei das Ziel fördernde Wirkung entfalten könnte. Diesbezüglich könnte man durchaus vorbringen, dass der Einfluss impliziter Vorurteile im Vorstellungsgespräch am größten ist und daher eine Normierung des Vorauswahlverfahrens keinen Beitrag zu deren Reduzierung leistet. Das ist in dieser Pauschalität aber nicht korrekt.

Wie oben dargestellt, werden implizite Vorurteile durch negative Valenzen eines Objektes repräsentiert, welche wiederum durch zugeordnete „Abrufschlüssel“ (der Name des Objektes oder das Objekt selbst) aus einem passiven Zustand in einen aktiven Zustand überführt werden, sich also im Verhalten des Entscheidungsträgers niederschlagen.[1198]Für den Entscheidungsprozess relevant werden implizite Vorurteile somit immer dann, wenn eine Komponente eines solchen Eintrags die negative Valenz des Objektes repräsentiert, diese negative Valenz durch Aktivierung verhaltenswirksam wird und das repräsentierte Objekt Merkmalsträger einer der Merkmale des § 1 AGG ist.[1199]

Die Aktivierung eines Eintrages mit negativer Valenz findet im Vorstellungsgespräch nach normierten Vorauswahlverfahren (also bei der „kleinen Lösung“) im Moment des ersten persönlichen Zusammentreffens statt. Hier wird erstmals der subjektiv negative Abrufschlüssel (z.B. ausländische Herkunft, junge Frau etc.) wahrgenommen.[1200] Im „herkömmlichen“ Bewerbungsverfahren werden Bewerber, die aufgrund ihrer Merkmalsträgerschaft negative Valenzen aktivieren, jedoch bereits im Vorauswahlverfahren aussortiert. Schon ein türkischer Name kann zum Hinderungsgrund werden, selbst wenn die Qualifikationen überdurchschnittlich sind. Dementsprechend eröffnet eine Normierung des Vorauswahlverfahrens Merkmalsträgern die Möglichkeit, den Arbeitgeber im persönlichen Gespräch von ihren Fähigkeiten zu überzeugen, zu dem sie bei nicht anonymisierten Bewerbungsunterlagen erst gar nicht eingeladen worden wären.[1201]

1198 *Degner/Wentura*, in: Petersen/Six (Hrsg.), Stereotype, Vorurteile und soziale Diskriminierung, S. 150f.

1199 Vgl. *Degner/Wentura*, in: Petersen/Six (Hrsg.), Stereotype, Vorurteile und soziale Diskriminierung, S. 151.

1200 Vgl. zur Problematik *Raif*, in: ArbRAktuell 2011, 209 (211).

1201 So auch die Begründung des am 25.11.2010 gestarteten Modellprojekts der Antidiskriminierungsstelle des Bundes, bei dem die Bewerbungen ohne Foto, Na-

Der Einfluss impliziter Vorurteile auf den Entscheidungsprozess wäre damit nicht auf null reduziert. Gerade das Vorstellungsgespräch ist geprägt von subjektiven Eindrücken, spontanen Bewertungen und impliziten Einflüssen. Dennoch wäre der Einfluss impliziter Vorurteile auf den Entscheidungsprozess im gesamten Vorauswahlverfahren minimiert. Das Vorauswahlverfahren gliche einer sachlichen Bestenauswahl. Jeder Bewerber mit entsprechender Qualifikation hätte die Möglichkeit des persönlichen Kontakts, die ihm ansonsten unter Umständen verwehrt geblieben wäre. Dem Rechtsgedanken des § 82 Satz 2, 3 SGB IX entsprechend, stünde die Möglichkeit offen, den Entscheidungsträger von den eigenen Stärken zu überzeugen und möglicherweise sogar bestehende Vorurteile abzubauen. Die Arbeitgeberseite wäre bei einem normierten Vorauswahlverfahren daran gehindert, bestimmte Bewerber aufgrund persönlicher Präferenzen, die nicht gleichzeitig die Qualifikationen der Bewerber betreffen, auszusortieren. Dabei ist es nicht ausgeschlossen, dass bestehende implizite Vorurteile eher anhand eines abstrakten Kriteriums, wie einem türkischen Namen, aktiviert werden, als bei einem persönlichen Aufeinandertreffen mit dem Bewerber. Persönliche Sympathie könnte Vorbehalte gegen bestimmte Merkmalsträger aufwiegen. Die „kleine Lösung" kann mithin durchaus zur Reduzierung der Wirkweise impliziter Vorurteile beitragen.

bb) Die Angemessenheit einer Pflicht zur Normierung des Vorauswahlverfahrens

Wiederum stellt sich die Frage, ob ein Eingriff dieser Intensität in die Vertragsabschlussfreiheit der Arbeitgeberseite verhältnismäßig im engeren Sinne ist. Dafür streiten entsprechend obiger Darstellung die Zielsetzungen des Diskriminierungsschutzes und das primärrechtlich und verfassungsrechtlich verbürgte Sozialstaatsprinzip.

Das Hauptproblem einer Pflicht zur Normierung des Vorauswahlverfahrens ist die Grenzziehung zwischen zulässigen und unzulässigen Kriterien der Vorauswahl. Orientieren kann man sich hierbei an den Merkmalen des

---

me, Alter, Geschlecht, Herkunft und Familienstand eingereicht werden, womit vermieden werden soll, dass schon aufgrund dieser Merkmale Bewerbungen aussortiert werden, vgl. Anonymisierte Bewerbungsverfahren, Leitfaden für Arbeitgeber der Antidiskriminierungsstelle des Bundes, S. 7, 9; vgl. auch *Raif*, in: ArbRAktuell 2011, 209 (211).

§ 1 AGG. Dort hat der Gesetzgeber zum Ausdruck gebracht, welche Kriterien keine schützenswerte Relevanz im Entscheidungsprozess einer Stellenbesetzung haben. Eine Normierung des Vorauswahlverfahrens muss sich demnach auf Kriterien stützen, die möglichst keine Rückschlüsse auf eine bestimmte Merkmalsträgerschaft zulassen. Um aussagekräftig zu sein, müssen Bewerbungsunterlagen jedoch auf der anderen Seite ein Mindestmaß an Informationen beinhalten. Ein verhältnismäßiger Eingriff in die Vertragsabschlussfreiheit läge nur dann vor, wenn der Arbeitgeber trotz Normierung ein praktikables und aussagekräftiges Vorauswahlverfahren durchführen kann.

Die Grenze einer zulässigen Normierungspflicht ist also zwischen denjenigen Informationen zu ziehen, die ein Arbeitgeber benötigt, um überhaupt eine sinnvolle Vorauswahl treffen zu können und jenen Informationen, deren Kenntnis eine Benachteiligung aufgrund der Merkmale des § 1 AGG wahrscheinlicher werden lässt, und die deshalb, zumindest in diesem Stadium des Entscheidungsprozesses, nicht schützenswert sind. Zumutbar wäre demnach eine Pflicht zur Normierung, die sich auf die Mindestanforderungen der zu besetzenden Stelle begrenzt und gleichzeitig eine Abgrenzung der Kandidaten erlaubt. Beispielsweise wäre der Vertragsfreiheit der Arbeitgeberseite Genüge getan, wenn die Bewerber das Vorliegen der geforderten Qualifikationen (abgeschlossenes Hochschulstudium, Zweites Staatsexamen, Meisterprüfung etc.), der gewünschten Noten, plus anderer zulässiger Kriterien im Anforderungsprofil (Berufserfahrung[1202], Auslandserfahrung, sonstiger Werdegang etc.) versichern.

Die Partnerwahlfreiheit als Ausprägung der Vertragsabschlussfreiheit wäre in der Entscheidungsphase des Entscheidungsprozesses nicht stärker tangiert als nach herkömmlichem Verständnis des vorvertraglichen Diskriminierungsschutzes gemäß dem AGG. Im Vorauswahlverfahren wäre eine Pflicht zur Normierung hingegen ein starker Eingriff. Die freie Gestaltung der Bewerberauswahl sowie der dargestellte Schutz privater Willkür wären vollkommen aufgehoben. Jedoch entspricht dies zum einen dem durch das AGG zum Ausdruck gebrachten gesetzgeberischen Willen, zum anderen wäre die private Willkür ohnehin nur auf ihr legitimes Maß verkürzt. Letztlich wäre der Entscheidungsträger nur gezwungen, ein Vorauswahlverfahren zu entwerfen, das den ohnehin normierten Maßstäben des AGG

1202 Kenntnisse bzgl. der Berufserfahrung müssen allerdings vor dem Hintergrund drohender Altersdiskriminierung gerechtfertigt werden.

entspricht, mithin die Merkmale des § 1 AGG nicht entscheidungserheblich werden lässt. Nach dem Vorauswahlverfahren verbreitert sich die Legitimität privater Willkür um alle oben dargestellten Kriterien, die Teil des persönlichen menschlichen Aufeinandertreffens sind. Die Partnerwahlfreiheit bestünde in diesem Stadium zwar nicht unbeschränkt, aber im durch die Rechtsordnung vorgesehenen Umfang (§ 15 Abs. 6 AGG). Damit wäre ein dem Übermaßverbot genügender Kompromiss aus Minimierung des Einflusses impliziter Vorurteile auf den Entscheidungsprozess und unternehmerischer Vertragsabschlussfreiheit gewährleistet.

Die „kleine Lösung", also die Pflicht zur Normierung des Vorauswahlverfahrens, wäre folglich mit der primärrechtlich und verfassungsrechtlich geschützten Vertragsabschlussfreiheit vereinbar.

4. Ergebnis: § 15 Abs. 2 AGG und der unverschuldet diskriminierende Arbeitgeber

Die gewonnenen Erkenntnisse führen zu dem Ergebnis, dass die Normierung des Vorauswahlverfahrens in manchen Fällen eine Vermeidung des implizit vorurteilsbedingten Verstoßes gegen das Benachteiligungsverbot gemäß § 7 Abs. 1 AGG bewirken würde. Dies bedeutet im Umkehrschluss, dass Arbeitgebern die diese Möglichkeit nicht wahrgenommen haben, der Vorwurf der Fahrlässigkeit zu machen wäre. Leider kann aber, wie dargestellt, auch eine Normierung des Vorauswahlverfahrens den Einfluss impliziter Vorurteile auf den Entscheidungsprozess weder ausschließen, noch mit hoher Wahrscheinlichkeit auf null reduzieren. Das persönliche Vorstellungsgespräch als primärrechtlicher und verfassungsrechtlicher Ausdruck der Partnerwahlfreiheit ist ein nicht weiter rechtlich einschränkbares Einfallstor für implizite Vorurteile. Folglich gibt es zahlreiche Fälle, in denen trotz Normierung des Vorauswahlverfahrens ein implizit vorurteilsbedingter Verstoß gegen § 7 Abs. 1 AGG vorliegt, gleichzeitig aber kein Fahrlässigkeitsvorwurf erhoben werden kann.

Problematisch an der verschuldensunabhängigen Gestaltung des § 15 Abs. 2 AGG ist, dass die Norm keine Unterscheidung zulässt. Hiernach haften selbst Arbeitgeber auf Entschädigung, die alles in ihrer Macht stehende getan haben, um den Einfluss impliziter Vorurteile zu reduzieren. Die sanktionierende Komponente des Anspruchs verlangt darüber hinaus noch nicht einmal einen immateriellen Schaden beim Diskriminierten. Diese Gleichbehandlung von unverschuldeten und verschuldeten Verstößen gegen das Benachteiligungsverbot des § 7 Abs. 1 AGG macht die Entschädigungshaftung gemäß § 15 Abs. 2 AGG vor dem Hintergrund des vorherrschenden Verschuldensprinzips im Privatrecht rechtfertigungsbedürftig.

II. Rechtfertigung einer verschuldensunabhängigen und überkompensatorischen Haftung

1. Überblick

Der Ersatz immaterieller Schäden lässt sich durch die drei genannten Funktionen rechtfertigen: Kompensation, Genugtuung und/oder Prävention.[1203] Wie bereits dargelegt, umfasst der Anspruch aus § 15 Abs. 2 AGG Anteile, die nicht mit einem erlittenen immateriellen Schaden begründbar sind (insbesondere bei der „Putativdiskriminierung"). Diese sanktionierenden Anteile, die auch bei fehlendem Schaden nicht entfallen, mithin nicht auf die Kompensationsfunktion zurückzuführen sind, müssen anderweitig begründet werden.[1204]

Ebert geht über die genannten Funktionen hinaus von einer Sühnefunktion aus.[1205] Dass § 15 Abs. 2 AGG der Repression von Unrecht diene, ergebe sich vor allem daraus, dass auch minderqualifizierten Bewerbern ein Anspruch auf Entschädigung zustehe, ohne gleichzeitig eine Wiederholungsgefahr zu prüfen.[1206] Ohne Wiederholungsgefahr könne nicht präventiv argumentiert werden, ein Schaden sei bei minderqualifizierten Bewerbern ebenfalls nicht vorhanden.[1207] Deshalb bleibe nur die Sühne, die ihrerseits verschuldensabhängig gestaltet sein müsse, um nicht verfassungswidrig zu sein.[1208]

Diese Ansicht überzeugt nicht.[1209] Zwar hat § 15 Abs. 2 AGG klar pönalen Charakter, dieser ist aber nicht durch Sühne zu begründen. Eine Strafe, die begangenes Unrecht sühnen soll, würde die Grenze von Zivil-

1203 Vgl. zum ganzen auch *Schäfer*, in: AcP 202 (2002), 387 (424).
1204 Vgl. *Wank*, in: NZA-Sonderbeilage zu Heft 22/2004, 16 (25).
1205 *Ebert*, Pönale Elemente im deutschen Privatrecht, S. 353ff. zu § 611a BGB a.F.
1206 *Ebert*, in: HK-BGB, § 15 AGG Rn. 2.
1207 *Ebert*, in: HK-BGB, § 15 AGG Rn. 2.
1208 Vgl. hierzu *Annuß*, in: NZA 1999, 738 (742).
1209 Ebenso *Bader*, Arbeitsrechtlicher Diskriminierungsschutz als Privatrecht, S. 213.

recht und Strafrecht vermischen. Mit wenig Begründungsaufwand wären § 15 Abs. 2 und § 15 Abs. 1 AGG nach diesem Verständnis verfassungswidrig, da auch das vermutete Verschulden des § 15 Abs. 1 AGG nicht mit der Unschuldsvermutung des Strafrechts vereinbar wäre. Zudem genügt der dargestellte objektivierte Fahrlässigkeitsbegriff nicht den strafrechtlichen Anforderungen an den Schuldvorwurf.[1210] Auch die Annahme, dass ein minderqualifizierter Bewerber keinen immateriellen Schaden habe, trifft in dieser Pauschalität nicht zu. Die kränkende Wirkung ist allenfalls abgeschwächt, da der minderqualifizierte Bewerber ohnehin keine Einstellungschance hatte. Er wurde jedoch zumindest auch wegen eines Merkmals des § 1 AGG abgelehnt (ansonsten wäre schon der Tatbestand des § 7 Abs. 1 AGG nicht erfüllt).[1211] Im Unterschied zur „Putativdiskriminierung" war ein tatsächlich vorliegendes Merkmal mitkausal auf Anknüpfungsebene. Dies kann eine Verletzung des Persönlichkeitsrechts sein. Ein immaterieller Schaden scheidet demnach nicht per se aus.

Folglich ist eine verschuldensunabhängige und überkompensatorische Haftung nicht durch Sühne zu rechtfertigen. Dies bedeutet, dass entweder der Genugtuungs- oder der Präventionsgedanke das tragfähige Fundament der Haftung nach § 15 Abs. 2 AGG bilden müssen. Die Berücksichtigung impliziter Vorurteile verschärft hierbei die Anforderungen, die an die Funktionen zu stellen sind.

3. Genugtuungsfunktion

Fraglich ist, ob sich die Haftung eines aufgrund impliziter Vorurteile benachteiligenden Arbeitgebers mit der Genugtuungsfunktion des immateriellen Schadensersatzes begründen lässt. Die Genugtuung stellt eine personalisierte Sanktion dar, die das Rechtsgefühl des Verletzten wegen erlittener Schmerzen und Kränkung besänftigen soll.[1212] Sie basiert ihrerseits auf zwei Komponenten: der Zufügung eines spürbaren Übels beim Schädiger und der dadurch erreichten Besänftigung des gekränkten Rechtsge-

---

1210 *Koziol*, in: FS Canaris, S. 631 (661); vgl. auch *Wank*, in: FS Richardi, S. 441 (445f.).

1211 *Bader*, Arbeitsrechtlicher Diskriminierungsschutz als Privatrecht, S. 213f.

1212 *Welke*, Die Repersonalisierung des Rechtskonflikts, S. 112.

fühls beim Geschädigten.[1213] Nach der Untrennbarkeitsthese des BGH wohnt der Genugtuung darüber hinaus ein Kompensationsgedanke inne.[1214]

In Wahrheit liegen klar trennbare Anspruchselemente vor: ein restituierender bzw. kompensierender Anteil und ein sanktionierender Anteil. Die Untrennbarkeitsthese ist weder bei § 253 Abs. 2 BGB noch bei § 15 Abs. 2 AGG haltbar. Dies hat folgenden Hintergrund:

Seit der Gesetzgeber den Ersatz immaterieller Schäden durch § 253 Abs. 2 BGB im allgemeinen Schuldrecht geregelt hat, taugen auch Gefährdungshaftungstatbestände zur Anspruchsbegründung. In diesen Fällen ist es denkbar, dass ein Schaden zu kompensieren ist, gleichzeitig aber kein Verschulden des Schädigers zur Anspruchsaufstockung herangezogen werden kann. In Gefährdungshaftungskonstellationen (die ja an einem erlaubten Handeln anknüpfen) geht es daher oftmals nur um Kompensation, nicht um Genugtuung. Es muss kein gekränktes Rechtsgefühl besänftigt werden. Umgekehrt kann eine Aufstockung des Anspruchs über den eigentlichen Schaden hinaus nur bei schuldhaftem Verhalten des Schädigers in Betracht kommen. Dies impliziert, dass bei schuldlosem Verhalten keinerlei Aufstockung stattfindet.

Übertragen auf § 15 Abs. 2 AGG bei implizit vorurteilsbedingter Benachteiligung bedeutet dies, dass rein nach der Genugtuungsfunktion in bestimmten Fallkonstellationen ein Anspruch vollständig entfallen müsste. Lehnt der Arbeitgeber beispielsweise einen Bewerber aufgrund angenommener aber tatsächlich nicht vorliegender Homosexualität ab, ist der Tatbestand der unmittelbaren Benachteiligung zwar erfüllt, eine Schädigung am Persönlichkeitsrecht durch Kränkung des heterosexuellen Bewerbers aber abzulehnen. Auch die Umverteilungszielsetzung kann bei einem heterosexuellen Mann nicht zur Begründung einer verschuldensunabhängigen Entschädigung herangezogen werden. Und weil kein immaterieller Schaden vorliegt, scheidet ein Rückgriff auf die Kompensationsfunktion ebenfalls aus.

1213 *Welke*, Die Repersonalisierung des Rechtskonflikts, S. 112; *Pecher*, in: AcP 171 (1971), 44 (62); vgl. auch *Lorenz*, Immaterieller Schaden und billige Entschädigung in Geld, S. 109.

1214 BGH, Urt. v. 04.06.1992 - IX ZR 149/91, BGHZ 118, 312 (339); siehe auch *Schäfer*, in: AcP 202 (2002), 397 (420f.); a.A. *Grüneberg*, in: Palandt, § 253, Rn. 4.

Ein etwaiger Anspruch ließe sich nur mit einem individuell vorwerfbaren, sanktionswürdigen Verhalten erklären. Ein solches läge bei einem aufgrund impliziter Vorurteile entscheidenden Arbeitgeber zumindest bei Durchführung eines normierten Vorauswahlverfahrens in der Regel nicht vor. Es muss auch kein gekränktes Rechtsgefühl besänftigt werden, weil der Arbeitgeber der gebotenen Sorgfaltspflicht nachgekommen ist. Die Genugtuungsfunktion taugt daher, zumindest in Fällen mit fragwürdigem immateriellem Schaden, nicht als Begründung einer verschuldensunabhängigen Haftung in Diskriminierungsfällen.[1215]

3. Präventionsfunktion

Der verschuldensunabhängige Entschädigungsanspruch gemäß § 15 Abs. 2 AGG ist nach dem Gesagten allenfalls durch die Präventionsfunktion zu rechtfertigen. Nämlich dann, wenn aus präventiven Gründen der Anspruch verschuldensunabhängig sein muss und ein höherer Zahlungsanspruch, als dem Geschädigten als Schaden entstanden ist, erforderlich ist.[1216] Ansonsten widerspricht die verschuldensunabhängige überkompensatorische Entschädigung dem Verschuldensprinzip und dem Ausgleichsprinzip im deutschen Haftungsrecht. Im hiesigen Zusammenhang ist darüber hinaus der Frage nachzugehen, ob die verschuldensunabhängige Gestaltung des § 15 Abs. 2 AGG geeignet ist, präventiv auf den Einfluss impliziter Vorurteile einzuwirken.

Auf den Prüfstand müssen hierzu die beiden Merkmale des Anspruchs aus § 15 Abs. 2 AGG, die der Vorschrift ihre Ausnahmestellung im Privatrecht verschaffen: die Verschuldensunabhängigkeit der Anspruchsbegründung und die überkompensatorische Anspruchshöhe auf Rechtsfolgenseite.

1215 So im Ergebnis auch *Schubert*, Die Wiedergutmachung immaterieller Schäden im Privatrecht, S. 673.

1216 *Bader* lehnt die Rechtfertigung einer überkompensatorischen Entschädigung ab. Die Präventionsfunktion reiche nicht aus den Verstoß gegen das Bereicherungsverbot zu rechtfertigen, siehe *Bader*, Arbeitsrechtlicher Diskriminierungsschutz als Privatrecht, S. 221f.

a) Entschädigung mit selbstständiger Präventionsfunktion

Jeder Haftungsanspruch enthält zwangsläufig eine Präventionsfunktion.[1217] Die Inanspruchnahme nach Pflichtverletzung entfaltet grundsätzlich eine abschreckende Wirkung auf den Betroffenen selbst (Spezialprävention), aber auch auf die Gesamtheit der Privatrechtsakteure, und hält sie zur Rechtstreue an (Generalprävention).[1218] Deshalb ist die Präventionsfunktion anerkannter Bestandteil aller Restitutionsansprüche des Privatrechts, die ihre Präventionswirkung durch Abschreckung auf einer sekundären Ebene erreichen.[1219] Die Rechtsguts- und Pflichtverletzung wird nicht unmittelbar abgewendet (primäre Prävention), sondern die Aussicht auf die Pflicht, Schadensersatz leisten zu müssen, soll das Verhalten der Privatrechtsakteure steuern.[1220] Diese Präventivwirkung entsteht bereits auf Ebene der Haftungsbegründung, mithin unabhängig von der Rechtsnatur der Rechtsfolge.[1221] Soweit – wie es den Grundsätzen des Privatrechts entspricht – die Restitution eines erlittenen Schadens bezweckt ist, hat der Haftungsanspruch keine selbstständige Präventionsfunktion.[1222] Die abschreckende Verhaltenssteuerung ist lediglich ein Nebeneffekt der zu leistenden Totalreparation.[1223] Im Übrigen sorgt gerade die übliche Verschuldensabhängigkeit der Haftung dafür, dass Privatrechtsakteure Vorsorge treffen, objektive und subjektive Sorgfaltspflichtverletzungen zu vermeiden.

1217 *Müller*, Punitive Damages und deutsches Schadensersatzrecht, S. 86; *Möller*, Das Präventionsprinzip des Schadensrechts, S. 219; *Wagner*, in: AcP 206 (2006), S. 352ff.

1218 Vgl. *Schmidt-Recla*, in: JZ 2008, 60 (64); *Löwe*, Der Gedanke der Prävention im deutschen Schadensersatzrecht, S. 70; *Schlobach*, Das Präventionsprinzip im Recht des Schadensersatzes, S. 307f.; *Kötz/Wagner*, Deliktsrecht, Rn. 76ff; *Bullinger*, in: FS v. Caemmerer, S. 297 (303).

1219 *Schlobach*, Das Präventionsprinzip im Recht des Schadensersatzes, S. 306; *Schubert*, Die Wiedergutmachung immaterieller Schäden im Privatrecht, S. 683; a.A. *Bader*, Arbeitsrechtlicher Diskriminierungsschutz als Privatrecht, S. 220.

1220 *Schubert*, Die Wiedergutmachung immaterieller Schäden im Privatrecht, S. 683.

1221 *Schubert*, Die Wiedergutmachung immaterieller Schäden im Privatrecht, S. 683.

1222 *Möller*, Das Präventionsprinzip des Schadensrechts, S. 205f.; *Müller*, in: VersR 2006, 1289 (1294f.); *Roussos*, Schaden und Folgeschaden, S. 9ff.; *Schiemann*, Argumente und Prinzipien bei der Fortbildung des Schadensrechts, S. 189ff.

1223 *Möller*, Das Präventionsprinzip des Schadensrechts, S. 205f.; *Müller*, in: VersR 2006, 1289 (1294f.); *Roussos*, Schaden und Folgeschaden, S. 9ff.; *Schiemann*, Argumente und Prinzipien bei der Fortbildung des Schadensrechts, S. 189ff.

Eine selbstständige Präventionsfunktion besteht nur, wenn die Anspruchshöhe auf Rechtsfolgenseite abhängig vom Verhalten des Normverletzers ist, also wenn die Zielsetzung der Vorschrift nicht allein durch Reparation eines Schadens begründet werden kann.[1224] Die überkompensatorische Entschädigung des Betroffenen entfaltet eine eigene Abschreckungswirkung, die unabhängig vom tatsächlich vorliegenden Schaden ist.[1225] Insbesondere bei Verletzungen des Persönlichkeitsrechts ist eine selbstständige Präventionsfunktion anerkannt.[1226]

Entsprechend der herausgearbeiteten Rechtsnatur handelt es sich beim Entschädigungsanspruch gemäß § 15 Abs. 2 AGG nach Verstoß gegen § 7 Abs. 1 AGG um einen Haftungsanspruch mit selbstständiger Präventionsfunktion.[1227] Der aufstockende sanktionierende Bestandteil im Rahmen der Haftungsausfüllung hat zur Folge, dass die General- bzw. Spezialprävention des Benachteiligungsverbots nicht allein durch die Gewährung eines verschuldensunabhängigen Restitutionsanspruchs erreicht wird.[1228] Mit der Aufstockung des Anspruchs über die Schadenshöhe hinaus wird der individuelle Arbeitgeber im Interesse des Rechtsgüterschutzes in die Pflicht genommen und zugleich während des eigenen Entscheidungsprozesses abgeschreckt.[1229] Der Haftungsanspruch bezweckt in diesen Fällen die Einhaltung des Benachteiligungsverbots durch gezieltes Einwirken[1230] auf den Entscheidungsprozess des Arbeitgebers, um durch Verhaltenssteuerung gegenwärtigen und zukünftigen Rechtsverstößen entgegenzuwirken.[1231]

1224 *Schubert*, Die Wiedergutmachung immaterieller Schäden im Privatrecht, S. 683.

1225 *Möller*, Das Präventionsprinzip des Schadensrechts, S. 220.

1226 *Schubert*, Die Wiedergutmachung immaterieller Schäden im Privatrecht, S. 705.

1227 A.A. *Schubert*, Die Wiedergutmachung immaterieller Schäden im Privatrecht, S. 706f.

1228 Ebenso zu § 611a BGB a.F. *Möller*, Das Präventionsprinzip des Schadensrechts, S. 219ff.

1229 *Löwe*, Der Gedanke der Prävention im deutschen Schadensersatzrecht, S. 71; *Schlobach*, Das Präventionsprinzip im Recht des Schadensersatzes, S. 304ff; *Schubert*, Die Wiedergutmachung immaterieller Schäden im Privatrecht, S. 683.

1230 *Möller*, Das Präventionsprinzip des Schadensrechts, S. 256ff; *Schlobach*, Das Präventionsprinzip im Recht des Schadensersatzes, S. 456f.; *Schubert*, Die Wiedergutmachung immaterieller Schäden im Privatrecht, S. 683.

1231 Vgl. *Löwe*, Der Gedanke der Prävention im deutschen Schadensersatzrecht, S. 58; *Schlobach*, Das Präventionsprinzip im Recht des Schadensersatzes, S. 456ff.

b) Rechtfertigung durch die Präventionsfunktion

Zu klären bleibt, ob diese selbstständige Präventionsfunktion vor dem Hintergrund des Einflusses impliziter Vorurteile nicht mit milderen, gleich wirksamen Mitteln erreichbar wäre. Die Diskussion folgt dabei dem „*Prinzip der relativen zweiseitigen Rechtfertigung*".[1232] Danach ist es nicht ausreichend, zu begründen, warum einem Privatrechtsakteur eine nachteilige Rechtsfolge zugeordnet wird. Ebenso wenig genügt die Rechtfertigung der vorteilhaften Rechtsfolge für einen anderen Privatrechtsakteur. Es muss gerade das Verhältnis der beiden betrachtet werden, um die Bevorzugung des einen Privatrechtsakteurs zu rechtfertigen.[1233] Das „*Prinzip der relativen zweiseitigen Rechtfertigung*" erfordert, „*dass im Privatrecht rechtliche Regelungen nie einseitig auf vielleicht evidente Verdienstlichkeit, Schutzbedürftigkeit oder auch Verwerflichkeit eines bestimmten beteiligten Subjekts gestützt werden dürfen*".[1234] Es müsse „*bei der Zumessung von Rechten und Pflichten, Lasten und Vorteilen, Risiken und Chancen zwischen gleichberechtigten Privatrechtssubjekten immer auch gefragt werden, warum die negativen Folgen zulasten eines Beteiligten gerade zu positiven Folgen für diesen anderen Beteiligten führen sollen, und umgekehrt*".[1235] Gerade beim implizit diskriminierenden Arbeitgeber ist die Rollenverteilung nicht so eindeutig, wie es das Regelungsregime des AGG suggeriert. Es bedarf einer besonderen Begründung, warum ein solcher Arbeitgeber einer verschuldensunabhängigen und schadensüberkompensierenden Haftung ausgesetzt ist. Die präventive Wirkung auf den Einfluss impliziter Vorurteile könnte bei dieser Ausgestaltung zumindest fraglich sein.

1232 Der Grundsatz stammt von *Koziol* im Anschluss an *Bydlinski*, vgl. *Koziol*, in: FS Canaris, S. 631 (660); *Bydlinski*, in AcP 204 (2004), S. 309 (341ff.); vgl. zum ganzen auch *Bader*, Arbeitsrechtlicher Diskriminierungsschutz als Privatrecht, S. 220f.

1233 *Bader*, Arbeitsrechtlicher Diskriminierungsschutz als Privatrecht, S. 221.

1234 *Bydlinski*, in AcP 204 (2004), S. 309 (342).

1235 *Bydlinski*, in AcP 204 (2004), S. 309 (342).

aa) Die Erforderlichkeit der Verschuldensunabhängigkeit

Wie dargelegt, entstammt die Verschuldensunabhängigkeit der Haftung aus § 15 Abs. 2 AGG der Rechtsprechung des EuGH und wurde anschließend Teil der europäischen Antidiskriminierungsrichtlinien.[1236] Daher geht auch die herrschende Meinung davon aus, dass § 15 Abs. 2 AGG zwingend verschuldensunabhängig ausgestaltet sein muss, um europarechtskonform zu sein.[1237] Das Verschuldensprinzip des nationalen Privatrechts könnte also durch zwingende europarechtliche Vorgaben überlagert sein.

Jedoch liegt dem europäischen Diskriminierungsschutz nicht der Sühnegedanke zugrunde, sondern der möglichst weitreichende Schutz der Arbeitnehmerseite. Das Europarecht schlägt sich zwar in Folge seiner „*Eindimensionalität*" auf die Seite des diskriminierten Bewerbers.[1238] Die Sanktionierung des Arbeitgebers soll jedoch „*wirksam, verhältnismäßig und abschreckend*" sein[1239], um die dargestellten Zielsetzungen - Persönlichkeitsschutz und Umverteilung - zu erreichen. Es geht nicht um eine Sanktionierung um der Sanktionierung willen. Die europarechtlichen Vorgaben sind teleologisch in einer Weise zu interpretieren, dass der Diskriminierungsschutz möglichst weitreichend zur Geltung kommt. Insbesondere die *Wirksamkeit* ist logische Basis einer Regelung, die Präventionswirkung entfalten soll.

Berücksichtigt man die Wirkweise impliziter Vorurteile und versucht gleichzeitig, die verschuldensunabhängige Sanktionierung durch die Präventionsfunktion zu rechtfertigen, dann stellt sich die Frage, ob der Arbeitnehmerseite paradoxerweise nicht durch einen verschuldensabhängigen Tatbestand mehr geholfen wäre. Dem implizit vorurteilsbedingt diskriminierenden Arbeitgeber bliebe bei verschuldensabhängiger Haftung

1236 Vgl. Entwurf eines Gesetzes zur Umsetzung europäischer Richtlinien zur Verwirklichung des Grundsatzes der Gleichbehandlung, BT-Drs. 16/1780, S. 38.

1237 *Roloff*, in: BeckOK ArbR, § 3 Rn. 12; *Schlachter*, in: ErfK § 3 AGG Rn. 2; *Rust*, in: Rust/Falke, AGG, § 3 Rn. 20; *Rolfs*, in: Staudinger, AGG, § 3 Rn. 3; *Lenz*, in: Nomos-BR, AGG, § 3 Rn. 2; *Thüsing*, in: MüKo-BGB, AGG, § 3 Rn. 8; *Broy*, in: Herberger/Martinek/Rüßmann, jurisPK-BGB, 8. Aufl. 2017, § 3 AGG Rn. 7; *Baer*, in: ZRP 2002, 290 (293f.); *Baer*, in: ZRP 2001, 500 (502).

1238 *Franzen*, in: FS Maurer, S. 889 (903); vgl. auch *Franzen*, Privatrechtsangleichung durch die europäische Gemeinschaft, S. 461ff.

1239 EuGH, Urt. v. 10.04.1984 – Rs. 14/83 = NJW 1984, 1021 Rn. 23 - *Colson/Kamann*; EuGH, Urt. v. 10.04.1984 – Rs. 79/83 = NZA 1984, 157 – *Hartz*.

die Möglichkeit, Vorsorge gegen objektive und subjektive Sorgfaltspflichtverletzungen zu treffen, um einer Haftung aus AGG zu entgehen. Wie oben dargestellt, könnte der Einfluss impliziter Vorurteile zumindest durch die Durchführung eines normierten Vorauswahlverfahrens reduziert werden. Auf freiwilliger Basis könnten Arbeitgeber sogar ein vollständiges normiertes Auswahlverfahren im Sinne der „großen Lösung" durchführen, um einen etwaigen Fahrlässigkeitsvorwurf zu entkräften.

Die verschuldensunabhängige Ausgestaltung der Anspruchsbegründung des § 15 Abs. 2 AGG gibt der Arbeitgeberseite keinen Anreiz, den Einfluss impliziter Vorurteile zu reduzieren, weil die Vermeidung fahrlässiger Benachteiligungen keine Haftungsbefreiung nach sich zieht. Wer ohnehin haftet, kann sich jeden Vorsorgeaufwand sparen. Die Steuerungswirkung des § 15 Abs. 2 AGG geht daher auf Ebene der Anspruchsbegründung hinsichtlich der Vermeidung impliziter Vorurteile gegen null. Die Verschuldensunabhängigkeit konterkariert sowohl den intendierten Persönlichkeitsschutz als auch die intendierte Umverteilung von Arbeitsvertragsschlüssen. Kann bei Gefährdungshaftungstatbeständen noch der Anreiz der Versichbarkeit des Haftungsrisikos oder das Absehen vom Eröffnen einer Gefahrenquelle als Rechtfertigung der Verschuldensunabhängigkeit dienen, trifft dies beim Bewerbungsverfahren nicht zu. Die Arbeitgeberseite kann einen vorurteilsbedingt diskriminierenden Entscheidungsprozess nicht versichern und sie kann und soll nicht von der Durchführung eines Bewerbungsverfahrens absehen. Die Haftung aus § 15 Abs. 2 AGG hätte weit größere Möglichkeiten verhaltenssteuernd zu wirken, wenn sie schon bei Anspruchsbegründung verschuldensabhängig wäre.

Die Berücksichtigung des Verschuldens im Rahmen der Anspruchsausfüllung kann dieses Problem teilweise abfedern. Die Arbeitgeberseite hat auf Rechtsfolgenseite durchaus die Möglichkeit, die Haftungshöhe durch Vorsorgemaßnahmen gegen implizite Vorurteile zu reduzieren. Legt man das hier vertretene Verständnis zugrunde, könnte die Durchführung eines normierten Vorauswahlverfahrens den Vorwurf der Fahrlässigkeit ausschließen. Die Arbeitgeberseite hätte alles ihr Zumutbare getan um den Einfluss impliziter Vorurteile zu reduzieren. Der Anspruch des diskriminierten Bewerbers würde in diesen Fällen zumindest nicht über den vorliegenden Schaden hinaus aufgestockt. Dies stellt einen verhaltenssteuernden Anreiz dar, präventiv den Einfluss impliziter Vorurteile zu bekämpfen.

Dennoch bleibt der ursprüngliche Befund bestehen, dass der Anspruch aus § 15 Abs. 2 AGG eine deutlich größere präventive Wirkung entfalten könnte, wenn schon die Anspruchsbegründung verschuldensabhängig wäre. Dies läge im Interesse von Arbeitgeber- und Arbeitnehmerseite, weil die Wirksame Bekämpfung von ungerechtfertigten Benachteiligungen das Regelungsziel des AGG ist, und nicht die möglichst weite Verbreitung von Entschädigungsansprüchen nach vorurteilsbedingten Vertragsversagungen. Eine Regelung die in die Vertragsabschlussfreiheit eingreift und eine rechtfertigungsbedürftige Ausnahme zum Verschuldensprinzip ist, kann nicht gerechtfertigt sein, wenn ihre Umgestaltung in einen verschuldensabhängigen Anspruch zum Vorteil beider Seiten wäre. Ein verschuldensabhängiger Tatbestand wäre ein milderes und zugleich wirksameres Mittel. Zugleich wird die Vorschrift auch den europäischen Vorgaben einer *wirksamen* Sanktion nicht gerecht. Mithin kann bei Berücksichtigung impliziter Vorurteile die Verschuldensunabhängigkeit des § 15 Abs. 2 AGG nicht durch die Präventionsfunktion gerechtfertigt werden. Es liegt ein Verstoß gegen das Verschuldensprinzip vor. Durch die dadurch entfaltete, nicht gerechtfertigte, hemmende Wirkung auf den Entscheidungsprozess liegt zudem eine Verletzung der Vertragsabschlussfreiheit des Arbeitgebers vor.

bb) Die Rechtfertigung der überkompensatorischen Entschädigung

Der verschuldensunabhängige Entschädigungsanspruch aus § 15 Abs. 2 AGG kann bei Berücksichtigung impliziter Vorurteile auch hinsichtlich seines schadensübersteigenden Sanktionsanteils nur durch die selbstständige Präventionsfunktion gerechtfertigt sein, wenn die Ausgestaltung des Anspruchs die intendierte Steuerungswirkung entfaltet.

Vor dem Hintergrund des Bereicherungsverbots genügt es zur Begründung einer überkompensatorischen Haftung nicht, dass die Haftung der Arbeitgeberseite aus generalpräventiven Gründen wünschenswert ist.[1240] Es muss auch eine Rechtfertigung dafür bestehen, dass gerade der abgelehnte Bewerber die Entschädigung erhält.[1241] Diese Rechtfertigung besteht ohne Weiteres wenn beim abgelehnten Bewerber ein Vermögensverlust eingetreten ist oder ein immaterieller Schaden besteht. Die überkompensatorische Entschädigung ist hingegen nach dem Gesagten ausschließlich durch die Präventionsfunktion zu rechtfertigen.

1240 *Möller*, Das Präventionsprinzip des Schadensrechts, S. 264.

1241 *Möller*, Das Präventionsprinzip des Schadensrechts, S. 264; vgl. auch *Stoll*, Haftungsfolgen im Bürgerlichen Recht, S. 83.

Hält man die Rechtfertigung einer über den Schaden hinausgehenden Entschädigungszahlung grundsätzlich für möglich, sind hieran aufgrund des klaren Widerspruchs zum Ausgleichsprinzip als Teil der Trias der Schutzrechte im Privatrecht hohe Anforderungen zu stellen. Diese hohen Anforderungen sind jedenfalls nicht erfüllt, wenn die wirksame Abschreckung ebenso gut oder besser durch ein milderes Mittel erreicht werden kann. Im vorliegenden Zusammenhang muss der Anreiz zu vorsorglichen Maßnahmen gegen den Einfluss impliziter Vorurteile durch die überkompensatorische Entschädigung zumindest gesteigert werden. Der „*Präventionsaufschlag*“[1242] muss für sich genommen verhaltenssteuernde Wirkung entfalten.

Dies wird teilweise angenommen. Nach *Möller* ist es nicht der erlittene Schaden auf Diskriminiertenseite, der es rechtfertigt, ihm eine Entschädigung zukommen zu lassen. Der Diskriminierte profitiere zwar ohnehin – wie alle anderen Privatrechtsakteure auch – in der Zukunft von der abschreckenden Wirkung, die mit der überkompensatorischen Entschädigung erzielt werde.[1243] Es sei aber konsequent, wenn dieser präventive Rechtsschutz, der für den Diskriminierten in der konkreten Situation nur einen sekundären Schutz bedeute, auch demselben Diskriminierten zugutekomme.[1244] Schließlich seien es die Rechte gerade dieses konkreten Diskriminierten, deren Verletzung das generelle Präventionsbedürfnis ausgelöst habe.[1245] Der präventive Entschädigungsanspruch sei in diesen Fällen kein *windfall profit*[1246] für den Diskriminierten, sondern Ausdruck eines gesteigerten Präventionspotenzials der Regelung.[1247]

Möller liefert damit einen Grundansatz für die Rechtfertigung einer Bereicherung des diskriminierten Bewerbers, der für sich genommen nicht überzeugen kann. Der klare Widerspruch zum Ausgleichsprinzip muss durch mehr gerechtfertigt werden, als durch höheres Präventionspotenzial. Mit diesem Argument ließen sich Strafen in beliebiger Höhe rechtfertigen. Je mehr ein Kläger zu erwarten hätte, desto höher fiele die Klagebereitschaft und damit auch die Abschreckungswirkung des Benachteiligungs-

---

1242 *Möller*, Das Präventionsprinzip des Schadensrechts, S. 264.
1243 *Möller*, Das Präventionsprinzip des Schadensrechts, S. 264.
1244 *Möller*, Das Präventionsprinzip des Schadensrechts, S. 264.
1245 *Möller*, Das Präventionsprinzip des Schadensrechts, S. 264f.
1246 Vgl. hierzu *Wagner*, in: AcP 206 (2006), S. 352 (470f.); *Bader*, Arbeitsrechtlicher Diskriminierungsschutz als Privatrecht, S. 222.
1247 *Möller*, Das Präventionsprinzip des Schadensrechts, S. 265.

verbots aus.[1248] Entscheidend kann nicht sein, mit welcher Art von Anspruch eine möglichst hohe Abschreckungswirkung erzielt wird, sondern wie die intendierte Zielsetzung durch eine verhältnismäßige Beschränkung der Arbeitgeberrechte erreicht werden kann.

Damit ist zu prüfen, ob gerade der schadensaufstockende Sanktionsanteil verhaltenssteuernde Wirkung in Bezug auf die Verringerung des Einflusses impliziter Vorurteile entfaltet und sich gleichzeitig als verhältnismäßige Beschränkung der Vertragsabschlussfreiheit darstellt. Vorliegend wurde herausgearbeitet, dass die Struktur des Ersatzes immaterieller Schäden nach § 15 Abs. 2 AGG den Verschuldensgrad auf Rechtsfolgenseite berücksichtigt.[1249] Betrachtet man den überkompensatorischen Teil der Haftung, so wird dieser vornehmlich bei schuldhaftem Handeln des Diskriminierenden gewährt. Der überkompensatorische Teil ist daher verschuldensabhängig. Dies bedeutet wiederum, dass die Vorschrift Anreizwirkung in Bezug auf die Verringerung des Einflusses impliziter Vorurteile entfaltet. Die Arbeitgeberseite kann die Schadensaufstockung verhindern, wenn sie beispielsweise ein normiertes Vorauswahlverfahren durchführt.

Hinzu kommt, dass der tatsächlich vorliegende immaterielle Schaden in vielen Fällen zu gering ausfällt, um abschreckende Wirkung zu entfalten.[1250] Die Rechtsprechung greift gerade deshalb zu normativer Schadensbestimmung, weil das rein quantitative Ergebnis die Haftung zahnlos erscheinen lässt.[1251] Bedauerlich ist, dass dies nicht mit offenem Visier geschieht, sondern die abschreckende Sanktionierung im Schaden „versteckt" wird.[1252]

Lässt man dennoch die Rechtfertigung eines Verstoßes gegen die Grundsätze der Privatrechtsordnung zu, kann die Präventionsfunktion eine überkompensatorische Entschädigung in beschränktem Umfang rechtfertigen. Der Umfang muss dann aber auch konsequent vom Verhalten des Arbeitgebers beeinflusst sein. Gerade die Aufwendungen zur Vermeidung

---

1248 *Bader*, Arbeitsrechtlicher Diskriminierungsschutz als Privatrecht, S. 222; vgl. auch *Alenfelder*, in: ZAD 2010, 22 (41f.).

1249 *Schiemann*, in: Staudinger (2017), BGB § 253 Rn. 29, zu § 253 Abs. 2 BGB.

1250 Vgl. BAG, Urt. v. 22.05.2014 - 8 AZR 662/13, BAGE 148, 158; BAG, Urt. v. 16.02.2012 - 8 AZR 697/10, NZA 2012, 667; *Weth*, in: Herberger/Martinek/Rüßmann u.a., jurisPK-BGB, 8. Aufl. 2017, § 15 AGG Rn. 41.

1251 Vgl. hierzu Entwurf eines Gesetzes zur Umsetzung europäischer Richtlinien zur Verwirklichung des Grundsatzes der Gleichbehandlung, BT-Drs. 16/1780, S. 38.

1252 *Müller*, Punitive Damages und deutsches Schadensersatzrecht, S. 93.

des Einflusses impliziter Vorurteile können beträchtlich sein. Eine präventive Anreizwirkung kann die Haftung nur entfalten, wenn eine derartige Vorsorge bei der Anspruchsausfüllung honoriert wird. Aufgrund der Verschuldensberücksichtigung auf Rechtsfolgenseite ist den Gerichten die Möglichkeit eingeräumt, die Interessen der Arbeitgeberseite zu wahren und damit dem Grundsatz der Verhältnismäßigkeit zu genügen. Dies bedeutet, dass eine normative Schadensberechnung die Durchführung eines normierten Vorauswahlverfahrens mindernd berücksichtigen muss. Unter diesen Voraussetzungen ließe sich eine überkompensatorische Entschädigung auch bei Berücksichtigung impliziter Vorurteile rechtfertigen. Freilich ändert dies nichts daran, dass § 15 Abs. 2 AGG aufgrund seiner verschuldensunabhängigen Anspruchsbegründung gegen die primärrechtlich und verfassungsrechtlich verbürgte Vertragsabschlussfreiheit verstößt.

E. Fazit

§ 15 Abs. 2 AGG stellt sich bei der Berücksichtigung impliziter Vorurteile als unverhältnismäßiger Eingriff in die Vertragsabschlussfreiheit der Arbeitgeberseite dar. Die verschuldensunabhängige Anspruchsbegründung besteht auch bei Beachtung europarechtlicher Vorgaben nicht als Selbstzweck, sondern muss vor dem Hintergrund der europarechtlichen Vorgabe anhand der *Wirksamkeit* und unter zusätzlicher Berücksichtigung des Verschuldensprinzips gerechtfertigt werden. Als mögliche Rechtfertigung ist einzig die Präventionsfunktion übrig geblieben, die zwar eine schadensüberkompensierende Haftung in gewissem Umfang rechtfertigen kann, die aber bei der verschuldensunabhängigen Anspruchsbegründung nicht trägt. Vielmehr wird hierdurch die verhaltenssteuernde Wirkung des § 15 Abs. 2 AGG konterkariert. Jeglicher Vorsorgemaßnahme gegen implizite Vorurteile wird der Anreiz genommen, wenn hierdurch keine Enthaftung erreicht werden kann. Die Tatbestandsverwirklichung der unmittelbaren Benachteiligung nach § 7 Abs. 1 i.V.m. § 3 Abs. 1 AGG in allen denkbaren Fällen zu verhindern, wäre allenfalls durch ein vollständig normiertes Auswahlverfahren möglich. Ein solches gesetzlich zu verlangen, wäre jedoch mit der Vertragsabschlussfreiheit nicht vereinbar. Folglich ist der Einfluss impliziter Vorurteile bei einem menschlichen Entscheidungsprozess nicht hundertprozentig zu eliminieren. Vorvertraglicher Diskriminierungsschutz kann nur so gestaltet werden, dass der Einfluss minimiert wird. Dabei unterliegt die herrschende Meinung dem Irrtum, dass ein verschuldensunabhängiger Anspruch dem Diskriminierungsschutz am zuträglichsten wäre. Im Hinblick auf den Präventionsgedanken des Haftungsrechts ist dies schlichter Unsinn. Jede Haftung entfaltet die verhaltenssteuernde Wirkung gerade durch die Möglichkeit, mittels Vorsorge objektive und subjektive Sorgfaltspflichtverletzungen schon vor ihrer Entstehung zu verhindern.

Mithin würde § 15 Abs. 2 AGG als verschuldensabhängige Haftung eher präventive Wirkung entfalten und damit eher die europäischen Vorgaben der abschreckenden, verhältnismäßigen und wirksamen Sanktion erfüllen und wäre darüber hinaus eher mit der Vertragsabschlussfreiheit der Arbeitgeberseite zu vereinbaren. Zu denken ist deshalb an eine teleologische Reduktion der verschuldensunabhängigen Anspruchsbegründung bei Durchführung eines normierten Vorauswahlverfahrens. Der Arbeitgeberseite sollte eine Enthaftung durch zumutbare Objektivierung des Entscheidungsprozesses ermöglicht werden. Es entspricht dem Sinn und Zweck des vorvertraglichen Diskriminierungsschutzes, Anreize für Vorsorgemaßnahmen gegen Vorurteile zu setzen. Kommt ein Arbeitgeber seiner diesbezüglichen Sorgfaltspflicht nach, muss eine Haftung nach dem AGG vollständig entfallen.

§ 6 Zusammenfassung der wesentlichen Ergebnisse

Ausgangspunkt der Untersuchung war die Frage, inwiefern der vorvertragliche Diskriminierungsschutz des AGG den Einfluss impliziter Vorurteile auf den Entscheidungsprozess des Arbeitgebers bei der Personalauswahl erfasst und ob das Regelungsregime des AGG ein wirksames und verhältnismäßiges Instrument zu deren Reduzierung bereithält. Die wesentlichen Ergebnisse der Untersuchung werden im Folgenden noch einmal zusammengefasst.

1. Der diskriminierende Entscheidungsprozess des Arbeitgebers bei der Personalauswahl wurde unterteilt in Anknüpfungsebene und Motivebene. Anknüpfung bedeutet, ein bestimmtes Kriterium zum entscheidungserheblichen Kriterium zu machen. Auf der Anknüpfungsebene selektiert der Arbeitgeber zwischen den Bewerbern anhand bestimmter für ihn entscheidungserheblicher Merkmale. Diese Merkmale können für Außenstehende nachvollziehbar oder willkürlich sein. Sie können von der Rechtsordnung gebilligt oder missbilligt werden. Sie können dem Arbeitgeber bewusst oder nicht bewusst sein. Klar ist jedoch: Eine Differenzierung muss stattfinden, weil ansonsten bei mehreren Bewerbern auf eine Stelle kein Vertragsschluss möglich wäre. Der Abschluss eines Vertrages ist stets die Diskriminierung aller anderen am Vertragsschluss Interessierten. Die Motivebene gibt Aufschluss darüber, warum der Arbeitgeber im Entscheidungsprozess an bestimmte Merkmale anknüpft. Der Begriff des Motivs ist hierbei weit zu verstehen. Neben bewussten Motiven zählen auch unbewusste Vorurteile, Bauchgefühle oder nicht näher spezifizierbare Sympathien dazu. In diesem Kontext relevante Motive sind auch Rassismus, Homophobie, Fremdenfeindlichkeit, Wut, Hass, Neid, Eifersucht etc.
2. Die Merkmale des § 1 AGG stimmen mit den häufigsten Anknüpfungskriterien impliziter Vorurteile überein. Insbesondere Alter, Geschlecht und ethnische Herkunft sind häufige Kriterien einer Aktivierung negativer Valenzen auf unbewusster Ebene. Implizite Vorurteile sind hierbei weit verbreitet. Sie sind strikt zu unterscheiden von expliziten Vorurteilen, können sich aber gegenseitig bedingen. Sie operieren auf der unbewussten Bewusstseinsebene und können diskriminierendes Verhalten hervorrufen. Auf Anknüpfungsebene verschleiern implizite

Vorurteile den Zusammenhang zwischen Merkmalsträgerschaft und Vertragsversagung. Auf Motivebene verschleiern implizite Vorurteile den tatsächlichen Grund der Berücksichtigung von Diskriminierungsmerkmalen im Entscheidungsprozess.

3. Implizite Vorurteile sind vom Schutzbereich der primärrechtlich und verfassungsrechtlich verbürgten Vertragsabschlussfreiheit umfasst. Sie sind, ebenso wie Stimmungen oder Gefühle, Ausdruck der persönlichen Präferenzen der Vertragspartner und bilden den persönlich individuellen Hintergrund von Vertragsverhandlungen. Implizite Vorurteile in Form von impliziten Einstellungen bilden die Tendenz der Zuneigung oder Ablehnung gegenüber dem jeweiligen Bewerber. Anhand impliziter Stereotype lassen sich die Bewerber in soziale Kategorien einteilen. Beide Vorurteilsformen sind damit letztlich Vereinfachungen der komplexen Vielschichtigkeit des Bewerberfeldes. Die moralische Wertigkeit derartiger Kategorisierungen ist eine Frage der legitimen Beschränkungsmöglichkeiten der Vertragsabschlussfreiheit. Soziale Kategorisierungen fallen jedoch nicht von vornherein aus dem Schutzbereich heraus, zumal wenn sie unbewusst stattfinden.
4. Implizite Vorurteile im Entscheidungsprozess ändern nichts an der rechtlichen Wirksamkeit abgegebener Willenserklärungen oder Willensäußerungen. Die Rechtsgeschäftslehre ist am Rechtsverkehr orientiert. Der objektive Empfängerhorizont geht inneren Willensbildungsmängeln des Erklärenden vor. Der psychologische Wille wird „insoweit rechtlich überformt und normativ gebändigt". Mängel bei der Willensbildung im Entscheidungsprozess führen nicht zu einer Diskrepanz zwischen dem Willen und der Erklärung, sondern nur zu einem fehlgebildeten in sich fehlerhaften Willen. Wegen der Unbeachtlichkeit eines solchen sog. „einfachen Motivirrtums" ist der Einzelne trotz etwaiger Wissens- oder Willenslücken im Entscheidungsprozess an seine Willenserklärung gebunden.
5. Die Zielsetzungen des vorvertraglichen Diskriminierungsschutzes lassen sich in zwei interdependente Hauptgruppen einteilen: Persönlichkeitsschutz und Umverteilung. Beide Kategorien bestehen aus verschiedenen Unterzielsetzungen, die Benachteiligungen von unterschiedlichen Merkmalsträgern aus unterschiedlichen Gründen bekämpfen sollen. Diskriminierende Vertragsversagungen können individuell persönlichkeitsrechtsverletzend wirken. Der einzelne Bewerber soll durch Schutzrechte Unterstützung erfahren, die ihrerseits präventiv wirken sollen. Gleichzeitig bezweckt arbeitsrechtlicher Diskriminie-

rungsschutz eine Umverteilung von Gütern und Rechten. Indem Merkmalsträgern zuvor nicht erzielbare Vertragsschlüsse ermöglicht werden sollen, findet eine Verknüpfung von individueller und kollektiver Gerechtigkeit statt. Ziel ist es, individuelle Teilhabe zu kollektiver Teilhabe benachteiligter Gruppen aufzusummieren.

6. Der Tatbestand des § 3 Abs. 1 AGG sieht auf Motivebene eine vollständige Irrelevanz der Entscheidungsmotive vor. Das Warum der Berücksichtigung eines Merkmals des § 1 AGG spielt für die Tatbestandsverwirklichung der unmittelbaren Benachteiligung keine Rolle. Der Gesetzgeber schafft damit einen möglichst weiten Anwendungsbereich. Selbst grundsätzlich billigenswerte Motive lassen eine Berücksichtigung der verpönten Merkmale im Entscheidungsprozess nicht zu. Dies bedeutet gleichzeitig, dass auch die Frage, ob implizite Vorurteile auf Motivebene vom Verbot der Ungleichbehandlung umfasst sind, mit einem klaren "Ja" beantwortet werden kann. Lediglich auf Rechtfertigungsebene kann die Arbeitgeberseite einen eng umgrenzten Bereich möglicher Motive vorbringen, die, um rechtfertigend zu wirken, die hohen objektiven Voraussetzungen der §§ 8 bis 10 bzw. § 5 AGG erfüllen müssen. Dies ist ein Eingriff in die Vertragsabschlussfreiheit des Arbeitgebers. Diesem ist es nur unter Eingehung des Risikos eines Rechtsverstoßes möglich, den gewünschten Vertragspartner nach eigenen Präferenzen oder unreflektiert auszuwählen, zumindest sofern die Präferenzen gleichzeitig ein Merkmal des § 1 AGG betreffen. Das AGG zwingt den Arbeitgeber zu einem gewissen Maß an Sachlichkeit und Selbstreflexion bei der Personalauswahl.
7. Die Anknüpfungsebene des Tatbestandes des § 3 Abs. 1 AGG ist zwar verschuldensunabhängig, jedoch nicht rein objektiv ausgestaltet. Der Tatbestand ist richtigerweise in dem Sinne auszulegen, dass der Arbeitgeber nur dann benachteiligt, wenn er zumindest annimmt, der jeweilige Bewerber sei Merkmalsträger. Diese subjektive Komponente im Anknüpfungstatbestand gerät nicht in Konflikt mit der europäischen Vorgabe eines verschuldensunabhängigen Tatbestandes. Das rechtswidrige Verhalten auf Anknüpfungsebene ist die kausale Verknüpfung von Entscheidungsprozess und Merkmal des § 1 AGG. Verschulden läge demzufolge bei zumindest fahrlässiger Verknüpfung von Entscheidungsprozess und Diskriminierungsmerkmal vor. Bloße Kenntnis begründet noch nicht den Fahrlässigkeitsvorwurf. Daher erfüllt ein aufgrund impliziter Vorurteile benachteiligender Arbeitgeber den Tatbestand der unmittelbaren Benachteiligung gemäß § 3 Abs. 1 AGG. Im-

plizite Vorurteile verschleiern nämlich genau jenen Kausalzusammenhang zwischen Merkmal und Benachteiligung, der Bezugspunkt eines Verschuldenserfordernisses wäre. Sie verschleiern nicht die Kenntnis von den Merkmalen. Damit schließt die subjektive Anknüpfungskomponente, die zumindest Kenntnis der Merkmalsträgerschaft verlangt, implizite Vorurteile nicht aus dem Tatbestand aus.

8. Der Gesetzgeber hat mit § 15 Abs. 2 AGG eine Kombination aus Schutzrecht und Teilhaberecht geschaffen. Der Entschädigungsanspruch dient demnach einerseits dem Schutz des Persönlichkeitsrechts des Diskriminierten, indem er bei Anspruchsbegründung die unwiderlegliche Vermutung einer Persönlichkeitsrechtsverletzung, gefolgt von der widerleglichen Vermutung eines immateriellen Schadens, regelt. Die Anspruchsausfüllung setzt sich wiederum aus einem restituierenden Teil, der den immateriellen Schaden in voller Höhe ersetzt, und einem sanktionierenden Teil, der je nach Vorwerfbarkeit des Arbeitgeberverhaltens eine überkompensatorische Entschädigung vorsieht, zusammen. Andererseits versucht die teilhaberechtliche Komponente des § 15 AGG, durch eine Sanktionierung der unterbliebenen Öffnung des Rechtskreises des Arbeitgebers, eine Umverteilung von Vertragsschlüssen zu bewirken. Hierbei hat der Gesetzgeber nicht den direkten Weg eines Kontrahierungszwangs, sondern den weniger eingriffsintensiven Ansatz einer Sanktionierung durch überkompensatorische Entschädigung gewählt. Während die schutzrechtliche Dimension das Persönlichkeitsrecht des Benachteiligten schützt, geht es bei der teilhaberechtlichen Dimension um die benachteiligungsfreie Teilnahme am Bewerbungsverfahren im Sinne der Chancengleichheit. Dies ist kein Teil der schutzrechtlichen Dimension, weil ein Recht auf Chancengleichheit im Gegensatz zum Persönlichkeitsrecht als Substanzrecht originär nicht bestand. Durch die Schaffung eines Rechts auf benachteiligungsfreie Teilhabe am Bewerbungsverfahren hat der Gesetzgeber den Rechtskreis bestimmter Merkmalsträger erweitert.
9. Die implizit vorurteilsbedingte Vertragsversagung kann unter Umständen verschuldet sein. Angesprochen ist die Vermeidbarkeit der Sorgfaltspflichtverletzung. Ein Arbeitgeber handelt sorgfaltswidrig, wenn er den implizit vorurteilsbedingten Verstoß gegen § 7 Abs. 1 AGG verhindern konnte und musste. Eine praktikable Möglichkeit hierzu wäre es, den Bewerbungsprozess zu normieren. Denkbar wäre eine Normierung des gesamten Prozesses oder nur des Vorauswahlverfahrens.

10. Eine Pflicht zur vollständigen Normierung des Entscheidungsprozesses bis einschließlich des Arbeitsvertragsschlusses wäre eine unverhältnismäßige Verletzung der Vertragsabschlussfreiheit des Arbeitgebers. Sie würde dazu führen, dass die personale Komponente der Partnerwahlfreiheit vollständig aufgehoben wäre. Es bliebe die Kenntnis der fachlichen Qualifikationen und die Möglichkeit, überhaupt keinen Vertrag zu schließen. Dies ist wegen der persönlichen Leistungspflicht des Arbeitnehmers eine unverhältnismäßige Beschränkung des vorvertraglichen Informationsinteresses der Arbeitgeberseite, welches mit dem Recht auf Erstellung eines Anforderungsprofils und dem Fragerecht im Vorstellungsgespräch geschützte Einzelverbürgungen erhalten hat. Gerade beim Arbeitsverhältnis, das oftmals von persönlicher Zusammenarbeit und immer von der persönlichen Leistungsfähigkeit des Arbeitnehmers abhängt, ist es mit der Vertragsabschlussfreiheit nicht vereinbar, keine Möglichkeit der persönlichen Kontaktaufnahme bis Vertragsschluss zu haben. Schriftlich einreichbare anonymisierbare Unterlagen gewähren keinen gleichwertigen Informationsgehalt, zumal bei nicht nachweisbaren „Soft-Skills". Diese können jedoch zentraler Bestandteil der zu besetzenden Stelle sein.
11. Eine Pflicht zur Normierung des Vorauswahlverfahrens wäre demgegenüber grundsätzlich mit der Vertragsabschlussfreiheit vereinbar. Die Grenze wäre zwischen denjenigen Informationen zu ziehen, die ein Arbeitgeber benötigt, um überhaupt eine sinnvolle Vorauswahl treffen zu können und jenen Informationen, deren Kenntnis eine Benachteiligung aufgrund der Merkmale des § 1 AGG wahrscheinlicher werden lässt und die deshalb, zumindest in diesem Stadium des Entscheidungsprozesses, nicht schützenswert sind. Zumutbar wäre demnach eine Pflicht zur Normierung, die sich auf die Mindestanforderungen der zu besetzenden Stelle begrenzt und gleichzeitig eine Abgrenzung der Kandidaten erlaubt.
12. Problematisch an der verschuldensunabhängigen Gestaltung des § 15 Abs. 2 AGG ist, dass die Norm keine Unterscheidung zulässt. Hiernach haften selbst Arbeitgeber auf Entschädigung, die alles in ihrer Macht Stehende getan haben, um den Einfluss impliziter Vorurteile zu reduzieren. Die sanktionierende Komponente des Anspruchs verlangt darüber hinaus noch nicht einmal einen immateriellen Schaden beim Diskriminierten. Diese Gleichbehandlung von unverschuldeten und verschuldeten Verstößen gegen das Benachteiligungsverbot des § 7 Abs. 1 AGG macht die Entschädigungshaftung gemäß § 15 Abs. 2 AGG vor

dem Hintergrund des vorherrschenden Verschuldensprinzips im Privatrecht rechtfertigungsbedürftig.

13. Zur Rechtfertigung kommt die Präventionsfunktion in Betracht. Diese kann die überkompensierende Entschädigung rechtfertigen, jedoch nicht die verschuldensunabhängige Anspruchsbegründung. Letztere gibt der Arbeitgeberseite keinen Anreiz, den Einfluss impliziter Vorurteile zu reduzieren, weil die Vermeidung fahrlässiger Benachteiligungen keine Haftungsbefreiung nach sich zieht. Wer ohnehin haftet, kann sich jeden Vorsorgeaufwand sparen. Die Steuerungswirkung des § 15 Abs. 2 AGG geht daher auf Ebene der Anspruchsbegründung hinsichtlich der Vermeidung impliziter Vorurteile gegen null. Die Verschuldensunabhängigkeit konterkariert sowohl den intendierten Persönlichkeitsschutz als auch die intendierte Umverteilung von Arbeitsvertragsschlüssen. Kann bei Gefährdungshaftungstatbeständen noch der Anreiz der Versicherbarkeit des Haftungsrisikos oder das Absehen vom Eröffnen einer Gefahrenquelle als Rechtfertigung der Verschuldensunabhängigkeit dienen, trifft dies beim Bewerbungsverfahren nicht zu. Die Haftung aus § 15 Abs. 2 AGG hätte weit größere Möglichkeiten verhaltenssteuernd zu wirken, wenn sie schon bei Anspruchsbegründung verschuldensabhängig wäre. Deshalb sollte der Benachteiligungstatbestand dergestalt teleologisch reduziert werden, dass bei Durchführung eines normierten Vorauswahlverfahrens die Haftung des Arbeitgebers vollständig entfällt.

Literaturverzeichnis

Ackermann, Thomas: Der Schutz des negativen Interesses: Zur Verknüpfung von Selbstbindung und Sanktion im Privatrecht, Tübingen 2007.

Adams, Joe K: Laboratory studies of behavior without awareness, in: Psychological Bulletin 54(5) (1957), S. 383-405

Adomeit, Klaus: Die Gleichbehandlung von Mann und Frau bei Einstellung von Arbeitnehmern, in: DB 1980, 2388.

Adomeit, Klaus: Gesellschaftsrechtliche Elemente im Arbeitsverhältnis: Vortrag gehalten vor der Juristischen Gesellschaft zu Berlin am 22. Januar 1986, Berlin New York 1986.

Adomeit, Klaus: Diskriminierung – Inflation eines Begriffs, in: NJW 2002, S. 1622-1623.

Adomeit, Klaus/Mohr, Jochen: Benachteiligung von Bewerbern (Beschäftigten) nach dem AGG als Anspruchsgrundlage für Entschädigung und Schadensersatz, in: NZA 2007, S. 179-184.

Adomeit, Klaus/Mohr, Jochen: Allgemeines Gleichbehandlungsgesetz (AGG) – Kommentar zum AGG und zu anderen Diskriminierungsverboten, Stuttgart 2011.

Alber, Siegbert/Widmaier, Uli: Die EU-Charta der Grundrechte und ihre Auswirkungen auf die Rechtsprechung, in: EuGRZ 2000, S. 497ff.

Alenfelder, Klaus Michael: Höhe der Entschädigung, in: ZAD 2010, S. 22-43.

Alexander, Larry: What makes wrong discrimination wrong? Biases, Preferences, stereotypes, and proxies, in: University of Pennsylvania Law Review 141 (1992), S. 149-219.

Allport, Gordon W: The Nature of Prejudice, Reading 1954.

Althoff, Nina: Die Bekämpfung von Diskriminierungen aus Gründen der Rasse und der ethnischen Herkunft in der Europäischen Gemeinschaft ausgehend von Art. 13 EG, Frankfurt am Main 2006.

Altwicker, Tilmann: Menschenrechtlicher Gleichheitsschutz, Berlin Heidelberg 2011.

Amodio, David M/Harmon-Jones, Eddie/Devine, Patricia G: Individual differences in the activation and control of affective race bias as assessed by startle eyeblink responses and self-report, in: J. Pers. Soc. Psychol. 84 (2003), S. 738-753

Annuß, Georg: Grundfragen der Entschädigung bei unzulässiger Geschlechtsdiskriminierung, in: NZA 1999, S. 738-744.

Annuß, Georg: Das Allgemeine Gleichbehandlungsgesetz im Arbeitsrecht, in: BB 2006, S. 1629–1636.

Armgardt, Matthias: Der Kondiktionsausschluss des § BGB § 817 S. 2 BGB im Licht der neuesten Rechtsprechung des BGH, in: NJW 2006, S. 2070-2073.

Arnold, Stefan: Vertrag und Verteilung: Die Bedeutung der iustitia distributiva im Vertragsrecht, Tübingen 2014.

Asendorf, Jens B/Banse, Rainer/Mücke, Daniel: Double dissociation between explicit and implicit personality self-concept: the case of shy behavior, in: Journal of Personality and Social Psychology 83 (2002), S. 380-393

Auer, Marietta: Materialisierung, Flexibilisierung, Richterfreiheit: Generalklauseln im Spiegel der Antinomien des Privatrechtsdenkens, Tübingen 2005.

Bader, Johannes: Arbeitsrechtlicher Diskriminierungsschutz als Privatrecht – Funktion und Schutz der arbeitsrechtlichen Benachteiligungsverbote des AGG, Berlin 2012

Baer, Susanne: Würde oder Gleichheit? : Zur angemessenen grundrechtlichen Konzeption von Recht gegen Diskriminierung am Beispiel sexueller Belästigung am Arbeitsplatz in der Bundesrepublik Deutschland und den USA, Baden-Baden 1995.

Baer, Susanne: Recht gegen Fremdenfeindlichkeit und andere Ausgrenzungen - Notwendigkeit und Grenzen eines Gesetzes gegen Diskriminierung, ZRP 2001, S. 500-504.

Baer, Susanne: „Ende der Privatautonomie" oder grundrechtlich fundierte Rechtsetzung? - Die deutsche Debatte um das Antidiskriminierungsrecht, ZRP 2002, S. 290-294.

Bagenstos, Samuel R: "Rational Discrimination", Accommodation, and the Politics of (Disability) Civil Rights, in: Virginia Law Review 89 (2003), S. 825-923.

Bagenstos, Samuel R: Implicit Bias, "Science," and Antidiscrimination Law, in: Harvard Law & Policy Review 1 (2007), S. 477-493.

Badura, Peter: Gleiche Freiheit im Verhältnis zwischen Privaten – Die verfassungsrechtliche Problematik der Umsetzung der EG-Diskriminierungsrichtlinien in Deutschland, in: ZaöRV 2008, S. 347-358.

Banreti-Fuchs, K. M.: Perception without awareness, in: Acta Psychologica 26 (1967), S. 148-160

Barnard, Catherine: EU Employment Law, Oxford 2012.

Barth, Fredrik (Hrsg.): Ethnic Groups and Boundaries: The Social Organization of Culture Difference, Long Grove 1969.

Baston-Vogt, Marion: Der sachliche Schutzbereich des zivilrechtlichen allgemeinen Persönlichkeitsrechts, Tübingen 1997.

Bauer, Jobst-Hubertus/Thüsing, Gregor/Schunder, Achim: Entwurf eines Gesetzes zur Umsetzung europäischer Antidiskriminierungsrichtlinien, in: NZA 2005, S. 32-36.

Bauer, Jobst-Hubertus/Evers, Malte: Schadensersatz und Entschädigung bei Diskriminierung - Ein Fass ohne Boden?, in: NZA 2006, S. 893-898.

Bauer, Jobst-Hubertus/Krieger, Steffen: Allgemeines Gleichbehandlungsgesetz, Kommentar, 4. Auflage, München 2015.

Bauer, Marianne: Erweiterung der Gefährdungshaftung durch Gesetzesanalogie, in: Flume, Werner/Guimard, Hector (Hrsg.): Beiträge zum Zivil- und Wirtschaftsrecht : Festschrift für Kurt Ballerstedt zum 70. Geburtstag am 24. Dezember 1975, S. 305-327.

Beattie, Geoffrey: Our Racist Heart?: An Exploration of Unconscious Prejudice in Everyday Life, London/New York 2013.

Bechtold, Stefan: Die Grenzen zwingenden Vertragsrechts – Ein rechtsökonomischer Beitrag zur Rechtsetzungslehre des Privatrechts, Tübingen 2010

Beckschulze, Martin: Die arbeitsmedizinische Untersuchung - Vorsorge oder Eignung? - Teil 1, in: BB 2014, S. 1013-1020.

Bell, Mark: Anti-Discrimination Law and the European Union, Oxford 2003.

Bengsch, Karen: Der verfassungsrechtlich geforderte Mindestkündigungsschutz im Arbeitsverhältnis - Ein Beitrag zur kündigungsrechtlichen Konkretisierung der §§ 138 I, 242 BGB, Berlin 2004.

Berger, Christian: Der Ausschluss gesetzlicher Rückgewähransprüche bei der Erbringung unbestellter Leistungen nach § 241a BGB, in: JuS 2001, S. 649-954.

Bernard, Nicolas: Discrimination and Free Movement in EC Law, in: International and Comparative Law Quarterly 45 (1996), S. 82-108.

Bettermann, K.A.: Die „kleine Mietpreisreform" und ihre Rechtsgültigkeit, in: JZ 1952, S. 65-70.

Beutel, Jörg: Mikroökonomie, München 2006

Beyerbach, Hannes: Die geheime Unternehmensinformation: Grundrechtlich geschützte Betriebs- und Geschäftsgeheimnisse als Schranke einfachrechtlicher Informationsansprüche (Studien und Beiträge zum Öffentlichen Recht), Tübingen 2012.

Bieback, Karl-Jürgen: Staatliches Besoldungsangleichungsrecht und die Arbeitsvertragsfreiheit öffentlicher Bediensteter, in: ZfA 1979, S. 453.

Binding, Karl: Die Normen und ihre Übertretung, Erster Band (Normen und Strafgesetze), Leipzig 1890

Blaha, Ralf/Mehlich, Tobias: Unbefristeter Arbeitsvertrag durch Wahl? - Vertragsfreiheit contra „Azubi-Schutz", in: NZA 2005, S. 667-672.

Blair, Irene V: The Malleability of Automatic Stereotypes and Prejudice, in: Pers. Soc. Psychol. Rev. 6 (2002), S. 242-266.

Blascovich, Jim/ Berry Mendes, Wendy/Hunter, Sarah B/Lickel, Brian/Kowai-Bell, Neneh: Perceiver threat in social interactions with stigmatized others, in: J. Pers. Soc. Psychol. 80 (2001), S. 253-267

Bluemke, Matthias/Friese, Malte: Reliability and validity of the Single-Target IAT (ST-IAT): Assessing automatic affect towards multiple attitude objects, in: European Journal of Social Psychology 38 (2008), S. 977–997.

Bodenhauser, Galen V/Wyer, Robert S: Effects of Stereotypes on Decision Making and Information-Processing Strategies, in: Journal of Personality and Social Psychology 48 (1985), S. 267-282.

Boemke, Burkhard: Privatautonomie im Arbeitsvertragsrecht, in: NZA 1993, S. 532-538.

Boemke, Burkhard/Gründel, Mirko: Grundrechte im Arbeitsverhältnis, in: ZfA 2001, S. 245-280.

Boesche, Katharina Vera: Beweislast im Regierungsentwurf eines Antidiskriminierungsgesetzes, in: EuZW 2005, S. 264-267.

Boesche, Katharina Vera: Anfechtung ohne Recht zur Reue?, in: Stathopoulos, Michael P./Beys, Kostas/Doris, Philippos/ Karakostas, Ioannis K, Festschrift für Apostolos Georgiades zum 70. Geburtstag, München 2006.

Bohn, Frank: Der Sanktionsgedanke im Bürgerlichen Recht, Berlin 2005.

Bork, Reinhard: Allgemeiner Teil des Bürgerlichen Gesetzbuchs, 4. Auflage, Tübingen 2016.

Brandtstädter, Jochen: Action perspectives on human development, in: Richard M Lerner (Hrsg.), Handbook of child psychology: Vol. 1 Theoretical models of human development, New York 2006, 516-568

Braun, Johann: Forum: Übrigens – Deutschland wird wieder totalitär, in: JuS 2002, S. 424ff.

Braun, Stefan: Antidiskriminierung bis zur Diskriminierung, in: ZTR 2005, S. 244ff.

Brehmer, Nikolaus: Wille und Erklärung, Zu Geltungsgrund, Tatbestand und Zurechnung der Willenserklärung, Baden-Baden 1992.

Breitfeld, Anja/Strauß, Nicole: Stolperfallen für Arbeitgeber bei der Begrün-dung und Beendigung von Arbeitsverhältnissen mit schwerbehinderten Arbeitnehmern, in: BB 2012, S. 2817-2824.

Brüggemeier, Gert: Haftungsrecht – Struktur, Prinzipien, Schutzbereich, Ein Beitrag zur Europäisierung des Privatrechts, Berlin Heidelberg 2006.

Bruns, Alexander: Vertragsfreiheit und ihre Grenzen in Europa und den USA – Movement from Contract to Status?, in: JZ 2007, S. 385.

Bucciarelli Pedersen, Natalie: A legal framework for uncovering implicit bias, in: University of Cincinnati Law Review 79 (2011), S. 97-153.

Buchner, Herbert: Freiheit und Bindung des Arbeitgebers bei Einstellungsentscheidungen, in: NZA 1991, S. 577-593.

Bürge, Alfons: Die Entstehung und Begründung der Gefährdungshaftung im 19. Jahrhundert und ihr Verhältnis zur Verschuldenshaftung. Eine Skizze, in: Festschrift für Claus-Wilhelm Canaris zum 70. Geburtstag. Bd. 1, S. 59-83.

Bullinger, Martin: Verfassungsrechtliche Aspekte der Haftung, in: Taschner, Hans Claudius (Hrsg.), Festschrift für Ernst von Caemmerer zum 70. Geburtstag, Tübingen 1978, S. 297-313.

Bumke, Christian: Ausgestaltung von Grundrechten - Grundlagen und Grundzüge einer Dogmatik der Grundrechtsgestaltung unter besonderer Berücksichtigung der Vertragsfreiheit, Tübingen 2009.

Burg, Indra: Positive Maßnahmen zwischen Unternehmerfreiheit und Gleichbehandlung, Berlin 2009.

Burkhardt, Björn: Willensfreiheit aus rechtlicher Sicht, in: Tröger, Jochen (Hrsg.), Wie frei ist unser Wille? , Heidelberg 2007.

Busche, Jan: Privatautonomie und Kontrahierungszwang, Tübingen 1999.

Busche, Jan: Effektive Rechtsdurchsetzung und Sanktionen bei Verletzung richtliniendeterminierter Diskriminierungsverbote, in: Leible, Stefan/Schlachter, Monika (Hrsg.), Diskriminierungsschutz durch Privatrecht, München 2006, S. 159-177.

Bydlinski, Franz: Erklärungsbewußtsein und Rechtsgeschäft, in: JZ 1975, S. 1-6.

Bydlinski, Franz: Die Suche nach der Mitte als Daueraufgabe der Privatrechtswissenschaft, in: AcP 204 (2004), S. 309-395.

Calliess, Christian/Ruffert, Matthias: EUV/AEUV, Das Verfassungsrecht der Europäischen Union mit Europäischer Grundrechtecharta, Kommentar, 5. Auflage, München 2016, zitiert als: *Bearbeiter*, in: Calliess/Ruffert, EUV/AEUV.

Calme, Sandie/Horstmaier, Gerrit: Anonymisierte Bewerbungen: Antidiskriminierungsrecht in Frankreich und Deutschland, in: Personalführung 2010, Heft 10, S. 42-48.

Canaris, Claus-Wilhelm: Die Vertrauenshaftung im deutschen Privatrecht, München 1971.

Canaris, Claus-Wilhelm: Verstöße gegen das verfassungsrechtliche Übermaßverbot im Recht der Geschäftsfähigkeit und im Schadensersatzrecht, in: JZ 1987, S. 993-1004.

Canaris, Claus-Wilhelm: Gesamtunwirksamkeit und Teilgültigkeit rechtsgeschäftlicher Regelungen, in: Festschrift für Steindorff, 1990, S. 519-571.

Canaris, Claus-Wilhelm: Verfassungs- und europarechtliche Aspekte der Vertragsfreiheit in der Privatrechtsgesellschaft, in: Festschrift für Peter Lerche zum 65. Geburtstag, S. 873-891.

Canaris, Claus-Wilhelm: Wandlungen des Schuldvertragsrechts –Tendenzen zu seiner "Materialisierung", in: AcP 200 (2000), S. 273-364.

Casper, Matthias: Die Zusendung unbestellter Waren nach § 241a BGB, in: ZIP 2000. S. 1602-1610.

Chugh, Dolly: Societal and Managerial Implications of Implicit Social Cognition: Why Milliseconds Matter, in: Social Justice Research 17 (2004), S. 203-222.

Coester-Waltjen, Dagmar: Der Ersatz immaterieller Schäden im Deliktsrecht, in: Jura 2001, S. 133ff.

Coing, Helmut: Bemerkungen zum überkommenen Zivilrechtssystem, in: Vom Deutschen zum Europäischen Recht – Festschrift für Hans Dölle, Band I, Tübingen 1963, S. 25-40.

Coing, Helmut: Zur Geschichte des Privatrechtssystems, Frankfurt am Main 1962.

Collins, Hugh: The Transformation Thesis and the Ascription of Contractual Responsibility, in: Wilhelmsson, Thomas (Hrsg.): Perspectives of Critical Contract Law, Dartmouth 1993, S. 293-310.

Correll, Joshua/Park, Bernadette/Judd, Charles M/Wittenbrink, Bernd: The police officer's dilemma: Using ethnicity to disambiguate potentially threatening individuals, in: Journal of Personality and Social Psychology 83 (2002), S. 1314-1329.

Cremer, Wolfram: Freiheitsgrundrechte: Funktionen und Strukturen, Tübingen 2004.

Cuddy, Amy J.C./Fiske, Susan T: Doddering but Dear: Process, Content, and Function in Stereotyping of Older Persons, in: Todd D Nelson (Hrsg.), Ageism – Stereotyping and Prejudice against Older Persons, Boston 2002.

Cziupka, Johannes: Dispositives Vertragsrecht, Funktionsweise und Qualitätsmerkmale gesetzlicher Regelungsmuster, Tübingen 2010.

Däubler, Wolfgang/Bertzbach, Martin (Hrsg.): Allgemeines Gleichbehandlungsgesetz, Handkommentar, 3. Auflage, Baden-Baden 2013, zitiert als: *Bearbeiter*, in: Däubler/Bertzbach, AGG.

Dammann, Jens C.: Die Grenzen zulässiger Diskriminierung im allgemeinen Zivilrecht, Berlin 2005

Dauner-Lieb, Barbara/Heidel, Thomas/Ring, Gerhard: Bürgerliches Gesetzbuch, Kommentar, Band 1, 2. Auflage, Baden-Baden 2016, zitiert als: *Bearbeiter*, in: Dauner-Lieb/Heidel/Ring, BGB.

Dauner-Lieb, Barbara/Langen, Werner: Bürgerliches Gesetzbuch: Schuldrecht: Band 2, Baden-Baden 2012.

Deaux, Kay/LaFrance, Marianne: Gender, in: Daniel T Gilbert/ Susan T Fiske/Gardner Lindzey (Hrsg.), The Handbook of Social Psychology, 4. Auflage, Boston 1998, S. 788-827.

De Houwer, Jan/Eelen, Paul: An Affective Variant of the Simon Paradigm, in: Cognition and Emotion 12(1) (1998), S. 45-61.

De Houwer, Jan: The Extrinsic Affective Simon Task, in: Experimental Psychology 50(2) (2003), S. 77-85.

De Houwer, Jan: What Are Implicit Measures and Why Are We Using Them?, in: Reinout W Wiers/Alan W Stacy (Hrsg.), Handbook of Implicit Cognition and Addiction, London 2006, S. 11-28.

De Houwer, Jan/Moors, Agnes: How to define and examine the implicitness of implicit measures, in: Bernd Wittenbrink/Norbert Schwarz (Hrsg.), Implicit measures of attitudes: Procedures and controversies, New York 2007, S. 179-194.

Deinert, Olaf: Diskriminierungen sind Persönlichkeitsrechtsverletzungen, in: AiB 2006, S. 741-744.

Deinert, Olaf: Anwendungsprobleme der arbeitsrechtlichen Schadenersatzvorschriften im neuen AGG, in: DB 2007, S. 398-402.

Deutsch, Erwin: Gefährdungshaftung - Tatbestand und Schutzbereich, in: JuS 1981, S. 317-325.

Deutsch, Erwin: Fahrlässigkeitstheorie und Behandlungsfehler, in: NJW 1993, S. 1506-1510.

Deutsch, Erwin: Die Fahrlässigkeit im neuen Schuldrecht, in: AcP 202 (2002), S. 889-911.

Deutsch, Erwin: Allgemeines Haftungsrecht, 2. Auflage, München 1996.

Deutsch, Erwin/Ahrens, Hans-Jürgen: Deliktsrecht: Unerlaubte Handlungen, Schadensersatz, Schmerzensgeld, 6. Auflage, München 2014.

Devine, Patricia G: Stereotypes and prejudice: Their automatic and controlled components, in Journal of Personality and Social Psychology 56 (1989), S. 5-18.

Dieterich, Thomas: Unternehmerfreiheit und Arbeitsrecht im Sozialstaat, in: AuR 2007, S. 65-80.

Doblhofer, Doris/Küng, Zita: Gender Mainstreaming – Gleichstellungsmanagement als Erfolgsfaktor – das Praxisbuch, Heidelberg 2008.

Dörfler, Thorsten Friedrich: Die Nettolohnhaftung nach dem Arbeitnehmer-Entsendegesetz, Marburg 2002.

Dörr, Oliver/Grote, Rainer/Marauhn, Thilo (Hrsg.): EMRK/GG : Konkordanzkommentar zum europäischen und deutschen Grundrechtsschutz, 2. Auflage, Tübingen 2013.

Döse, Annegret: Die anonyme Bewerbung und das Berliner Partizipations- und Integrationsgesetz, in: NZA Online Aufsatz 2/2012, S. 1-6.

Dovidio, John F/ Kawakami, Kerry/ Johnson, Craig/Johnson, Brenda/Howard, Adaiah: On the nature of prejudice: automatic and controlled processes, in: J. Exp. Soc. Psychol. 33 (1997), S. 510-540.

Dovidio, John F/Kawakami, Kerry/ Gaertner, Samuel L: Implicit and explicit prejudice and interracial interactions, in: J. Pers. Soc. Psychol. 82 (2002), S. 62-68.

Dovidio, John F./Gaertner, Samuel L. (Hrsg.): Reducing Intergroup Bias (Essays in Social Psychology).

Dreier, Horst (Hrsg.): Grundgesetz-Kommentar, Band I, 3. Auflage, Tübingen 2013, zitiert als: *Bearbeiter*, in: Dreier, Grundgesetz-Kommentar.

Duchstein, Michael: Das Erscheinungsbild des Arbeitnehmers, in: BB 2011, S. 1717-1723.

Dworkin, Ronald: Sovereign Virtue: The Theory and Practice of Equality, Harvard 2002.

Ebert, Ina: Pönale Elemente im deutschen Privatrecht - Von der Renaissance der Privatstrafe im deutschen Recht; Tübingen 2004.

Egger, Theres/Bauer, Tobias/Künzi, Killian: Möglichkeiten von Maßnahmen gegen rassistische Diskriminierung in der Arbeitswelt - Eine Bestandsaufnahme von Problemlagen und Handlungsmöglichkeiten, Im Auftrag der Fachstelle für Rassismusbekämpfung des EDI.

Ehlers, Dirk (Hrsg.): Europäische Grundrechte und Grundfreiheiten, 4. Auflage, Berlin 2014.

Ehmann, Horst: Das Lohnrisiko bei Smog-Alarm - Unmöglichkeit oder Annahmeverzug oder Kurzarbeit nach Abschied von der Betriebsrisikolehre, in: NJW 1987, S. 401-410.

Ehmann, Horst/Emmert, Angela: Grundlage, Zweck und Mißbrauch der Sanktionierung des Diskriminierungsverbots, in: SAE 1997, S. 253-269.

Eich, Rolf-Achim: Das Gesetz über die Gleichbehandlung von Männern und Frauen am Arbeitsplatz, in: NJW 1980, S. 2329ff.

Eichenhofer, Eberhard: Diskriminierungsschutz und Privatautonomie, in: DVBl 2004, S. 1078-1086

Eichenhofer, Eberhard: Sozialrecht und soziale Gerechtigkeit, in: JZ 2005, S. 209-216.

Eichenhofer, Eberhard: Diskriminierungsverbote und Vertragsfreiheit, in: AuR 2013, S. 62-65.

Eichenhofer, Eberhard: Sozialrecht der Europäischen Union, 6. Auflage, Berlin 2015.

Ellis, Evelyn/Watson, Philippa: EU Anti-Discrimination Law, 2. Auflage, Oxford 2012.

Emmerich, Volker: BGB-Schuldrecht Besonderer Teil, 14. Auflage, Heidelberg 2015.

Enderlein, Wolfgang: Rechtspaternalismus und Vertragsrecht, München 1996.

Epping, Volker/Hillgruber, Christian: Beck'scher Online-Kommentar Grundgesetz, Stand: 01.09.2016, München 2016, zitiert als: Bearbeiter, in: Epping/Hillgruber, BeckOK, GG.

Ernst, Hildegund/Braunroth, Anna/Wascher, Angelika: Allgemeines Gleichbehandlungsgesetz, Kommentar, 2. Auflage, München 2013.

Fazio, Russel H/Jackson, Joni R/Dunton, Bridget C/Williams, Carol J: Variability in automatic activation as an unobstrusive measure of racial attitudes: A bona fide pipeline?, in: J. Pers. Soc. Psychol. 69 (1995), S. 1013-1027.

Fazio, Russell H: On the automatic activation of associated evaluations: An overview, in; COGNITION AND EMOTION 15(2), S. 115-141.

Fazio, Russell H/Olson, Michael A: Implicit measures in social cognition research: Their meaning and use, in: Annu. Rev. Psychol. 54 (2003), 297-327.

Fehl, Ulrich/Oberender, Peter: Grundlagen der Mikroökonomie, 9. Auflage, München 2004.

Fiedler, Klaus/Messner, Claude/Bluemke, Matthias: Unresolved problems with the “I”, the “A” and the “T”: Logical and psychometric critique of the Implicit Association Test (IAT), in: European Review of Social Psychology 17 (2006), S. 74-147.

Fiske, Susan T/Neuberg, Steven L: A continuum of impression formation, from category-based to individuating processes: Influences of information and motivation on attention and interpretation, in: Mark P. Zanna (Hrsg.), Advances in Experimental Social Psychology (Vol. 23), San Diego 1990, S. 1-74.

Fiss, Owen M: Groups and the equal Protection Clause, in: Phil. & Pub. Aff. 5 (1976), S. 107-177.

Flohr, Eckhard/Ring, Gerhard (Hrsg.): Das neue Gleichbehandlungsgesetz, Freiberg 2006.

Flume, Werner: Allgemeiner Teil des Bürgerlichen Rechts, Zweiter Band: Das Rechtsgeschäft, Berlin Heidelberg New York 1979 (Neudruck 1992).

Flume, Werner: Rechtsgeschäft und Privatautonomie, in: Hundert Jahre Deutsches Rechtsleben : Festschrift zum 100jährigen Bestehen des Deutschen Juristentages 1860 – 1960, Band I, S. 135- 238.

Flume, Werner: Vom Beruf unserer Zeit für Gesetzgebung, in: ZIP 2000, S. 1427-1430.

Flynn, Leo: The Implications of Article 13 EC – After Amsterdam, Will Some Forms of Discrimination be More Equal than Others?, in: Common Market Law Review 1999, S. 1127-1152.

Francken, Johannes Peter: Erforderliche Nachbesserungen im Arbeitnehmerüberlassungsgesetz, in: NZA 2013, S. 1192-1194.

Franzen, Martin: Privatrechtsangleichung durch die europäische Gemeinschaft, Berlin 1999.

Franzen, Martin: Der EuGH und das Bürgerliche Recht – dargestellt am Beispiel der EuGH-Urteile „Dietzinger“ und „Draehmpaehl“, in: Festschrift für Hartmut Maurer zum 70. Geburtstag, München 2001, S. 889-907.

Frenz, Walter: Handbuch Europarecht Band 4: Europäische Grundrechte, Wien 2009.

Friedl, Andre: Der Kontrahierungszwang im Wohnraummietrecht bei unzulässigen Benachteiligungen, Baden-Baden 2015.

Friese, Malte/Hofmann, Wilhelm/Wänke Michaela: When impulses take over: Moderated predictive validity of explicit and implicit attitude measures in predicting food choice and consumption behavior, in: British Journal of Social Psychology 47(3) (2008), S. 397-419.

Fröde, Christian: Willenserklärung, Rechtsgeschäft und Geschäftsfähigkeit, Tübingen 2012.

Frowein, Jochen Abraham/Peukert, Wolfgang: Europäische Menschenrechtskonvention: EMRK-Kommentar, 3. Auflage, Berlin 2009, zitiert als: *Verfasser*, in: Frowein/ Peukert, EMRK-Kommentar.

Fuchs, Maximilian (Hrsg.): Europäisches Sozialrecht, 7. Auflage, Baden-Baden 2017, zitiert als: *Bearbeiter*, in: Fuchs, Europäisches Sozialrecht.

Funke, Andreas: Allgemeine Rechtslehre als juristische Strukturtheorie: Entwicklung und gegenwärtige Bedeutung der Rechtstheorie um 1900 (Grundlagen der Rechtswissenschaft), Tübingen 2004.

Gamillscheg, Katharina: Die Beendigung des Arbeitsverhältnisses. Bestandsschutz- und Mobilitätsinteresse des Arbeitnehmers in Abwägung zum Organisationsinteresse des Arbeitgebers, Berlin 2001.

Gardner, John: Liberals and Unlawful Discrimination, in: Oxford Journal of Legal Studies 1989, S. 1-22.

Gardner, John: Private Activities and Personal Autonomy: At the Margins of Anti-Discrimination law, in: Hepple, Bob/Szyszczak, Erika (Hrsg.): Discrimination – The limits of the Law, London 1992, S. 138-171.

Gawronski, Bertram/Conrey, Frederica R: Der Implizite Assozitationstest als Maß automatisch aktivierter Assoziationen: Reichweite und Grenzen, in: Psychologische Rundschau 55(3) (2004), S. 118-126.

Gebauer, Martin/Wiedmann, Thomas: Zivilrecht unter europäischem Einfluss – Die richtlinienkonforme Auslegung des BGB und anderer Gesetze, 2. Auflage, Stuttgart/München/Hannover/Berlin/Weimar/Dresden 2010.

Geppert, Dominik: Thatchers konservative Revolution - Der Richtungswandel der britischen Tories 1975–1979, Oldenburg München 2002.

Gilbert, Daniel T/Hixon, J Gregory: The trouble with thinking: activation and application of stereotypic beliefs, in: J. Pers. Soc. Psychol. 60 (1991), S. 509-517.

Gisawi, Feras: Der Grundsatz der Totalreparation - Naturrechtliche Wertungen als Grundlage für einen deutschen Sonderweg, Tübingen 2015.

Grabitz, Eberhard/Hilf, Meinhard/Nettesheim, Martin: Das Recht der Europäischen Union: EUV/AEUV, Stand: 10/2017, zitiert als: *Bearbeiter*, in: Grabitz/Hilf/Nettesheim, EUV/AEUV.

Graf, Peter/Schacter, Daniel L.: Implicit and Explicit Memory for New Associations in Normal and Amnesic Subjects, in: J. Exp. Psychol. 11 (1985), S. 501-518.

Graf von Westphalen, Friedrich: Einige Überlegungen zum Gesetzesentwurf zur Verhinderung von Diskriminierungen im Zivilrecht, in: ZGS 2002, S. 283ff.

Greenwald, Anthony G/Klinger, Mark R/Liu, Thomas J: Unconscious processing of dichoptically masked words, in: Memory and Cognition 17 (1989), S. 35-47.

Greenwald, Anthony G/Banaji, Mahzarin R: Implicit Social Cognition: Attitudes, Self-Esteem, and Stereotypes, in: Psychol. Rev. 102 (1995), 8.

Greenwald, Anthony G/Draine, Sean C/Abrams, Richard L: Three cognitive markers of unconscious semantic activation, in: Science 273 (1996), S. 1699-1702

Greenwald, Anthony G/ McGhee, Debbie E/ Schwartz, Jordan L.K.: Measuring Individual Differences in Implicit Cognition: The Implicit Association Test, in: Journal of Personality and Social Psychology 74 (1998), S. 1464-1480.

Greenwald, Anthony G/Banaji, Mahzarim R/ Rudman, Laurie A/Farnham, Shelly D/ Nosek, Brian A/Mellott, Deborah S: A unified theory of implicit attitudes, stereotypes, self-esteem, and self-concept, in: Psychological Review 109(1) (2002), S. 3-25.

Greenwald, Anthony G/Hamilton Krieger, Linda: Implicit Bias: Scientific Foundations, Cal. L. Rev. 94 (2006), 945.

Greiner, Stefan: Werkvertrag und Arbeitnehmerüberlassung – Abgrenzungsfragen und aktuelle Rechtspolitik, in: NZA 2013, S. 697-703.

Grigoleit, Hans Christoph: Anforderungen des Privatrechts an die Rechtstheorie, in: Jestaedt, Matthias/Lepsius, Oliver (Hrsg.), Rechtswissenschaftstheorie, Tübingen 2008.

Grobys, Marcel: Die Beweislast im Anti-Diskriminierungsprozess, in: NZA 2006, S. 898-904.

Groeger, Axel: Probleme der außerordentlichen betriebsbedingten Kündigung ordentlich unkündbarer Arbeitnehmer, in: NZA 1999, S. 850-855.

Grünberger, Michael: Personale Gleichheit – Der Grundsatz der Gleichbehandlung im Zivilrecht, Baden-Baden 2013.

Gudian, Gunter: Fehlen des Erklärungsbewußtseins, in: AcP 169 (1969), S. 232-236.

Guttenberg, Verena: Schutz vor Diskriminierung im Beschäftigungsverhältnis in Großbritannien – Equality Act 2010, München 2015.

Haberkamm, Markus: Die Auslegung der Richtlinie über unlautere Geschäftspraktiken im Lichte der europäischen Grundrechte, Baden-Baden 2013.

Habermeyer, Elmar/Saß, Henning: Voraussetzungen der Geschäfts-(un)fähigkeit – Anmerkungen aus psychopathologischer Sicht, in: MedR 2003, S. 543-546.

Haberstroh, Dieter: Haftungsrisiko Kind – Eigenhaftung des Kindes und elterliche Aufsichtspflicht, in: VersR 2000, S. 806-815.

Hamilton Krieger, Linda/Fiske, Susan T: Behavioral Realism in Employment Discrimination Law: Implicit Bias and Disparate Treatment, in: California Law Review 94 (2006), S. 997-1062.

Hanau, Hans: »Allgemeines Gleichbehandlungsgesetz« und Kontrahierungszwang, in: Gegen den Strich, Festschrift für Klaus Adomeit, Köln 2008, S. 237-251.

Hanau, Hans: Der arbeitsrechtliche Gleichbehandlungsgrundsatz zwischen Privatautonomie und Kontrahierungszwang, in: Festschrift für Horst Konzen zum 70. Geburtstag, S. 233-249.

Hanau, Peter: Die umgekehrte Geschlechtsdiskriminierung im Arbeitsleben, in: Festschrift für Wilhelm Herschel zum 85. Geburtstag, München 1982.

Haratsch, Andreas: Die Solange-Rechtsprechung des Europäischen Gerichtshofs für Menschenrechte – Das Kooperationsverhältnis zwischen EGMR und EuGH, in: ZaöRV 66 (2006), S. 927-947.

Harke, Jan Dirk: Allgemeines Schuldrecht, Berlin 2010.

Hartmann, Felix: Negative Tarifvertragsfreiheit im deutschen und europäischen Arbeitsrecht, Tübingen 2014.

Hausmaniger, Herbert/Selb, Walter: Römisches Privatrecht, 7. Auflage, Wien Köln Weimar 1994.

Haverkate, Görg/Weiss, Manfred/Huster, Stefan/Schmidt, Marlene (Hrsg.): Casebook zum Arbeits- und Sozialrecht der EU, Baden-Baden 1999.

Heinrich, Christian: Formale Freiheit und materiale Gerechtigkeit: Die Grundlagen der Vertragsfreiheit und Vertragskontrolle am Beispiel ausgewählter Probleme des Arbeitsrecht (Jus Privatum), Tübingen 2000.

Hensen, Horst Diether: Das Fernabsatzgesetz oder: Man könnte heulen, in: ZIP 2000, S. 1151.

Hepple, Bob: Equality – The New Legal Framework, Oxford 2011.

Herberger, Maximilian/Martinek, Michael/Rüßmann, Helmut/Weth, Stephen: juris PraxisKommentar BGB, 8. Auflage 2017, zitiert als: *Bearbeiter*, in: jurisPK-BGB.

Hetts, John J/Sakuma, Michiko/Pelham, Brett W: Two roads to positive regard: implicit and explicit self-evaluation and culture, in: J. Exp. Soc. Psychol. 35 (1999), S. 512-559

Heyn, Judith/Meinel, Gernod: Rückenwind für Diskriminierungsklagen - Die Entscheidung des LAG Berlin-Brandenburg vom 26. 11. 2008, in: NZA 2009, S. 20-23.

Hillgruber, Christian: Grundrechtsschutz im Vertragsrecht – zugleich: Anmerkung zu BVerfG NJW 1990, 1469, in: AcP 191 (1991), 69-86.

Hirsch, Günter: Der Vertrag, in: Leitgedanken des Rechts: Festschrift für Paul Kirchhof zum 70. Geburtstag, Heidelberg 2013, S. 1191-1199.

Höfling, Wolfram: Vertragsfreiheit – Eine grundrechtsdogmatische Studie, Heidelberg 1991.

Hofer, Sybille: Freiheit ohne Grenzen?: Privatrechtstheoretische Diskussion im 19. Jahrhundert (Jus Privatum), Tübingen 2001.

Hofmann, Wilhelm/Gawronski, Bertram/Gschwender, Tobias/Le, Huy/Schmitt, Manfred: A Meta-Analysis on the Correlation between the Implicit Association Test and Explicit Self-Report Measures, in: Personality&Soc. Psychol. Bull. 31 (2005), S. 1369-1384.

Holender, Daniel: Semantic Activation Without Conscious Identification in Dichotic Listening, Parafoveal Vision, and Visual Masking: A Survey and Appraisal, in: Behavioral and Brain Sciences 9 (1986), S. 1-23.

Honsell, Heinrich: Die Rückabwicklung sittenwidriger oder verbotener Geschäfte, München 1974.

Honsell, Heinrich: Die Erosion des Privatrechts durch das Europarecht, in: ZIP 2008, S. 621-630.

Honsell, Heinrich: Der Strafgedanke im Zivilrecht - ein juristischer Atavismus, in: Aderhold, Lutz (Hrsg.), Festschrift für Harm Peter Westermann : zum 70. Geburtstag, S. 315-337.

Hromadka, Wolfgang/Maschmann, Frank: Arbeitsrecht Band 1, Individualarbeitsrecht, 6. Auflage, Berlin 2015.

Huber, Ernst Rudolf: Bedeutungswandel der Grundrechte, in: AöR 1933, S. 1ff.

Huber, Hans: Die verfassungsrechtliche Bedeutung der Vertragsfreiheit, Berlin 1966.

Hufen, Friedhelm: Berufsfreiheit - Erinnerung an ein Grundrecht, in: NJW 1994, S. 2913-2922.

Hummert, Mary Lee/Garstka, Teri A/O'Brien, Laurie T/Greenwald, Anthony G/ Mellott, Deborah S: Using the implicit association test to measure age differences in implicit social cognitions, in: Psychology and Aging 17 (2002), S. 482-495.

Husemann, Tim/Betzinger, Michael: Anonyme Bewerbung: Bitte probieren!, in: ZRP 2011, S. 15-16.

Husmann, Manfred: Die EG-Gleichbehandlungsrichtlinien 2000/2002 und ihre Umsetzung in das deutsche, englische und französische Recht, in: ZESAR 2005, S. 167-175.

Hwang, Soo-Ok: Die Rechtfertigung von Benachteiligungen nach § 8 AGG: Unter besonderer Berücksichtigung von Kundenerwartungen, Berlin 2014.

Isensee, Josef/Kirschhof, Paul (Hrsg.): Handbuch des Staatsrechts der Bundesrepublik Deutschland, Band VII, 3. Auflage, Heidelberg 2009.

Ito, Tiffany A/ Cacioppo, John T: Electrophysiological Evidence of Implicit and Explicit Categorization Processes, in: J. Exp. Soc. Psychol. 36 (2000), S. 660-676.

Jacobs, Matthias: Grundprobleme des Entschädigungsanspruchs nach § AGG § 15 Abs. 2 AGG, in: RdA 2009, S. 193-204.

Jacoby, Florian/von Hinden, Michael: Bürgerliches Gesetzbuch: BGB – Studienkommentar, 15. Auflage, München 2015.

Jarass, Hans D.: Die EU-Grundrechte: Ein Studien- und Handbuch, München 2005.

Jarass, Hans D./Pieroth, Bodo: Grundgesetz für die Bundesrepublik Deutschland, Kommentar, 14. Auflage, München 2016, zitiert als: *Bearbeiter*, in: Jarass/Pieroth, GG.

Jesgarzewski, Tim: Altersdiskriminierende Stellenbesetzungen, in: BB 2013, S. 2553-2558.

Jestaedt, Matthias: Diskriminierungsschutz und Privatautonomie, in: Der Sozialstaat in Deutschland und Europa: Berichte und Diskussionen auf der Tagung der Vereinigung der Deutschen Staatsrechtler in Jena vom 6. bis 9. Oktober 2004, Berlin 2005, S. 298ff.

Jolls, Christine/Sunstein, Cass R: The Law of Implicit Bias, in: [2006] California Law Review 94 (2006), S. 969-996.

Jones, James M: Prejudice and Racism, New York 1997.

Jung, Peter: Der Unternehmensgesellschafter als personaler Kern der rechtsfähigen Gesellschaft (Jus Privatum), Tübingen 2002.

Kahl, Wolfgang: Freiheitsprinzip und Sozialprinzip in der Europäischen Union, in: Bauer, Hartmut (Hrsg.), Wirtschaft im offenen Verfassungsstaat : Festschrift für Reiner Schmidt zum 70. Geburtstag, München 2006, S. 75-111.

Kainer, Friedemann: Der Gleichbehandlungsgrundsatz im Zivilrecht (noch unveröffentlichtes Manuskript).

Kandler, Johanna: Sanktionsregelungen für Verstöße gegen die EG-Gleichbehandlungsrichtlinie (76/207/EWG) im deutschen Recht, Heidelberg 2003.

Kang, Jerry/Bennett, Mark/Carbado, Devon/Casey, Pam/Dasgupta, Nilanjana/ Faigman, David/ Godsil, Rachel/Greenwald, Anthony G/Levinson, Justin/Mnookin, Jennifer: Implicit Bias in the Courtroom, in: UCLA Law Rev. 59 (2012), S. 1124-1186.

Karpinski, Andrew/Hilton, James L: Attitudes and the Implicit Association Test, in: Journal of Personality and Social Psychology 81 (2001), S. 774-788.

Karpinski, Andrew/Steinmann, Ross B: The Single Category Implicit Association Test as a measure of implicit social cognition, in: Journal of Personality and Social Psychology 91 (2006), S. 16-32.

Katzenstein, Matthias: Haftungsbeschränkungen zugunsten und zulasten Dritter: zugleich ein Beitrag zur Systematik des Schadenshaftungsrechts, Tübingen 2004

Kaufmann, Mathias: Entschädigung wegen Altersdiskriminierung durch Berufserfahrung einschränkende Stellenanzeigen?, in: BB 2013, S. 2997-3001.

Kazdin, Alan E (Hrsg): Encyclopedia of Psychology (Volume 7), New York 2000.

Kelle, Birgit: GenderGaga – Wie eine absurde Ideologie unseren Alltag erobern will, Asslar 2015.

Kempen, Bernhard: Grundrechtsabwägung im Vertragsrecht?, in: DZWir 1994, 499.

Kern, Bernd-Rüdiger: Die Genugtuungsfunktion des Schmerzensgeldes - ein pönales Element im Schadensrecht?, in: AcP 191 (1991), S. 247-272.

Kern, Jan: Professionelle Diskriminierungskläger im Arbeitsrecht – Eine dogmatische und empirische Analyse, Baden-Baden 2009.

Kinder, Donald R/Sears, David O: Prejudice and Politics: Symbolic Racism Versus Racial Threats to the Good Life, in: Journal of Personality and Social Psychology 40 (1981), S. 414-431.

Kingreen, Thorsten: Das Sozialstaatsprinzip im europäischen Verfassungsverbund (Jus Publicum), Tübingen 2003.

Kirchgässner, Gebhard: Homo Oeconomicus, Tübingen 2008.

Klein, Eckart: Grundrechtliche Schutzpflicht des Staates, in: NJW 1989, S. 1633-1640.

Kluge, Annette/Krings, Franciska: Altersdiskriminierung – (k)ein Thema der deutschsprachigen Arbeits- und Organisationspsychologie?, in: Zeitschrift für Arbeits- u. Organisationspsychologie 51(4) (2007). S. 180-189.

Klumpp, Steffen: Die Privatstrafe - eine Untersuchung privater Strafzwecke. Zivilrechtlicher Schutz vor Zwangskommerzialisierung, Berlin 2002.

Klumpp, Steffen: Diskontinuität und ihre Folgen für das Antidiskriminierungsrecht, in: NZA 2005, S. 848-854.

Knöpfel, Gottfried: Billigkeit und Schmerzensgeld, in: AcP 155 (1956), S. 135-157.

Köndgen, Johannes: Haftpflichtfunktionen und Immaterialschaden am Beispiel von Schmerzensgeld bei Gefährdungshaftung, Berlin 1976.

Kötz, Hein/Wagner, Gerhard: Deliktsrecht, 13. Auflage, München 2016.

Kolb, Katharina M.: Auf der Suche nach dem Verschuldensgrundsatz, Untersuchungen zur Faktizität der Culpa-Doktrin im deutschen außervertraglichen Haftungsrecht, München 2008.

Korthaus, Hannah: Das neue Antidiskriminierungsrecht: Die Richtlinien 2000/43/EG und 2000/78/EG und die Auswirkungen auf das deutsche Arbeitsrecht, Mainz 2006.

Koziol, Helmut: Gedanken zum privatrechtlichen System des Rechtsgüterschutzes. in: Festschrift für Claus-Wilhelm Canaris zum 70. Geburtstag, München 2007, S. 631-665.

Krause, Rüdiger: Antidiskriminierungsrecht und Kundenpräferenzen, in: Festschrift für Klaus Adomeit zum 70. Geburtstag, Köln 2008, S. 377-394.

Krause, Annabelle/Rinne, Ulf/Zimmermann, Klaus F.: Anonymisierte Bewerbungsverfahren, in: IZA Research Report 27(2010). Bonn: Institut zur Zukunft der Arbeit (IZA).

Krause, Annabelle/Rinne, Ulf/Zimmermann, Klaus F.: Anonymous Job Applications in Europe, in: IZA Journal of European Labor Studies 2012, 1:5.

Krings, Franciska/Kluge, Annette: Altersvorurteile, in: Lars Eric Petersen/Bernd Sic (Hrsg.), Stereotype, Vorurteile und soziale Diskriminierung – Theorien, Befunde und Interventionen, Weinheim 2008, S. 131-139.

Krüper, Julian (Hrsg.): Grundlagen des Rechts, 3. Auflage, Baden-Baden 2016.

Kunda, Ziva: Social Cognition: Making sense of people, MIT 1999.

Larenz, Karl/Wolf, Manfred: Allgemeiner Teil des Bürgerlichen Rechts, 9. Auflage, München 2004.

Lauber, Anna Verena: Paritätische Vertragsfreiheit durch reflexiven Diskriminierungsschutz – Autonomie, Freiheit und Gerechtigkeit im Vertragsrecht Englands, Deutschlands und der Europäischen Union, Baden-Baden 2010.

Laufs, Adolf: Deliktische Haftung ohne Verschulden? - eine Skizze, in: Lange, Hermann (Hrsg.), Festschrift für Joachim Gernhuber zum 70. Geburtstag, Tübingen 1993, S. 245-259.

Laufs, Adolf: Willensfreiheit und Privatrecht, in: Kern, Hans Rüdiger/Lilie, Hans (Hrsg.), Jurisprudenz zwischen Medizin und Kultur : Festschrift zum 70. Geburtstag von Gerfried Fischer, Frankfurt 2010.

Leenen, Detlef: BGB Allgemeiner Teil, Rechtsgeschäftslehre, 2. Auflage, Berlin 2015.

Lenz, Carl-Otto/Borchardt, Klaus Dieter (Hrsg.): EU-Verträge Kommentar, EUV - AEUV – GRCh, 6. Auflage, Berlin 2012, zitiert als: Bearbeiter, in: Lenz/Borchardt (Hrsg.), EU-Verträge Kommentar.

Leible, Stefan/Schlachter, Monika (Hrsg.): Diskriminierungsschutz durch Privatrecht, München 2006.

Leisner, Walter: Eigentümer als Beruf, in: JZ 1972, S. 33-37.

Leistner, Matthias: Richtiger Vertrag und lauterer Wettbewerb: eine grundlagenorientierte Studie unter besonderer Berücksichtigung der europäischen Perspektive, Tübingen 2007.

Lieder, Jan: Die rechtsgeschäftliche Sukzession: Eine methodenpluralistische Grundlagenuntersuchung zum deutschen Zivilrecht und Zivilprozessrecht sowie zum Internationalen und Europäischen Privatrecht (Jus Privatum), Tübingen 2015.

Lieske, Steffen: Diskriminierungsschutz und unternehmerische Freiheit, Berlin 2011

Lingscheid, Anja: Antidiskriminierung im Arbeitsrecht – Neue Entwicklungen im Gemeinschaftsrecht auf Grund der Richtlinien 2000/43/EG und 2000/78/EG und ihre Einfügung in das deutsche Gleichbehandlungsrecht, Berlin 2004.

Liu, Shih-Hao: Arbeitsrechtliche Diskriminierung durch Arbeitnehmer (Europäische Hochschulschriften / European University Studies / Publications Universitaires Européennes), Frankfurt 2002.

Lobinger, Thomas: Die Grenzen rechtsgeschäftlicher Leistungspflichten – Zugleich ein Beitrag zur Korrekturbedürftigkeit der §§ 275, 311a, 313 BGB n.F., Tübingen 2004.

Lobinger, Thomas: Rechtsgeschäftliche Verpflichtung und autonome Bindung: Zu den Entstehungsgründen vermögensaufstockender Leistungspflichten im bürgerlichen Recht, Tübingen 1999.

Lobinger, Thomas: Fehlende Diskriminierungsopfer, klagende Verbände und fragwürdige Kundenerwartungen – Urteil des EuGH vom 10.07.2008, Rs. Feryn, in: EuZA 2009, 365-384.

Lobinger, Thomas: Systemdenken im Betriebsverfassungsrecht, in: RdA 2011, S. 76-92.

Löwe, Henning: Der Gedanke der Prävention im deutschen Schadensersatzrecht, Frankfurt am Main 2000.

Löwisch, Manfred/Caspers, Georg/Klumpp, Steffen: Arbeitsrecht – Ein Studienbuch, 11. Auflage, München 2017.

Looschelders, Dirk: Schuldrecht – Allgemeiner Teil, 15. Auflage, München 2017.

Looschelders, Dirk: Schuldrecht – Besonderer Teil, 12. Auflage, München 2017.

Lorenz, Egon: Immaterieller Schaden und "billige Entschädigung in Geld", Berlin 1981.

Lorenz, Egon: Schmerzensgeld für die durch eine unerlaubte Handlung wahrnehmungs- und empfindungsunfähig gewordenen Verletzten?, in: Hanau, Peter u.a. (Hrsg.), Festschrift für Günther Wiese zum 70. Geburtstag, Neuwied/Kriftel 1998, S. 261-279.

Lorenz, Martin: Gesetz über die Gleichbehandlung von Männern und Frauen am Arbeitsplatz und über die Erhaltung von Ansprüchen bei Betriebsübergang, in: DB 1980, S. 1745ff.

Lorenz, Stephan: Der Schutz vor dem unerwünschten Vertrag, Eine Untersuchung von Möglichkeiten und Grenzen der Abschlußkontrolle im geltenden Recht, München 1997.

Lorenz, Stephan: Perspektiven des Europäischen Vertragsrechts: Die Pflichtverletzung, in: von Danwitz, Thomas/Habersack, Matthias/Lorenz, Stephan (Hrsg.): Aktuelle Entwicklungen im europäischen Verfassung-, Wirtschafts- und Schuldrecht.

Lomfeld, Bertram: Die Gründe des Vertrages, Tübingen 2015.

Lott, Bernice: Distancing from women: Interpersonal sexist discrimination, in: Bernice Lott/Diane Maluso (Hrsg.), The Social Psychology of interpersonal Discrimination, New York 1995, S. 12-49.

Lücke, Jörg: Die Berufsfreiheit: Eine Rückbesinnung auf den Text des Art. 12, Abs. 1 GG, Heidelberg 1994.

Lüttringhaus, Jan D.: Grenzüberschreitender Diskriminierungsschutz – Das internationale Privatrecht der Antidiskriminierung, Tübingen 2010.

Maass, Anne/Ceccarelli, Roberta/Rudin, Samantha: Linguistic intergroup bias: evidence for in-group-protective motivation, in: J. Pers. Soc. Psychol. 71 (1996), S. 512-526.

Maier-Reimer, Georg: Das Allgemeine Gleichbehandlungsgesetz im Zivilrechtsverkehr, in: NJW 2006, S. 2577-2583.

Maison, Dominika/Greenwald Anthony G/Bruin, Ralf: The Implicit Association Test as a measure of implicit consumer attitudes, in: Polish Psychological Bulletin 32, S. 1-9.

Mankowski, Peter: Verändert die Neurobiologie die rechtliche Sicht auf Willenserklärungen?, in: AcP 201 (2011), S. 153-195.

Manssen, Gerrit: Privatrechtsgestaltung durch Hoheitsakt, Tübingen 1994.

Maschmann, Frank: Fremdpersonaleinsatz im Unternehmen und die Flucht in den Werkvertrag, in: NZA 2013, S. 1305-1312.

Maunz, Theodor/Dürig, Günter: Grundgesetz, Loseblatt-Kommentar, Stand: 09/2017, München 2016, zitiert als: *Bearbeiter*, in: Maunz/Dürig, GG.

Mayer-Maly, Theo: Was leisten die guten Sitten?, in: AcP 194 (1994), S. 105-176.

McConahay, John B: Modern racism, ambivalence, and the modern racism scale, in: John F Dovidio/Samuel L Gaertner (Hrsg.), Prejudice, Discrimination, and Racism, Orlando 1986, S. 91-125.

McCrudden, Christopher: The Effectiveness of European Equality Law: National Mechanism for Enforcing Gender Equality Law in the Light of European Requirements, in: OJLS 1993, S. 320-367

Medicus, Dieter: Der Grundsatz der Verhältnismäßigkeit im Privatrecht, in: AcP 192 (1992), S. 35-70.

Medicus, Dieter: Gefährdungshaftung im Zivilrecht, in: Jura 1996, S. 561-566.

Medicus, Dieter/Lorenz, Stephan: Schuldrecht I – Allgemeiner Teil, 21. Auflage, München 2015.

Meinel, Gernod/Herms, Sascha: Vorboten einer neuen Ära: Das geplante Antidiskriminierungsgesetz, in: DB 2004, S. 2370-2373.

Meinel, Gernod/Heyn, Judith/Herms, Sascha: Allgemeines Gleichbehandlungsgesetz: Arbeitsrechtlicher Kommentar, München 2010.

Merikle, Philip M: Perception without awareness: Critical issues, American Psychologist, Vol 47(6), Jun 1992, S. 792-795.

Merikle, Philip M/Joordens, Steve: Parallels between perception without attention and perception without awareness, in: Consciousness and Cognition 6 (1997), S. 219-236.

Merikle, Philip M/Joordens, Steve: Measuring unconscious influences, in: Cohen/ Schuler (Hrsg.), Scientific approaches to consciousness, S. 109-123.

Merikle, Philip M/Reingold, Eyal M: On demonstrating unconscious perception: Comment on Draine and Greenwald (1998), in: Journal of Experimental Psychology: General 127 (1998), S. 304-310.

Merikle, Philip M/Daneman, Meredyth: Psychological investigations of unconscious perception. Journal of Consciousness Studies 5 (1998), S. 5-18.

Merikle, Philip M/Daneman, Meredyth: Conscious vs. unconscious perception, in: M. S. Gazzaniga (Hrsg.), The New Cognitive Neurosciences, 2nd Edition, Cambridge MA (2000), S. 1295-1303.

Merikle, Philip M/Smilek, Daniel/Eastwood, John D: Perception without awareness: perspectives from cognitive psychology, in: Cognition 79 (2001), S. 115-134.

Merten, Detlef: Das Recht auf freie Entfaltung der Persönlichkeit, in: JuS 1976, S. 345-351.

Meyer, David E/Schvaneveldt, Roger W: Facilitation in recognizing pairs of words: Evidence of a dependence between retrieval operations, in: Journal of Experimental Psychology 90(2) (1971), S. 227-234.

Mierke, Jan/Klauer, Karl Christoph: Implicit association measurement with the IAT: Evidence for effects of executive control processes, in: Zeitschrift für Experimentelle Psychologie 48 (2001), S. 107-122.

Mitchell, Gregory/Tetlock, Philip E: Antidiscrimination Law and the Perils of Mindreading, in: OHIO ST. L.J. 67 (2006), S. 1023-1121.

Mitchell, Gregory/Tetlock, Philip E: Facts Do Matter: A Reply to Bagenstos, in: Hofstra Law Review 37 (2009), S. 737-761.

Mittelbach, Clamor: Die Kündigung des Arbeitsverhältnisses aufgrund politischer Meinungsäußerung oder Betätigung, München 1998.

Möller, Reinhard: Das Präventionsprinzip des Schadensrechts, Berlin 2005.

Mohr, Jochen: Schutz vor Diskriminierungen im Europäischen Arbeitsrecht – Die Rahmenrichtlinie 2000/78/EG vom 27. November 2000 – Religion, Weltanschauung, Behinderung, Alter oder sexuelle Ausrichtung, Berlin 2004.

Mohr, Jochen: Vermutete Diskriminierung eines Bewerbers aufgrund einer geschlechtsspezifischen Stellenausschreibung der Bundesagentur für Arbeit, in: SAE 2006, S. 26-37.

Mohr, Jochen: Sicherung der Vertragsfreiheit durch Wettbewerbs- und Regulierungsrecht: Domestizierung wirtschaftlicher Macht durch Inhaltskontrolle der Folgeverträge, Tübingen 2015.

Monteith, Margo J/Voils Corrine I/ Ashburn-Nardo, Leslie: Taking a Look Underground: Detecting, Interpreting, and Reacting to Implicit Racial Biases, in: Social Cognition 19(4) (2001), 395-417.

Moritz, Heinz Peter: Fragerecht des Arbeitgebers sowie Auskunfts- und/oder Offenbarungspflicht des Arbeitnehmers bei der Anbahnung von Arbeitsverhältnissen?, in: NZA 1987, S. 329-336.

Müller, Christoph: Die Berufsfreiheit des Arbeitgebers: Einwirkungen des Art. 12 Abs. 1 GG auf das Individual- und Kollektivarbeitsrecht, Köln 1996.

Müller, Gerda: Neue Perspektiven beim Schadensersatz, in: VersR 2006, S. 1289ff.

Müller, Peter: Punitive Damages und deutsches Schadensersatzrecht, Heidelberg 2000, Reprint 2012.

Müller-Glöge, Rudi/Preis, Ulrich/Schmidt, Ingrid (Hrsg.): Erfurter Kommentar zum Arbeitsrecht, 18. Auflage, München 2017, zitiert als: *Bearbeiter*, in: ErfK.

Müller-Graf, Peter-Christian: Europäisches Gemeinschaftsrecht und Privatrecht - Das Privatrecht in der europäischen Integration, in: NJW 1993, S. 13-23.

Negowetti, Nicole E: Navigating the Pitfalls of Implicit Bias: A Cognitive Science Primer for Civil Litigators, St. Mary's J. on Legal Malpractice & Ethics 4 (2014), 278-317.

Neuner, Jörg: Diskriminierungsschutz durch Privatrecht, in: JZ 2003, S. 57-66.

Neuner, Jörg: Vertragsfreiheit und Gleichbehandlungsgrundsatz, in: Leible/Schlachter (Hrsg.), Diskriminierungsschutz durch Privatrecht, München 2006.

Neuner, Jörg: Protection against Discrimination in European Contract Law, in: ERCL 2006, S. 35-50.

Neuner, Jörg: Was ist eine Willenserklärung?, in: JuS 2007, S. 881-888.

Nolte, Jakob/Poscher, Ralf/Wolter, Henner (Hrsg.): Die Verfassung als Aufgabe von Wissenschaft, Praxis und Öffentlichkeit, Freundesgabe für Bernhard Schlink zum 70. Geburtstag, Heidelberg 2014.

North, Michael S.: Ageism stakes its claim in the social sciences. Generations, 39(3) (2015), S. 29-33.

North, Michael S./Fiske, Susan T.: Subtyping Ageism: Policy Issues in Succession and Consumption , Soc Issues Policy Rev. 2013 7(1), S. 36–57.

North, Michael S./Fiske, Susan T.: A prescriptive, intergenerational-tension ageism scale: Succession, Identity, and Consumption (SIC). Psychological Assessment, 25(3) (2013), S. 706-713.

North, Michael S./Fiske, Susan T.: Modern attitudes toward older adults in the aging world: A cross-cultural meta-analysis, Psychological Bulletin, 141(5) (2015), S. 993-1021.

North, Michael S./Fiske, Susan T.: Intergenerational tensions in the workplace and beyond: Individual, Interpersonal, Institutional, International, Research in Organizational Behavior, 35 (2015), S. 159-179.

North, Michael S./Fiske, Susan T.: Resource scarcity and prescriptive attitudes generate subtle, intergenerational older-worker exclusion, Journal of Social Issues, 72(1) (2016), S. 119-141.

Norton, Michael I./Vandello, Joseph A./Darley, John M.: Casuistry and Social Category Bias, in: Journal of Personality & Social Psychology 87 (2004), S. 817-831.

Nosek, Brian/ Banaji, Mahzarin R: The go/no-go association task, in: Social Cognition 19(6) (2001), S. 625-664.

Odendahl, Kerstin: Diskriminierungsverbote im Spannungsfeld zu Freiheitsrechten – Kommentar, in: Klein, Eckart/Menke, Christoph (Hrsg.), Universalität - Schutzmechanismen- Diskriminierungsverbote, Berlin 2008, S. 357-373.

Oeter, Stefan: "Drittwirkung" der Grundrechte und die Autonomie des Privatrechts, in: AöR 119 (1994), S. 529-563.

Ohlendorf, Bernd/Schreier, Michael: AGG-konformes Einstellungsverfahren - Handlungsanleitung und Praxistipps, in: BB 2008, S. 2458-2465.

Olbrich, Hanna/Krois, Christopher: Das Verhältnis von „Frauenquote“ und AGG, in: NZA 2015, S. 1288-1293.

Otto, Hansjörg: Personale Freiheit und soziale Bindung, München 1996.

Otto, Hansjörg: Arbeitsrecht, 4. Auflage, Berlin 2008.

Palandt, Otto: Bürgerliches Gesetzbuch mit Nebengesetzen, 76. Auflage, München 2017, zitiert: *Bearbeiter*, in: Palandt.

Paulus, Christoph G./Zenker, Wolfgang: Grenzen der Privatautonomie, in: JuS 2001, S. 1-13.

Pecher, Hans Peter: Der Anspruch auf Genugtuung als Vermögenswert, in: AcP 171 (1971), S. 44-81.

Penke, Lars/Eichstaedt, Jan/Asendorf, Jens B: Single Attribute Implicit Association Tests (SA-IAT) for the assessment of unipolar constructs: The case of sociosexuality, in: Experimental Psychology 53 (2006), S. 283-291.

Petersen, Lars-Eric/Six, Bernd (Hrsg.): Stereotype, Vorurteile und soziale Diskriminierung: Theorien, Befunde und Interventionen, Weinheim, Basel 2008.

Pettigrew, Thomas F/Tropp, Linda R: A Meta-Analytic Test of Intergroup Contact Theory, in: Journal of Personality and Social Psychology 90(5) (2006), 751-783.

Phelps, Elizabeth A/O'Connor, Kevin J/Cunningham, William A/Funayama, E Sumie/ Gatenby, J Christopher/Gore, John C/Banaji, Mahzarin R: Performance on indirect measures of race evaluation predicts amygdala activation, in: Journal of Cognitive Neuroscience 12 (2000), S. 729-738

Picker, Eduard: Negatorische Haftung und Geldabfindung. Ein Beitrag zur Differenzierung der bürgerlichrechtlichen Haftungssysteme, in: Festschrift für Hermann Lange zum 70. Geburtstag, Stuttgart, Berlin, Köln 1992, S. 625-696.

Picker, Eduard: Antidiskriminierung als Zivilrechtsprogramm?, in: JZ 2003, S. 540-545.

Picker, Eduard: Antidiskriminierungsprogramme im freiheitlichen Privatrecht, in: Lorenz (Hrsg.), Karlsruher Forum 2004: Haftung wegen Diskriminierung nach derzeitigem und zukünftigem Recht, Karlsruhe 2005, S. 7-115.

Picker, Eduard: Antidiskriminierung im Zivil- und Arbeitsrecht, in: ZfA 2005, S. 167-188.

Picker, Eduard: Der deliktische Schutz der Forderung als Beispiel für das Zusammenspiel von Rechtszuweisung und Rechtsschutz, in: Festschrift für Claus-Wilhelm Canaris zum 70. Geburtstag, München 2007, S. 1001-1036.

Picker, Eduard: Rechtszuweisung und Rechtsschutz im Deliktsrecht am Beispiel des Kaltluftsee-Falles (BGHZ 113, 384), in: Festschrift für Dieter Medicus zum 80. Geburtstag, Köln 2009, S. 311-332.

Picker, Eduard: Deliktsrechtlicher Eigentumsschutz bei Störungen der Sach-Umwelt-Beziehung, in: JZ 2010, S. 541-553.

Pöschl, Magdalena: Gleichheit vor dem Gesetz, Wien 2008.

Poscher, Ralf: Grundrechte als Abwehrrechte, Tübingen 2003.

Post, Robert C: Prejudicial Appearances: The Logic of American Antidiscrimination Law, in: Cal. L. Rev. 88 (2000), S. 1-40.

Preis, Ulrich: Diskriminierungsschutz zwischen EuGH und AGG Teil II, in: ZESAR 2007, S. 308-315.

Preis, Ulrich/Temming, Felipe: Der EuGH, das BVerfG und der Gesetzgeber – Lehren aus Mangold II, in: NZA 2010, S. 185-198.

Prütting, Hanns: Gegenwartsprobleme der Beweislast, München 1996.

Prütting, Hanns: Beweisrecht und Beweislast im arbeitsgerichtlichen Diskriminierungsprozess, in: Festschrift 50 Jahre Bundesarbeitsgericht, München 2004, S. 1311-1329.

Purkiss, Sharon L Segrest/Perrewe, Pamela L/Gillespie, Treena L/Mayes, Bronston T/ Ferris, Gerald R: Implicit sources of bias in employment interview judgements and decisions, in: Organizational Behavior and Human Decision Processes 101 (2006), S. 152-167.

Quillian, Lincoln: Does Unconscious Racism Exist?, in: Social Psychology Quarterly 71 (2008), S. 6-11

Raab, Thomas: Neuregelung der Entschädigung bei Benachteiligung wegen des Geschlechts durch den Arbeitgeber, in: DStR 1999, S. 854-861.

Raif, Alexander: Das AGG – nicht nur ein „zahnloser Tiger“, in: ArbRAktuell 2011, S. 209-212.

Raiser, Ludwig: Die Zukunft des Privatrechts, Berlin 1971.

Reaume, Denise G: Harm and Fault in Discrimination Law: The Transition from Intentional to Adverse Effect Discrimination, in: Theoretical Inquires in Law 2 (2001), 349-385.

Reichold, Hermann: Diskriminierungsschutz und Verfassungsrecht, in: ZfA 2006, S. 257-271.

Rengeling, Hans-Werner: Die wirtschaftsbezogenen Grundrechte in der Grundrechtecharta, in: DVBl. 2004, S. 453-464.

Rengeling, Hans-Werner/Szczekalla, Peter: Grundrechte in der Europäischen Union – Charta der Grundrechte und Allgemeine Rechtsgrundsätze, Köln 2005.

Repgen, Tilman: Antidiskriminierung: die Totenglocke des Privatrechts läutet, in: Isensee (Hrsg.), Vertragsfreiheit und Diskriminierung, Berlin 2007, S. 11-98.

Reuter, Dieter: Das Verhältnis von Individualautonomie, Tarifautonomie und Betriebsautonomie, in: RdA 1991, S. 193-204.

Reuter, Dieter: Die Lohnbestimmung im Betrieb, in: ZfA 1993, S. 221ff.

Reuter, Dieter/Martinek, Michael: Ungerechtfertigte Bereicherung, 2. Teilband, Tübingen 2016.

Reymann, Christoph: Das Sonderprivatrecht der Handels- und Verbraucherverträge: Einheit, Freiheit und Gleichheit im Privatrecht (Jus Privatum), Tübingen 2009.

Richetin, Juliette/Perugini, Marco/Adjali, Iqbal/Hurling, Robert: The moderator role of intuitive vs. deliberative decision making for the predictive validity of implicit and explicit measures, in: European Journal of Personality 21 (2007), S. 529-546.

Riesenhuber, Karl (Hrsg.): Das Allgemeine Gleichbehandlungsgesetz – Grundsatz und Praxisfragen, Berlin 2007.

Riesenhuber, Karl: Europäisches Arbeitsrecht, Heidelberg 2009

Riesenhuber, Karl/Nishitani, Yuko (Hrsg.): Wandlungen oder Erosion der Privatautonomie, Deutsch-japanische Perspektiven des Privatrechts, Berlin 2007.

Rittner, Fritz: Unternehmerfreiheit und Unternehmensrecht, München 1998.

Roesner, Ralf: Das Allgemeine Gleichbehandlungsgesetz: Schnelleinstieg für die Personalarbeit, Heidelberg/München/Landsberg/Berlin 2006.

Röthel, Anne: Gefährdungshaftung, in: Jura 2012, S. 444-450.

Rolfs, Christian/Paschke, Derk: Die Pflichten des Arbeitgebers und die Rechte schwerbehinderter Arbeitnehmer nach § 81 SGB IX, in: BB 2002, S. 1260-1264.

Roscher, Falk: Vertragsfreiheit als Verfassungsproblem, Berlin 1974.

Rothermund, Klaus/Wentura Dirk: Figure-ground asymmetries in the Implicit Association Test, in: Zeitschrift für Experimenntelle Psychologie 48 (2001), S. 94-106

Roussos, Kleanthis: Schaden und Folgeschaden, Köln 1992.

Rudman, Laurie A/Greenwald, Anthony G/McGhee, Debbie E: Implicit Self-Concept and Evaluative Implicit Gender Stereotypes: Self and Ingroup Share Desirable Traits, in: Personality&Soc. Psychol. Bull. 27 (2001), S. 1164-1178.

Rudolf, Beate/Mahlmann, Matthias (Hrsg.): Gleichbehandlungsrecht, Handbuch, Baden-Baden 2008.

Rütten, Frank: Institutionelle Arbeitslosigkeit und Grundgesetz. Eine grundrechtstheoretische Betrachtung des Verhältnisses von Arbeitslosigkeit und Kündigungsschutzrecht, Berlin 2000.

Rust, Ursula/Falke, Josef (Hrsg.): Kommentar AGG – Allgemeines Gleichbehandlungsgesetz mit weiterführenden Vorschriften, Berlin 2007

Sachs, Michael: Diskriminierungsverbote im Spannungsfeld zu Freiheitsrechten, in: Klein, Eckart/Menke, Christoph (Hrsg.), Universalität - Schutzmechanismen- Diskriminierungsverbote, Berlin 2008, S. 325-357.

Sachs, Michael: Grundgesetz Kommentar, 8. Auflage, München 2017, zitiert als: *Bearbeiter*, in: Sachs, GG.

Sachs, Michael: Verfassungsrecht II - Grundrechte (Springer-Lehrbuch), 2. Auflage, Berlin Heidelberg New York 2003.

Sacksofsky, Ute: Das Grundrecht auf Gleichberechtigung. Eine rechtsdogmatische Untersuchung zu Artikel 3 Absatz 2 des Grundgesetzes, Baden-Baden 1991.

Sacksofsky, Ute: Positive Maßnahmen und Verfassungsrecht, in: ZESAR 2004, S. 208-213.

Säcker, Franz Jürgen: "Vernunft statt Freiheit!" – die Tugendrepublik der neuen Jakobiner: Referentenentwurf eines privatrechtlichen Diskriminierungsgesetzes, in: ZRP 2002, S. 286-290.

Säcker, Franz Jürgen: Fundamente der Privatrechtsgesellschaft nach dem Antidiskriminierungsgesetz, in: ZG 2005, S. 154-164.

Säcker, Franz Jürgen/Rixecker, Roland/Oetker, Hartmut/Limperg, Bettina (Hrsg.): Münchener Kommentar zum Bürgerlichen Gesetzbuch, München 2006, zitiert als: Bearbeiter, in: MüKo BGB.

Salomon-Hengst, Annette: Fallstricke bei der Stellenbesetzung – Teil 1, in: S. 184-186.

Savigny, Friedrich Carl von: System des heutigen römischen Rechts, Band 1, 1840, Neudruck Berlin 2013

Schacter, Daniel L.: Implicit Memory: History and Current Status, in: J. Exp. Psychol. 13 (1987), S. 501-518

Schacter, Daniel L./Graf, Peter: Preserved Learning in Amnesic Patients: Perspectives from Research on Direct Priming, in: J. Cli. Exp. Neuropsychol. 8 (1986), S. 727-743

Schacter, Daniel L./Graf, Peter: Effects of Elaborative Processing on Implicit and Explicit Memory for New Associations, in: J. Exp. Psychol. 12 (1986), S. 432-444

Schäfer, Carsten: Strafe und Prävention im Bürgerlichen Recht, in: AcP 202 (2002), S. 397-434.

Schapp, Jan: Grundfragen der Rechtsgeschäftslehre, Tübingen 1986.

Schiefer, Bernd: Zwei Jahre Allgemeines Gleichbehandlungsgesetz, in: ZfA 2008, S. 493-526.

Schiek, Dagmar: Differenzierte Gerechtigkeit. Diskriminierungsschutz und Vertragsrecht, Baden-Baden 2000.

Schiek, Dagmar: Diskriminierung wegen „Rasse" oder „ethnischer Herkunft" – Probleme bei der Umsetzung der RL 2000/43/EG im Arbeitsrecht, in: AuR 2003, S. 44-51.

Schiek, Dagmar: Gleichbehandlungsrichtlinien der EU - Umsetzung im deutschen Arbeitsrecht, in NZA 2004, S. 873-884.

Schiek, Dagmar (Hrsg.): Allgemeines Gleichbehandlungsgesetz – Ein Kommentar aus europäischer Perspektive, München 2007.

Schiemann, Gottfried: Argumente und Prinzipien bei der Fortbildung des Schadensrechts, München 1981.

Schleusener, Aino/Suckow, Jens/Voigt, Burkhard: AGG – Kommentar zum Allgemeinen Gleichbehandlungsgesetz, Köln 2013.

Schlobach, Klaus: Das Präventionsprinzip im Recht des Schadensersatzes, Baden-Baden 2004.

Schmelz, Christoph: „Vernunft statt Freiheit!" – Die Tugendrepublik der neuen Jakobiner, in: ZRP 2003, S. 67ff.

Schmidt, Frederik: Die unternehmerische Freiheit im Unionsrecht. (Rechtsfragen der Globalisierung), Berlin 2010.

Schmidt, Jürgen: Vertragsfreiheit und Schuldrechtsreform – Überlegungen zur Rechtfertigung der inhaltlichen Gestaltungsfreiheit bei Schuldverträgen, Berlin 1985.

Schmidt, Thomas Adalbert: Von "Mangold" bis " Maruko": Die Judikatur des EuGH zur Gleichbehandlungsrahmenrichtlinie und ihr Einfluss auf die deutsche Rechtsordnung, Berlin 2014.

Schmidt-Recla, Adrian: Von Schneebällen und Drehkrankheiten – Vergleichende Überlegungen zur Restitutionssperre des § 817 S. 2 BGB, in: JZ 2008, S. 60-66.

Schmidt-Rimpler, Walter: Grundfragen einer Erneuerung des Vertragsrechts, AcP 147 (1941), S. 130-197

Schmitz, Florian: Kognitive Mechanismen im Implicit Association Test: Task-Switching, Inhibition und Inertia, Berlin 2010

Schmitz, Alja: Interessenausgleich im Beschäftigtendatenschutz, Baden-Baden 2016.

Schmitz-Scholeman, Christoph/Brune, Ulrike: Die Rechtsprechung des Bundesarbeitsgerichts zum Allgemeinen Gleichbehandlungsgesetz – Eine Zwischenbilanz, in: RdA 2011, S. 129-142.

Schmolke, Klaus U.: Grenzen der Selbstbindung im Privatrecht - Rechtspaternalismus und Verhaltensökonomik im Familien-, Gesellschafts- und Verbraucherrecht, Tübingen 2014.

Schöbener, Burkhard/Stork, Florian: Anti-Diskriminierungsregelungen der Europäischen Union im Zivilrecht – zur Bedeutung der Vertragsfreiheit und des Rechts auf Privatleben, in: ZEuS 2004, S. 43-82.

Scholz, Rupert: Die Koalitionsfreiheit des Arbeitgebers, in: ZfA 1980, S. 357-372.

Schrader, Peter/Schubert, Jens: Das AGG in der Beratungspraxis, Baden-Baden 2008.

Schramm, Annina: Haftung für Tötung: eine vergleichende Untersuchung des englischen, französischen und deutschen Rechts zur Fortentwicklung des deutschen Haftungsrechts in Tötungsfällen, Tübingen 2010.

Schramm, Henrik: Ungewisse und diffuse Diskriminierung – Gründe privater Willenserklärungen vor den Diskriminierungsverboten des AGG, Tübingen 2013.

Schreier, Michael: Schutz vor willkürlichen und diskriminierenden Entlassungen: Eine rechtsvergleichende Untersuchung zum Recht von Deutschland und British Columbia, Tübingen 2010.

Schreier, Michael: Das Allgemeine Gleichbehandlungsgesetz – wirklich ein Eingriff in die Vertragsfreiheit?, in: KJ 2007, S. 278-286.

Schubert, Renate: Ökonomische Diskriminierung von Frauen – Eine volkswirtschaftliche Verschwendung, Frankfurt am Main 1993.

Schuhr, Jan C.: Rechtsdogmatik als Wissenschaft, Rechtliche Theorien und Modelle, Berlin 2006.

Schulze, Reiner/Zuleeg, Manfred/Kadelbach, Stefan (Hrsg.): Europarecht – Handbuch für die deutsche Rechtspraxis, 3. Auflage, Baden-Baden 2014.

Schulze, Reiner/Dörner, Heinrich/Ebert, Ina/Hoeren, Thomas/Kemper, Rainer/Saenger, Ingo/Schreiber, Klaus/Schulte-Nölke, Hans/Staudinger, Ansgar: BGB Kommentar – Handkommentar, 9. Auflage, Baden-Baden 2017, zitiert als: *Bearbeiter*, in: HK-BGB.

Schur, Wolfgang: Leistung und Sorgfalt – Zugleich ein Beitrag zur Lehre von der Pflicht im Bürgerlichen Recht, Tübingen 2001.

Schur, Wolfgang: Die Bedeutung der Willensfreiheit für das heutige deutsche Privatrecht, in: Lampe, Ernst-Joachim/Pauen, Michael/Roth, Gerhard (Hrsg.), Willensfreiheit und rechtliche Ordnung, Frankfurt am Main 2008.

Schwier, Henning: Der Schutz der "Unternehmerischen Freiheit" nach Artikel 16 der Charta der Grundrecht der Europäischen Union – Eine Darstellung der tatsächlichen Reichweite und Intensität der grundrechtlichen Gewährleistung aus rechtsvergleichender Perspektive, Frankfurt am Main 2008.

Sekaquaptewa, Denise/ Espinoza, Penelope/ Thompson, Mischa/ Vargas, Patrick T/ von Hippel, William: Stereotype explanatory bias: implicit stereotyping as a predictor of discrimination, in: J. Exp. Soc. Psychol. 39 (2003), S. 75-82

Semin, Gün R/Fiedler, Klaus: The cognitive functions of linguistic categories in describing persons: social cognition and language, in: J. Pers. Soc. Psychol. 54 (1988), S. 558-568

Shelton, Jennifer R/Martin, Randi C: How semantic is automatic semantic priming?, in: J. Exp. Psychol. 18 (1992), S. 1191-1210

Simon, J. Richard: The Effects of an Irrelevant Directional CUE on Human Information Processing, in: Robert W. Proctor/T. Gilmour Reeve (Hrsg.), Stimulus-Response Compatibility- An integrated perspective, New York 1990, S. 31-86

Sinclair, Lisa/Kunda, Ziva: Reactions to a black professional: motivated inhibition and activation of conflicting stereotypes, in: J. Pers. Soc. Psychol. 77 (1999), S. 885-904

Singer, Reinhard: Selbstbestimmung und Verkehrsschutz im Recht der Willenserklärungen, München 1995

Singer, Reinhard: Vertragsfreiheit und Antidiskriminierung – zur rechtspolitischen, verfassungs- und europarechtlichen Kritik am Allgemeinen Gleichbehandlungsgesetz, in: Hanau, Peter/Thau, Jens/Westermann, Harry (Hrsg.): Gegen den Strich, Festschrift für Klaus Adomeit, Berlin 2008.

Six-Materna, Iris: Sexismus, in: Lars Eric Petersen/Bernd Six (Hrsg.), Stereotype, Vorurteile und soziale Diskriminierung – Theorien, Befunde und Interventionen, Weinheim 2008, S. 121-130.

Skowronski, John J/Lawrence, Melissa A: A comparative study of the implicit and explicit gender attitudes of children and college students, in: Psychology of Women Quarterly 25 (2001), S. 155-165

Somek, Alexander: Engineering Equality: An Essay on European Anti-Discrimination Law, Oxford 2011.

Son Hing, Leanne S/Li, Winnie/Zanna, Mark P: Inducing hypocrisy to reduce prejudicial responses among aversive racists, in: J. Exp. Soc. Psychol. 38 (2002), S. 71-78

Sprafke, Susanne: Diskriminierungsschutz durch Kontrahierungszwang - Vertragsabschlusspflicht aus § 21 AGG im System der Kontrahierungspflichten, Kassel 2013.

Stathopoulus, Michael: Bemerkungen zum Verhältnis von Fahrlässigkeit und Rechtswidrigkeit im Zivilrecht, in: Canaris, Claus-Wilhelm/ Larenz, Karl (Hrsg.), Festschrift für Karl Larenz zum 80. Geburtstag am 23. April 1983, München 1983.

Staudinger, J.: Kommentar zum Bürgerlichen Gesetzbuch mit Einführungsgesetz und Nebengesetzen, unterschiedliche Auflagen, zitiert als: *Bearbeiter*, in: Staudinger, BGB.

Stern, Klaus/Becker, Florian: Grundrechte-Kommentar – Die Grundrechte des Grundgesetzes mit ihren europäischen Bezügen, 2. Auflage, Köln 2016, zitiert als: *Bearbeiter*, in: Stern/Becker, GG.

Stöhr, Alexander/Illner, Torben: Die Inhaltskontrolle von Arbeitsverträgen, JuS 2015, 299-302

Stoffels, Markus: Grundprobleme der Schadensersatzverpflichtung nach § AGG § 15 Abs. 1, in: RdA 200, S. 204-215.

Stoll, Hans: Haftungsfolgen im Bürgerlichen Recht. Eine Darstellung auf rechtsvergleichender Grundlage, Heidelberg 1993.

Stork, Florian: Das Gesetz zum Schutz vor Diskriminierungen im Zivilrecht, Umsetzung der Richtlinien 2000/43/EG und 2004/113/EG ins deutsche Privatrecht, ZeuS 2005, 1-59

Stork, Florian: Das Anti-Diskriminierungsrecht der Europäischen Union und seine Umsetzung in das deutsche Zivilrecht (Beiträge zum nationalen und internationalen öffentlichen Recht), Frankfurt 2006.

Strack, Fritz/Deutsch, Roland: Reflective and impulsive determinants of social behavior, in: Personality & Social Psychology Review 8(3) (2004), S. 220-247.

Streinz, Rudolf: EUV/AEUV, Vertrag über die Europäische Union und Vertrag über die Arbeitsweise der Europäischen Union, Kommentar, 2. Auflage, München 2012.

Stürmer, Klaus: Bewerbung und Schwangerschaft, Die Entscheidung des EuGH in der Rechtssache „Mahlburg“, in: NZA 2001, S. 527-530.

Stürner, Michael: Der Grundsatz der Verhältnismäßigkeit im Schuldvertragsrecht: Zur Dogmatik einer privatrechtsimmanenten Begrenzung von vertraglichen Rechten und Pflichten, Tübingen 2010.

Suhr, Dieter: Entfaltung der Menschen durch die Menschen.: Zur Grundrechtsdogmatik der Persönlichkeitsentfaltung, der Ausübungsgemeinschaften und des Eigentums, Berlin 1976.

Taupitz, Jochen: Review zu Höfling, Wolfram: Vertragsfreiheit: Eine grundrechtsdogmatische Studie, in: AcP 192 (1992), S. 341-348.

Teachman, Bethany A/Gregg, Aiden P/Woody, Sheila R: Implicit associations for fear-relevant stimuli among individuals with snake and spider fears, in: Journal of Abnormal Psychology 110 (2001), S. 226-235

Thees, Thomas: Das Arbeitnehmer-Persönlichkeitsrecht als Leitidee des Arbeitsrechts – Persönlichkeitsschutz und Persönlichkeitsentfaltung im Arbeitsverhältnis, Berlin 1995.

Thüsing, Gregor: Angemessenheit durch Konsens - Zu den Grenzen der Richtigkeitsgewähr arbeitsvertraglicher Vereinbarungen, in: RdA 2005, S. 257-270.

Thüsing, Gregor: Europäisches Arbeitsrecht, 3. Auflage, München 2016.

Thüsing, Gregor: Arbeitsrechtlicher Diskriminierungsschutz, 2. Auflage, München 2013.

Thüsing, Gregor/Lambrich, Thomas: Das Fragerecht des Arbeitgebers – aktuelle Probleme zu einem klassischen Thema, in: BB 2002, S. 1146-1152.

Thum, Rainer/Szczesny, Christian: Background Checks im Einstellungsverfahren: Zulässigkeit und Risiken für Arbeitgeber, in: BB 2007, S. 2405-2408.

Ulber, Daniel: Legislative Einschätzungsprärogative im Arbeitsrecht, in: NZA 2016, S. 619-623.

van Twuyver, Mariette/van Knippenberg, Ad: Social categorization as a function of priming, in: European Journal of Social Psychology 25 (1995), S. 695-701

Visser, Troy A W/Merikle, Philip M: Conscious and unconscious processes: The effects of motivation, in: Consciousness and Cognition 8 (1999), S. 94-113.

Volmer, Michael: "Punitive Damages" im deutschen Arbeitsrecht?, in: BB 1997, S. 1582ff.

von Bar, Christian (Hrsg.): Deliktsrecht in Europa, Köln 1994.

von Hippel, Fritz: Das Problem der rechtsgeschäftlichen Privatautonomie, 1936.

von Hippel, William/Sekaquaptewa, Denise/Vargas, Patrick: The linguistic intergroup bias as an implicit indicator of prejudice, in: J. Exp. Soc. Psychol. 33 (1997), S. 490-509

von Koppenfels, Katharina: Das Ende der Vertragsfreiheit? Erkenntnisse aus dem (vorläufig) gescheiterten Anti-Diskriminierungsgesetz für die Umsetzung der Richtlinien 2000/43/EG und 2000/78/EG, in: WM 2002, S. 1489-1496.

von Mangoldt, Hermann/Klein, Friedrich/Starck, Christian: Kommentar zum Grundgesetz Bd. 1: Präambel, Art. 1-19, 6. Auflage, München 2010, zitiert als: *Bearbeiter*, in: v. Mangold/Klein/Starck, GG, Band I.

von Medem, Andreas: Kündigungsschutz und Allgemeines Gleichbehandlungsgesetz – Die Integration der Diskriminierungsverbote der Richtlinien 2000/78/EG, 2000/43/EG und 76/207/EWG in das deutsche Kündigungsschutzrecht, Berlin 2008

Vondung, Julie: Die Architektur des europäischen Grundrechtsschutzes nach dem Beitritt der EU zur EMRK (Jus Internationale et Europaeum), Tübingen 2012.

Wagner, Gerhard: Prävention und Verhaltenssteuerung durch Privatrecht –Anmaßung oder legitime Aufgabe?, in: AcP 206 (2006), S. 352-476.

Wagner, Gerhard/Potsch, Nicolas: Haftung für Diskriminierungsschäden nach dem Allgemeinen Gleichbehandlungsgesetz, in: JZ 2006, S. 1085-1099.

Waltermann, Raimund: Altersdiskriminierung, in: ZfA 2006, S. 305-326.

Wank, Rolf: Diskriminierung in Europa – Die Umsetzung der europäischen Antidiskriminierungsrichtlinien aus deutscher Sicht, in: NZA-Sonderbeilage zu Heft 22/2004, S. 16-26.

Wank, Rolf: EG-Diskriminierungsverbote im Arbeitsrecht, in: Arbeitsrecht im sozialen Dialog: Festschrift für Hellmut Wissmann zum 65. Geburtstag, S. 599-618.

Wank, Rolf: Von ungeeigneten Bewerbern und schwangeren Bewerberinnen – oder: Von der Kunst des „distinguishing", in: Festschrift für Reinhard Richardi zum 70. Geburtstag, München 2007, S. 441-461.

Watzenberg, Anja: Der homo oeconomicus und seine Vorurteile, Berlin 2014

Wax, Amy L: The Discriminating Mind: Define it, Prove it, in: Connecticut Law Review 40 (2008), S. 979-1022

Weiler, Frank: Die beeinflusste Willenserklärung: Eine Untersuchung der rechtlichen Auswirkungen fremder Einflüsse auf die rechtsgeschäftliche Willensbildung, Bielefeld 2002.

Welke, Wanja Andreas: Die Repersonalisierung des Rechtskonflikts: Zum gegenwärtigen Verhältnis von Straf- und Zivilrecht- Zugleich eine Analyse von exemplary (punitive)damages, Frankfurt am Main 2008.

Wendeling-Schröder, Ulrike: Grund und Grenzen gemeinschaftsrechtlicher Diskriminierungsverbote im Zivil und Arbeitsrecht, in: NZA 2004, S. 1320-1323.

Wendeling-Schröder, Ulrike/Stein, Axel: Allgemeines Gleichbehandlungsgesetz, Kommentar, München 2008.

Werba, Ulf: Die Willenserklärung ohne Willen, Berlin 2005.

Wernsmann, Rainer: Bindung Privater an Diskriminierungsverbote durch Gemeinschaftsrecht, in: JZ 2005, S. 224-233.

Westermann, Harry: Einheit und Vielfalt der Wertungen in der Irrtumslehre – Ein Querschnitt durch die Irrtumsregelung des Zivilrechts, in: JuS 1964, S. 169-177.

Wieacker, Franz: Das bürgerliche Recht im Wandel der Gesellschaftsordnungen, in: Wieacker, Industriegesellschaft und Privatrechtsordnung, Frankfurt am Main 1974.

Wieacker, Franz: Das Sozialmodell der klassischen Privatrechtsgesetzbücher und die Entwicklung der modernen Gesellschaft, in: Wieacker, Industriegesellschaft und Privatrechtsordnung, Frankfurt am Main 1974.

Wiedemann, Herbert/Thüsing, Gregor: Fragen zum Entwurf eines zivilrechtlichen Anti-Diskriminierungsgesetzes, in: DB 2002, S. 463-470.

Wiedemann, Herbert/Wank, Rolf: Begrenzte Rationalität – gestörte Willensbildung im Privatrecht, JZ 2013, S. 340-345

Wieling, Hans Josef: Interesse und Privatstrafe vom Mittelalter bis zum Bürgerlichen Gesetzbuch, Heidelberg 1970.

Wiers, Reinout W/van Woerden, Nieske/Smulders, Fren T Y/De Jong Peter J: Implicit and explicit alcohol related cognitions in heavy and light drinkers, in: Journal of Abnormal Psychology 111 (2002), S. 648-658.

Wiese, Günther: Der personale Gehalt des Arbeitsverhältnisses, in: ZfA 1996, S. 439-478.

Wiethölter, Rudolf: Rechtswissenschaft, Frankfurt am Main 1968.

Willemsen, Heinz-Josef/Schweibert, Ulrike: Schutz der Beschäftigten im Allgemeinen Gleichbehandlungsgesetz, in: NJW 2006, S. 2583-2592.

Willingham, Daniel B./Preuss, Laura: The Death of Implicit Memory, in: PSYCHE 2(15) (1995)

Williams, A/Giles, H.: Communication of ageism. In: Hecht, M.L..; Michael, L., (Hrsg.), Communicating prejudice. Thousand Oaks, CA: Sage; 1998. S. 136-160.

Windel, Peter A.: Der Beweis diskriminierender Benachteiligungen, in: RdA 2007, S. 1-8.

Windel, Peter A.: Aktuelle Beweisfragen im Antidiskriminierungsprozess, in: RdA 2011, S. 193-199.

Wittenbrink, Bernd/Judd, Charles M/Park, Bernadette: Evidence for racial prejudice at the implicit level and its relationship with questionnaire measures, in: Journal of Personality and Social Psychology 72 (1997), S. 262-274

Wittig, Peter: Bundesverfassungsgericht und Grundrechtssystematik, in: Festschrift für Gebhard Müller. Zum 70. Geburtstag des Präsidenten des Bundesverfassungsgerichts, Tübingen 1970.

Wörl, Christian: Die Beweislast nach dem Allgemeinen Gleichbehandlungsgesetz, Eine Untersuchung des § 22 AGG, Baden-Baden 2009.

Wolf, Manfred: Rechtsgeschäftliche Entscheidungsfreiheit und vertraglicher Interessenausgleich, Tübingen 1970.

Wolter, Henner: Die europäische Schuldenkrise und die Unternehmerfreiheit im Arbeitsrecht, in: Die Verfassung als Aufgabe von Wissenschaft, Praxis und Öffentlichkeit: Freundesgabe für Bernhard Schlink zum 70. Geburtstag, Heidelberg 2014, S. 339-357.

Wunderlich, Nina: Das Grundrecht der Berufsfreiheit im Europäischen Gemeinschaftsrecht – Der Schutz der Wirtschaftsteilnehmer gegenüber Eingriffen der Gemeinschaft in ihre berufliche Freiheit, Baden-Baden 2000.

Zick, Andreas: Vorurteile und Rassismus: Eine sozialpsychologische Analyse, Münster 1997

Zick, Andreas/Küpper, Beate/Hövermann, Andreas: Die Abwertung der Anderen – Eine europäische Zustandsbeschreibung zu Intoleranz, Vorurteilen und Diskriminierung (2011) [online] Verfügbar unter: http://library.fes.de/pdf-files/do/07905-20110311.pdf. Abgerufen am 14.08.2017.

Zinsmeister, Julia: Mehrdimensionale Diskriminierung: Das Recht behinderter Frauen auf Gleichberechtigung und seine Gewährleistung durch Art. 3 GG und das einfache Recht (Schriften zur Gleichstellung der Frau), Baden-Baden 2007.

Zöllner, Wolfgang: Privatautonomie und Arbeitsverhältnis – Bemerkungen zu Parität und Richtigkeitsgewähr beim Arbeitsvertrag, AcP 176 (1976), S. 221-246.

Zöllner, Wolfgang: Die Gleichberechtigung der Geschlechter, in: Möglichkeiten und Grenzen der Rechtsordnung : Festschrift Rudolf Strasser zum 60. Geburtstag, Wien 1983.

Zöllner, Wolfgang: Kontrahierungszwang und Vertragsfreiheit – Negation oder Immanenz?, in: Koziol, Helmut/Rummel, Peter (Hrsg.), Im Dienste der Gerechtigkeit, Festschrift für Franz Bydlinski, Wien 1992, S. 517-533.

Zöllner, Wolfgang/Loritz, Karl-Georg/Hergenröder, Curt Wolfgang: Arbeitsrecht, 7. Auflage, München 2015.

Zoppel, Moritz: Europäische Diskriminierungsverbote und Privatrecht, Unionsrechtliche Vorgaben und Sanktionen, Tübingen 2015.

FSC
www.fsc.org
MIX
Papier | Fördert
gute Waldnutzung
FSC® C083411

Kolibri 360 GmbH
Ferdinand-Jühlke-Straße 7
99095 Erfurt, Deutschland
produktsicherheit@kolibri360.de